物流法规实务

WULIU FAGUI SHIWU

（第二版）

姚会平 主 编
向 欣 李小容 刘 华 副主编

西南财经大学出版社
Southwestern University of Finance & Economics Press
中国·成都

图书在版编目(CIP)数据

物流法规实务/姚会平主编．—2版.—成都：西南财经大学出版社，2017.8
(2021.6重印)
ISBN 978-7-5504-3165-2

Ⅰ.①物… Ⅱ.①姚… Ⅲ.①物流管理—法规—中国—教材
Ⅳ.①D922.29

中国版本图书馆CIP数据核字(2017)第188683号

物流法规实务(第二版)

姚会平 主编

向欣 李小容 刘华 副主编

责任编辑：冯梅

封面设计：张姗姗

责任印制：朱曼丽

出版发行	西南财经大学出版社(四川省成都市光华村街55号)
网　　址	http://cbs.swufe.edu.cn
电子邮件	bookcj@swufe.edu.cn
邮政编码	610074
电　　话	028-87353785
照　　排	四川胜翔数码印务设计有限公司
印　　刷	郫县犀浦印刷厂
成品尺寸	185mm×260mm
印　　张	18.25
字　　数	435千字
版　　次	2017年8月第2版
印　　次	2021年6月第2次印刷
印　　数	3001—4000册
书　　号	ISBN 978-7-5504-3165-2
定　　价	39.00元

第二版前言

第十二届全国人大五次会议表决通过的《中华人民共和国民法总则》（简称《民法总则》）将于2017年10月1日起施行。《民法总则》总结了我国民事法治经验，适应了市场经济的新形势和新要求，其分为“基本规定、自然人、法人、非法人组织、民事权利、民事法律行为、代理、民事责任、诉讼时效、期间计算和附则”共计11章。平等主体之间的物流交易活动，离不开《民法总则》的调整和规范。在《物流法规实务》再版之际，本着紧密跟踪法学理论研究和服务市场经济的理念，尊重师生建议，我们对本教材所涉及的相关内容进行了修改和完善。

在此，对广大师生和出版社的关心和支持表示感谢，并希望各院校继续提出宝贵的意见和建议，以期更好地服务广大的教材使用者。

编者

2017年7月

前言

现代物流作为推动经济发展的新的利润源和竞争资源，其所蕴涵的巨大潜力得到政府、企业和学术界越来越多的重视。国内外许多企业把物流视为“企业的第三利润源泉”。这让物流业成为经济领域中发展最快、最活跃的一个行业。由于物流管理人才紧缺，个别职员责任意识薄弱，法律知识欠缺，让“有毒快递”案、暴力运输案、物流公司失踪案等频繁出现，物流行业服务质量和整体信誉备受争议。加强物流服务管理，提高物流服务质量，促进物流行业健康发展，离不开高素质物流管理人才的培养。

物流法规课程是培养物流管理人才的专业核心基础课程。为了适应高职高专物流管理类专业应用型人才的培养和实践工作的需要，我们曾组织编写了《物流法理论与实务》教材，并获得了教材使用教师和学生的广泛好评。在物流互联网新经济时代到来之际，国家进一步深化经济改革，新法律法规不断出台，我们再次与高职学院、大学、律师事务所、公司和法院等单位合作，共同开发第二代教材即《物流法规实务》。本教材基本观点为：物流法规是调整物流交易关系和物流管理关系的法律规范的总称，它是民商法、经济法在物流领域中法律知识的整合。相对于其他教材，《物流法规实务》具有以下鲜明特点：

（1）内容新颖，突出务实。教材将最新颁布实施的有关物流业的法律法规纳入编写体系。理论够用，重在实践，且体现电商时代对物流业的新需求、新变化，力求专业法律的新颖性和务实性。

（2）通俗简明，趣味性强。教材的内容阐述简洁清晰，通过重点知识部分链接——微案例讨论、微法律链接、微司法案例等，让教材专业知识在简洁的阐述中更通俗易懂和生动有趣。

（3）注重操作，增强互动。教材章节均配有课堂讨论案例，增加课堂学生互动性。同时，每章附有课后实训作业，强化课后训练，能提高学生的思辩能力。

（4）编排合理，知识模块化。教材的章节及内容是按照现代物流市场的重点环节和要素进行体系编排的，体现了知识体系的完整性。以物流节点编写章节内容，让知识模块化。

本书由姚会平（经济法副教授、执业律师、劳动人事争议仲裁员）任主编，向欣、李小容、刘华任副主编。教材编写的体系和内容经全体编写人员多次讨论确定，各章节分工撰写，最后由主编负责统稿和审定。本教材编写具体分工如下（以撰写章节先后为序）：

第一章 物流法规概论：姚会平（四川商务职业学院）

第二章 企业法实务：刘华（石家庄铁路职业技术学院）

第三章 合同法实务：姚会平（四川商务职业学院）

第四章 物流采购法实务：刘华（石家庄铁路职业技术学院）

第五章 物流运输法实务：向欣（四川交通职业学院）

第六章 物流仓储法实务：李小容（四川化工职业技术学院）

第七章 物流配送法实务：朱利平（四川省食品发酵工业研究设计院）

第八章 物流加工、包装与装卸法实务：李小容（四川化工职业技术学院）

第九章 物流保险法实务：姚会平（四川商务职业学院）

第十章 物流代理法实务：王劲夫（四川蓉城律师事务所）

第十一章 物流市场秩序法实务：李璟（四川商务职业学院）

第十二章 涉外物流管制法实务：孙顺强（西南大学）

第十三章 物流交易争议程序法实务：汪仁可（成都市温江区人民法院）

本书适用于高等职业教育和高等专科教育的物流管理、连锁经营等专业。同时，本书也可以作为物流、连锁经营工作者的指导用书。

本教材是在物流管理专业教学、物流企业法律服务等实践经验的基础上编写的，同时也借鉴了《物流法理论与实务》的成功经验。涉外物流法规实务、微案例以及电商时代法律案例等，构成本书的最大亮点。本教材的出版离不开四川蓉城律师事务所、西南财经大学出版社等单位的大力支持，对此我们深表谢意。但因时间仓促，书中难免有不足之处，在此编者真诚希望读者提供宝贵意见和建议（附主编电话号码：18982265400，Email：18982265400@163.com），以完善物流法律教材，推动物流管理教育事业的发展。

编者

2016 年 1 月

目 录

第一章 物流法规实务概论 …………………………… (1)
第一节 物流法规概述 …………………………… (1)
第二节 物流法律关系 …………………………… (5)
第三节 物流法律责任 …………………………… (8)
实训作业 …………………………… (11)
第二章 企业法实务 …………………………… (12)
第一节 企业法概述 …………………………… (12)
第二节 个人独资企业法 …………………………… (16)
第三节 合伙企业法 …………………………… (20)
第四节 公司法 …………………………… (30)
实训作业 …………………………… (54)
第三章 合同法实务 …………………………… (55)
第一节 合同法概述 …………………………… (55)
第二节 合同的订立 …………………………… (58)
第三节 合同的效力 …………………………… (64)
第四节 合同的履行 …………………………… (69)
第五节 合同的担保 …………………………… (73)
第六节 合同的变更、转让和终止 …………………………… (78)
第七节 违约责任及其免除 …………………………… (82)
实训作业 …………………………… (87)
第四章 物流采购法实务 …………………………… (89)
第一节 物流采购法概述 …………………………… (89)
第二节 买卖合同当事人的义务 …………………………… (99)
第三节 货物风险转移 …………………………… (106)
实训作业 …………………………… (109)
第五章 物流运输法实务 …………………………… (110)
第一节 货物运输法概述 …………………………… (110)
第二节 公路货物运输法 …………………………… (114)
第三节 铁路货物运输法 …………………………… (120)
第四节 海上货物运输法 …………………………… (124)

目　录

第五节　航空货物运输法 …………………………………………… (133)

第六节　货物多式联运法规 ………………………………………… (137)

实训作业 …………………………………………………………… (144)

第六章　物流仓储法实务 ………………………………………… (146)

第一节　物流仓储法概述 …………………………………………… (146)

第二节　仓单 ……………………………………………………… (151)

第三节　涉外仓储业务 ……………………………………………… (154)

实训作业 …………………………………………………………… (160)

第七章　物流配送法实务 ………………………………………… (161)

第一节　物流配送法概述 …………………………………………… (161)

第二节　物流配送合同 ……………………………………………… (165)

第三节　物流配送当事人的义务 …………………………………… (168)

实训作业 …………………………………………………………… (173)

第八章　物流包装、装卸与加工法实务 ………………………… (174)

第一节　货物包装法规 ……………………………………………… (174)

第二节　货物装卸搬运法规 ………………………………………… (180)

第三节　物流加工法规 ……………………………………………… (187)

实训作业 …………………………………………………………… (189)

第九章　物流保险法实务 ………………………………………… (190)

第一节　保险与保险法概述 ………………………………………… (190)

第二节　财产保险 ………………………………………………… (196)

第三节　海洋运输货物保险 ………………………………………… (202)

实训作业 …………………………………………………………… (210)

第十章　物流代理法实务 ………………………………………… (211)

第一节　代理法概述 ………………………………………………… (211)

第二节　国际货物运输代理 ………………………………………… (217)

实训作业 …………………………………………………………… (221)

第十一章　物流市场秩序法实务 ………………………………… (223)

第一节　反不正当竞争法概述 ……………………………………… (223)

第二节　产品质量法 ………………………………………………… (229)

第三节 消费者权益保护法 ……………………………… (234)
实训作业 ……………………………………………… (241)
第十二章 涉外物流管制法实务 ……………………… (243)
第一节 对外贸易法 …………………………………… (243)
第二节 进出口通关 …………………………………… (247)
第三节 进出口检验检疫 ……………………………… (252)
实训作业 ……………………………………………… (260)
第十三章 物流交易争议程序法实务 ………………… (262)
第一节 经济仲裁法 …………………………………… (262)
第二节 民事诉讼法 …………………………………… (272)
实训作业 ……………………………………………… (281)
参考文献 …………………………………………… (282)

第一章
物流法规实务概论

发展现代物流、构建现代供应链，正成为众多企业的战略选择。在我国经济领域中，物流业已经成为发展最快、最活跃、最具有竞争性的热点行业，也是国家支持发展的重点产业。但频繁发生的物流服务争议不但损害当事人利益，也危害物流行业的健康发展。现代物流业的可持续发展，必然以完善的物流法律制度为基础。在实践中，物流法规律制度的调整对象既涉及平等主体之间的物流交易关系，也涉及非平等主体之间的物流管理关系。基于物流法律制度的调整对象特点，本章探讨物流法规的基本内容，主要涉及物流法的概念、物流法律关系和物流法律责任。

【导入案例】在三个月以前，某品牌手机省级总代理李经理根据济南客户的要求，把一批价值60 000元的某知名品牌手机交付某物流公司从广州发运至济南。托运后一月有余，济南的客户仍没收到该批货物。在询问承运的物流公司之后，李经理才知悉该货物在运输过程中被弄丢了。李经理要求物流公司全额赔偿。物流公司声称：托运手续显示为无价保运输，按照货运单中“货物如不保价，发生损坏、丢失，按平均单位件货货物运费的4倍赔付”规定，答应赔偿李经理经济损失800元。物流公司还声称，该规则已经成为物流业内的共用规则。相对于该批货物价值，800元显得太少，李经理难以接受。双方僵持不下，事情一直拖到今天。

对此，请谈谈你的看法。

第一节 物流法规概述

一、物流概念

物流与企业的生产经营和人们的生活相生相随，并不断丰富和发展。物流主要是指物质实体在空间和时间上的流动或位移，具体表现为货物的运输、装卸和储存等经济活动。当人类社会进入20世纪90年代以后，物流管理活动引入了高科技手段，通过计算机进行物流信息管理，实现服务网络化、管理现代化、生产规模化、技术专业化，加快了物流速度，提高了准确率，减少了库存，降低了损耗，节约了成本，成为企业利润的重要来源。

关于物流的定义，目前国内外有多种不同的表述。根据《中华人民共和国国家标准物流术语》(GB/T 18354-2006)的解释，物流是指物品从供应地向接收地的实体流通过程。根据实际需要，将运输、储存、装卸、搬运、包装、流通加工、配送、信息处理等基本功能实施有机结合。本书基于国家标准的现代物流内涵，对物流各个环节所涉及的事务从法律角度进行分析和初探。

二、物流法规概念

(一) 物流法规的定义

物流生产是社会经济活动，必然在各方活动主体之间形成法律上的权利义务关系。实践证明，物流事业的健康发展离不开物流法规的规范和引导。为了保障国家物流产业的健康发展，保护正常的物流秩序，维护当事人的合法权益，需要一套完善的物流法规律制度。目前，虽然没有权威的物流法规概念，但是各国都建立了一套与物流活动相关的法律制度。一般情况下，把与物流活动相关的法律制度都理解为物流法规的范畴。

物流法规，是指国家制定的调整与物流活动相关的社会关系的法律规范的总称。物流法规的调整对象是与物流活动相关的所有社会关系，这也是物流法规区别于其他法律制度的标志。在实践生活中，按社会关系主体地位的不同，“与物流活动相关的社会关系”可以分为平等主体之间的物流交易关系和非平等主体之间的物流管理关系，并都直接涉及经济活动或为经济活动提供服务。换言之，物流法规的调整对象中，有属于民商法范畴的社会关系即平等主体之间的物流交易关系，也有属于经济法范畴的社会关系即非平等主体的物流管理关系。因此，物流法规不是一个独立的法律部门，它是民法和经济法中关于物流活动的法律制度的组合。

【社会观察】物流业的发展与困惑

进入21世纪后，物流业已经成为我国经济领域中发展最快、最活跃、最具有竞争性的热点行业。在物流行业快速发展的同时，物流企业“小、散、乱”、低价竞争和超载等问题相当突出。“一间货运房、一部电话、一张桌子、两三台车子”是众多物流公司的全部家当。为了生存和发展，不少物流企业以低价竞争作为其主要手段。由于运输成本高、运费低，让许多物流公司被迫选择以“超载换取利润”，“价低—超载—价更低—超载更多”恶性循环，造成物流运输安全问题。物流企业不正当竞争以及管理不善等原因，频现暴力装卸、货物毁损等情形，造成物流诚信危机。物流行业不规范行为，不但损害了物流相对人的权益，也破坏了物流市场秩序，制约了物流业的可持续发展。

(二) 物流法规的表现形式

在我国尚无一部统一的物流法典，物流法规是由一系列与物流各环节相关的法律制度所共同组成。除了物流运输、物流仓储、物流搬运装卸等传统物流主要领域外，现代物流业还增加许多新的经济领域，如有物流加工与包装、物流配送、物流信息管理等增值服务领域。因现代物流在不断地延伸和扩大，作为调整物流经济活动的物流法规也不断丰富而复杂。

(1) 按照现代物流的各个环节以及法律的作用不同，物流法规可分为物流企业法律制度、合同法律制度、商品采购法律制度、物流运输法律制度、物流仓储法律制度、物流配送法律制度、物流加工、包装和装卸法律制度、物流保险法律制度、物流市场秩序法律制度、涉外物流管制法律制度、与物流相关的知识产权保护制度、物流争议法律制度等。

（2）按照社会关系中主体的性质不同，物流法规可分为调整平等关系主体之间的物流法规律制度和非平等关系主体之间的物流法规律制度。前者主要有涉及物流采购、加工、包装、配送、运输、物流保险等活动中平等主体关系的法律制度；后者主要涉及物流企业的市场准入、物流市场秩序法、涉外物流管制法、与物流相关的知识产权法、物流诉讼与仲裁等国家对物流活动管理所形成的法律制度。

三、物流法规的特征

（1）技术性。物流活动中无论运输、仓储，还是仓储、装卸，都与技术规范密切相关，可以说没有技术规范就没有现代物流。例如，运输途中的货物的配载和积载、保管和照料；货物或者产品的包装材料、包装方法；搬运装卸中的装卸、堆垛和拆垛作业、堆装或者拆装作业；仓储活动中的仓库设置、货物保管、分拣等，都与技术规范紧密联系。例如，GB/T 1992-1985 集装箱名词术语，GB/T 4122·1-1996 包装术语基础，GB/T 17271-1998 集装箱运输术语，GB/T 18354-2006 物流术语等。作为物流法规律制度，以规范物流活动为内容，必然涉及与物流活动相关的专业术语、技术标准、设备标准及操作规程等。物流法规的立法、实施离不开技术标准和操作规范，物流法规带有明显的技术性特点。

（2）广泛性。现代物流涉及运输、储存、装卸、搬运、包装、流通加工、配送、信息处理等诸多物流环节，除了国内物流外还有国际物流，物流领域涉及面极其广泛。换言之，为了保障物流业的健康发展和维护社会公共利益，在物流领域的各个环节和各个领域中，国家不但要规范平等物流主体之间的物流交易关系，而且还要规范非平等主体即国家与物流主体之间的物流管理关系。物流法规调整领域的广泛性使物流法规具有广泛性的特点。

（3）综合性。物流活动的广泛性也决定了物流法规的综合性。在物流领域的各个环节中，物流法规承担着规范平等物流主体之间的物流交易关系和非平等主体即国家与物流主体之间的物流管理关系，这便物流法规同时拥有民商法和经济法的内容。物流法规不但内容具有综合性，而且其调整手段也具有综合性。特别在规范物流管理关系时，物流法规同经济法一样要运用民事手段、行政手段、刑事手段或者综合运用这些法律手段。因此，无论从法律内容看还是从法律调整手段看，物流法规都具有综合性特点。

（4）国际性。国际物流的出现和发展，使现代物流超越了国界，这成为现代物流的重要特点。国际物流促进了全球经济的一体化，如在物流领域内出现了全世界通用的国际标准，包括托盘、货架、装卸机具、车辆、集装箱的尺度规格、条形码、自动扫描等技术标准。这使物流在国际范围内进展得更快速、更安全、更高效和更便利。与国际物流相适应，物流法规也有国际化的发展趋势。

【社会观察】2015 年 8 月 12 日，瑞海国际物流有限公司位于天津港东疆保税港区的危险化学品仓库发生特大连环爆炸事件。该起爆炸事故，造成112人死亡，95人失踪；同时还造成特大财产损失，仅现场存放轿车损毁的直接经济损失就超过二十多亿元。天津“8·12”爆炸事故案成为中国保险业有史以来单次事故损失最大的赔偿案。国家最高人民检察院依法严查该起事故所涉滥用职权、玩忽职守、徇私枉法等职务犯罪，对构成犯罪的涉案人员将依法追究刑事责任。天津“8·12”爆炸事故案成为物流仓储案例作业与法制教育的警示案例。

四、与物流法规相关的民法和经济法

物流法规的调整对象可以分为平等主体之间的物流交易关系和非平等主体之间的物流管理关系。换言之，物流法规的调整对象中有属于民法的范畴，也有属于经济法的范畴。基于物流法规是民法和经济法中关于物流活动的法律规定的组合，因此学习物流法规时有必要了解民法、经济法等相关法律部门。

（一）民法

民法，是指调整平等主体的自然人之间、法人之间、其他组织之间以及他们相互之间民事关系的法律制度的总称。在现实生活中，民法与人们的生产生活关系最为密切。当然，民法规范平等主体之间关系，而这种关系也包括了平等主体之间的物流交易关系。在此领域，民法发挥着不可替代的重要作用。

民法的调整对象，就内容而言包括平等主体之间的财产关系和人身关系两大类型。其中，财产关系是指人们在占有、支配、交换和分配物质财富过程中形成的具有经济内容的社会关系；人身关系是指与特定人身不可分离且不具有直接经济内容的社会关系。物流交易活动如物流商品采购活动、物流运输活动、物流仓储活动、物流加工、包装活动、物流配送活动、物流保险活动等，都属于民事活动。无论何种民事活动都应当遵守民法的基本原则：平等原则，自愿原则，公平、等价有偿、诚实信用原则，遵守社会公德、维护社会公共利益原则和保护合法民事权益原则等。

（二）经济法

经济法，是指国家基于社会公共利益所制定的规范国民经济管理秩序和市场运行秩序的法律制度的总称。国家干预性是经济法本质特征，社会公共利益是经济法的出发点和归宿。物流经济活动需要国家宏观管理和运行市场秩序规范，由此形成的物流管理关系成为经济法调整内容。

经济法的调整对象具有非平等性，即其中一方是国家经济管理机关，另一方是市场经济活动中的主体。由于调整对象的综合性和复杂性，经济法是由一系列法律法规所表现的一个法律部门：在调整国民经济管理关系方面的经济法表现有计划法、税收法、固定资产投资法、经济监督法等；在调整市场运行关系的经济法表现有反垄断法、反不正当竞争法、产品质量法、环境保护法、知识产权法等。同时，经济法的调控范围不仅涉及不同主体之间的外在关系，而且还涉及主体内部的法务关系。例如，公司法不但有国家对公司外部行为的法律干预，而且还有不少对公司内部行为的法律规范。

【法律链接】《中华人民共和国道路运输条例》（2004年7月1日实施）

第二十七条：国家鼓励货运经营者实行封闭式运输，保证环境卫生和货物运输安全。货运经营者应当采取必要措施，防止货物脱落、扬撒等。运输危险货物应当采取必要措施，防止危险货物燃烧、爆炸、辐射、泄漏等。

第二十八条：运输危险货物应当配备必要的押运人员，保证危险货物处于押运人员的监管之下，并悬挂明显的危险货物运输标志。托运危险货物的，应当向货运经营者说明危险货物的品名、性质、应急处置方法等情况，并严格按照国家有关规定包装，设置明显标志。

值得注意的是，物流法规调整对象中的物流交易关系和物流管理关系，随着客观情况的变化以及对市场与计划配置模式的不同选择，两者之间保持着互相渗透的趋向，没有绝对界限。因此，即使在一部单行的物流法规律规范中，也会体现出规范物流关系的民法和经济法的内容。

第二节　物流法律关系

一、物流法律关系

法律关系是指经过法律规范调整形成的法律主体之间具有权利和义务性质的社会关系。物流法律关系，是指物流法规主体在进行物流交易和物流管理活动过程中形成的，由物流法规加以确认的经济权利和经济义务的关系。在现代物流活动过程中，随时发生着各种各样的具有经济内容的物流关系。当这些关系为物流法规所调整时，这些具体的经济关系就会上升为法律上的权利义务关系即物流法律关系，并为法律所保护。

物流关系与物流法律关系是两个不同的概念。物流关系属于经济关系，是物流法规的调整对象，具体包括物流交易关系和物流管理关系。它是社会经济基础的范畴，是物流法律关系产生的前提。物流法律关系是物流法规调整物流活动中经济关系的结果。物流法律关系作为法律关系，是社会意志关系，属于社会上层建筑的范畴。没有物流法规，也就没有物流法律关系；没有具体的物流关系，物流法规也就失去了赖以产生和存在的物质基础。

二、物流法律关系的构成要素

【案例讨论】6 月 10 日，上海某商品采购中心在杭州某装饰材料生产企业采购了 5 吨建筑涂料，并将其交给通达物流公司承运至南京的某仓储配送中心。暴雨导致交通阻断，物流运输公司存在 4 天的迟延送达行为。在商品入库时，采购中心依据采购协议进行验货，发现货物没有达到合同规定的质量标准，提出退货和赔偿等要求。同时，由于该批货物违反国家规定的强制环保标准，被当地执法部门依法查封。请问：

（1）在本案中，哪些是物流交易法律关系？哪些是物流管理法律关系？

（2）结合本案中货物运输法律关系，指出其主体、内容和客体三要素。

任何法律关系都由主体、客体、内容三要素构成，三要素相互联系，都不可缺少。

无论是平等主体之间的物流法律关系还是非平等主体之间的物流管理法律关系，也同样由主体、客体和内容三要素构成。

（一）物流法律关系的主体

物流法律关系的主体即物流法规主体，是指参与物流过程中的法律关系并依法享有权利和承担义务的当事人。由于物流关系包括了物流交易关系和物流管理关系，物流法律关系的主体也多元化，并表现出不同的法律特征。物流法律关系主体可分为两类，即物流管理主体和物流活动主体。

1. 国家物流管理机关

国家物流管理机关，是行使国家物流管理职能的各种机关的通称，是物流管理主体。作为国家物流管理机关，主要有国家行政机关和国家司法机关。其中，国家行政机关中的经济管理部门承担物流管理的主要工作，它们有工商行政管理部门、商务部门、税收部门、金融部门、交通管理部门、物价管理部门、产品质量管理部门、商品检验检疫部门、海关等。在物流法律关系中，国家物流管理机关依法行使对物流活动的经济管理职能，成为物流管理关系中具有管理职权的主体，与之相对的是处于从属地位的被管理主体。

2. 物流企业和其他社会组织

物流企业是物流法律关系主体中最重要、最普遍的一种类型。物流企业是依法成立的以营利为目的的社会经济组织。物流企业特别是具有法人资格的物流公司，承担绝大部分的物流活动。在物流生产的各个环节，都有物流企业的身影。例如，有从事运输业务的物流企业、从事仓储和配送业务的物流企业、从事货代服务的物流企业、提供财务或者信息管理的物流企业等。由于物流活动的某些特殊性，法律对一些物流行业的市场准入规定了限制条件。其他社会组织是指事业单位、社会团体等，在某些情况下它们也会成为物流法律关系的主体。

3. 物流企业内部组织

物流企业内部组织是指物流法人企业和非法人企业的内部单位。例如，物流企业法不但规范物流企业的外部交易行为，也要规范物流企业内部机构的组建与职责。因此，物流企业内部组织是物流法律关系主体的组成部分。当然，并非所有的企业内部组织都可以成为法律关系的主体，在依法组建且具有相对独立的业务职能时，才能成为法律关系的主体。

4. 个体工商户、承包经营户和自然人

个体工商户、承包经营户和自然人属于民事法律关系主体。根据法律的规定，他们在参加物流活动过程中，可以是物流服务的提供者，也可以是物流服务的接受者。因此，他们也是物流法律关系主体之一。

（二）物流法律关系的内容

物流法律关系的内容，是指物流法律关系主体所享有的经济权利和承担的经济义务。它是物流主体之间的纽带和桥梁。物流法律关系内容分为两种：经济权利和经济义务。

经济权利是物流法律关系主体所享有并被物流法规所确认的一种许可或者资格。依据法律规定或者合同的约定，权利主体自己可以为一定行为或者不为一定行为以及要求义务主体为或者不为一定行为，以实现其经济利益。经济权益主要包括所有权、经济职权、经营管理权、法人财产权、知识产权等。

经济义务是依据物流法律的规定或者物流合同的约定，义务主体为实现权利主体的要求所应承担的一种责任。经济义务有两种类型，一是作为义务，二是不作为义务。在物流法律关系中，各国法律为物流关系主体设定了多方面的义务：遵守货物运输强制性义务；保障物流作业安全生产的义务；严格履行合同的义务；依法纳税的义务；保证产品质量的义务；不侵犯消费者权益的义务；禁止不正当竞争行为的义务；尊重知识产权的义务；不得侵犯商业秘密的义务等。

【案例链接】货运代理人的义务

某国际货运代理公司是海运提单中的通知人，当提单中指明的船舶抵达目的港锚地后，作为通知人其及时将该轮的动态通知了收货人。收货人申请火车车皮遇到困难，致使该轮无法及时靠泊卸货，产生了大量的滞期费。船东将收货人和国际货运代理公司诉至法院，要求他们承担赔偿责任。法院审理查明，国际货代公司不是提单当事人，而作为通知人已履行了自己的职责，而且没有过失。法院判决，国际货代公司不承担赔偿责任。收货人应当承担相关的赔偿责任。

（三）物流法律关系的客体

物流法律关系的客体，是指物流法律关系主体的权利和义务所共同指向的具体对象。客体是确定权利义务关系性质的依据，如果没有客体，经济权利义务就失去了所依附的目标，就无法引起法律关系主体双方经济权利和义务关系的发生。目前，物流法律关系客体可以分为以下三类：

（1）物。物即物质财富，是指可以为人控制和支配、具有价值和使用价值的物质。物包括自然存在物和人类劳动生产的产品，以及货币和有价证券等，可分为动产和不动产。物是各类法律关系中最常见的客体。

（2）经济行为。经济行为，是指物流法律关系主体为达到一定的经济目的，实现其权利和义务所进行的经济活动。其主要包括经济管理行为、提供劳务行为和完成工作行为等。例如，物流业中的运输行为、仓储行为、搬运装卸行为、包装加工行为、信息管理行为等。物流行业的特点决定了经济行为是物流法律关系最常见的客体。

（3）智力成果。智力成果，是指人们从事智力劳动所创造的成果，又称知识产品。它是文学艺术和科学作品、发明、实用新型、外观设计、商标以及创造性劳动成果的统称。智力成果本身不直接表现为物质财富，但可以转化为物质财富。在物流领域内，智力成果在提升物流品牌、降低成本、提高效益等方面发挥巨大的经济价值。

三、物流法律关系的确立

物流法律关系的确立是基于一定的法律事实而形成的。物流法规律事实是指能够引起物流法律关系设立、变更和消灭的客观情况。物流法规律事实属于法律事实的一种，依照其发生与当事人意志有无关系，分为行为和事件。

1. 行为

行为，是指根据当事人的意志而作出的能够引起物流法律关系产生、变更和消灭的活动。该行为可分为合法行为和违法行为两种。其中，合法行为是指符合法律规范的行为，包括经济管理行为、经济法律行为和经济司法行为。合法行为要求主体资格合格；意思表示真实；内容、形式合法等。违法行为是指违反法律规定的行为或者是法律所禁止的行为。违法行为是行为人承担法律责任的事实依据。

2. 事件

事件，是指客观上发生和存在的，与当事人的主观意志和自主行为无关的，能够引起物流法律关系产生、变更和消灭的客观事实。该事件包括自然现象和社会现象引起的事实。其中，自然现象是指自然灾害，例如地震、洪水、暴风等。社会现象虽然由人的行为所引起，但其出现在特定的物流法律关系中并不以当事人的意志为转移，如因战争、罢工等导致当事人违约等。

【案例链接】提单与诉权

1995 年，五矿国际有色金属贸易公司（简称五矿公司）与日本丰田通商株式会社（简称丰田通商）签订一份 1 500 吨的低磷硅锰合金进出口合同。合同货物由海南通连公司作为承运人承运，但在目的港名古屋发生了错误装卸。1996 年，丰田通商以货物不符合合同要求为由，向五矿公司提出赔偿请求；五矿公司向丰田通商作了通融赔付，但对于丰田通商对提单货物的处理及时没有提出异议。在赔付后，作为贸易合同卖方，提单托运人的五矿公司根据运输合同起诉，要求货物承运人承担赔偿责任。

此案经一审、二审后，当事人向最高人民法院申请再审。最高人民法院审理认为，该批货物提单经过背书转让给丰田通商，丰田通商在目的港提货后对货物进行了处理，视为运输合同在目的港即完成了交、提货程序。因此，提单所证明的运输合同项下托运人的权利义务，转移给提单持有人丰田通商，包括对货物所有权和诉讼权利。对于承运人错卸货物造成的损害赔偿请求权，应由丰田通商来行使。当然，丰田通商享有依据买卖合同向货物卖方和依据货物运输合同向提单承运人主张货物损害赔偿请求权的选择权。在五矿公司通融赔付时，丰田通商未将提单所证明的运输合同项下对承运人的索赔权转让给五矿公司。

最高人民法院作出终审判决：五矿公司无权对提单承运人进行追偿；诉讼费用由五矿公司承担。

第三节　物流法律责任

一、物流法律责任

物流法律责任，是指由物流法律所规定的当物流法规主体违反经济义务时必须承担的不利法律后果。它是国家用以保护物流法律关系的重要措施，是国家对物流活动中违法行为实行法律制裁的根据，也是物流法规得以遵守和执行的重要保障。

物流法规所调整的物流关系由平等主体之间物流交易关系和非平等主体之间的物流管理关系两部分所组成，所以物流法律责任也由两类法律责任所组成。换言之，平等主体之间物流交易关系由民法所调整，由此产生的法律责任属于民事责任；非平等主体之间的物流管理关系由经济法所调整，由此产生的法律责任属于经济法律责任。

由此可见，物流法律责任也表现出自身的特殊性。

【案例链接】有毒夺命快递案

2013 年 11 月 29 日，山东广饶县刘某收到圆通网络服务公司快递物品。该快递物品是刘某网购给女儿的礼物，但其快递包装上的异味让收件人刘某当晚 10 点就永远闭上了双眼。在此前后，还有两位网购者和圆通网络服务公司 7 名员工因此异味染病入院。这就是震惊全国的“有毒夺命快递”案。事后查明：该快递物品及异味是另一寄件人即湖北某化工有限公司的有毒快递液体“氟乙酸甲酯”泄漏污染所致。

除承担受害人的民事赔偿责任外，圆通网络服务公司被责令停业整改。武汉快递收件公司因收寄验视不规范而被依法吊销快递业务经营许可证。有毒化学品的寄件责任人杨某被依法追究刑事责任。

二、物流法律责任的归责原则

归责原则，是确定法律关系主体在违反法律义务或者合同义务时所应承担责任的一般准则。它直接关系到当事人应不应承担法律责任。在司法实践中，追究物流法律责任会涉及两个重要的归责原则，即过错责任原则和严格责任原则。不同的归责原则，追究违法主体法律责任构成条件也就不同。

1. 过错责任原则

过错责任原则，是指追究主体的违法责任须以当事人在主观上存在过错为前提条件，即当事人主观上有过错才会承担法律责任，主观上没有过错则不承担法律责任的原则。在过错责任原则上追究当事人的法律责任，不但要求违法主体存在违法行为、有损害或者危害事实，违法行为与损害或者危害事实之间有因果关系，而且还要求违法主体在实施违法行为时主观上存在过错。主观上的过错，是指行为人在实施违法行为或者违反义务时，主观上所持的故意或者过失。其中，故意表明行为人能够预见到自己的行为会产生一定的危害社会的后果，但仍实施该行为并希望或者放任危害结果的发生；过失表明行为人应当预见自己的行为会发生危害结果，但由于疏忽大意而没有预见或者虽然预见却轻信可以避免而致使危害结果发生。过错责任原则是民法普遍适用的原则。2017 年 3 月 15 日全国人民代表大会通过并于 2017 年 10 月 1 日实施的《中华人民共和国民法总则》（以下简称《民法总则》）规定：“自然人、法人由于过错侵害国家的、集体的财产，侵害他人财产、人身的应当承担民事责任。”经济法在追究违法责任时也广泛适用过错责任原则。

2. 严格责任原则

严格责任原则又称无过错责任原则，是指依据法律规定，无论在主观上有无过错，违法主体都要对其行为所导致的损失或者危害承担法律责任的原则。它是在社会生产发展、科技进步和高度危险行业增多的情况下，逐步确立起来的一项新的归责原则。严格责任原则能积极保护受害人的合法权益，增强义务人的法律责任意识，所以它不但被民法所采用，而且更多地为经济法所采用。例如，环境保护法、产品质量法、道路交通法等都规定了严格责任原则。它可以使因实行过错责任原则下得不到补偿的受害人能够获得补偿，从而使法律责任的承担更加公平、合理。一般认为，严格责任原则是承担法律责任的一项特殊原则，即只有在法律明确规定的情况才予以适用。《中华人民共和国合同法》（以下简称《合同法》）第一百零七条规定："当事人一方不履行合同义务或者履行合同义务不符合约定的，应当承担继续履行、采取补救措施或者赔偿损失等违约责任。"这表明《合同法》在追究当事人的违约责任时，将无过错责任原则列为基本原则，而过错责任原则列为特殊原则。

【判例链接】严格责任判例

1963 年，美国加利福尼亚法院在审理"格林曼诉尤巴电器公司"一案中第一次应用严格责任原则。其案情是：原告的妻子格林曼夫人购买了尤巴电器公司生产的一种多用途削木机床作为送给丈夫格林曼的圣诞礼物。格林曼在按照说明书使用机床时，一块木头从机器中飞出，撞击到其头部并造成重伤。受害人提起了违反担保之诉，但无法证明被告在主观上有过错。加州最高法院审理查明，该机床属于有缺陷的产品，并与事故有直接关系。虽然原告无法证明被告在工具制造上有过错，被告也无违反担保责任，但法院认为，原告无须证明明示担保的存在，因为制造者将其产品投入市场时就明知使用者对产品不经检查就会使用。只要能证明该产品的缺陷对人造成伤害，生产者即应当承担赔偿责任。这一判例确立了"格林曼规则"，即严格责任原则。

三、物流法律责任的形式

当主体违反平等主体之间的物流交易法律关系时，应适用民事法律制度追究其民事责任；当主体违反非平等主体之间的物流管理法律关系时，应依据经济法追究其违法责任。物流法律责任具体形式有：

1. 民事责任

民事责任是指民事主体因违反法律规定或者合同约定的民事义务，侵犯他人合法的民事权益，所应承担的法律后果。物流主体违反平等物流交易法律关系时会产生相关的民事责任。根据《民法总则》的规定，民事责任主要有违反合同的民事责任和侵权的民事责任。

（1）违反合同的民事责任。其是指当事人不履行合同义务或者履行合同义务不符合约定条件而应当承担的民事责任。由于物流业中存在大量的物流服务合同，因此违反合同的民事责任成为物流业中最常见的法律责任。违反合同的民事责任主要形式有继续履行、支付违约金、赔偿损失、解除合同等。

（2）侵权的民事责任。其是指民事主体侵犯国家、集体或者他人的合法民事权益而应承担的法律后果。侵权的民事责任又分为一般侵权的民事责任和特殊侵权的民事责任。侵权的民事责任主要形式有停止侵害、恢复名誉、消除影响、赔礼道歉、恢复原状、返还财产、赔偿损失等。

2. 行政责任

行政责任是指经济法的主体因其破坏国家经济管理秩序的违法行为所依法承担的行政法律后果。物流主体违反物流管理法律关系则会产生行政责任。承担行政责任的主体包括行政主体和行政相对人。在物流的行政责任中，其主体包括物流活动中的国家经济管理部门和物流活动主体。

行政责任包括行政处罚和行政处分。依据我国《中华人民共和国行政处罚法》（以下简称《行政处罚法》）的规定，行政处罚有警告、罚款、责令停产停业、没收违法所得、暂扣或者吊销许可证、暂扣或者吊销执照、行政拘留以及法律、行政法规规定的其他行政处罚。此外，国家机关、企事业单位还可根据法律法规的规定，对违法者实施警告、记过、记大过、降职、撤职、留用察看、开除等处分。

【法律链接】《中华人民共和国海运条例》

第四十七条：国际船舶运输经营者、无船承运业务经营者、国际船舶代理经营者和国际船舶管理经营者将其依法取得的经营资格提供他人使用的，由国务院交通主管部门或者其授权的地方人民政府交通主管部门责任限期改正，逾期不改正的，撤销其经营资格。

3. 刑事责任

刑事责任是指经济法的主体因其行为触犯刑法构成犯罪所承担的法律后果。在物流法律关系中，当事人违反物流法规并触犯刑法构成犯罪的，应当承担刑事责任。依据《中华人民共和国刑法》（以下简称《刑法》）的规定，刑罚分为主刑和附加刑。主刑包括管制、拘役、有期徒刑、无期徒刑和死刑；附加刑包括罚金、剥夺政治权利、没收财产。对于犯罪的外国人、无国籍人可以独立适用或者附加适用驱逐出境。

公司、企业、事业单位、机关、社会团体等单位实施危害社会的行为，法律明确规定为单位犯罪的，应当负刑事责任。单位犯罪的，对单位判处罚金，并对直接负责的主管人员和其他直接责任人员判处刑罚。

实训作业

一、实训项目

为深入理解物流法律关系三要素对正确处理当事人之间经济纠纷以及维护物流市场秩序的重要理论意义，以物流运输或物流仓储社会关系为课题，由学生分组并调查相关社会典型物流纠纷案例。根据调查案例，要求学生制作 PPT 并演示说明案例中物流法律关系三要素。

二、案例思考

2014 年 11 月 11 日，黑龙江某制革厂将位于哈尔滨市市郊自有的固定资产和流动资产投保，并与中国某财产保险公司的代理人签订了企业财产保险合同。保险合同规定：自燃等风险属于保险责任，保险费 2.9 万元，保险期限一年。在财产保险合同、保险单及所附财产明细表中，均列明投保中的流动资产包括原材料和产成品及其存放位置。投保后，制革厂于 2015 年 5 月 16 日、19 日先后两次将保险财产中的产品发往其驻南方某市的销售部，共计2 100件，价值 34 万元。2015 年 7 月 16 日，由于该市连日持续高温，引起库房的货物自燃，全部被毁。对此损失，保险公司拒绝赔偿。请问：

（1）本案中的物流保险合同关系的主体、客体和内容分别是什么？

（2）本案中引起物流保险责任关系的产生、终止的法律事实各是什么？

第二章 企业法实务

企业是生产经营活动中最常见的主体，其经营活动不但关系到企业投资者和企业职工的利益，而且关系到与之有相关业务往来的第三人的利益，甚至还会影响国家的经济秩序和社会稳定。因此，各国无不进行企业法律制度建设，规范企业自身的设立、变更、运营和终止等一系列行为。目前，我国已经建立了现代企业法律制度，如《中华人民共和国公司法》《中华人民共和国合伙企业法》和《中华人民共和国个人独资企业法》等。在我国，物流企业的设立、运营和终止除了遵守企业法律制度外，还要遵守与物流行业市场准入的法律制度。

【导入案例】黄某曾是某水电企业职工，两年前辞职经商，创办了一家服装生产业务的个人独资企业。因市场滞销，其个人独资企业欠了一家布料厂商 20 多万元货款。债主起诉后，法院判决黄某败诉并将其企业里的少量财产和他个人轿车等变卖后用来偿还债务。两年后，黄某做了充分的市场调研，东山再起，服装企业的效益与日俱增，但好景不长，一家公司从他这里采购新潮服装欠下 30 万元货款迟迟不还。黄某几次讨债未果后，向法院提起诉讼并获得胜诉，但该公司严重亏损而无力偿还债务。黄某要求法院将该公司法定代表人的私房变卖后抵偿，但法院坚决不同意。黄某想不通，为什么他的企业欠下的债要用家产来抵债，而别人的企业欠债就不必用家产来抵偿。

结合本案内容，谈谈公司与个人独资企业在法律责任方面的不同之处。

第一节 企业法概述

一、企业概念

（一）企业的定义

企业是商品经济发展的产物，其源于英语中的 Enterprise，有企图冒险从事某项事业且具有持续经营的意思，后来引申为经营组织或经营体。关于企业概念，存在多种不同的表述，但一般都认为，企业是指依法设立的以营利为目的的从事生产经营活动或服务性业务的经济组织。企业作为市场经济活动的主体，其具有以下特征：

（1）组织性。企业的组织性，是指企业依据法律规定所成立的经济组织体，即有名称、组织机构和规章制度，能够将生产资料、劳动资料和经营者、劳动者等生产要素相结合的生产体系。

（2）营利性。营利是企业投资者设立企业的目的所在，也是企业存在及发展的直接动机。企业要通过自己的生产经营活动，以尽可能少的劳动消耗获得尽可能多的经济效益，以满足投资者实现自身经济利益的需要。

（3）合法性。企业必须依法设立，依法设置内部机构，依法从事生产经营活动。企业在追求盈利的同时，必须承担一定的社会责任。在企业终止注销时，为了保障第三方利益和社会的经济秩序，也要履行相关的法律程序。

（二）企业的分类

不同类型的企业，法律就其设立条件、程序、筹资渠道、税负、市场准入、投资者法律责任等方面各有差异性规定。选择适合的企业组织形式，不但是投资者考虑的实际问题，也是与企业从事经济活动的第三人评估企业风险的重要内容之一。依据不同的划分标准，可以将企业划分为以下几类：

（1）按企业所有制形式不同，可将企业分为全民所有制企业、集体所有制企业、私营企业、外商投资企业以及混合所有制企业。我国传统企业立法主要是以此分类来划分的。

（2）按企业生产规模和生产能力的不同，可将企业分为大型企业、中型企业、小型企业。

（3）按企业经营领域不同，可将企业划分为生产企业、流通企业、销售企业等。

（4）根据企业的组织形式和财产责任方式的不同，可将企业划分为个人独资企业、合伙企业、公司。个人独资企业和合伙企业是非法人企业，依法不具有法人资格。公司是依据公司法组建的具有法人资格的企业。

上述分类中，前三种分类为企业的经济形态，第四种分类为企业的法律形态。第四种分类因其财产责任形式明确，为当今世界各国通行并成为公认的企业法律形态，也是我国建立社会主义市场经济体制和现代企业制度所确立的企业组织形式。

【法律链接】法人与非法人企业

法人，是指具有民事权利能力和民事行为能力，依法独立享有民事权利和承担民事义务的组织。《民法总则》将法人分为营利法人、非营利法人和特别法人。法人以其全部财产独立承担民事责任。这意味着法人能以自己的财产承担自己行为的法律后果，而非以法人的出资人或法人成员的财产承担。法人的出资人或成员对法人的债务只负有限责任，当法人的财产不足以承担法人的债务时，未承担的债务消灭，法人成员不再以个人财产承担清偿。公司是典型的营利性法人。

非法人组织是指依法设立的不具有法人资格但是能够依法以自己的名义从事民事活动的组织。非法人组织不具有法人主体地位，其财产不足以清偿债务的，其出资人或者设立人承担无限责任，法律另有规定的除外。个人独资企业和合伙企业是典型的非法人组织。

二、物流企业的市场准入

物流企业，是依法设立的从事物流营利性经济活动的经济组织。物流企业属于企业范畴，其不但要具备企业法规定企业一般的设立要件，还应当根据物流业相关法律规定具备市场准入条件。目前，我国物流企业的市场准入条件如下：

（一）内资物流企业市场准入规定

（1）普通物流企业类型的市场准入。对于内资投资从事普通的物流行业，如国内货运代理、批发、公路运输、货物仓储等行业的市场准入法律上没有限制规定，只要符合相应企业的设立条件，就可以到工商登记机关申请设立登记。

（2）特殊物流企业类型的市场准入。特殊物流企业主要包括从事石油及油品物流、煤炭物流、腐蚀化学物品物流、危险品物流、废弃物物流或国际货运代理等业务领域企业。目前，该类企业须经主管机关审核批准，并经工商行政管理机关进行变更营业登记才能开展相关业务。

（3）关系国计民生的物流企业的市场准入。对于一些涉及我国经济命脉的特殊物流企业，由于对国家政治、经济、军事等各方面都有很大影响，其市场准入必然十分严格，如铁路运输、航空运输等企业，必须经国务院特许才能设立。

（二）外商投资物流企业市场准入规定

商务部《关于开展试点设立外商投资物流企业工作有关问题的通知》（2002）规定，在我国外商投资物流企业的市场准入条件为：

（1）外商投资的从事国际流通物流、第三方物流业务的物流企业的市场准入。外商投资物流企业应为境外投资者以中外合资、中外合作的形式设立的能为用户提供物流多功能一体化服务的外商投资企业，可以经营国际流通物流、第三方物流业务。设立外商投资物流企业，应向拟设立企业所在地的省、自治区、直辖市计划单列市对外贸易经济主管部门提出申请，并提交相应的文件，由其提出初审意见并报国务院对外贸易经济主管部门批准。

（2）外商投资从事国际流通物流、第三方物流业务以外的物流企业的市场准入。对于外商投资从事国际流通物流、第三方物流业务以外的物流企业，如从事道路普通货物运输、利用计算机网络管理与运作物流业务、民用航空业、国际货物运输代理业、仓储配送等，必须符合相应法律法规规定的市场准入条件。

对于外商投资我国没有专门法律法规规定市场准入的物流企业，如批发业等，只要符合我国《指导外商投资方向规定》《外商投资产业指导目录》中市场准入范围，并依据相关企业法规定，可向对外经济贸易主管部门提出申请批准，并办理企业登记手续。

三、企业法体系

企业法是指调整国家对企业进行组织管理以及企业在生产经营或服务性活动中所发生的各种经济关系的法律规范的总称。它主要包括两方面的关系，即企业在设立、组织与活动中所发生的经济管理关系和财产关系。目前，我国企业法存在两种体系：

（1）20 世纪 90 年代前，企业立法主要是按照企业的所有制形式来制定和划分各种企业法。其主要的立法有：《中华人民共和国全民所有制工业企业法》《中华人民共和国城镇集体所有制企业条例》《中华人民共和国乡村集体所有制企业条例》《中华人民共和国乡镇企业法》《中华人民共和国中外合资经营企业法》《中华人民共和国中外合作经营企业法》《中华人民共和国外资企业法》等。但是，这种企业立法使企业因所有制性质不同而使企业处于不平等的地位。企业间的权利、义务不平等，企业间的竞争也不平等。按所有制为划分标准的立法不科学、立法规则也不统一，出现了各自为政的单行法规重复立法的现象，也严重阻碍了市场经济的发展，与中国加入 WTO（世界贸易组织）的基本规则也不相适应。

（2）随着社会主义市场经济体制的确立，我国已建立和完善了现代企业法律制度，其主要有《中华人民共和国个人独资企业法》《中华人民共和国合伙企业法》《中华人民共和国公司法》及相应的配套法规，构成了现代企业法的基石。

尽管现行企业法体系还处于两种立法模式并存的阶段，但是随着改革的不断深入发展，尤其是公司制改造的不断深化，这种并存的立法模式将最终根据公平、开放、竞争的市场规则要求，走向以组织形式、投资者责任方式为标准对市场主体进行科学分类而建立起来的我国新型的市场经济体制下的企业立法体系。

【法律链接】企业“三证合一”登记制度

2015 年 8 月 13 日，工商总局、中央编办、国家发展改革委、税务总局、质检总局和国务院法制办 6 部门联合印发通知，推动“三证合一”登记制度改革。“三证合一”是指将企业依次申请的工商营业执照、组织机构代码证和税务登记证三证合为一证。随着三证合一的实施，各类组织机构注册号或登记号（包括纳税人代码）将为具有唯一、终身不变功能的组织机构代码所取代。这不但简化了企业举办者的证照登记繁琐事务，也为国家税务、金融、社保、安全、质监等管理提供了方便。

四、企业年度报告公示管理制度

企业年度报告公示制度，是指企业应当按年度在规定的期限内，通过市场主体信用信息公示系统向工商行政管理机关报送年度报告，并向社会公示以便查询的企业管理制度。根据 2014 年 10 月 1 日实施的《注册资本登记制度改革方案》规定，企业年度报告公示管理制度的主要内容有：

（1）企业年度报告内容应包括企业投资者缴纳出资情况、资产状况等。企业对年度报告的真实性、合法性负责。工商行政管理机关可以对企业年度报告公示内容进行抽查。

（2）违反企业年度报告公示制度的处罚规定主要有：①企业年度报告隐瞒真实情况、弄虚作假的，工商行政管理机关依法予以处罚，并将企业法定代表人、负责人等信息通报公安、财政、海关、税务等有关部门；②对未按规定期限公示年度报告的企业，工商行政管理机关在市场主体信用信息公示系统上将其载入经营异常名录；③企业超过三年未履行的，工商行政管理机关将其永久载入经营异常名录，不得恢复正常记载状态，并列入严重违法企业名单，即“黑名单”。

【案例链接】托运王国的“失踪”

物流行业企业失踪案频繁发生，严重损害了客户的经济利益和行业信誉。如，2001 年，四川省川运运输连锁有限公司在成都注册设立，注册资本为 200 万元。企业前期的信誉赢得了众多商家的信任，很快就在成都开设了 24 家连锁店，并在邛崃、雅安、乐山等全省 34 个城市设置了分支机构。其经营范围涉及日用百货、五金交电、仓储、代理货物托运等多个行业，业务遍布全省，并发展成为成都最大的“托运王国”。

2005 年 10 月，令商家们意想不到的是，这个曾经以信誉为担保的公司竟然一夜之间人去楼空，其旗下遍布全省 34 个城市的 57 个门店也随之关闭，公司客户近 3 000 万元货款也下落不明。消息传出，成都物流市场一片哗然，托运市场信用遭受严重伤害，托运业务量明显下滑。为了追究公司及相关人员的违法犯罪责任，维护客户的合法权益和净化物流市场，当地执法机关迅速破案。同时，四川省政府也要求物流管理部门对全省物流行业进行整顿和规范。

企业年度报告公示管理制度建立企业信用体系，将会有效地阻止各企业的经营违规行为和企业失踪案的发生，对维护健康正常的经济市场将起到重要作用。

第二节　个人独资企业法

一、个人独资企业与个人独资企业法

（一）个人独资企业

个人独资企业简称个人企业，是指由一个自然人投资，投资者以个人财产对企业债务承担无限责任的非法人资格的经济组织。个人企业是人类社会商品经济活动中最早出现的一种企业形态。个人独资企业从事生产经营活动，不得违反法律、行政法规禁止经营或限制经营的业务。现代物流企业，可以依法选择个人企业组织形式。

根据我国《中华人民共和国个人独资企业法》（以下简称《个人独资企业法》）的规定，个人独资企业是指依法在中国境内设立，由一个自然人投资，财产为投资人个人所有，投资人以其个人财产对企业债务承担无限责任的经营实体。

与其他企业组织形式相比，个人独资企业具有以下特征：

（1）个人独资企业是由一个自然人投资的企业。各国法律规定设立个人独资企业只能是一个自然人。我国法律规定，国家机关、国家授权投资的机构或者国家授权的部门、企业、事业单位等都不能作为个人独资企业的投资人。

（2）个人独资企业的投资人对企业的债务承担无限责任。即当企业的财产不足以清偿到期债务时，投资人依法以自己个人或家庭财产清偿企业债务。

（3）个人独资企业的内部机构设置简单，经营管理方式灵活。法律对个人独资企业的内部机构和经营管理方式无严格规定，个人独资企业的投资者可以根据需要设置企业内部机构，设置简单。因企业归投资者一人所有，所以企业经营管理方式直接高效。

（4）个人独资企业是非法人企业。个人独资企业财产与投资人财产无明显界限，个人独资企业不具有法人资格，无独立承担民事责任的能力。个人企业虽无独立责任能力，但依法具备独立的法律主体资格，可依法以自己的名义从事民事、经济活动并受法律保护。

（二）个人独资企业立法

个人独资企业法有广义和狭义之分。其中，广义的个人独资企业法是指国家立法机关或其他有权部门依法制定的关于个人独资企业的各种法律规范的总称；狭义的个人独资企业法是指 1999 年 8 月 30 日第九届全国人大常委会第十一次会议通过的，并于

2000 年 1 月 1 日起实施的《中华人民共和国个人独资企业法》。《个人独资企业法》的颁布实施，对于规范独资企业的行为，保护投资企业的投资人和债权人的合法权益，维护市场经济秩序，促进市场经济的健康发展都发挥了重要作用。

二、个人独资企业的设立

（一）个人独资企业的设立条件

【案例讨论】王梦多是某街道办的公职人员，想创办一家快递企业，利用自己多余的时间经营管理，也可以为自己增加收入。经过一系列的市场调查，王梦多有了自己的创业计划：成立一家名为“吉祥鸟快递有限责任公司”的快递公司；听说个人独资企业的注册资本没有限制性规定，自己出资越低，承担的责任就越少，故他决定企业的注册资本暂定为 888 元；由于找不到合适的营业场地，暂时租用即将拆迁的临街门面房作为经营场地；聘请一人担任经理来进行日常管理，但重大事项由王梦多自己决定；为了节省成本，不设置账簿，不配备专门的财会人员。一切准备妥当后，王梦多到工商行政管理部门申请营业执照准备开业。

对此，工商行政管理部门会予以登记吗？

根据《个人独资企业法》第八条的规定，设立个人独资企业应当具备下列条件：

（1）投资人为一个自然人。投资者虽然是自然人，但并不意味着所有的自然人都可以投资设立个人独资企业。依据相关规定，无民事行为能力人、国家公务员、党政机关领导干部、警官、法官、检察官、现役军人等，不得作为投资人申请个人独资企业。

（2）有合法的企业名称。个人独资企业的名称，应当符合国家《企业名称登记管理规定》等，应与企业责任形式及从事的营业范围相符合，不得使用“有限”“有限责任”或“公司”字样。

（3）有投资人申报的出资。个人独资企业的资产由投资人本人投资，若在申请企业设立登记时以其家庭共有财产作为个人出资的，应当予以载明。为了鼓励个人兴办企业，《个人独资企业法》对设立个人独资企业的出资数额未作限制，但投资人申报的出资额应当与企业的生产经营规模相适应。投资者的出资方式多样，可以用货币出资，也可以用实物、土地使用权、知识产权或者其他财产权利出资。

（4）有固定的生产经营场所和必要的生产经营条件。

（5）有必要的从业人员。企业应要有与其生产经营范围、规模相适应的从业人员。

（二）个人独资企业的设立程序

1. 设立申请

申请设立个人独资企业，应当由投资人或者其委托的代理人向个人独资企业所在地的登记机关提出设立申请。投资人申请设立登记，应当向登记机关提交下列文件：①设立申请书；②投资人身份证明；③企业住所或生产经营场所使用等证明文件；④委托代理人申请设立登记的，应当提交投资人的委托书和代理人的身份证明或者资格证明；⑤其他文件。从事法律、行政法规规定须报经有关部门审批的业务的，应当提交有关部门的批准文件。

2. 设立登记

登记机关应当在收到设立申请文件之日起 15 日内，对符合个人独资企业法规定条件的予以登记，并发给营业执照；对不符合个人独资企业法规定条件的，不予登记，并发给企业登记驳回通知书。个人独资企业的营业执照的签发日期，为个人独资企业成立日期，在领取个人独资企业营业执照前，投资人不得以个人独资企业的名义从事经营活动。

个人独资企业设立分支机构，应当由投资人或者其委托的代理人向分支机构所在地的登记机关申请设立登记。分支机构的民事责任由设立该分支机构的个人独资企业承担。个人独资企业在存续期间登记事项发生变更的，应当在作出变更决定之日起 15 日内依法向登记机关申请办理变更登记。

三、个人独资企业的事务管理

(一) 个人独资企业事务管理的方式

【案例讨论】 周某于 2015 年 2 月投资设立一个从事水产品采购、运输和仓储的个人独资企业。周某因身体原因委托何某管理企业事务。委托合同约定：何某仅对 10 万元以下的交易有决定权，10 万元以上的交易须经过周某的批准。2015 年 5 月，何某见市场上水产品的价格下降，遂与渔民吴某订立了 20 万元的水产品交易合同。吴某按时履行了交付水产品义务，但该企业却因市场销路问题而迟迟没有支付货款。与该企业发生争议后，吴某遂向法院提起了民事诉讼。

法院应该如何认定和处理水产品交易合同纠纷?

个人独资企业的投资人可以自行管理企业事务，也可以委托或者聘用其他具有民事行为能力的人负责企业的事务管理。投资人委托或者聘用他人管理个人独资企业事务，应当与受托人或者被聘用的人签订书面合同，明确委托的具体内容和授予的权利范围。

投资人对受托人或者被聘用的人员职权的限制，不得对抗善意第三人。这里的善意第三人是指本着合法交易的目的，诚实地通过受托人或者被聘用的人员，与个人独资企业从事交易的人，包括法人、非法人团体和自然人。个人独资企业的投资人与受托人或者被聘用的人员之间有关权利义务的限制只对受托人或者被聘用的人员有效，对第三人并无约束力，受托人或者被聘用的人员超出投资人的限制与善意第三人的有关业务交往应当有效。

(二) 个人独资企业事务管理的内容

个人独资企业应当依法设置会计账簿，进行会计核算。个人独资企业招用职工的，应当依法与职工签订劳动合同，保障职工的劳动安全，按时、足额发放职工工资。个人独资企业应当按照国家规定参加社会保险，为职工缴纳社会保险费。否则将依照有关法律、行政法规的规定予以处罚，并追究有关责任人员的责任。

四、个人独资企业的解散和清算

【案例讨论】 2014 年 2 月 1 日，张某出资 20 万元设立了星豪酒楼，营业登记证件中标注为个人独资企业。该企业由张某自己经营管理，星豪酒楼发生亏损，至 2014 年 10 月已不能支付企业多笔到期欠款。张某决定解散企业，并请求法院指定清算人。10 月 10 日，人民法院指定王某为清算人对星豪酒楼进行清算，经查，星豪酒楼和张某的资产及债权债务情况如下：星豪酒楼欠税款 8 万元，欠雇工工资 6 万元，欠社会保险费 3 万元，欠李某货款 19 万元；星豪酒楼银行存款 2 万元，实物折价 16 万元；张某个人其他可执行的财产价值 32 万元。问：

（1）星豪酒楼财产清偿顺序应如何安排？

（2）如何满足李某的债权请求？

（一）个人独资企业的解散

个人独资企业的解散是指个人独资企业终止活动，使其民事主体资格消灭的行为。

根据《个人独资企业法》第二十六条的规定，个人独资企业有下列情形之一时，应当解散：

（1）投资人决定解散。

（2）投资人死亡或者宣告死亡，无继承人或者继承人决定放弃继承。

（3）被依法吊销营业执照。

（4）法律、行政法规规定的其他情形。

（二）个人独资企业的清算

个人独资企业解散时，应当进行清算。《个人独资企业法》规定，个人独资企业解散，由投资人自行清算或者由债权人申请人民法院指定清算人进行清算。

投资人自行清算的，应当在清算前 15 日内书面通知债权人，无法通知的，应当予以公告。债权人应当在接到通知之日起 30 日内，未接到通知的应当在公告之日起 60 日内，向投资人申报其债权。个人独资企业解散后，原投资人对个人独资企业存续期间的债务仍应承担偿还责任，但债权人在五年内未向债务人提出偿债请求的，该责任消灭。

个人独资企业解散的，财产应当按照下列顺序清偿：

第一顺序是所欠职工工资和社会保险费用；

第二顺序是所欠税款；

第三顺序是其他债务。

个人独资企业财产不足以清偿债务的，投资人应当以其个人的其他财产予以清偿。清算期间，个人独资企业不得开展与清算目的无关的经营活动。在按前述财产清偿顺序清偿债务前，投资人不得转移、隐匿财产。如有转移、隐匿财产的行为，依法追回其财产，并按照有关规定予以处罚。构成犯罪的，追究刑事责任。

个人独资企业清算结束后，投资人或者人民法院指定的清算人应当编制清算报告，并于清算结束之日起 15 日内向原登记机关申请注销登记。

第三节　合伙企业法

一、合伙企业概述

（一）合伙企业概念

合伙企业与个人独资企业一样，属于古老的企业形态。一般情况下，合伙企业是指由合伙人共同订立合伙协议，共同出资、合伙经营、共享收益，合伙人依法对企业债务承担责任的非法人企业组织。

合伙企业可分为普通合伙企业和有限合伙企业。其中，普通合伙企业由普通合伙人组成，合伙人对合伙企业债务承担无限连带责任，但对特殊的普通合伙企业另有规定除外；有限合伙企业则由普通合伙人和有限合伙人组成，普通合伙人对合伙企业债务承担无限连带责任，有限合伙人以其认缴的出资额为限对合伙企业债务承担责任。

【案例讨论】2013 年 1 月，赵某、钱某、孙某三人投资设立智能洗车业务的普通合伙企业，签订了书面合伙协议。合伙协议中规定：赵某以货币出资 10 万元，钱某以实物折价出资 8 万元，经其他二人同意，孙某以技术劳务折价出资 6 万元。合伙协议还约定了利润分享及债务分担。2015 年 4 月，合伙企业又接纳李某入伙，李某出资 4 万元。2015 年 5 月，就 2014 年 8 月发生的货款 30 万元，债权人绿叶公司要求合伙企业及合伙人赵某、钱某、孙某、李某共同承担连带清偿责任。赵某、钱某、孙某只愿承担合伙协议约定比例债务，李某以自己新入伙为由拒绝对其入伙前的债务承担清偿责任。

债权人的主张能否成立？为什么？

（二）合伙企业的特征

（1）合伙企业存续期的有限性。合伙人签订了合伙协议，就宣告合伙企业的成立，但新合伙人加入，合伙人的退伙、死亡、自愿清算、破产清算等均可造成合伙企业的解散。

（2）合伙企业责任的无限性。合伙组织不具有法人资格，不能独立承担责任。无论普通合伙还是有限合伙，该企业中的普通合伙人依法对合伙企业的债务承担无限连带责任。

（3）合伙人之间的相互代理。合伙企业的经营活动，由合伙人共同决定，合伙人有执行和监督的权利。合伙人相互代理，合伙负责人和其他合伙人的经营活动，由全体合伙人承担民事责任。

（4）合伙财产共有。合伙人投入的财产，由合伙企业统一管理和使用，不经其他合伙人同意，任何一位合伙人不得将合伙财产移为他用。

（5）利益共享。合伙企业在生产经营活动中所取得、积累的财产，归合伙人共有。合伙企业经营亏损，由合伙人合同约定或法律规定共同承担。

二、合伙企业法

合伙企业法有广义和狭义之分。其中，广义的合伙企业法是指国家立法机关或者其他机关依法制定的、调整合伙企业合伙关系的各种法律规范的总称。狭义的合伙企业法是指国家最高立法机关依法制定的规范合伙企业合伙关系的专门法律。第八届全国人大常委会第二十四次会议于 1997 年 2 月 23 日通过，自 1997 年 8 月 1 日起施行的《中华人民共和国合伙企业法》（以下简称《合伙企业法》）。第十届全国人民代表大会常务委员会第二十三次会议于 2006 年 8 月 27 日通过《合伙企业法》修正案，并自 2007 年 6 月 1 日起施行。

《合伙企业法》适用于由工商行政管理机关依法登记管理的合伙企业。采用合伙制的律师事务所、会计师事务所等专业服务机构并未注册为企业，不适用《合伙企业法》的规定，但在责任形式上可以适用合伙企业法规定的特殊普通合伙企业的责任形式。

三、普通合伙企业

（一）合伙企业的设立

1. 设立普通合伙企业应当具备的条件

（1）有两个以上普通合伙人。《合伙企业法》规定合伙企业由自然人、法人和其他组织依法设立，因此自然人、法人和其他组织都可以依法成为合伙企业的合伙人。当自然人成为普通合伙的投资者时，应当具有完全民事行为能力，无民事行为能力人、限制民事行为能力人不得成为普通合伙人。法律、行政法规禁止从事营利性活动的人，也不得成为合伙企业的合伙人。为了保护国有资产和上市公司利益以及公共利益，《合伙企业法》第三条规定：“国有独资公司、国有企业、上市公司以及公益性的事业单位、社会团体不得成为普通合伙人”。

（2）有书面合伙协议。合伙协议依法由全体合伙人协商一致，以书面形式订立。合伙协议是合伙企业设立、经营管理、入伙、退伙的重要法律文件。合伙协议经全体合伙人签名、盖章后生效。合伙协议未约定或者约定不明确的事项，由合伙人协商决定；协商不成的，依照《合伙企业法》和其他有关法律、行政法规的规定处理。

【法律链接】合伙协议主要条款

根据《合伙企业法》第十八条规定，合伙协议应当载明下列事项：①合伙企业的名称和主要经营场所的地点；②合伙目的和合伙经营范围；③合伙人的姓名或者名称、住所；④合伙人的出资方式、数额和缴付期限；⑤利润分配、亏损分担方式；⑥合伙事务的执行；⑦入伙与退伙；⑧争议解决办法；⑨合伙企业的解散与清算；⑩违约责任。

（3）有合伙人认缴或者实际缴付的出资。合伙人可以用货币、实物、知识产权、土地使用权或者其他财产权利出资，也可以用劳务出资。合伙人以实物、知识产权、土地使用权或者其他财产权利出资，需要评估作价的，可以由全体合伙人协商确定，也可以由全体合伙人委托法定评估机构评估。合伙人以劳务出资的，其评估办法由全体合伙人协商确定，并在合伙协议中载明。

（4）有合伙企业的名称和生产经营场所。合伙企业名称应当符合《企业名称登记管理规定》要求，并且合伙企业名称中应当标明“普通合伙”字样。经营场所是指合伙企业从事生产经营活动的所在地，合伙企业一般只有一个经营场所，即在企业登记机关登记的营业地点。

（5）法律、行政法规规定的其他条件。其他法律、行政法规有其他规定的，应当具备相应条件。《合伙企业法》规定：外国企业或者个人在中国境内设立合伙企业的管理办法由国务院规定。

【法律链接】2004 年实施的《中华人民共和国道路运输条例》规定货运条件：

第二十二条　申请从事货运经营的，应当具备下列条件：（一）有与其经营业务相适应并经检测合格的车辆；（二）有符合本条例第二十三条规定条件的驾驶人员；（三）有健全的安全生产管理制度。

第二十三条　从事货运经营的驾驶人员，应当符合下列条件：（一）取得相应的机动车驾驶证；（二）年龄不超过 60 周岁；（三）经设区的市级道路运输管理机构对有关货运法律法规、机动车维修和货物装载保管基本知识考试合格。

第二十四条　申请从事危险货物运输经营的，还应当具备下列条件：（一）有 5 辆以上经检测合格的危险货物运输专用车辆、设备；（二）有经所在地设区的市级人民政府交通主管部门考试合格，取得上岗资格证的驾驶人员、装卸管理人员、押运人员；（三）危险货物运输专用车辆配有必要的通信工具；（四）有健全的安全生产管理制度。

2. 合伙企业的设立程序

（1）设立申请。申请设立合伙企业，应当向企业登记机关提交登记申请书、合伙协议书、合伙人身份证明等文件。

合伙企业的经营范围中有属于法律、行政法规规定在登记前须经批准的项目的，该项经营业务应当依法经过批准，并在登记时提交批准文件。

（2）设立登记。申请人提交的登记申请材料齐全，符合法定形式，企业登记机关能够当场登记的，应予当场登记，发给营业执照。除前述规定情形外，企业登记机关应当自受理申请之日起二十日内，作出是否登记的决定。予以登记的，发给营业执照；不予登记的，应当给予书面答复，并说明理由。

合伙企业的营业执照签发日期，为合伙企业成立日期。合伙企业领取营业执照前，合伙人不得以合伙企业名义从事合伙业务。此外，合伙企业设立分支机构，应当向分支机构所在地的企业登记机关申请登记，领取营业执照。

（二）合伙企业的财产

【案例讨论】张某、王某和李某于 2013 年 1 月成立了合伙企业，承包经营当地某物流中心的货物运输服务，经营效益一直很好。2014 年 5 月，张某的母亲突发疾病，需要住院治疗，于是张某想将自己在合伙企业中投资的 8 万元所形成的合伙份额转让，用来给母亲治病。张某的表兄谭某想受让其财产份额，张某表示乐意转让。于是在没有通知王某和李某的情况下，二人就完成了转让行为。在谭某要行使合伙企业中的权利时，王某和李某才得知张某已将自己的份额转让，二人非常生气，不承认转让的效力，并表示他们愿意出同样的价格受让张某在合伙企业中的财产份额。但是张某认为，自己是自己财产份额的权利人，他想转让给谁由自己决定，王某和李某无权干涉。于是王某和李某将张某告上了法庭，请求认定转让行为无效。

对于上述情况，法庭应如何判决？

1. 合伙企业财产的构成

（1）合伙人的出资。当合伙人的出资转入合伙企业时就变成了合伙企业的财产。

（2）以合伙企业名义取得的收益。合伙企业作为一个独立的经济实体，以其名义取得的收益作为合伙企业获得的财产，成为合伙企业财产的一部分。

（3）依法取得的其他财产。如接受赠与取得的财产。

2. 合伙企业财产的性质

合伙企业的财产只能由全体合伙人共同管理和使用，即合伙企业的合伙财产具有共同共有财产的性质，对合伙财产的占用、使用、收益和处分，均应依据全体合伙人的共同意志进行。除合伙企业法有特别规定外，合伙人在合伙企业清算前不得请求分割合伙企业的财产。

3. 合伙企业财产的转让

合伙企业财产的转让是指合伙人将自己在合伙企业中的财产份额转让给他人。由于合伙企业及其财产性质的特殊性，其财产的转让将会影响到合伙企业以及各合伙人的切身利益，因此，《合伙企业法》对合伙企业财产的转让作了以下限制性规定：

（1）合伙人之间转让在合伙企业中的全部或者部分财产份额时，应当通知其他合伙人。

（2）除合伙协议另有约定外，合伙人向合伙人以外的人转让其在合伙企业中的全部或者部分财产份额时，须经其他合伙人的一致同意。

（3）除合伙协议另有约定外，合伙人向合伙人以外的人转让其在合伙企业中的财产份额的，在同等条件下，其他合伙人有优先购买权。

合伙人以外的人依法受让合伙人在合伙企业中的财产份额的，经修改合伙协议即成为合伙企业的合伙人，并依照《合伙企业法》和修改后的合伙协议享有权利，履行义务。

4. 合伙企业财产的出质

所谓出质，就是债务人或第三人将特定的财产移交债权人占有，作为债务的担保。当债务人不履行债务时，债权人有权依法将其特定的财产折价、拍卖或变卖，所得的价款优先受偿。《合伙企业法》第二十五条规定：“合伙人以其在合伙企业中的财产份额出质的，须经其他合伙人一致同意；未经其他合伙人一致同意，其行为无效，由此给善意第三人造成损失的，由行为人依法承担赔偿责任。”

（三）合伙企业的事务执行

【案例讨论】昆明远成货运服务部是一家经营运输、仓储和货运信息等的普通合伙企业，注册地为昆明，李某、陈某、吴某三人均为其普通合伙人。2013 年 12 月 7 日，李某私下又与张某一起在昆明合伙办了红旗货运企业，从事运输服务业务。2014 年 5 月，昆明远成货运企业发现李某的这一行为，要求李某停止竞业经营活动，但遭到拒绝。昆明远成货运经研究决定，以合伙企业的名义向人民法院提起诉讼，要求陈某赔偿损失 15 万元。最后，法院支持了昆明远成货运企业全部诉讼请求。

结合本案，说说合伙人在合伙企业事务执行中有哪些权利和义务？

1. 合伙事务执行的形式

根据我国《合伙企业法》的规定，合伙人执行合伙企业事务可以有两种形式：一是全体合伙人共同执行合伙企业事务；二是按照合伙协议的约定或者经全体合伙人决定，委托一个或者数个合伙人对外代表合伙企业，执行合伙事务。采用第二种形式的，其他合伙人不再执行合伙事务。不执行合伙事务的合伙人有权监督执行事务合伙人执行合伙事务的情况。但是合伙企业的下列事项除合伙协议另有约定外，应当经全体合伙人一致同意：

（1）改变合伙企业的名称。

（2）改变合伙企业的经营范围、主要经营场所的地点。

（3）处分合伙企业的不动产。

（4）转让或者处分合伙企业的知识产权和其他财产权利。

（5）以合伙企业名义为他人提供担保。

（6）聘任合伙人以外的人担任合伙企业的经营管理人员。

作为合伙人的法人、其他组织执行合伙事务的，由其委派的代表执行。

2. 合伙人在执行合伙事务中的权利和义务

（1）合伙人在执行合伙事务中的权利

依据《合伙企业法》规定，合伙人在合伙事务中的权利主要有：①合伙人对执行合伙事务享有同等的权利；②不执行合伙事务的合伙人有权监督执行事务合伙人执行合伙事务的情况；③合伙人为了解合伙企业的经营状况和财务状况，有权查阅合伙企业会计账簿等财务资料；④合伙人分别执行合伙事务的，执行事务合伙人可以对其他合伙人执行的事务提出异议。提出异议时，应当暂停该项事务的执行。如果发生争议，依照合伙企业事务执行的决议办法作出决定；⑤受委托执行合伙事务的合伙人不按照合伙协议或者全体合伙人的决定执行事务的，其他合伙人可以决定撤销该委托。

（2）合伙人在执行合伙事务中的义务

依据《合伙企业法》规定，合伙人在合伙事务中的义务主要有：①执行事务合伙人应当定期向其他不执行合伙事务的合伙人报告事务执行情况以及合伙企业的经营和财务状况；②合伙人不得自营或者同他人合作经营与本合伙企业相竞争的业务；③除合伙协议另有约定或者经全体合伙人一致同意外，合伙人不得同本合伙企业进行交易；④合伙人不得从事损害本合伙企业利益的活动。

3. 合伙企业事务执行的决议办法

合伙人对合伙企业有关事项做出决议，按照合伙协议约定的表决办法办理。合伙协议未约定或者约定不明确的，实行合伙人一人一票并经全体合伙人过半数通过的表决办法。合伙企业法对合伙企业的表决办法另有规定的，从其规定。

4. 合伙企业的利润分配与亏损分担

合伙企业的利润分配、亏损分担，按照合伙协议的约定办理；合伙协议未约定或者约定不明确的，由合伙人协商决定；协商不成的，由合伙人按照实缴出资比例分配、分担；无法确定出资比例的，由合伙人平均分配、分担。合伙协议不得约定将全部利润分配给部分合伙人或者由部分合伙人承担全部亏损。

5. 非合伙人参与经营管理

经全体合伙人同意，合伙企业可以聘任合伙人以外的人担任合伙企业的经营管理人员。被聘任的合伙企业的经营管理人员应当在合伙企业授权范围内履行职务。被聘任的合伙企业的经营管理人员，超越合伙企业授权范围履行职务，或者在履行职务过程中因故意或者重大过失给合伙企业造成损失的，依法承担赔偿责任。

（四）合伙企业与第三人的关系

1. 合伙企业与善意第三人

《合伙企业法》规定，合伙企业对合伙人执行合伙事务以及对外代表合伙企业权利的限制，不得对抗善意第三人。这里所指的合伙人，是指在合伙企业中有合伙事务执行权与对外代表权的合伙人；所指的限制，是指合伙企业对合伙人所享有的事务执行权与对外代表权权利能力的一种界定；所指的善意第三人是指本着合法交易的目的，诚实地通过合伙企业的事务执行人，与合伙企业之间建立民事、经济法律关系的法人、非法人组织或自然人。

2. 合伙企业债务的清偿

合伙企业对其债务，应先以其全部财产进行清偿。合伙企业不能清偿到期债务的，合伙人承担无限连带责任。合伙人由于承担无限连带责任，清偿数额超过其亏损分担比例的，有权向其他合伙人追偿。

3. 合伙人个人债务的清偿

合伙人发生与合伙企业无关的债务，相关债权人不得以其债权抵销其对合伙企业的债务；也不得代位行使合伙人在合伙企业中的权利。

合伙人的自有财产不足清偿其与合伙企业无关的债务的，该合伙人可以以其从合伙企业中分取的收益用于清偿；债权人也可以依法请求人民法院强制执行该合伙人在合伙企业中的财产份额用于清偿。人民法院强制执行合伙人的财产份额时，应当通知全体合伙人，其他合伙人有优先购买权；其他合伙人未购买，又不同意将该财产份额转让给他人的，依法为该合伙人办理退伙结算，或者办理削减该合伙人相应财产份额的结算。

（五）入伙与退伙

1. 入伙

入伙，是指在合伙企业存续期间，合伙人以外的第三人加入合伙企业，从而取得合伙人资格。实践中合伙企业入伙包括三种情形：①非合伙人通过接受原合伙企业的合伙人在合伙企业中财产份额的转让或者依法继承该财产份额，而成为合伙企业的合伙人；②非合伙人不是通过接受财产份额的转让，而是申请加入合伙企业并被接纳，成为合伙人；③合伙人死亡或者被宣告死亡，其合法继承人按照合伙协议的约定或者经全体合伙人一致同意，而成为合伙人。

（1）入伙的条件与程序。新合伙人入伙，除合伙协议另有约定外，应当经全体合伙人一致同意，并依法订立书面入伙协议。订立入伙协议时，原合伙人应当向新合伙人如实告知原合伙企业的经营状况和财务状况。

（2）新合伙人的权利与责任。入伙的新合伙人与原合伙人享有同等权利，承担同等责任。入伙协议另有约定的，从其约定。新合伙人对入伙前合伙企业的债务承担无限连带责任。

新合伙人入伙，应当依法订立书面入伙协议。合伙协议是合伙企业存在和正常运行的基础。新合伙人入伙，使合伙企业的合伙人发生变化，新合伙人的权利义务需求明确，原合伙人的权利、义务、责任等也要进行相应的调整。合伙企业是人合性的组织，各合伙人基于互相之间的信任而组成合伙企业，每个合伙人都享有平等执行合伙事务的权利，对于合伙企业债务，合伙人互相承担无限连带责任。新合伙人入伙时，原合伙人负有全面告知的义务。

2. 退伙

退伙是指合伙人退出合伙企业，从而丧失合伙人资格。

（1）退伙的情形及程序

第一种是自愿退伙。自愿退伙是指合伙人基于自愿的意思表示而退伙。自愿退伙可以分为协议退伙和通知退伙两种。合伙协议约定合伙企业的经营期限的，有下列情形之一时，合伙人可以退伙：①合伙协议约定的退伙事由出现；②经全体合伙人一致同意；③发生合伙人难以继续参加合伙的事由；④其他合伙人严重违反合伙协议约定的义务。

合伙协议未约定合伙企业的经营期限的，合伙人在不给合伙企业事务执行造成不利影响的情况下，可以退伙，但应当提前30日通知其他合伙人。合伙人违反上述规定擅自退伙的，应当赔偿由此给其他合伙人造成的损失。

第二种是法定退伙。法定退伙是指合伙人因出现法律规定的事由而退伙。法定退伙分为当然退伙和除名退伙：

当然退伙的法定情形：①作为合伙人的自然人死亡或者被依法宣告死亡；②个人丧失偿债能力；③作为合伙人的法人或者其他组织依法被吊销营业执照、责令关闭、撤销，或者被宣告破产；④法律规定或者合伙协议约定合伙人必须具有相关资格而丧失该资格；⑤合伙人在合伙企业中的全部财产份额被人民法院强制执行。当然退伙以法定事由实际发生之日为退伙生效日。

合伙人被依法认定为无民事行为能力人或者限制民事行为能力人的，经其他合伙人一致同意，可以依法转为有限合伙人，普通合伙企业依法转为有限合伙企业。其他合伙人未能一致同意的，该无民事行为能力或者限制民事行为能力的合伙人退伙。

合伙人有下列情形之一的，经其他合伙人一致同意。可以以决议将其除名：①未履行出资义务；②因故意或者重大过失给合伙企业造成损失；③执行合伙企业事务时有不正当行为；④发生合伙协议约定的其他事由。除名退伙须经其他合伙人一致同意，可以决议将其除名；对合伙人的除名决议应当书面通知被除名人，被除名人自接到除名通知之日起，除名生效，被除名人退伙。被除名人对除名决议有异议的，可以自接到除名通知之日起30日内，向人民法院起诉。

（2）退伙的效力

①退伙人丧失合伙人身份。②合伙人退伙，其他合伙人应当与该退伙人按照退伙时的合伙企业财产状况进行结算，退还退伙人的财产份额。退伙人对给合伙企业造成的损失负有赔偿责任的，相应扣减其应当赔偿的数额。退伙时有未了结的合伙企业事务的，待该事务了结后进行结算。退伙人在合伙企业中财产份额的退还办法，由合伙协议约定或者由全体合伙人决定，可以退还货币，也可以退还实物。③合伙人退伙以后并未能解除对于合伙企业既往债务的连带责任。《合伙企业法》规定，退伙人对其退伙前已发生的合伙企业债务，与其他合伙人承担连带责任。④合伙人死亡或者被依法宣告死亡的，对该合伙人在合伙企业中的财产份额享有合法继承权的继承人，按照合

伙协议的约定或者经全体合伙人一致同意，从继承开始之日起，取得该合伙企业的合伙人资格。有下列情形之一的，合伙企业应当向合伙人的继承人退还被继承合伙人的财产份额：①继承人不愿意成为合伙人；②法律规定或者合伙协议约定合伙人必须具有相关资格，而该继承人未取得该资格；③合伙协议约定不能成为合伙人的其他情形。合伙人的继承人为无民事行为能力人或者限制民事行为能力人的，经全体合伙人一致同意，可以依法成为有限合伙人，普通合伙企业依法转为有限合伙企业。全体合伙人未能一致同意的，合伙企业应当将被继承合伙人的财产份额退还该继承人。

（六）特殊的普通合伙企业

在普通合伙企业一章中，《合伙企业法》规定了“特殊的普通合伙企业”。

特殊的普通合伙企业，即一个合伙人或者数个合伙人在执业活动中因故意或者重大过失造成合伙企业债务的，应当承担无限责任或者无限连带责任，其他合伙人以其在合伙企业中财产份额为限承担责任；合伙人在执业活动中非因故意或者重大过失造成的合伙企业债务以及合伙企业的其他债务，由全体合伙人承担无限连带责任。与一般的普通合伙企业相比，特殊的普通合伙企业的特殊之处体现在如下三个方面：

1. 特殊的普通合伙企业的适用范围

以专业知识和专门技能为客户提供有偿服务的专业服务机构，可以设立为特殊的普通合伙企业。合伙企业法只规范注册为企业的专业服务机构，而很多专业服务机构，如律师事务所并未注册为企业，不适用合伙企业法的规定，但在责任形式上也可以采用合伙企业法规定的特殊的普通合伙的责任形式。

2. 对特殊的普通合伙企业的公示要求

特殊的普通合伙企业，其合伙人对特定合伙企业债务只承担有限责任，为保护交易相对人的利益，应当对这一情况予以公示。因此，特殊的普通合伙企业名称中应当标明“特殊普通合伙”字样。

3. 对特殊的普通合伙企业债权人的保护

由于特殊的普通合伙企业合伙人责任形式的不同，对合伙企业的债权人的保护相对削弱。因此，《合伙企业法》规定：特殊的普通合伙企业应当建立执业风险基金，办理职业保险；执业风险基金用于偿付合伙人执业活动造成的债务；执业风险基金应当单独立户管理；执业风险基金的具体管理办法由国务院规定。

四、有限合伙企业

【案例讨论】2013 年 1 月，贾某、李某二人开办了一个有限合伙企业，经营新疆特产销售业务。在合伙企业中，贾某为普通合伙人，李某为有限合伙人，分别出资 20 万元和 10 万元。因为两人关系比较密切，合伙协议拟定的较为简单，没有约定利润分配和亏损分担，只约定两人共同管理企业。2015 年 5 月，由于市场行情持续走低，难以继续经营，该合伙企业宣布解散。清算时，该合伙企业财产冲抵后还负债 19 万元。债权人要求贾某、李某共同偿还。

合伙企业所负债务应如何处理？

有限合伙企业，是指对合伙企业债务承担无限责任的普通合伙人与承担有限责任的有限合伙人共同组成的合伙企业。与普通合伙企业相比，有限合伙具有资本的优势，这是因为有限合伙人享有有限责任的特权；与公司相比较，又具有信用的优势，这是由于普通合伙人对合伙企业债务承担无限或者无限连带责任。

《合伙企业法》对有限合伙企业作了如下特别规定（未规定部分适用普通合伙企业及其合伙人的规定）：

（一）有限合伙企业的设立条件

（1）有限合伙企业由2个以上、50个以下合伙人设立，但是法律另有规定的除外；有限合伙企业至少应当有一个普通合伙人。

（2）合伙协议除符合普通合伙企业的规定外，还应当载明下列事项：

①普通合伙人和有限合伙人的姓名或者名称、住所。

②执行事务合伙人应具备的条件和选择程序。

③执行事务合伙人权限与违约处理办法。

④执行事务合伙人的除名条件和更换程序。

⑤有限合伙人入伙、退伙的条件、程序以及相关责任。

⑥有限合伙人和普通合伙人相互转变程序。

（3）有限合伙人可以用货币、实物、知识产权、土地使用权或者其他财产权利作价出资。但是有限合伙人不得以劳务出资。

（4）有限合伙企业名称中应当标明“有限合伙”字样。有限合伙企业登记事项中应当载明有限合伙人的姓名或者名称及认缴的出资数额。

（二）有限合伙企业的事务执行

1. 有限合伙企业的事务执行的形式

有限合伙企业由普通合伙人执行合伙事务。执行事务合伙人可以要求在合伙协议中确定执行事务的报酬及报酬提取方式。有限合伙人不执行合伙事务，不得对外代表有限合伙企业。但是有限合伙人的下列行为，不视为执行合伙事务：

（1）参与决定普通合伙人入伙、退伙。

（2）对企业的经营管理提出建议。

（3）参与选择承办有限合伙企业审计业务的会计师事务所。

（4）获取经审计的有限合伙企业财务会计报告。

（5）对涉及自身利益的情况，查阅有限合伙企业财务会计账簿等财务资料。

（6）在有限合伙企业中的利益受到侵害时，向有责任的合伙人主张权利或者提起诉讼。

（7）执行事务合伙人怠于行使权利时，督促其行使权利或者为了本企业的利益以自己的名义提起诉讼。

（8）依法为本企业提供担保。

2. 有限合伙人的权利与义务

（1）有限合伙人可以同本有限合伙企业进行交易；但是，合伙协议另有约定的除外。

（2）有限合伙人可以自营或者同他人合作经营与本有限合伙企业相竞争的业务；但是，合伙协议另有约定的除外。

（3）有限合伙人可以将其在有限合伙企业中的财产份额出质；但是，合伙协议另有约定的除外。

（4）有限合伙人可以按照合伙协议的约定向合伙人以外的人转让其在有限合伙企业中的财产份额，但应当提前30日通知其他合伙人。

（5）第三人有理由相信有限合伙人为普通合伙人并与其交易的，该有限合伙人对该笔交易承担与普通合伙人同样的责任。

（6）有限合伙人未经授权以有限合伙企业名义与他人进行交易，给有限合伙企业或者其他合伙人造成损失的，该有限合伙人应当承担赔偿责任。

3. 利润分配与亏损分担

有限合伙企业不得将全部利润分配给部分合伙人，但是合伙协议另有约定的除外。

（三）有限合伙的入伙与退伙

1. 入伙

有限合伙企业的入伙人可分为普通合伙人和有限合伙人两种类型。新入伙的普通合伙人对入伙前有限合伙企业债务承担无限连带责任，而新入伙的有限合伙人对入伙前有限合伙企业的债务，以其认缴的出资额为限承担责任。

2. 退伙

有限合伙企业的退伙人可分为普通合伙人和有限合伙人两种类型。无论哪种类型的合伙人的退伙，都可能会对有限合伙企业的存续产生影响。

有限合伙人有下列情形之一的，当然退伙：①作为合伙人的自然人死亡或者被依法宣告死亡；②作为合伙人的法人或者其他组织依法被吊销营业执照、责令关闭、撤销，或者被宣告破产；③法律规定或者合伙协议约定合伙人必须具有相关资格而丧失该资格；④合伙人在合伙企业中的全部财产份额被人民法院强制执行。

作为有限合伙人的自然人在有限合伙企业存续期间丧失民事行为能力的，其他合伙人不得因此要求其退伙。

作为有限合伙人的自然人死亡、被依法宣告死亡或者作为有限合伙人的法人及其他组织终止时，其继承人或者权利承受人可以依法取得该有限合伙人在有限合伙企业中的资格。

有限合伙人退伙后，对基于其退伙前的原因发生的有限合伙企业债务，以其退伙时从有限合伙企业中取回的财产承担责任。

（四）有限合伙人与普通合伙人的转化

除合伙协议另有约定外，普通合伙人转变为有限合伙人，或者有限合伙人转变为普通合伙人，应当经全体合伙人一致同意。有限合伙人转变为普通合伙人的，对其作为有限合伙人期间有限合伙企业发生的债务承担无限连带责任。普通合伙人转变为有限合伙人的，对其作为普通合伙人期间合伙企业发生的债务承担无限连带责任。

有限合伙企业仅剩有限合伙人的，应当解散；有限合伙企业仅剩普通合伙人的，转为普通合伙企业。

五、合伙企业的解散与清算

（一）合伙企业解散

合伙企业的解散，是指各合伙人解除合伙协议，合伙企业终止活动。合伙企业有下列情形之一的，应当解散：

（1）合伙期限届满，合伙人决定不再经营。

（2）合伙协议约定的解散事由出现。

（3）全体合伙人决定解散。

（4）合伙人已不具备法定人数满 30 天。

（5）合伙协议约定的合伙目的已经实现或者无法实现。

（6）依法被吊销营业执照、责令关闭或者被撤销。

（7）法律、行政法规规定的其他原因。

（二）合伙企业清算

合伙企业解散，应当由清算人进行清算。清算人由全体合伙人担任；经全体合伙人过半数同意，可以自合伙企业解散事由出现后 15 日内指定一个或者数个合伙人，或者委托第三人，担任清算人。自合伙企业解散事由出现之日起 15 日内未确定清算人的，合伙人或者其他利害关系人可以申请人民法院指定清算人。清算结束，清算人应当编制清算报告，经全体合伙人签名、盖章后，在 15 日内向企业登记机关报送清算报告，申请办理合伙企业注销登记。

合伙企业注销后，原普通合伙人对合伙企业存续期间的债务仍应承担无限连带责任。合伙企业不能清偿到期债务的，债权人可以依法向人民法院提出破产清算申请，也可以要求普通合伙人清偿。合伙企业依法被宣告破产的，普通合伙人对合伙企业债务仍应承担无限连带责任。

第四节　公司法

一、公司与公司法概述

【案例讨论】某物流有限公司（总公司）总部设在成都，为了便于业务开展，其在全国大中城市设有多家分公司。2015 年 6 月，其广州分公司所投递的贵重物品发生遗失事件，给托运人即某金银销售公司造成经济损失 260 万元。托运人要求分公司承担赔偿责任，但分公司财力有限，只答应赔偿 160 万元，其余无力赔偿。受害人要求总公司赔偿，总公司认为其与分公司实行了外部承包，承包协议还明确规定“分公司的经济效益除上缴承包费外其余都留在分公司，因分公司发生的快递物品责任事故与总公司无关，由分公司自行承担”。因此，总公司拒绝承担赔偿责任。在要求未果的情况下，受害人提起了民事诉讼。问：

（1）分公司与子公司在法律上有何区别？

（2）总公司应否对分公司行为承担赔偿责任，为什么？

（一）公司的概念

公司是商品经济活动中常见的一种企业组织。物流企业也多选择公司组织形式。一般认为，公司是指依照法律规定，以营利为目的，由股东投资而设立的，公司以其全部财产对公司的债务承担责任，股东以其认缴的出资额或认购的股份为限对公司承担责任的法人企业。相对于国家机关、事业单位或社会团体而言，公司具有以下法律特征：

（1）公司的营利性。投资者设立公司的目的就是为了通过各种生产经营活动，满足社会各种需求并获取利润。对某些社会团体或组织来说，其在业务活动中虽然取得一定收入并实现盈利，但如果不是以营利为目的，则不能将其认定为公司。

（2）公司的法人性。公司的法人性包括公司拥有独立的名称、财产和住所，设有独立的组织机构，独立承担法律责任。公司的法人属性使公司财产与公司成员的个人财产完全区别开来，公司是以自己的名义依法独立享有民事权利，承担民事义务，参与各种法律活动。而公司的股东只以其认缴的出资额或认购的股份为限对公司承担有限责任。

（3）公司的合法性。公司只有依法定条件和程序设立才能取得企业法人资格。如果一个企业不是按照公司法的规定设立，即使冠名为公司，法律上也不会将其视为公司而给予法律待遇。在公司成立后，公司也必须按照公司法律规定组织生产经营活动。

（二）公司的种类

目前，世界各国有着不同性质的公司组织形式，并存在很大差异。根据不同的标准，公司可分为：

（1）按股东对公司所负责任的不同，分为无限责任公司、有限责任公司、股份有限公司和两合公司

无限责任公司指股东对公司的债务承担无限责任的公司；有限责任公司指由法定数额的股东组成的，股东以其认缴的出资额为限对公司债务承担责任的公司；股份有限公司是指由法定数额以上的发起人发起，公司的全部资本分为等额股份，股东以其认购的股份为限对公司债务承担责任的公司；两合公司是指由承担有限责任的股东和承担无限责任股东共同投资设立的公司。我国公司法只选择了有限责任公司和股份有限公司两种公司组织形式。

（2）按公司信用基础的不同，分为人合公司、资合公司和人合兼资合公司

人合公司是指以股东的信用作为公司信用基础的公司。人合公司的人格与其股东的人格没有完全分离，是一种较低级的公司，其典型形式为无限公司。资合公司是指以股东的出资额为基础的公司。股份有限公司是典型的资合公司。人合兼资合公司是指同时具有人的信用和资本信用两种因素的公司。两合公司即属于这种公司。

（3）按公司体系的不同，分为总公司与分公司

总公司又称本公司，是在一公司体系中处于管辖地位，具有独立法人资格的公司；分公司则是指在一公司体系中处于隶属（被管理）地位的公司，分公司是总公司不可分割的组成部分，并且不具有独立的法人资格的公司。

（4）按公司间的控制关系，分为母公司与子公司

母公司是指通过持有其他公司的股份而能实际控制其他公司经营活动的公司。子公司是指其一定比例的股份被其他公司持有，经营活动受其他公司控制的公司，子公司具有独立的法人资格，能独立承担民事责任。

（三）公司法

1. 公司法的概念

公司法是指调整公司设立、组织机构及其对内对外活动中发生的社会关系的法律

规范的总称。20世纪90年代，我国加快了公司立法的步伐，1993年12月29日第八届全国人大常委会第五次会议通过《中华人民共和国公司法》（以下简称《公司法》）。《公司法》于1999年、2004年、2005年进行了修改。最近一次修改是2013年12月28日第十二届全国人大常委会通过的《公司法》修正案，该修正案自2014年3月1日起施行。

2. 公司法的基本原则

（1）公司的独立人格和股东责任有限原则。公司是企业法人，有独立的法人财产，享有法人财产权。股东将其财产投入到公司，便失去了对该部分财产的占有、使用和处分的权利，其财产转化为公司的全部法人财产权，换回了资产收益、重大决策和选择管理者的权利。股东只承担有限责任，即有限责任公司的股东以其认缴的出资额为限对公司承担责任；股份有限公司的股东以其认购的股份为限对公司承担责任。

【知识链接】公司之人格否认制度

为防止股东滥用公司法人人格、有限责任获取非法利益，以保护债权人、维护正常的交易秩序。2005年修改的《公司法》引入了公司法人人格否认制度，即《公司法》第二十条规定："公司股东滥用公司法人独立地位和股东有限责任，逃避债务，严重损害公司债权人利益的，应当对公司债务承担连带责任"。公司法人人格否认制度，又称"刺破公司面纱"，是指为了防止公司人格的滥用，保护公司债权人利益和社会公共利益，针对具体法律关系中的具体事实，否认公司的独立人格和股东的有限责任，责令股东对公司债权人或者公共利益直接负责。公司之法人人格否认制度的引入是期望在股东利益、债权人利益和社会公共利益之间实现一种权益平衡。

（2）股权保护原则。公司股东作为出资者依法享有资产收益、重大决策和选择管理者等权利。股东有权要求分取收益，有权知晓公司经营活动和经营业绩真实性情况的权利。当董事、高级管理人员侵犯公司权益，公司不予追究时，股东有权向人民法院提起诉讼。

（3）科学管理原则。公司治理结构具体表现为公司的组织制度和管理制度。《公司法》按决策、执行、监督三种管理职能分设三种不同机构，即股东（大）会、董事会（经理）、监事会，"三权分立"的领导体制可以保障公司决策的准确性、执行的统一性、监督的有效性。管理制度则包括公司基本管理制度和具体规章，是保证公司法人财产始终处于高效有序运营状态的主要手段；也是保证公司各负其责、协调运转、有效制衡的基础。

（4）利益分享原则。公司是利益共同体，公司的利益是投资者、经营者、劳动者三方的共同利益。公司在一定程度上承担了社会责任。《公司法》明确规定公司必须保护职工的合法权益，并有权依法组织工会等权利。公司的社会责任强调的是对其他利益相关者的利益保护，以纠正立法上对股东们利益的过度保护，从而体现出法律的公平性。

（四）公司的权利能力与行为能力

1. 公司的权利能力

公司的权利能力是指公司作为法律主体依法享有权利和承担义务的资格。这种资格是由法律赋予的，是公司享有权利、承担义务的前提。公司权利能力受到法律限制，主要体现在以下几方面：

（1）经营范围的限制。经营范围是国家允许企业生产和经营的商品类别、品种以及服务项目等。公司经营范围的规定由公司章程规定，并依法登记，若公司的经营范围中属于法律、行政法规规定须经批准的项目，应当依法先行办理批准手续。

（2）转投资的限制。转投资是公司以其现金、实物、无形资产作为出资，成为另一法律实体的所有人或者债权人的行为。公司的对外投资不应该影响公司的稳定和发展，我国法律规定公司不得成为对所投资企业的债务承担连带责任的出资人。

（3）为他人提供担保的限制。为了维护市场秩序的稳定，公司可以为他人提供担保，但法律上给予了限制，一是要遵守公司章程规定，即程序上应由董事会或者股东会、股东大会决议做出决议，二是公司章程对投资或者担保的总额及单项投资或者担保的数额有限额规定的，不得超过规定的限额。若公司为公司股东或者实际控制人提供担保的，在经股东会或者股东大会决议时，利害关系股东应遵守回避制度。

2. 公司的行为能力

公司的行为能力是指公司基于自己的意思表示，以自己的行为独立取得权利和承担义务的能力。公司的行为能力与其权利能力同时产生，同时终止。公司行为能力的范围和内容与其权利能力的范围和内容相一致，即公司有权从事实现公司经营目的所必需的一切法律行为。当然，公司权利能力所受到的限制，也同样适用于公司行为能力。

公司是法人，具有法律拟制人格，它在按照自己的意志实施行为时，与自然人有所不同，公司的行为能力通过公司的法人机关来行使。公司的法人机关由公司的股东（或股东大会）、董事会和监事会组成，它们依照公司法规定的职权和程序，相互配合又相互制衡，进行公司的意思表示。

二、有限责任公司

（一）有限责任公司的概念

【案例讨论】2014 年 5 月，甲、乙、丙三方出资设立一家物流智能信息服务有限公司。三方投资者签订了《发起人协议》，约定公司资本 50 万元，其中甲以货币 25 万元出资，乙以场地使用权作价 15 万元出资，丙本以劳务作价 10 万元出资。协议还规定甲方出资分期支付，在公司成立时支付 10 万元，公司成立后第三年支付 15 万元。在公司注册登记时，登记机关以劳务出资不符合《公司法》规定为由拒绝登记。为此，三方发起人重新修改《发起人协议》，将丙方投资改为“专利技术作价 10 万元出资，并在公司成立后 15 日内办理权属转让手续”。公司登记成立后，丙方为公司技术总监。2015 年，丙提出将其所持有的全部股份转让于丁某，但甲、乙双方均认为丁某无技术优势且不熟悉公司所从事的行业，不同意此转让行为。问：

（1）公司投资方式有何规定？

（2）丙方能否直接向丁某转让某全部股份？

有限责任公司，简称有限公司，是指由符合法定要求的股东依法设立，股东以其认缴的出资额为限对公司承担责任，公司以其全部财产对公司的债务承担责任的企业法人。根据《公司法》的规定，有限责任公司以股东人数不同可分为普通有限责任公司和特殊有限责任公司，前者的股东人数为两人以上，后者的股东人数为一人。特殊有限责任公司可表现为一人责任有限公司和国有独资公司。

与其他公司相比，有限责任公司有以下特征：

（1）公司性质的人资两合性。有限责任公司资合性表现在，每个股东都必须出资，不出资的人是不能成为公司股东的。同时，出资人之间存在信任关系，否则不可能被接纳为公司股东，所以有限责任公司又具有人合性。

（2）股东人数的限制性。有限责任公司通常是基于股东相互信任而联合起来出资组建的，股东具有一定的范围性，股东不能随意转让股权。正基于此种原因，公司股东人数不可能太多。

（3）公司运作的封闭性。公司运作往往由股东自行负责，第三人不能随意成为公司的股东。除法律另有规定外，公司财务等信息不对外公开。

（4）公司机构设置的灵活性。从规模上说，有限责任公司多属于中小型企业，从而使其内部组织机构的设置，无论在立法上还是在实务中，都呈现出一定的灵活性。表现在权力机构、执行机构及监督机构的设置及职权的行使，可由公司依其规模及实际需要而灵活决定。

（二）《公司法》关于普通有限责任公司的设立

1. 设立条件

《公司法》规定，设立普通有限责任公司应当具备下列条件：

（1）股东符合法定人数。根据《公司法》的规定，普通有限责任公司的股东人数有限制，即为2人以上、50人以下。除国家有禁止或限制的特别规定外，自然人、法人、其他组织、国家以及外国投资者等均可以成为有限责任公司的股东。国家成为公司股东时，应通过国家授权的部门或者机构进行。

（2）有符合公司章程规定的全体股东认缴的出资额。对有限责任公司注册资本管理实行认缴登记制，即由公司全体股东认缴注册资本的出资额、出资方式、出资期限等，并记载于公司章程中。法律、行政法规以及国务院决定对有限责任公司注册资本实缴、注册资本最低限额另有规定的，从其规定。全体股东认缴的出资额构成有限责任公司的注册资本，并在公司登记机关予以登记。

（3）股东共同制定公司章程。设立公司必须依法制定公司章程，它是公司自治性文件，规定公司组织与活动原则，表明公司的名称、设立宗旨、经营范围、注册资金、组织形式、内部机构设置、股东的权利义务等。公司章程必须采取书面形式，经全体股东或发起人同意并在章程上签名、盖章才能生效。公司章程生效后，其内容具有相对稳定性，不得随意变更，修改、变更公司章程后还要进行变更登记。公司章程应当公开，对公司、股东、董事、监事、高级管理人员具有约束力。

（4）有公司名称，建立符合有限责任公司要求的组织机构。公司名称是一个公司区别于其他公司的标记，是公司人格的具体体现。有限责任公司的组织机构通常包括股东会、董事会和监事会等公司内部权力、执行及监督机构。但规模较小或股东人数较少的有限责任公司，可以不设董事会和监事会，而只设一名执行董事和一至两名监事。

(5) 有公司住所。公司的住所是公司经济活动的中心，公司以其主要办事机构所在地为住所。公司主要办事机构是指公司主要的经营管理机构。公司可以有多个营业所，但只能有一个住所。住所在法律上有很重要的意义，它是营业所生债务的履行地和接受地，是决定司法管辖、商事登记管辖和税收管辖的依据，是民事诉讼司法文书的送达地。

【法律链接】《海关对保税物流中心（A型）的暂行管理办法》关于保税物流中心（以下简称物流中心）设立条件

第五条　物流中心应当设在国际物流需求量较大，交通便利且便于海关监管的地方。

第六条　物流中心经营企业应当具备下列资格条件：

（一）经工商行政管理部门注册登记，具有独立的企业法人资格；

（二）注册资本不低于3 000万元人民币；

（三）具备向海关缴纳税款和履行其他法律义务的能力；

（四）具有专门存储货物的营业场所，拥有营业场所的土地使用权。租赁他人土地、场所经营的，租期不得少于3年；

（五）经营特殊许可商品存储的，应当持有规定的特殊经营许可批件；

（六）经营自用型物流中心的企业，年进出口金额（含深加工结转）东部地区不低于2亿美元，中西部地区不低于5 000万美元；

（七）具有符合海关监管要求的管理制度和符合会计法规定的会计制度。

第七条　物流中心经营企业申请设立物流中心应当具备下列条件：

（一）符合海关对物流中心的监管规划建设要求；

（二）公用型物流中心的仓储面积，东部地区不低于20 000平方米，中西部地区不低于5 000平方米；

（三）自用型物流中心的仓储面积（含堆场），东部地区不低于4 000平方米，中西部地区不低于2 000平方米；

（四）建立符合海关监管要求的计算机管理系统，提供供海关查阅数据的终端设备，并按照海关规定的认证方式和数据标准，通过"电子口岸"平台与海关联网，以便海关在统一平台上与国税、外汇管理等部门实现数据交换及信息共享；

（五）设置符合海关监管要求的安全隔离设施、视频监控系统等监管、办公设施；

（六）符合国家土地管理、规划、消防、安全、质检、环保等方面的法律、行政法规、规章及有关规定。

第九条　设立物流中心的申请由直属海关受理，报海关总署审批。

2. 设立程序

有限责任公司的设立程序较为简单，主要有以下步骤：

(1) 发起人发起。除国有独资公司和一人有限责任公司外，发起人实施发起行为时，通常都要先签订一个发起人协议，以明确各自在公司设立、经营管理等事务中的权利、义务和责任。

(2) 申请公司名称预先核准。公司名称具有排他性，在一定范围内，一个公司只能使用特定的经过注册的名称。

（3）制定公司章程。全体发起人应依照法定要求并结合拟成立公司的具体情况制定章程。章程的内容不仅要合法，而且应尽可能全面并具可操作性。

（4）缴纳出资。股东可以用货币出资，也可以用实物、知识产权、土地使用权等可以用货币估价并可以依法转让的非货币财产作价出资；但是，法律、行政法规规定不得作为出资的财产除外。对作为出资的非货币财产应当评估作价，核实财产，不得高估或者低估作价。法律、行政法规对评估作价有规定的，从其规定。股东以货币出资的，应当将货币出资足额存入有限责任公司在银行开设的账户；以非货币财产出资的，应当依法办理其财产权的转移手续。

（5）经营范围或行业涉及审批的，应履行审批手续。

（6）申请设立公司登记。股东认足公司章程规定的出资后，由全体股东指定的代表或者共同委托的代理人向公司登记机关报送公司登记申请书、公司章程等文件，申请设立登记。

（7）公司登记成立。公司登记机关即各级工商行政管理部门，对公司设立登记的申请进行审查，对符合法定设立条件的申请予以登记并发给营业执照，否则不予登记。公司营业执照签发日期为公司成立日期。

（三）有限责任公司股东的权利与义务

【案例讨论】科华物流有限公司发起设立于2008年，公司注册资本为人民币3 000万元，主营物流运输及仓储业务，《公司章程》规定每年6月1日召开股东会年会。由于科华公司管理混乱，自2012年起，陷入亏损境地，一些股东连续两年要求查阅公司财务账册但都遭到拒绝。2015年股东会年会召开，部分股东们发觉公司财务会计报表仍不具体透明，难以理解。公司管理人员说某些数据涉及公司的商业秘密，暂不公布。后经股东强烈要求，公司才提供了一套财会报表，包括资产负债表和利润分配表。在股东会年会闭会后，不少股东了解到公司提供给他们的财会报表与送交工商部门、税务部门的不一致，公司对此的解释是送交有关部门的会计报表是为应付检查的，股东们看到的才是真正的账册。

根据本案情形，股东应当怎样正确处理以维护自身权益？

1. 有限责任公司股东的权利

公司股东依法享有资产收益、参与重大决策和选择管理者等权利。具体来讲，有限责任公司的股东享有如下权利：

（1）股东有权查阅、复制公司章程、股东会会议记录、董事会会议决议、监事会会议决议和财务会计报告。

（2）股东可以要求查阅公司会计账簿。股东要求查阅公司会计账簿的，应当向公司提出书面请求，说明目的。公司有合理根据认为股东查阅会计账簿有不正当目的，可能损害公司合法利益的，可以拒绝提供查阅，并应当自股东提出书面请求之日起15日内书面答复股东并说明理由。公司拒绝提供查阅的，股东可以请求人民法院要求公司提供查阅。

（3）股东按照实缴的出资比例分取红利；公司新增资本时，股东有权优先按照实缴的出资比例认缴出资。但是，全体股东约定不按照出资比例分取红利或者不按照出资比例优先认缴出资的除外。

（4）股东可依法转让股权。《公司法》第七十一条规定，有限责任公司的股东之间可以相互转让其全部或者部分股权。股东向股东以外的人转让股权，应当经其他股东过半数同意。股东应就其股权转让事项书面通知其他股东征求同意，其他股东自接到书面通知之日起满30日未答复的，视为同意转让。其他股东半数以上不同意转让的，不同意的股东应当购买该转让的股权；不购买的，视为同意转让。经股东同意转让的股权，在同等条件下，其他股东有优先购买权。两个以上股东主张行使优先购买权的，协商确定各自的购买比例；协商不成的，按照转让时各自的出资比例行使优先购买权。公司章程对股权转让另有规定的，从其规定。

（5）股东还享有其他权利，如回购异议股东股权请求权、股权作为遗产的继承权、对公司组织机构或高级管理人员的损害公司利益的违规行为提起诉讼的权利等。

2. 有限责任公司股东的义务

（1）股东应当按期足额缴纳公司章程中规定的各自所认缴的出资额。股东以货币出资的，应当将货币出资足额存入有限责任公司在银行开设的账户；以非货币财产出资的，应当依法办理其财产权的转移手续。

（2）有限责任公司成立后，发现作为设立公司出资的非货币财产的实际价额显著低于公司章程所定价额的，应当由交付该出资的股东补足其差额；公司设立时的其他股东承担连带责任。

（3）公司成立后，股东不得抽逃出资。

（四）普通有限责任公司的组织机构

【司法判决】董事会违法操作案

上海蓝天实业有限公司（以下简称“蓝天公司”）是依法成立的有限责任公司，李某系该公司的股东。1995年2月25日，蓝天公司召开董事会，会议通过第5、6号两份决议，其内容为增补马某、莫某为公司董事。同年8月12日，蓝天公司又召开董事会，会议通过第7号决议，增补方某为公司董事并增选其为常务副董事长。蓝天公司董事会增补上述3人为董事的依据是1994年4月28日蓝天公司股东会通过的公司章程。该章程第18条规定：“股东会闭会期间，董事人选有必要变动时，由董事会决定，但所增补的董事人数不得超过董事总数的1/3”；第二十条规定：“董事会设董事长1人，根据需要可设副董事长1至2人。董事长和副董事长由董事会以全体董事过半数选举和更换。”这些决议作出后，作为股东的李某提出了异议，其认为由蓝天公司董事会增补方某、马某、莫某为董事，是违反《公司法》的行为，侵犯了股东的权益。但蓝天公司董事会却坚持认为其所作出的决议是依据公司章程而为，而公司章程是经股东会表决通过的，故增补董事决议有效，并不违反《公司法》的规定。于是李某向法院起诉，请求判令董事会作出的决议无效。法院最终认定上述董事会决议违法，要求公司撤销，并及时召开临时股东会，对缺额董事进行重新选举。

1. 股东会

有限责任公司股东会由全体股东组成。股东会是公司的权力机构，依照《公司法》

行使职权。

（1）根据《公司法》第三十七条规定，股东会的职权有：①决定公司的经营方针和投资计划；②选举和更换非由职工代表担任的董事、监事，决定有关董事、监事的报酬事项；③审议批准董事会的报告；④审议批准监事会或者监事的报告；⑤审议批准公司的年度财务预算方案、决算方案；⑥审议批准公司的利润分配方案和弥补亏损方案；⑦对公司增加或者减少注册资本做出决议；⑧对发行公司债券做出决议；⑨对公司合并、分立、解散、清算或者变更公司形式做出决议；⑩修改公司章程；⑪公司章程规定的其他职权。

对上述所列事项股东以书面形式一致表示同意的，可以不召开股东会会议，直接作出决定，并由全体股东在决定文件上签名、盖章。

（2）股东会会议。有限责任公司股东会会议分为定期会议和临时会议。定期会议应当依照公司章程的规定按时召开。代表十分之一以上表决权的股东，三分之一以上的董事，监事会或者不设监事会的公司的监事提议召开临时会议的，应当召开临时会议。

首次股东会会议由出资最多的股东召集和主持。之后的股东会，有限责任公司设立董事会的，股东会会议由董事会召集，董事长主持；董事长不能履行职务或者不履行职务的，由副董事长主持；除此之外的其他特殊情况下的股东会的召集和主持，《公司法》也作出了明确的规定。

召开股东会会议，应当于会议召开 15 日前通知全体股东；但是，公司章程另有规定或者全体股东另有约定的除外。股东会应当对所议事项的决定作成会议记录，出席会议的股东应当在会议记录上签名。

（3）股东会决议。股东会会议由股东按照出资比例行使表决权；但是公司章程另有规定的除外。

《公司法》第四十三条规定，股东会会议作出修改公司章程、增加或者减少注册资本的决议，以及公司合并、分立、解散或者变更公司形式的决议，必须经代表三分之二以上表决权的股东通过。

2. 董事会

董事会是公司股东会的执行机构，负责公司经营决策。

（1）董事会的设置。有限责任公司设董事会，其成员为三人至十三人。两个以上的国有企业或者两个以上的其他国有投资主体投资设立的有限责任公司，其董事会成员中应当有公司职工代表；其他有限责任公司董事会成员中可以有公司职工代表。董事会中的职工代表由公司职工通过职工代表大会、职工大会或者其他形式民主选举产生。人数较少或者规模较小的有限责任公司可以不设董事会，设一名执行董事，执行董事可以兼任公司经理。

董事会设董事长一人，可以设副董事长。董事长、副董事长的产生办法由公司章程规定。

【法律链接】法定代表人

法定代表人，是指依照法律或法人章程规定，代表法人从事民事活动的负责人。法定代表人以法人名义从事的民事活动，其法律后果由法人承受。《民法总则》规定，法人章程或者法人权力机构对法定代表人代表权的限制，不得对抗善意相对人。营利法人的执行机构为董事会或者执行董事的，董事长、执行董事或者经理按照法人章程的规定担任法定代表人；未设董事会或者执行董事的，法人章程规定的主要负责人为其执行机构和法定代表人。

（2）董事会的职权。董事会对股东会负责，行使下列职权：①召集股东会会议，并向股东会报告工作；②执行股东会的决议；③决定公司的经营计划和投资方案；④制订公司的年度财务预算方案、决算方案；⑤制订公司的利润分配方案和弥补亏损方案；⑥制订公司增加或者减少注册资本以及发行公司债券的方案；⑦制订公司合并、分立、解散或者变更公司形式的方案；⑧决定公司内部管理机构的设置；⑨决定聘任或者解聘公司经理及其报酬事项，并根据经理的提名决定聘任或者解聘公司副经理、财务负责人及其报酬事项；⑩制定公司的基本管理制度以及公司章程规定的其他职权；⑪执行董事的职权由公司章程规定。

（3）董事任期。董事任期由公司章程规定，但每届任期不得超过三年。董事任期届满，连选可以连任。董事任期届满未及时改选，或者董事在任期内辞职导致董事会成员低于法定人数的，在改选出的董事就任前，原董事仍应当依照法律、行政法规和公司章程的规定，履行董事职务。

（4）董事会会议。董事会会议由董事长召集和主持；董事长不能履行职务或者不履行职务的，由副董事长召集和主持；副董事长不能履行职务或者不履行职务的，由半数以上董事共同推举一名董事召集和主持。董事会的议事方式和表决程序，除公司法有规定的外，由公司章程规定。董事会应当对所议事项的决定作成会议记录，出席会议的董事应当在会议记录上签名。

董事会决议的表决，实行一人一票。

3. 经理

有限责任公司可以设经理，负责公司日常经营管理工作，由董事会决定聘任或者解聘。经理是指在董事会的领导下负责公司日常生产经营管理工作的业务执行机构。经理对董事会负责，行使下列职权：①主持公司的生产经营管理工作，组织实施董事会决议；②组织实施公司年度经营计划和投资方案；③拟订公司内部管理机构设置方案；④拟订公司的基本管理制度；⑤制定公司的具体规章；⑥提请聘任或者解聘公司副经理、财务负责人；⑦决定聘任或者解聘除应由董事会决定聘任或者解聘以外的负责管理人员；⑧董事会授予的其他职权。公司章程对经理职权另有规定的，从其规定。

经理列席董事会会议。

【法律链接】关于股东会或者股东大会、董事会决议违反违法性规定

《公司法》第二十二条规定：公司股东会或者股东大会、董事会的决议内容违反法律、行政法规的无效。股东会或者股东大会、董事会的会议召集程序、表决方式违反法律、行政法规或者公司章程，或者决议内容违反公司章程的，股东可以自决议作出之日起60日内，请求人民法院撤销。

公司根据股东会或者股东大会、董事会决议已办理变更登记的，人民法院宣告该决议无效或者撤销该决议后，公司应当向公司登记机关申请撤销变更登记。

4. 监事会

监事会是公司内部的监督机构。

（1）监事会的设置。有限责任公司设监事会，其成员不得少于三人。监事会应当包括股东代表和适当比例的公司职工代表，其中职工代表的比例不得低于三分之一，具体比例由公司章程规定。监事会中的职工代表由公司职工通过职工代表大会、职工大会或者其他形式民主选举产生。监事会设主席一人，由全体监事过半数选举产生。

监事会主席召集和主持监事会会议；监事会主席不能履行职务或者不履行职务的，由半数以上监事共同推举一名监事召集和主持监事会会议。董事、高级管理人员不得兼任监事。股东人数较少或者规模较小的有限责任公司，可以不设监事会，设一至两名监事。

（2）监事会的职权。监事会、不设监事会的公司的监事行使下列职权：①检查公司财务；②对董事、高级管理人员执行公司职务的行为进行监督，对违反法律、行政法规、公司章程或者股会决议的董事、高级管理人员提出罢免的建议；③当董事、高级管理人员的行为损害公司的利益时，要求董事、高级管理人员予以纠正；④提议召开临时股东会会议，在董事会不履行本法规定的召集和主持股东会会议职责时召集和主持股东会会议；⑤向股东会会议提出提案；⑥董事、高级管理人员执行公司职务时违反法律、行政法规或者公司章程规定，给公司造成损失应当承担赔偿责任的，监事会或不设监事会的监事有权对董事、高级管理人员提起诉讼；⑦公司章程规定的其他职权。

监事可以列席董事会会议，并对董事会决议事项提出质询或者建议。监事会、不设监事会的公司的监事发现公司经营情况异常，可以进行调查；必要时，可以聘请会计师事务所等协助其工作，费用由公司承担。

（3）监事的任期。监事的任期每届为 3 年。监事任期届满，连选可以连任。监事任期届满未及时改选，或者监事在任期内辞职导致监事会成员低于法定人数的，在改选出的监事就任前，原监事仍应当依照法律、行政法规和公司章程的规定，履行监事职务。

（4）监事会会议。监事会每年度至少召开一次会议，监事可以提议召开临时监事会会议。监事会的议事方式和表决程序，除公司法有规定的外，由公司章程规定。监事会决议应当经半数以上监事通过。监事会应当对所议事项的决定作成会议记录，出席会议的监事应当在会议记录上签名。监事会、不设监事会的公司的监事行使职权所必需的费用，由公司承担。

（五）特殊有限责任公司

1. 一人有限责任公司

一人有限责任公司，是指只有一个自然人股东或者一个法人股东的有限责任公司。由于唯一的出资人对公司经营享有高度的自主权，从而减少了公司治理过程中由于公司内部机构过于复杂所造成的高成本、低效率，但是也正由于股东高度的自主权，使公司的经营缺乏必要的监督机制，在降低投资人投资风险的同时，扩大了一人有限公司的交易风险。因此，《公司法》对一人有限责任公司作了特别的限制性规定，建立了严密的风险防范制度，具体体现在以下几个方面：

（1）出资人投资一人有限公司数量的限制。《公司法》第五十八条规定，一个自然人只能投资设立一个一人有限责任公司，该一人有限责任公司不能投资设立新的一人有限责任公司。一人有限责任公司应当在公司登记中注明自然人独资或者法人独资，并在公司营业执照中载明。如果允许一人设立数个一人有限公司则出资人可以利用自己对这若干个一人公司的绝对控制力进行关联交易，转移资产，导致交易风险成倍增加。

（2）一人有限责任公司的外部监督。一人有限责任公司应当在每一会计年度终了时编制财务会计报告，并经会计师事务所审计。

（3）一人有限责任公司的法人人格否认制度。《公司法》第六十三条规定，一人有限责任公司的股东不能证明公司财产独立于股东自己的财产的，应当对公司债务承担连带责任。相对于其他公司的法人人格否认在举证责任方面，一人有限公司适用举证责任倒置。

2. 国有独资公司

国有独资公司，是指国家单独出资，由国务院或者地方人民政府授权本级人民政府国有资产监督管理机构履行出资人职责的有限责任公司。

国有独资公司从本质上属于一人有限责任公司的范畴。法律对国有独资公司的组织机构作出了特别规定。由于篇幅限制，在此不再阐述。

三、股份有限公司

（一）股份有限公司

股份有限公司，简称股份公司，是指依照公司法的有关规定设立的，其全部资本分为等额股份，股东以其认购的股份为限对公司承担责任，公司以其全部财产对公司的债务承担责任的企业法人。与有限责任公司相比，股份有限公司具有如下特征：

（1）公司性质的资合性。股份有限公司是典型的资合公司，公司是资的组合，股东之间不以信赖为基础。

（2）公司股份的等额性。股份有限公司的资本总额划分为金额相等的股份，实行同股同权、同股同利、同股同责。

（3）股份转让的任意性。股东持有的股票可以自由转让，而不受其他股东的限制，法律特别规定除外。

（4）组织机构相对复杂。股份有限公司的组织机构完备，不能进行简化设置，而且对于上市公司又有许多特别设置。

【案例链接】中国建设银行股份有限公司的设立

2004 年 9 月 15 日，中央汇金投资有限责任公司、中国建银投资有限责任公司、国家电网公司、上海宝钢集团公司和中国长江电力股份有限公司在京召开创立大会：发起设立中国建设银行股份有限公司。公司的全部资本由等额股份构成，股份总数为 1 942.302 5亿股，每股面值为人民币 1 元。其中中央汇金投资有限责任公司出资 1 655.38亿元，占公司股份总数的 85.228%；中国建银投资有限责任公司出资 206.922 5亿元，占 10.653%；国家电网公司出资 30 亿元，占 1.545%；上海宝钢集团公司出资 30 亿元，占 1.545%；中国长江电力股份有限公司出资 20 亿元，占 1.030%。

依据国家有关法律法规，创立大会审议通过了“中国建设银行股份有限公司章程”

及董事会、监事会组成人员等有关议案。中国建设银行改制为国家控股的股份制商业银行后，名称为中国建设银行股份有限公司，简称中国建设银行。中国建设银行股份有限公司承继原中国建设银行商业银行业务及相关资产、负债和权益。

创立大会后，随即召开了中国建设银行股份有限公司第1届董事会第1次会议和第1届监事会第1次会议。经董事会讨论决定，中国建设银行股份有限公司完成工商注册登记后即举行成立大会。根据国务院的决定和经中国银行业监督管理委员会批准，中国建设银行股份有限公司于2004年9月21日在北京挂牌成立。

（二）股份有限公司的设立

在我国，对股份有限公司的设立采取准则主义。相对于有限责任公司而言，《公司法》规定了严格的设立条件和复杂的设立程序。

1. 设立方式

股份有限公司设立有两种方式：发起设立和募集设立。发起设立，是指公司发行的股份由发起人全部认足，而不再向社会公众募集，一次确定股东。这种设立方式中，发起人认足的资本数额就是公司进行设立登记时的注册资本总额，如果以后发行新股，则需进行资本额外负担的变更登记。募集设立，是指由发起人认购公司应发行股份的一部分，其余股份向社会公开募集或者向特定对象募集而设立公司。采用这种设立方式，需对外募足股份，还需要召集创立大会，设立程序较发起设立复杂。《公司法》对这两种设立方式都予以承认。

2. 设立条件

设立股份有限公司，应当具备下列条件：

（1）发起人符合法定人数。除国家有禁止或限制的特别规定外，自然人、法人、其他组织、国家以及外国投资者等均可以成为股份有限责任公司的股东。国家成为公司股东时，应通过国家授权的部门或者机构进行。设立股份有限公司，应当有二人以上、二百人以下为发起人，其中须有半数以上的发起人在中国境内有住所。

（2）有符合公司章程规定的全体发起人认购的股本总额或者募集的实收股本总额。股份有限公司采取发起设立方式设立的，注册资本为在公司登记机关登记的全体发起人认购的股本总额。股份有限公司采取募集方式设立的，注册资本为在公司登记机关登记的实收股本总额。法律、行政法规以及国务院决定对股份有限公司注册资本实缴、注册资本最低限额另有规定的，从其规定。

（3）股份发行、筹办事项符合法律规定。

（4）发起人制定公司章程，采用募集方式设立的经创立大会通过。

（5）有公司名称，建立符合股份有限公司要求的组织机构。

（6）有公司住所。

3. 设立程序

由于发起设立和募集设立所产生的社会责任不同，《公司法》针对它们设计了不同的程序要求。

（1）发起设立的程序

发起设立比较简单，不需向社会公众募集股份，其设立程序与有限责任公司的设立程序基本相同，主要包括订立发起人协议，制定设立公司的可行性研究报告，制定公司章程，发起人认股和缴纳股款，选举公司董事、监事，申请设立登记，登记机关核准登记等程序。

（2）募集设立的程序

募集设立的程序相对复杂，因为需要向社会公众募集股份，涉及更重的社会责任。其设立程序主要有：①发起人签订发起人协议，起草公司章程。②发起人认购公司股份。全体发起人认购的股份不得少于公司股份总数的35%，法律、行政法规另有规定除外。③发起人募集股份。首先根据《公司法》规定的条件和经国务院批准的国务院证券监督管理机构规定的条件，报送募股申请和相关文件，发起人认足部分股份后，制作、公告招股说明书并制作认股书；委托证券公司承销，委托银行代收股款，认股人认购、缴纳股款。认股人一旦填写了认股书，就应当按照所认股数承担缴纳股款的义务，否则也将构成违约。④召开创立大会。发行股份的股款缴足后，必须经依法设立的验资机构验资并出具证明。发起人应当自股款缴足之日起30日内主持召开公司创立大会。创立大会由发起人、认股人组成。发起人应当在创立大会召开15日前将会议日期通知各认股人或者予以公告。创立大会应有代表股份总数过半数的发起人、认股人出席，方可举行。⑤申请设立登记。董事会应于创立大会结束后30日内，申请设立登记，向公司登记机关报送下列文件：公司登记申请书；创立大会的会议记录；公司章程；验资证明；法定代表人、董事、监事的任职文件及其身份证明；发起人的法人资格证明或者自然人身份证明；公司住所证明。以募集方式设立股份有限公司公开发行股票的，还应当向公司登记机关报送国务院证券监督管理机构的核准文件。

（三）股份有限公司的组织机构

1. 股东大会

股份有限公司股东大会由全体股东组成。股东大会是公司的权力机构，对公司重要事项享有最终决定权。股份有限公司股东大会职权由法律规定，其与有限责任公司股东会职权相同。

（1）股东大会会议的召开和主持

股东大会分为定期会议和临时会议。定期股东大会应当每年召开一次。有下列情形之一的，应当在两个月内召开临时股东大会：①董事人数不足本法规定人数或者公司章程所定人数的三分之二时；②公司未弥补的亏损达实收股本总额三分之一时；③单独或者合计持有公司百分之十以上股份的股东请求时；④董事会认为必要时；⑤监事会提议召开时；⑥公司章程规定的其他情形。

召开股东大会会议，应当将会议召开的时间、地点和审议的事项于会议召开20日前通知各股东；临时股东大会应当于会议召开15日前通知各股东；发行无记名股票的，应当于会议召开30日前公告会议召开的时间、地点和审议事项。

单独或者合计持有公司百分之三以上股份的股东，可以在股东大会召开10日前提出临时提案并书面提交董事会；董事会应当在收到提案后两日内通知其他股东，并将该临时提案提交股东大会审议。临时提案的内容应当属于股东大会职权范围，并有明确议题和具体决议事项。股东大会不得对通知中未列明的事项做出决议。

股东大会会议由董事会召集，董事长主持；董事长不能履行职务或者不履行职务的，由副董事长主持；副董事长不能履行职务或者不履行职务的，由半数以上董事共同推举一名董事主持。董事会不能履行或者不履行召集股东大会会议职责的，监事会应当及时召集和主持；监事会不召集和主持的，连续九十日以上单独或者合计持有公司百分之十以上股份的股东可以自行召集和主持。

（2）股东出席会议

股东出席会议的人数要达到一定比例，才能形成有法律效力的决议。由于很多情况下，股东不能亲自参加会议，《公司法》规定股东可以委托代理人出席股东大会会议。代理人应当向公司提交股东授权委托书，并在授权范围内行使表决权。无记名股票持有人出席股东大会会议的，应当于会议召开五日前至股东大会闭会时将股票交存于公司。

（3）股东大会的议事规则与决议

股东出席股东大会会议，所持每一股份有一表决权，但是公司持有的本公司股份没有表决权。股东大会选举董事、监事，可以依照公司章程的规定或者股东大会的决议，实行累积投票制。其中，累积投票制是指股东大会选举董事或者监事时，每一股份拥有与应选董事或者监事人数相同的表决权，股东拥有的表决权可以集中使用。

股东大会做出决议，必须经出席会议的股东所持表决权过半数通过。《公司法》第一百零三条规定，股东大会作出修改公司章程、增加或者减少注册资本的决议，以及公司合并、分立、解散或者变更公司形式的决议，必须经出席会议的股东所持表决权的三分之二以上通过。《公司法》和公司章程规定公司转让、受让重大资产或者对外提供担保等事项必须经股东大会做出决议的，董事会应当及时召集股东大会会议，由股东大会就上述事项进行表决。

股东大会应当对所议事项的决定作成会议记录，主持人、出席会议的董事应当在会议记录上签名。会议记录应当与出席股东的签名册及代理出席的委托书一并保存。

2. 董事会

【案例讨论】2015年2月8日，某建筑材料股份有限公司召开董事会临时会议，讨论召开股东大会临时会议和解决债务问题。该公司共有董事9人，这天出席会议的有李某、章某、王某、丁某、唐某，另有4名董事知悉后由于有事未出席会议。在董事会议上，章某、王某、丁某、唐某同意召开股东临时会，并做出决议。李某不同意，便在表决之前中途退席。此后，公司根据董事会临时决议召开股东大会临时会议，并在大会上通过了偿还债务的决议。李某对此表示异议，认为股东大会临时决议无效。问：

（1）该董事会临时会议的召开是否合法？说出其法律依据。

（2）作出召开股东大会临时会议的决议是否有效？说出其法律依据。

（1）董事会的组成

股份有限公司设董事会，其成员为五人至十九人。董事会成员中可以有公司职工代表。董事会中的职工代表由公司职工通过职工代表大会、职工大会或者其他形式民主选举产生。董事的任期与董事会的职权适用有限责任公司的规定。董事会设董事长一人，可以设副董事长。董事长和副董事长由董事会以全体董事的过半数选举产生。

董事长召集和主持董事会会议，检查董事会决议的实施情况。副董事长协助董事长工作，董事长不能履行职务或者不履行职务的，由副董事长履行职务；副董事长不能履行职务或者不履行职务的，由半数以上董事共同推举一名董事履行职务。

（2）董事会会议召开

董事会每年度至少召开两次会议，每次会议应当于会议召开 10 日前通知全体董事和监事。代表十分之一以上表决权的股东、三分之一以上董事或者监事会，可以提议召开董事会临时会议。董事长应当自接到提议后十日内，召集和主持董事会会议。董事会召开临时会议，可以另定召集董事会的通知方式和通知时限。

董事会会议应有过半数的董事出席方可举行。董事会会议，应由董事本人出席；董事因故不能出席，可以书面委托其他董事代为出席，委托书中应载明授权范围。

（3）董事会会议决议

董事会做出决议，必须经全体董事的过半数通过。董事会决议的表决，实行一人一票。董事会应当对会议所议事项的决定作成会议记录，出席会议的董事应当在会议记录上签名。

董事应当对董事会的决议承担责任。董事会的决议违反法律、行政法规或者公司章程、股东大会决议，致使公司遭受严重损失的，参与决议的董事对公司负赔偿责任。但经证明在表决时曾表明异议并记载于会议记录的，该董事可以免除责任。

3. 经理

经理是对股份有限公司日常经营管理负有全责的高级管理人员，由董事会决定聘任或者解聘，对董事会负责。经理职权适用有限责任公司的规定。公司董事会可以决定由董事会成员兼任经理。

4. 监事会

监事会是公司的内部监督机构。股份有限公司监事会的职责，适用《公司法》关于有限责任公司监事会职权的规定。

股份有限公司设监事会，其成员不得少于三人。公司章程可以规定具体人数且为单数。监事会应当包括股东代表和适当比例的公司职工代表，其中职工代表的比例不得低于三分之一，具体比例由公司章程规定。监事会中的职工代表由公司职工通过职工代表大会、职工大会或者其他形式民主选举产生。监事的任期每届为 3 年，监事任期届满，连选可以连任。董事、高级管理人员不得兼任监事，以避免损害监事会的监督作用。

监事会设主席一人，可以设副主席。监事会主席和副主席由全体监事过半数选举产生。监事会主席召集和主持监事会会议；监事会主席不能履行职务或者不履行职务的，由监事会副主席召集和主持监事会会议；监事会副主席不能履行职务或者不履行职务的，由半数以上监事共同推举一名监事召集和主持监事会会议。监事可以列席董事会会议，并对董事会决议事项提出质询或者建议。

监事会每六个月至少召开一次会议。监事可以提议召开临时监事会会议。监事会的议事方式和表决程序，除公司法有规定的外，由公司章程规定。监事会决议应当经半数以上监事通过。监事会应当对所议事项的决定作成会议记录，出席会议的监事应当在会议记录上签名。

监事会行使职权所必需的费用，由公司承担。

【法律链接】法律术语

（一）高级管理人员，是指公司的经理、副经理、财务负责人、上市公司董事会秘书和公司章程规定的其他人员。（二）控股股东，是指其出资额占有限责任公司资本总额百分之五十以上或者其持有的股份占股份有限公司股本总额百分之五十以上的股东；出资额或者持有股份的比例虽然不足百分之五十，但依其出资额或者持有的股份所享有的表决权已足以对股东会、股东大会的决议产生重大影响的股东。（三）实际控制人，是指虽不是公司的股东，但通过投资关系、协议或者其他安排，能够实际支配公司行为的人。（四）关联关系，是指公司控股股东、实际控制人、董事、监事、高级管理人员与其直接或者间接控制的企业之间的关系，以及可能导致公司利益转移的其他关系。但是，国家控股的企业之间不仅因为同受国家控股而具有关联关系。

5. 上市公司组织机构的特别规定

根据股份有限公司的股票是否在证券交易所交易，可以将其分为上市公司和非上市公司两种形式。其中，上市公司是指其股票在证券交易所上市交易的股份有限公司。上市公司具有最广泛的公众性，《公司法》对其组织机构作出了特别规定。

（1）重大事项表决

上市公司在一年内购买、出售重大资产或者担保金额超过公司资产总额百分之三十的，应当由股东大会做出决议，并经出席会议的股东所持表决权的三分之二以上通过。

（2）独立董事

独立董事是与受聘的上市公司及其主要股东不存在可能妨碍其进行独立客观判断的一切关系的特定董事。设立独立董事，对于改善公司治理、提高监控职能、维护公众投资者的利益，具有积极的作用，有利于实现公司价值与股东利益的最大化。上市公司设立独立董事，具体办法由国务院规定。

【法律链接】独立董事与董事的区别

独立董事是指独立于公司股东且不在公司中内部任职，并与公司或公司经营管理者没有重要的业务联系或专业联系，并对公司事务做出独立判断的董事。也有观点认为，独立董事应该界定为只在上市公司担任独立董事之外不再担任该公司其他职务，并与上市公司及其大股东之间不存在妨碍其独立做出客观判断的利害关系的董事。

董事是指由公司股东会选举产生的具有实际权力和权威的管理公司，对外代表公司事务的人员，是公司内部治理的主要力量，对内管理公司事务，对外代表公司进行经济活动。占据董事职位的人可以是自然人，也可以是法人。但法人充当公司董事时，应指定一名有行为能力的自然人为代理人。

（3）董事会秘书

董事会秘书是公司高级管理人员，因董事会职权广泛，上市公司董事会工作更为繁重，有必要设置秘书来协助工作。上市公司董事会秘书，负责公司股东大会和董事会会议的筹备、文件保管以及公司股东资料的管理，办理信息披露事务等事宜。

（4）董事对关联关系表决的回避

上市公司董事与董事会会议决议事项所涉及的企业有关联关系的，不得对该项决议行使表决权，也不得代理其他董事行使表决权。该董事会会议由过半数的无关联关系董事出席即可举行，董事会会议所作决议须经无关联关系董事过半数通过。

（四）股份的发行与转让

1. 股份与股票

股份是指均分公司全部资本的最小单位。股份有限公司的资本划分为股份，每一股的金额相等。股份具有金额性、平等性、不可分性、可转让性的特点。公司的股份采取股票的形式。股票是公司签发的证明股东所持股份的凭证。股票或股份可分以下种类：

（1）根据股东权力的差异，可分为普通股、优先股。普通股是股份有限公司的最重要、最基本的一种股份，它是构成股份公司股东的基础。优先股是指股份有限公司在筹集资本时给予认购者某些优先条件的股票。

（2）根据票面有无记载金额，可分为有面额股票和无面额股票。

（3）根据票面有无记载持股人姓名或名称的，可分为记名股票和无记名股票。

2. 股份的发行

股份发行是指股份有限公司为筹集资金或其他目的而向投资者出售或分配自己股份的行为。股份有限公司在公司成立前可以为募集资本发行股份，成立后可以为扩充资本发行新股。

股份的发行实行公平、公正的原则；同股同权、同股同利的原则。同种类的每一股份应当具有同等权利。同次发行的同种类股票，每股的发行条件和价格应当相同；任何单位或者个人所认购的股份，每股应当支付相同价额。

股票发行价格可以按票面金额，也可以超过票面金额，但不得低于票面金额。股票采用纸面形式或者国务院证券监督管理机构规定的其他形式。股票应载明下列主要事项：①公司名称；②公司成立日期；③股票种类、票面金额及代表的股份数；④股票的编号。股票由法定代表人签名，公司盖章。发起人的股票，应当标明发起人股票字样。

公司发行的股票，可以为记名股票，也可以为无记名股票。公司向发起人、法人发行的股票，应当为记名股票，并应当记载该发起人、法人的名称或者姓名，不得另立户名或者以代表人姓名记名。公司发行记名股票的，应当置备股东名册，并作记载。发行无记名股票的，公司应当记载其股票数量、编号及发行日期。国务院可以对公司发行本法规定以外的其他种类的股份，另行作出规定。

3. 股份的转让

股份转让是指股份有限公司的股东将持有股份依合法的方式转让给他人，使他人取得股份而成为股东的行为。通过股份转让，股东可以收回投资。股份转让是通过股票转让实现的。股东转让其股份，应当在依法设立的证券交易场所进行或者按照国务院规定的其他方式进行。

记名股票，由股东以背书方式或者法律、行政法规规定的其他方式转让；转让后由公司将受让人的姓名或者名称及住所记载于股东名册。股东大会召开前20日内或者公司决定分配股利的基准日前五日内，不得进行股东名册的变更登记。但是，法律对上市公司股东名册变更登记另有规定的，从其规定。记名股票被盗、遗失或者灭失，股东可以依照公示催告程序，请求人民法院宣告该股票失效。人民法院宣告该股票失效后，股东可以向公司申请补发股票。

无记名股票的转让，由股东将该股票交付给受让人后即发生转让的效力。持有无记名股票的人就是股东，依法享有并行使股东权，不必办理任何过户手续。无记名股票一旦丢失，股东就失去了股东权利，因而不利于股东权的保护。

【法律链接】股份转让限制性规定

发起人持有的本公司股份，自公司成立之日起一年内不得转让。公司公开发行股份前已发行的股份，自公司股票在证券交易所上市交易之日起一年内不得转让。

公司董事、监事、高级管理人员应当向公司申报所持有的本公司的股份及其变动情况，在任职期间每年转让的股份不得超过其所持有本公司股份总数的百分之二十五；所持本公司股份自公司股票上市交易之日起一年内不得转让。上述人员离职后半年内，不得转让其所持有的本公司股份。公司章程可以对公司董事、监事、高级管理人员转让其所持有的本公司股份作出其他限制性规定。

（四）董事、监事、高级管理人员的任职资格、义务与责任

董事、监事、高级管理人员是公司组织机构的构成人员，其素质的高低、品质的优劣关系到公司经营管理的成败和发展，因而各国对其任职资格、义务、责任均有明确规定。

四、公司基本制度

公司的基本制度，是指适用于有限责任公司和股份有限公司的企业法律制度。其主要有公司债券制度、公司财务会计制度、公司合并分立制度、公司注册变更登记制度、公司解散与清算制度等。

【案例讨论】美伦有限责任公司是集体所有制企业，由于市场疲软，濒临倒闭。但由于美伦公司一直是其所在县的利税大户，县政府采取积极扶持的政策。为了生产技术改造筹集资金，美伦公司经理向县政府申请发行债券，县政府予以批准，并协助美伦公司向社会宣传。于是美伦公司拟定发行价值 3 000 万元的公司债券，债券票面记载内容包括票面金额为 100 元、票面利率为 9%、美伦公司以及发行日期和编号。

试问美伦公司债券的发行有哪些问题？

（一）公司债券制度

公司债券，是指公司依照法定条件和程序发行，约定在一定期限还本付息的有价证券。公司债券按是否记名，可以分为记名债券和无记名债券。

公司发行的债券与股票统称为公司证券，但两者本质不同，它们的区别主要有以下几个方面：第一是性质不同。公司债券表示的是债权，是债权凭证；股票表示的是股权，是股权凭证。第二是收益稳定性不同。债券在购买之前，利率已定，到期就可以获得固定利息，而不管发行债券的公司经营获利与否；股票的股息收入随股份公司

的盈利情况变动而变动。第三是风险性不同。公司债券持有人相对于股票而言，承担的风险要小。第四是经济利益关系不同。债券持有者无权过问公司的经营管理；而股票持有者则有权直接或间接地参与公司的经营管理。

1. 公司债券的发行

根据《中华人民共和国证券法》（以下简称《证券法》）第十六条规定，公司公开发行公司债券应当符合下列条件：

（1）股份有限公司的净资产不低于人民币三千万元，有限责任公司的净资产不低于人民币六千万元。

（2）累计债券余额不超过公司净资产的百分之四十。

（3）最近三年平均可分配利润足以支付公司债券一年的利息。

（4）筹集的资金投向符合国家产业政策。

（5）债券的利率不超过国务院限定的利率水平。

（6）国务院规定的其他条件。

公开发行公司债券筹集的资金，必须用于核准的用途，不得用于弥补亏损和非生产性支出。

2. 发行公司债券的程序

（1）由公司的权力机构做出决议。

（2）报经国务院授权的部门核准。申请公开发行公司债券，应当向国务院授权的部门或者国务院证券监督管理机构报送下列文件：公司营业执照；公司章程；公司债券募集办法；资产评估报告和验资报告；国务院授权的部门或者国务院证券监督管理机构规定的其他文件。依法律规定聘请保荐人的，还应当报送保荐人出具的发行保荐书。

有下列情形之一的，不得再次公开发行公司债券：前一次公开发行的公司债券尚未募足；对已公开发行的公司债券或者其他债务有违约或者延迟支付本息的事实，仍处于继续状态；违反法律规定，改变公开发行公司债券所募资金的用途。

（3）公告公司债券的募集办法。发行公司债券的申请经核准后，应当公告公司债券募集办法。公司债券募集办法中应当载明下列主要事项：公司名称；债券募集资金的用途；债券总额和债券的票面金额；债券利率的确定方式；还本付息的期限和方式；债券担保情况；债券的发行价格、发行的起止日期；公司净资产额；已发行的尚未到期的公司债券总额；公司债券的承销机构。公司以实物券方式发行公司债券的，必须在债券上载明公司名称、债券票面金额、利率、偿还期限等事项，并由法定代表人签名，公司盖章。

（4）公司债券的承销。发行人向不特定对象发行公司债券，发行人应当同证券公司签订承销协议。

（5）置备公司债券存根薄。公司发行公司债券应当置备公司债券存根簿。发行记名公司债券的，应当在公司债券存根簿上载明下列事项：债券持有人的姓名或者名称及住所；债券持有人取得债券的日期及债券的编号；债券总额，债券的票面金额、利率、还本付息的期限和方式；债券的发行日期。发行无记名公司债券的，应当在公司债券存根簿上载明债券总额、利率、偿还期限和方式、发行日期及债券的编号。记名公司债券的登记结算机构应当建立债券登记、存管、付息、兑付等相关制度。

3. 公司债券的转让

【案例讨论】原告刘某系周某的邻居。周某年老多病，有一子周三在外地工作，常年很少回家，平时刘某对周某的饮食起居多有照顾。2014 年 8 月，周某因病去世。周某在生病住院期间一直由刘某照顾，周某多次提出将其所持有的某股份有限公司的记名公司债券 50 万元赠与刘某，以报答刘某的照顾之情。2015 年 3 月该债券到期，刘某持该债券请求发行公司还本付息。但该公司认为，周某没有背书转让债券，也没有去公司作变更登记，公司没有义务对刘某付款。由于周某已去世，故款项应归公司所有。双方争执不下，诉至法院。周三在外地听说诉讼的消息后，也参加诉讼并请求法院判决其继承该笔债券。

试分析该记名公司债券的所有权应归谁所有，为什么？

公司债券可以转让，转让价格由转让人与受让人约定。公司债券在证券交易所上市交易的，按照证券交易所的交易规则转让。记名公司债券，由债券持有人以背书方式或者法律、行政法规规定的其他方式转让；转让后由公司将受让人的姓名或者名称及住所记载于公司债券存根簿。无记名公司债券的转让，由债券持有人将该债券交付给受让人后即发生转让的效力。

4. 可转换债券

可转换债券是指上市公司发行的、可依一定条件转换为股票的债券。可转换债券一经转换成股票，债权人资格即丧失，从而取得公司股东的资格，公司债券所代表的公司负债也相应地转换为公司股本。

发行可转换为股票的公司债券，应当在债券上标明可转换公司债券字样，并在公司债券存根簿上载明可转换公司债券的数额。公司应当按照其转换办法向债券持有人换发股票，但债券持有人对转换股票或者不转换股票有选择权。

（二）公司财务、会计制度

财务会计工作是公司经营活动的一项基础工作，加强公司财务工作的规范化管理，有利于保护投资者和债权人的利益，维护稳定、安全的交易秩序，也便于国家的宏观调控管理。

1. 公司财务会计的一般要求：

（1）公司应当依照法律、行政法规和国务院财政部门的规定建立本公司的财务、会计制度。

（2）公司应当在每一会计年度终了时编制财务会计报告，并依法经会计师事务所审计。财务会计报告应当依照法律、行政法规和国务院财政部门的规定制作。

（3）有限责任公司应当依照公司章程规定的期限将财务会计报告送交各股东。股份有限公司的财务会计报告应当在召开股东大会年会的 20 日前置备于本公司，供股东查阅；公开发行股票的股份有限公司必须公告其财务会计报告。

（4）聘用、解聘承办公司审计业务的会计师事务所，依照公司章程的规定，由股东会、股东大会或者董事会决定。公司股东会、股东大会或者董事会就解聘会计师事务所进行表决时，应当允许会计师事务所陈述意见。公司应当向聘用的会计师事务所提供真实、完整的会计凭证、会计账簿、财务会计报告及其他会计资料，不得拒绝、隐匿、谎报。

（5）公司除法定的会计账簿外，不得另立会计账簿。对公司资产，不得以任何个人名义开立账户存储。

2. 公司的利润分配

公司利润是指公司在一定时期（1年）内从事经营活动的财务成果，包括营业利润、投资净收益及营业外收支净额。为体现资本维持原则，维护公司正常的生产经营活动，公司在对股东进行利润分配时，应遵循无盈不分、少盈少分、多盈多分的原则，依下列顺序分配公司利润：

（1）弥补公司以前年度的亏损（依税法规定弥补期限为准），缴纳所得税。

（2）弥补税前利润不足以弥补的亏损。但资本公积金不得用于弥补公司的亏损。

（3）提取税后利润的百分之一十为公司法定公积金，公司的公积金用于弥补公司的亏损、扩大公司生产经营或者转为增加公司资本。公司法定公积金累计额为公司注册资本的百分之五十以上的，可以不再提取。

（4）经股东会或者股东大会决议，还可以从税后利润中提取任意公积金。

（5）对股东进行分配。分配方式可采用现金分配、增资或发送新股、公积金转增资本的形式进行。但法定公积金转为资本时，所留存的该项公积金不得少于转增前公司注册资本的百分之二十五。

公司股东会、股东大会或者董事会违反法律的规定，在公司弥补亏损和提取法定公积金之前向股东分配利润的，股东必须将违反规定分配的利润退还公司。

（三）公司合并与分立制度

【案例讨论】天成有限责任公司（以下简称天成公司）是一家经营化装品批发的企业，由于市场不景气，加上股东内耗严重，公司负债累累。在年初的股东会议上，股东贾某提议将天成公司分立出一家分公司，即保留天成有限责任公司，并另成立一家天益有限责任公司。天成公司承担原公司的全部债务，天益有限责任公司获得老天成公司的净资产以开展生产经营活动。该提议被股东会一致通过。天成有限责任公司办理了变更登记手续，天益有限责任公司也顺利注册登记。半年后，原天成公司的债权人飞虹有限公司找上门来，要求天成公司清偿债务，但发现其资不抵债。通过工商查询后，债权人要求天益有限责任公司承担连带债务。但后者拿出分立协议书，拒不承担债务。问：

（1）按照《公司法》的规定，天成公司的分立程序合法吗？

（2）本案中分立协议书能对抗债权人的请求吗？

1. 公司的合并

公司的合并是指两个以上的公司依照法定程序变更为一个公司的法律行为。公司合并可以采取两种形式：一是吸收合并，是指一个公司吸收其他公司后存续，被吸收的公司解散；二是新设合并，是指两个以上公司合并设立一个新的公司，合并各方解散。

（1）合并的程序：①权力机构做出决议。②合并各方签订合并协议。③编制资产负债表及财产清单。④通知债权人。公司应当自作出合并决议之日起10日内通知债权人，并于30日内在报纸上公告。债权人自接到通知书之日起30日内，未接到通知书的自公告之日起45日内，可以要求公司清偿债务或者提供相应的担保。⑤办理合并登记手续。

（2）公司合并各方的债权债务

公司合并时，合并各方的债权、债务，应当由合并后存续的公司或者新设的公司承继。

2. 公司的分立

公司的分立是指一个公司通过法定程序变更为两个以上公司的法律行为。公司分立有两种形式：一是派生分立，是指公司以其部分资产分设一个或数个新的公司，原公司存续。二是新设分立，是指公司全部资产分别划归两个或两个以上的新公司，原公司解散。

（1）公司分立的程序。公司分立，应当编制资产负债表及财产清单。公司应当自作出分立决议之日起10日内通知债权人，并于30日内在报纸上公告。

（2）公司分立前的债务。公司分立前的债务由分立后的公司承担连带责任。但是，公司在分立前与债权人就债务清偿达成的书面协议另有约定的除外。

（3）公司注册变更登记制度。公司需要减少注册资本时，必须编制资产负债表及财产清单。公司应当自作出减少注册资本决议之日起10日内通知债权人，并于30日内在报纸上公告。债权人自接到通知书之日起30日内，未接到通知书的自公告之日起45日内，有权要求公司清偿债务或者提供相应的担保。

有限责任公司增加注册资本时，股东认缴新增资本的出资，依照本法设立有限责任公司缴纳出资的有关规定执行。股份有限公司为增加注册资本发行新股时，股东认购新股，依照本法设立股份有限公司缴纳股款的有关规定执行。

公司增加或者减少注册资本、公司合并或者分立以及其他法定登记事项的变更，公司应当依法向公司登记机关办理变更登记。

（四）公司的解散与清算

【案例讨论】2015年3月，中恒有限公司由于市场情况发生重大变化，如继续经营将导致公司惨重损失。3月20日召开股东会，以出席会议的股东所持表决权的半数通过决议解散公司。4月15日，股东会选任公司3名董事组成清算组。清算组成立后于5月5日起正式启动清算工作，将公司解散及清算事项分别通知了有关的公司债权人，并于5月20日、5月31日分别在报纸上进行了公告，规定自公告之日起3个月内未向公司申报债权者，公司将不负清偿义务。试问：

（1）公司关于清算的决议是否合法？说明理由。

（2）公司能否由股东会委托董事组成清算组？

（3）公司在清算中有关保护债权人的程序是否合法？

1. 公司的解散

公司解散是指已成立的公司因发生法律或公司章程规定的事由，而停止业务活动，开始清理公司财产，了结公司债权债务关系的过程。公司因下列原因解散：

（1）公司章程规定的营业期限届满或者公司章程规定的其他解散事由出现。如果有限责任公司持有三分之二以上表决权的股东通过，股份有限公司出席股东大会会议的股东所持表决权的三分之二以上通过，不予解散的，可以通过修改公司章程而存续。

（2）股东会或者股东大会决议解散。

（3）因公司合并或者分立需要解散。

（4）依法被吊销营业执照、责令关闭或者被撤销。

（5）公司经营管理发生严重困难，继续存续会使股东利益受到重大损失，通过其他途径不能解决的，持有公司全部股东表决权百分之十以上的股东，可以请求人民法院解散公司。

2. 公司的清算

公司清算是指公司解散时了结其债权债务，并分配剩余财产，使公司法人资格最终归于消灭的法律行为。为保护股东和债权人的利益，除因合并、分立而解散外，其他原因引起的公司解散时均必须经过清算程序将公司财产向债权人和股东分配。

（1）清算组的组成与职权

公司应当在特定的解散事由出现之日起 15 日内成立清算组，开始清算。有限责任公司的清算组由股东组成，股份有限公司的清算组由董事或者股东大会确定的人员组成。逾期不成立清算组进行清算的，债权人可以申请人民法院指定有关人员组成清算组进行清算。人民法院应当受理该申请，并及时组织清算组进行清算。清算组在清算期间行使下列职权：①清理公司财产，分别编制资产负债表和财产清单；②通知、公告债权人；③处理与清算有关的公司未了结的业务；④清缴所欠税款以及清算过程中产生的税款；⑤清理债权、债务；⑥处理公司清偿债务后的剩余财产；⑦代表公司参与民事诉讼活动。

清算组成员应当忠于职守，依法履行清算义务。清算组成员不得利用职权收受贿赂或者其他非法收入，不得侵占公司财产。清算组成员因故意或者重大过失给公司或者债权人造成损失的，应当承担赔偿责任。

（2）清算程序

①通知、公告债权人申报债权。清算组应当自成立之日起 10 日内通知债权人，并于 60 日内在报纸上公告。债权人应当自接到通知书之日起 30 日内，未接到通知书的自公告之日起 45 日内，向清算组申报其债权。债权人申报债权，应当说明债权的有关事项，并提供证明材料。清算组应当对债权进行登记。在申报债权期间，清算组不得对债权人进行清偿。

②清理财产、清偿债务。清算期间，公司存续但不得开展与清算无关的经营活动。公司在清算期间被称为“清算中的公司”，又称清算法人，仍然维持法人的地位，但是公司从事经营活动的权利已被剥夺，其职能只限定在清算目的范围内。

清算组在清理公司财产、编制资产负债表和财产清单后，应当制订清算方案，并报股东会、股东大会或者人民法院确认。所谓清算方案，是指清算组据以处理公司清算事务、了结公司债权、债务清单和债权、债务处理办法以及剩余财产分配办法等。清算组在清理公司财产、编制资产负债表和财产清单后，发现公司财产不足清偿债务的，应当依法向人民法院申请宣告破产。公司经人民法院裁定宣告破产后，清算组应当将清算事务移交给人民法院。

公司财产能够清偿债务的，清算组应先拨付清算费用，然后按照下列顺序清偿：

第一顺序是：职工的工资、社会保险费用和法定补偿金；第二顺序是：缴纳所欠税款；第三顺序是：清偿公司债务。

③分配剩余财产。清偿公司债务后的剩余财产，清算组应将剩余财产分配给股东。有限责任公司按照股东的出资比例分配，股份有限公司按照股东持有的股份比例分配。

④清算终结。公司清算结束后，清算组应当制作清算报告，报股东会、股东大会或者人民法院确认，并报送公司登记机关，申请注销公司登记，公告公司终止。

实训作业

一、实训项目

1. 对公司进行必要的信息查询是保障交易安全的重要工作。以中国石化股份有限公司为被调查对象，将学生分组网上查询本年度该公司的营业执照、公司章程、股东会议记录、财务报表、重大事件、企业年度报告等资料，初步评估该公司的资信状况。

2. 为了保障交易安全，请学生分组讨论如何识别企业欺诈，并举例说明。

二、案例思考

（一）甲公司是一家从事电器批发业务的企业，2014 年经营活动中的主要债务人是乙公司和丙合伙企业。乙公司是以电器零售业为主的有限责任公司，由张某和刘某出资设立；丙合伙企业是由金某、肖某和姜某共同出资设立的普通合伙企业。在甲公司催债期间，金某退出合伙企业。2015 年 1 月 10 日，甲公司再次向乙公司和丙企业要求还款，但发现乙公司和丙企业账面上确实没有资金。于是，甲公司向债务企业的投资者张某、刘某、金某、肖某和姜某追偿。但张某、刘某认为自己只是股东，没有义务承担出资以外的债务；金某认为自己已经退出了合伙企业，不应对企业债务承担责任；肖某和姜某认为，自己应当仅就出资额为限承担责任。根据以上案情，回答下列问题：

（1）张某、刘某的说法是否正确？为什么？

（2）肖某和姜某的说法是否正确？

（3）金某的说法是否正确？

（二）甲、乙、丙、丁、戊拟共同组建一家饮料有限责任公司，注册资本 200 万元，公司拟不设董事会，由甲任执行董事；不设监事会，由丙担任公司的监事。饮料公司成立后经营一直不景气，已欠 A 银行贷款 100 万元未还。经股东会决议，决定把饮料公司唯一盈利的保健品车间分出去，另成立有独立法人资格的保健品厂。后饮料公司增资扩股，乙将其股份转让给 C 公司。根据以上案情，回答下列问题：

（1）饮料公司的组织机构设置是否符合公司法的规定？为什么？

（2）饮料公司设立保健品厂的行为在公司法上属于什么性质的行为？设立后，饮料公司原有的债务应如何承担？

（3）乙转让股份时应遵循股份转让的何种规则？

第三章
合同法实务

社会经济活动几乎都是通过经济合同联系起来和完成的。在物流的各个环节，如商品采购、货物仓储、货物运输、货物包装与装卸、物流加工、物流配送、物流保险、货物代理等，都离不开合同。在物流活动中，当事人之间就彼此利益（即权利和义务）进行磋商并达成一致，然后各方依照约定履行自己的义务，从而实现自己的经济目的和权利。物流合同种类较多，但都以《中华人民共和国合同法》为基本法律制度。本章结合物流相关案例和实际工作的需要，阐述合同法律基本法律制度，包括合同基础知识、合同的订立、合同的效力、合同的履行、合同的担保设定、合同的变更转让和终止、违约责任等内容，从而保障经济工作顺利进行。

【导入案例】彩票买卖合同纠纷案

湖北某物流配送中心员工钟某是一位老彩民，每月都会购买20元的体育彩票，以期博得大奖。2015年8月10日，钟某通过QQ聊天记录与当地销售彩票网点负责人裴某取得了联系，表示购买彩票10张，并发送了拟购买彩票的号码。在裴某表示接受的情况下，钟某通过支付宝将20元票款存入了裴某的指定银行账户。在该期彩票摇号开奖时，钟某发现其中两张彩票中奖，共计奖金85万元。当高兴的钟某前去取彩票以兑奖时，裴某却无法交付彩票。后经查实，因裴某疏忽而忘记了彩票的出票行为；同时该销售彩票网点是湖北省体彩福利中心的代售点。请问：

（1）双方之间是否有买卖合同关系？

（2）谁应承担钟某的经济损失，赔偿金额是多少？

第一节　合同法概述

一、合同的概念

（一）合同的定义

从企业生产经营到公民日常消费，包括买卖、租赁、借贷、代理、出行、赠与、保管等活动，都离不开合同。合同是社会生产与生活中非常普遍的现象，合同既方便了人们的生活和工作，又创造了更多社会财富。合同有多种类型，例如民事合同、劳动合同、行政合同等。本章所指的合同仅属民事合同范畴，即合同是指平等民事主体之间设立、变更、终止民事权利义务关系的协议。它可以是书面形式，也可以是口头形式，还可以是其他形式。

在物流生产经营活动的各个环节，如商品采购、货物仓储、货物运输、货物包装与装卸、物流加工、物流配送、物流保险、货物代理等，也是通过合同来完成的。在物流活动中，当事人之间就彼此利益（即权利和义务）进行磋商并达成一致，然后各方依照约定履行自己的义务，从而实现自己的经济目的和合同权益。由于各种主观、客观方面的原因，物流活动中也会出现大量合同争议，损害或危及各方当事人的经济权益，双方所签订的合同也成为处理纠纷的重要依据。

【案例链接】国际采购合同纠纷

2014 年 8 月 15 日，中国某配送中心与韩国的电器公司达成一批冬季取暖的家电采购合同，合同总金额为 4 300 万元，约定电器生产企业应于同年 10 月份交货。由于暖冬天气预测，会导致该取暖的滞销。9 月 20 日配送中心向电器公司打去电话，要求将原合同采购货物的数量削减 50%，电器公司当即表示同意。同年 10 月份，配送中心仍然收到了韩国方发送的价值 4 300 万元的货物。中方提出了异议，拒收多交的货物。对于双方合同纠纷，韩方申请国际贸易仲裁。在仲裁过程中，关于合同变更一事，韩方不予承认，中方缺乏有效证据，仲裁委员会裁决配送中心败诉，承担违约责任。

（二）合同的分类

合同按照不同的标准，可以分为不同的种类。常见的合同种类有：

（1）双务合同和单务合同。这是根据合同当事人权利义务的承担方式来划分的。双务合同是双方当事人互负给付义务的合同。单务合同是只有一方当事人承担义务而他方仅享有权利的合同。

（2）有偿合同与无偿合同。这是根据当事人享有权利时是否支付对价来划分的。当事人要取得权益必须支付相应对价的合同是有偿合同；当事人取得权益无须支付相应对价的合同是无偿合同。

（3）诺成合同与践成合同。这是根据合同生效是否须要交付标的物来划分的。诺成合同是一旦当事人意思表示一致即成立生效的合同；践成合同则除了当事人意思表示一致合同成立外，还需要实际交付标的物才能生效的合同。

（4）主合同与从合同。这是根据关联合同是否具有从属性来划分的。在两个关联合同存在的场合，不依赖其他合同而能单独存在的合同是主合同，而必须依赖其他合同的存在为前提的合同是从合同。

（5）利己合同与利他合同。这是根据当事人订立合同是为了谁的利益来划分的。当事人为自己的利益而订立的合同叫利己合同；而订约当事人为第三人利益而订立的合同叫利他合同。

【法律链接】我国《合同法》中的分则规定了 15 种有名合同：买卖合同、供用电、水、气、热力合同、赠与合同、借款合同、租赁合同、融资租赁合同、承揽合同、建设工程合同、运输合同、技术合同、保管合同、仓储合同、委托合同、行纪合同和居间合同。

二、合同法概述

合同法，是指调整平等当事人之间合同关系的法律规范的总称。它的主要内容涉及合同的订立、效力、履行、担保、变更、解除、终止、违约责任等。

《民法总则》是规定的民事主体、民事法律行为和民事责任等内容的重要法律，自然也成为规范民事合同的主要法律依据。1999 年我国颁布了《中华人民共和国合同法》（以下简称《合同法》），比较全面地对有关合同的法律关系进行了规范，《合同法》适用范围是除婚姻、收养、监护等有关身份关系的协议以外的民事合同。为了便于《合同法》的执行，最高人民法院还对《合同法》的适用作出了多次司法解释。

除此之外，我国许多单行法规中都有相关合同的法律具体规定。例如，《合伙企业法》规定了合伙协议；《中外合资经营企业法》规定了中外合资经营企业合同；《担保法》规定了各种担保合同；《物权法》对物权担保合同也作出了具体的规定等。

三、合同法的基本原则

为了指导《合同法》的贯彻执行，维护正常的生产与生活秩序，《合同法》确立了以下基本原则：

（一）平等原则

《合同法》第三条规定，合同当事人的法律地位平等，一方不得将自己的意志强加给另一方。平等原则贯彻于合同的全部过程中，它要求合同当事人以平等、协商的方式，设立、变更或消灭合同关系，避免一方将自己的意志强加于对方的情况发生。

（二）自愿原则

自愿原则又叫意思自治原则，是指合同当事人享有出于内心真实想法而自愿订立合同的自由。合同自愿原则赋予合同当事人从事民事活动的一定的意志自由。要求当事人在民事活动中应表达自己的真实意志。但自愿并不是绝对的，应是在法律范围内的自愿。

（三）公平原则

《合同法》第五条规定，当事人应当遵循公平原则确定各方的权利和义务。合同的公平原则要求合同双方当事人之间的权利义务要基本平衡，即双方当事人之间给付与对待给付之间要有等值性。

（四）诚实信用原则

《合同法》第六条规定，当事人行使权利、履行义务应当遵循诚实信用原则。诚实信用原则是民法的最基本原则，它求民事主体在从事活动时，应讲究信用，恪守诺言，诚实不欺，应公平衡量并兼顾双方利益，以善意的心理方式履行义务，不得滥用权利，规避法律，不得损害社会公共利益和第三人的利益。

【案例链接】房屋买卖合同纠纷案

2014 年 5 月，王某购买深圳市兴达房地产公司所开发的某小区房屋一套。双方签订的《商品房买卖合同》载明了该房屋的位置、户型和面积等。在合同签订时，王某按约定预付房款 30 万元，兴达公司出具了收款专用收据。在约定交房到来时，王某发现兴达公司已于 2014 年 10 月将该房屋以超出王某合同 50 万元价格出售给第三方，并与第三方办理了房屋过户登记手续。在双方不能协调解决的情形下，王某将兴达公司起诉至法院。根据《合同法》等规定，除返还预付款外，王某要求兴达公司承担50万元赔偿金的违约责任。2015年8月，法院作出了支持王某的诉讼请求判决。

（五）遵守法律和公序良俗原则

《合同法》第七条规定，当事人订立、履行合同，应当遵循法律、行政法规，尊重社会公德，不得扰乱社会经济秩序，损害社会公共利益。《民法总则》强调，民事主体从事民事活动时，也不得违反法律，不得违背公序良俗。

第二节　合同的订立

一、合同的订立程序

合同订立是指当事人就合同的权利义务协商一致，从而达成协议的行为。合同的订立过程主要包括要约和承诺两个基本阶段。

在实践中，因经济合同涉及当事人重大经济利益，合同订立过程往往要经过若干次讨价还价，最后各方达成一致意见并以协议形式表现出来。合同订立过程体现为《合同法》所规定的“要约邀请—要约—反要约—再反要约—承诺”。

【案例讨论】买卖合同纠纷案

5月25日，美扬有限公司向中科有限公司发送Email“询购X123型号机器，数量4台”。

5月30日，中科有限公司以同样回复“X123型号产品，供售4台，每台单价22万元，限6月7日前回复有效”。

6月3日，中科有限公司收到了美扬有限公司回复“接受且须降价10%”。

6月4日，中科有限公司正研究如何答复时，又收到了美扬有限公司来函“完全接受中科有限公司5月30日的报价”。

根据上述情形，请回答：

（1）各方当事人每次行为的法律性质是什么？

（2）双方之间的买卖合同是否成立？为什么？

（一）要约

1. 要约的含义及应具备的条件

要约即订约提议，是一方当事人向他人提出的希望以一定条件订立合同并授受其约束的意思表示。发出要约的一方为要约人，接受要约的一方为受要约人或相对人。

要约要具备以下条件：

（1）要约是以订立合同为直接目的的意思表示。如不是以订立合同为目的的向对方当事人发出的意思表示，不能视为要约。

（2）要约原则上应向特定相对人提出意思表示。要约人可能是未来合同的一方当事人，所以发出要约的人应是确定的，以便于受要约的人作出答复。同时受要约的人应是要约人的相对人，只要经该相对人同意，合同即可成立。

（3）要约的内容必须具体、确定。要约一旦为受要约人承诺，合同就已经成立。因此要约应该包含订立合同的主要条件，如合同的标的、质量、价金、履行期限等，以便受要约人了解要约的真实含义，从而决定是否作出承诺。

（4）要约须送达受要约人才能生效。要约须于到达受要约人时方能生效，从而使受要约人取得对该项要约作出承诺的权利，要约人自此被其约束。

要约生效时间，根据《合同法》规定为要约到达受要约人时为生效时间。针对数据电文的特殊送达方式，《合同法》第十六条第二款还规定：采用数据电文形式订立合同，收件人指定特定系统接收数据电文的，该数据电文进入该特定系统的时间，视为到达时间；未指定特定系统的，该数据电文进入收件人的任何系统的首次时间，视为到达时间。

【法律链接】要约邀请

如果一方只是表示了订约愿望而没有提出合同的主要条件，则不构成要约，只能视为要约邀请。要约邀请又称要约引诱，是指希望他人向自己发出订立合同的要约的一种意思表示，它对发出要约邀请的当事人不产生任何法律上的约束力。而要约生效后，对要约人产生法律约束力，并承担法律上的义务。

根据《合同法》规定，生活中常见的要约邀请有：商业广告、寄送价目表、拍卖公告、招标公告、招股说明书等。但商业广告如果符合要约条件的应视为要约，例如广告注明其是要约或者写明相对人只要作出规定行为即可以使合同成立。

2. 要约的法律效力

（1）要约对要约人的法律效力

要约在发出之后尚未送达受要约人之前，对要约人没有约束力。要约自送达受要约人时起生效，即对要约人产生法律约束力。要约可规定受要约人作出承诺的期限，这个期限就是要约的有效期；若要约中未规定期限的，则以合理的期限为要约的有效期。在要约有效期内，如果受要约人接受要约，则要约人与其形成合同关系。要约人在要约生效后，变更或撤销要约而给受要约人造成损失的，应承担民事责任。

（2）要约对受要约人的法律效力

受要约人自要约生效时起取得作出承诺的资格。受要约人是否要作出承诺以订立合同，是受要约人的权利。除了法律另有规定或者双方事先另有约定外，受要约人没有答复要约的义务。即使要约人单方面在要约中规定受要约人不答复即视为承诺，该规定对受要约人也没有法律约束力。

3. 要约的撤回与撤销

【案例讨论】2015 年 4 月 2 日，通大物流公司向长春某汽车销售商发去一份特快专递：采购其承销的永恒牌汽车四辆，15 系列 B 款，2015 年出厂，载重 8 吨，每辆 32 万元人民币，合同纠纷提交成都仲裁委员会仲裁。在特快专递发出后，通大物流公司发现车辆市场价格出现了一次大的下滑，甚觉原信函中的交易条件对自己不利。

根据《合同法》规定，通达物流公司应怎么办？

要约的撤回，是要约人在要约生效前，采取行动使要约不发生法律效力的行为。撤回要约的通知只要先于要约到达或同时到达受要约人，就产生撤回要约的效力。

要约的撤销，是要约人在要约生效后，依法采取行动使生效的要约失去法律效力的行为。撤销要约的通知应当在受要约人发出承诺通知之前到达受要约人。为保护当事人的利益，《合同法》第十九条规定，有下列情形之一的，要约不得撤销：要约中确定了承诺期限以及其他形式明示要约不可撤销；受要约人有理由认为要约是不可撤销的，并且已经为履行合同作了准备工作。

4. 要约的失效

要约在一定条件下会失去其法律约束力，即要约的失效。根据《合同法》第二十条规定，在下列情形下会导致要约失效：

（1）拒绝要约的通知到达要约人。要约生效后，受要约人可以承诺也可以拒绝。如果受要约人拒绝接受要约的，则在拒绝要约的通知到达要约人时，要约失效。

（2）要约人依法撤销了要约。

（3）要约有效期限届满，受要约人未作出承诺。有的要约人在要约中明确了承诺的期限，这样承诺必须在规定期限内作出，超过期限，则该要约自行失效。

（4）实质性变更承诺到达要约人。受要约人对要约作出了实质性变更，这种变更就不再是承诺，而是原受要约人向原要约人发出的一个新的要约。

（二）承诺

【案例讨论】2015 年 4 月 2 日，通大物流公司向长春某汽车销售商发去一份特快专递：采购其承销的永恒牌汽车四辆，15 系列 B 款，2015 年出厂，载重 8 吨，每辆 32 万元人民币，合同纠纷提交成都仲裁委员会仲裁，要求 4 月 15 日前答复有效。汽车销售商收到后，于 4 月 12 日复函：接受你方条件，但合同纠纷提交长春法院管辖。通大物流公司对此没有回复，长春某汽车销售商要求履行本合同。

根据《合同法》规定，双方合同是否成立，为什么？

1. 承诺的条件和方式

承诺是指受要约人向要约人作出的同意要约以成立合同的意思表示。合同法规定，承诺生效时合同成立，承诺人一旦作出承诺，则双方都要受合同的约束。承诺通常要符合以下条件才能生效：

（1）承诺应由受要约人向要约人作出的意思表示。要约和承诺是典型的相对人之间的行为，因此非受要约人所作的意思表示，不是承诺；受要约人同意要约的意思表示应向要约人作出，否则也不是承诺。

（2）承诺的内容应当与要约的内容一致。承诺作为受要约人愿意按照要约的内容与要约人订立合同的意思表示，因此承诺的内容应当与要约的内容一致。受要约人对要约的内容只是部分接受或作出了变更，则会影响承诺的效力，可能导致承诺无效。

（3）承诺应在要约的有效期内作出。要约规定了期限的，意味着要约在其存续期间才有效力，承诺必须在此期间内作出。要约没有规定期限的，承诺应在以下期限内作出：要约以对话方式作出的，应当立即承诺；要约以非对话的方式作出的，应当在合理的期限内承诺。凡是在要约有效期满后的答复或送达的，会导致承诺的法律效力受到影响甚至无效。

（4）承诺方式应当符合要约要求或者与要约的传递方式一致。承诺方式是指承诺人采用何种办法将承诺的通知送达要约人。按照《合同法》的规定，承诺一般应当以通知的方式作出，根据交易习惯或者要约表明可以通过行为作出承诺的，也可以行为的方式进行承诺。其中通知的方式可以是口头的、书面的；承诺行为一般表现为合同的履行，如预付价款、装运货物等。

2. 承诺的法律效力

承诺的法律效力是指承诺引起的法律后果，承诺的效力在于承诺生效时合同成立。除法律或当事人另有约定外，合同成立时即合同生效，当事人于此时起负有履行合同的义务。

根据《合同法》的规定，一般情况下承诺生效时间应是承诺通知到达要约人时。若承诺不需要通知的，应于有符合交易的性质、习惯所确定的方式或者要约表明的其他方式的情形时生效。

3. 承诺的撤回

承诺撤回，是受要约人阻止其承诺生效的行为。承诺撤回要求撤回承诺的通知必须先于承诺或者与其同时到达要约人；否则，已作出的承诺有效，合同已经成立，双方当事人应受合同内容的约束。承诺被依法撤回的，视为承诺未发出。

【法律链接】民事行为产生法律效力的时间

《民法总则》对民事行为产生法律效力的时间作出规定：以对话方式作出的意思表示，相对人知道其内容时生效。以非对话方式作出的意思表示，到达相对人时生效。以非对话方式作出的采用数据电文形式的意思表示，相对人指定特定系统接收数据电文的，该数据电文进入该特定系统时生效；未指定特定系统的，相对人知道或者应当知道该数据电文进入其系统时生效。当事人对采用数据电文形式的意思表示的生效时间另有约定的，按照其约定。

4. 特殊情形下承诺效力的认定

（1）迟到承诺效力的认定

承诺超过要约规定的期限送达要约人的，为迟到的承诺。迟到的承诺，除非要约人及时通知受要约人该迟到承诺仍然有效以外，不发生承诺的效力；但因其又符合要约的条件，所以本身又构成一个新的要约。但我国《合同法》第二十九条规定除外情形，受要约人在承诺期限内发出承诺，按照通常情况能及时到达要约人，但因其他原因承诺到达要约人时超过了承诺期限的，除非要约人及时通知受要约人该迟到承诺无效外，该承诺有效。

（2）变更性承诺效力的认定

变更性承诺效力的认定因其是否构成实质性变更而有不同的法律规定。根据《合同法》规定，实质性变更承诺本身成为一个新的要约；如果承诺对要约的内容作出非实质性变更的，除该要约人及时表示反对或者要约本身规定承诺不得对要约的内容作出任何变更的以外，该承诺有效，合同的内容以承诺的内容为准。

《合同法》规定的实质性变更包括对有关合同标的、数量、质量、价款或报酬、履行期限、履行地点和方式、违约责任以及纠纷解决办法等内容的变更。

【案例讨论】广东某机械集团公司欲在成都或重庆租赁1 000平方米的库房作为西南货物集散地。通过网络查询，集团公司于2015年4月6日以特快专递方式向成都某物流中心发出库房租赁要约，并规定4月18日前为承诺的答复期限。成都物流中心在4月11日以相同传递方式表示接受。集团公司在4月19日才收到该项复函，因其为逾期接受而未予理睬。4月28日，集团公司的业务员与重庆另外一家客户签订了库房租赁合同。不久之后，成都物流中心主张库房已准备，要求集团公司履行合同。请问：

（1）双方合同是否成立？为什么？

（2）集团公司应吸取什么教训？

二、合同的内容

合同的内容是指合同中当事人达成的明确双方权利义务的条款。由于合同的种类和性质不同，合同的内容也各有差异。合同的具体内容由当事人协商约定，为了便于当事人协商合同内容，我国《合同法》规定了合同的基本条款：

（1）当事人的名称或者姓名和住所。为了便于合同的履行或纠纷的处理，当事人宜在合同中明确主体名称及姓名，包括有效联系方式。

（2）标的。标的是合同当事人双方权利义务共同指向的对象。没有标的，合同的权利义务就不能确定。合同的种类不同，其标的也有所不同，但归纳起来有三种：财产、劳务和一定的工作成果。

（3）质量和数量。数量和质量是标的具体化，是衡量合同是否履行的重要尺度。签订合同，必须对数量和质量明确地具体清楚地加以规定。

（4）价款或酬金。价款是标的的价金，是合同当事人一方取得标的应向对方支付的货币或代价，它体现了订立合同的等价有偿原则。价款是有偿合同必须具备的条款。酬金是指当事人提供了劳务或者完成了一定的工作成果所支付的金钱。

（5）履行的期限。履行期限，是指合同当事人依照合同规定，全面履行自己义务的时间，是确定合同是否如期履行或迟缓履行的依据。

（6）履行地点和方式。履行地点，是指当事人履行合同义务的地址。履行地点必须明确具体，因为履行地点不仅关系到合同义务的实际履行，还关系到履行费用的负担和诉讼等事宜。

履行方式，是指履行合同义务的方式。不同种类的合同，有不同的履行方式。如按履行合同义务标的交付方式，可分为送货、自提、代办托运三种方式。

（7）违约责任。违约责任，是指合同当事人违反合同义务应承担的民事法律后果。违约责任的规定，对维护合同的严肃性，督促当事人自觉履行合同义务有着积极的作用。

（8）解决争议的办法。解决争议的方法，是指当事人对合同在履行中发生争议时所确定的解决争议的方式。一般可以采取协商、调解、仲裁、诉讼等方式解决，具体采用何种方法应视情况由双方当事人自行确定。

三、合同的形式

（一）合同的形式，是指当事人记载合同内容的方式。《合同法》规定了合同形式有书面形式、口头形式和其他形式

（1）书面形式。书面形式是以文字记载当事人所订合同的形式。书面形式可以表现为合同书、信件以及数据电文（包括电报、电传、传真、电子数据交换、电子邮件和微信等）。书面形式的优点是当事人权利义务明确，有据可查，发生纠纷时便于分清责任。因此重要的、内容复杂的合同最好采取书面形式。

（2）口头形式。口头形式是当事人只用语言进行意思表示订立的合同。口头形式简便易行，在日常生活经常被采用，但不足之处是发生纠纷时难以举证。

（3）其他形式。其他形式是指以书面和口头以外的形式订立的合同，包括推定形式和默示形式。推定形式指一方当事人只用行为向对方发出要约，对方以一定或指定行为做出承诺，合同即告成立。如商场里的自动售货机，顾客将规定的货币投入机器内，买卖合同就成立。默示形式是指当事人以不作为进行意思表示的形式，但仅限于法律规定、商业惯例或者当事人预约承认的情况下采用。

合同应该尽可能尊重当事人的意愿，因此具体采用何种合同形式，一般由当事人协商决定。但是法律、行政法规规定采取书面形式的合同，应当采取书面形式；当事人约定采取书面形式的，也应当采取书面形式。法律、行政法规规定或者当事人约定了采取书面形式订立合同，当事人未采取书面形式但一方已经履行合同主要义务，对方接受的，该合同仍然成立。

【法律链接】电子签名

《中华人民共和国电子签名法》（2005 年）规定：民事活动中的合同或者其他文件、单证等文书，当事人可以约定使用或者不使用电子签名、数据电文。只要是能够有效地表现所载内容，并可以随时调取查用的数据电文，视为符合法律、法规要求的书面形式。

可靠的电子签名与手写签名或者盖章具有同等的法律效力。在电子交易过程中，交易双方互不认识，缺乏信任，使用电子签名时，可以由第三方认证。第三方认证由依法成立的电子认证机构对电子签名人的身份进行认证，并为其发放证书，为交易双方提供保证。

（二）格式合同

格式合同，是指当事人为了重复使用而预先拟定，并在订立合同时未与对方协商的合同，例如保险合同、银行借款合同、货运提单等。格式合同不是双方就合同条款逐条进行协商而制定的，而是单方事先拟定的，有可能损害非拟定一方当事人的合法权益。为了保护非拟定一方当事人的合法权益，《合同法》对格式合同作出了以下特别规定：

（1）采用格式条款订立合同的，提供格式条款的一方应当遵循公平原则确定当事人之间的权利和义务，并采取合理的方式提请对方注意免除或者限制其责任的条款，按照对方的要求，对该条款予以说明，否则该条款无效。

（2）对格式条款的理解发生争议的，应当按照通常理解予以解释。对格式条款有两种以上解释的，应当作出不利于提供格式条款一方的解释。格式条款和非格式条款不一致的，应当采用非格式条款。

（3）经营者不得以格式合同、通知、声明、店堂告示等方式作出对消费者不公平、不合理的规定，或者减轻、免除其损害消费者合法权益应当承担的民事责任。

第三节　合同的效力

一、合同的生效

合同虽然经过要约和承诺的订立程序，但仅表示合同内容已在当事人之间协商一致，即表明合同在当事人之间已经成立。合同的生效，是指已经成立的合同在当事人之间产生法律意义上的约束力。

成立的合同是否生效，是否受法律保护，还要经过法律的评价。如果合同符合法律的生效条件，合同即会生效。相反，如果违反法律要求，合同要么无效，要么被撤销，要么效力待定。根据《民法总则》《合同法》等规定，合同生效的法律要求主要有以下几方面。

【案例讨论】酒楼租赁合同纠纷

2010年赵某租赁陈女士房屋一楼计280平方米面积从事中餐生意，合同期限为8年。2013年时因客户建议，赵某想扩大生意即租赁该楼的第二层楼面做火锅生意。因当天陈女士不在家，赵某找到了住在楼上的陈女士儿子的亲爹并签订了二楼的租赁合同，该合同期限为5年。在订约时，赵某支付了二楼合同的第一年租金。此后房屋装修和开业准备历时十余天，陈女士均未表示反对。当赵某正喜庆开业时，陈女士认为该房屋二楼租赁合同无效，理由是本人两年前已与儿子亲爹离婚，其代签行为无效。赵某认为陈某不认可代签协议应早日提出异议，以避免重大经济损失。

请问二楼租赁合同的效力应当如何认定，为什么？

（一）订约当事人主体合法

如果当事人是自然人，其订立合同，应具有相应的民事权利能力和民事行为能力。限制行为能力人只有在从事与其年龄、智力状况相适应的民事活动时订立的合同才生效。无民事行为能力人从事民事活动须由其监护人代理。但无行为能力人订立的自己纯获利益的或者义务完全免除的合同和与其智力状况、年龄相适应的满足其日常学习、生活需要的合同则有效。

如果当事人是法人，则情况有所不同。依据《民法总则》和《合同法》，原则上要求法人在开展经营活动中订立合同须受其章程及经营范围的限制。但是随着市场经济的发展，最高人民法院的司法解释规定：法人超越经营范围订立的合同，只要没有违背法律的强制性规定，仍然认为是有效的。但违反国家限制经营、特许经营以及法律、行政法规禁止经营的规定而订立的合同是无效的。

【法律链接】自然人的民事行为能力

自然人的民事行为能力，是指自然人通过自己的行为行使民事权利和承担民事义务的资格。在民法上根据自然人的年龄、智力和精神状态的条件，自然人分为完全民事行为能力人、限制民事行为能力人和无民事行为能力人。

各国民事行为能力的划分标准有不同规定。我国《民法总则》规定，年满18周岁的成年人为完全民事行为能力人，16周岁以上不满18周岁，但以自己的的劳动收入为主要生活来源的人，是视为完全民事行为能力人。8周岁以上的未成年人和不能完全辨认自己行为的人是限制民事行为能力人。不满8周岁的未成年人和不能辨认自己行为的人是无民事行为能力人。

（二）意思表示真实

意思表示真实，是指当事人在缔约过程所作的要约和承诺都是自己内在真实意志的表示，当事人行为的外部表示与内心意思完全一致。当事人若是在受欺诈、胁迫、乘人之危等情况下所订立的合同，都属于违反真实意愿所订立的合同，合同效力也因此受到影响，甚至直接导致无效。

（三）合同内容合法

合同内容合法即合同内容不得违反法律、行政法规的强制性规定，也不得违背公序良俗。公序良俗，即公共秩序与善良风俗的简称。其中，公序即指社会一般利益，包括国家利益、社会经济秩序和社会公共利益；良俗即指一般道德观念或良好道德风尚，包括社会公德、商业道德和社会良好风尚。

（四）合同形式合法

合同形式合法即合同的表现形式和生效程序要符合法律规定或当事人的特别约定。例如，中外合资经营企业合同须根据《中华人民共和国中外合资经营企业法》的规定由主管部门审批后才生效。

除法定生效条件外，当事人对合同的效力还可以约定条件。附生效条件的合同，自条件出现时生效。附解除条件的合同，自条件出现时失效。《合同法》规定，当事人为自己的利益不正当地阻止条件成就的，视为条件已成就；不正当地促成条件成就的，视为条件不成就。当事人对合同的效力也可以约定附期限。附生效期限的合同，自期限届至时生效。附终止期限的合同，自期限届满时失效。

二、无效合同

无效合同，是指成立的合同因不符合法定生效条件且自始不能挽救的合同。

依法成立的合同，自订立时起就具有法律效力，产生了对当事人的法律约束力。任何一方违反合同，应当承担违约责任。但无效合同从其订立时起就不发生法律效力，对合同双方当事人均无约束力，不受国家法律的承认和保护。

无效合同可分为全部条款无效合同和部分条款无效合同。全部条款无效合同，又称绝对无效合同，是指合同的全部条款不发生任何法律效力的合同；部分条款无效合同，是指其中某些条款因违反法律法规而无效，但其他部分仍具有法律效力的合同。

（一）绝对无效合同的法定情形

根据我国《合同法》第五十二条规定，在下列情形下，合同绝对无效：

（1）一方以欺诈、胁迫手段订立损害国家利益的合同。

（2）恶意串通，损害国家、集体或者第三人利益的。

（3）以合法形式掩盖非法目的。

（4）损害社会公共利益。

（5）违反法律、行政法规的强制性规定的。

其中，欺诈是指一方当事人故意捏造虚假事实，或歪曲、掩盖真实情况，使得对方当事人陷于错误认识而作出不合其真实意思的表示。胁迫则是一方当事人以施加肉体或者精神压力的方式，使对方当事人陷入恐惧而作出不合其真实意思的表示。《民法总则》规定，违反法律、行政法规的强制性规定的合同属于无效合同，但该强制性规定不导致该民事法律行为无效的除外。

（二）部分条款无效的法定情形

按照《合同法》第五十三条规定，如果合同中约定了下列条款，该条款无效：一是造成对方人身伤害的免责条款；二是因故意或者重大过失造成对方财产损失的免责条款。

三、可撤销或可变更合同

可撤销或可变更合同，是指因当事人意思表示不真实，表意错误的一方当事人可依法撤销合同的效力或变更合同内容的合同。对于《合同法》所规定的可撤销或可变更合同，《民法总则》仅规定了当事人享有撤销权。相对于绝对无效合同而言，可撤销合同在有撤销权一方行使撤销权且经法院或仲裁机构同意的，该合同自始无效，因而可撤销合同又称相对无效合同。

（一）可撤销或可变更合同的法定情形

按照《合同法》第五十四条的规定，当事人一方有权请求人民法院或者仲裁机构变更或者撤销的法定情形：

1. 因重大误解订立的合同

重大误解，是指一方当事人对合同的内容或者条款在理解上存在重大的错误，并使自己遭受较大损失。现实生活中重大误解的情形主要包括：一是对合同的性质发生误解；二是对标的物种类的误解；三是对标的物的质量的误解；四是对标的物价值的误解；五是对当事人特定身份认识的误解。

2. 订立合同时显失公平的合同

显失公平的合同是指一方在情况紧迫或缺乏经验的情况下，订立对自己明显有重大不利的合同。此种合同违反了公平和等价有偿的合同法原则，使合同当事人双方的权利义务明显不对等，经济利益上明显不均。导致显失公平的原因可以是欺诈、胁迫、乘人之危、重大误解、当事人缺乏行为能力，也可能是其他的因素。

3. 欺诈、胁迫的合同

以欺诈、胁迫手段订立的合同，作为可撤销合同，在构成条件上与《合同法》第五十二条规定的无效情形是有区别的，两者的区别主要在于损害的利益不同，无效合同的欺诈、胁迫，在其构成要件上须损害国家利益，因而构成合同的当然无效，而此处的欺诈、胁迫则不以此为构成要件。

4. 乘人之危的合同

乘人之危的合同，是指行为人面临危难处境或紧迫需要的情形，在没有价格竞争的条件下，迫于对方压力订立的不符合事实意思表示的合同。

显失公平、乘人之危、欺诈、胁迫的合同，在不损害国家利益时才构成可撤销的合同，否则为无效合同。

（二）撤销权或者变更权的行使

（1）撤销权的行使。当合同符合可撤销的情形时，合同的受害人获得撤销权，即受害人有权向仲裁机构或法院提出撤销请求，从而使合同的失去法律效力。对撤销权的行使期限，《民法总则》作出了不同《合同法》的规定：当事人在自知道或者应当知道撤销事由之日起一年内、重大误解的自知道或者应当知道撤销事由之日起三个月内；受胁迫的自胁迫行为终止之日起一年内。当事人撤销合同的权利，由仲裁机构和法院认定。

为保持生活和生产经营的正常秩序，考虑到各方当事人的合法权益，当事人没有在法定期限内行使撤销权或者明确放弃撤销权的，其撤销权归于消灭。当事人自民事法律行为发生之日起五年内没有行使撤销权的，撤销权消灭。

（2）变更权的行使。在合同出现可撤销的原因时，合同中的受害方也同时具备了合同的变更权。受害方可以就合同中有瑕疵的部分（即重大误解和显失公平之处）要求改变合同的相应内容。《合同法》规定，行使合同变更权的方式、期限与行使合同撤销权一样。

【案例链接】2015 年 3 月，朱某在某电器商场购买了一部商品标签上表明产地为欧洲、价格为 12 000 元数码摄像机一部。在使用过程中，朱某发现摄像机性能不佳，怀疑是假货，便将该摄像机送至省进出口商品检验局鉴定，鉴定结论是该摄像机并非欧洲所产。朱某认为电器商场在买卖中对其故意隐瞒了产品的真实情况，自己是在被误导的情况下购买的摄像机，要求撤销与电器商场买卖合同即退货和加倍赔偿，但遭商场的拒绝。

该案经朱某起诉后，法院审理认为：在销售摄像机的过程中，商场隐瞒真相并做了虚假的宣传，损害了原告的知悉权，构成消费欺诈。根据《合同法》《消费者权益保护法》等规定，法院判决支持原告撤销合同的请求，被告商场退还原告购机款 12 000 元并双倍赔偿 24 000 元。

四、效力待定合同

（一）效力待定合同

效力待定合同，是指合同虽然成立，但欠缺生效条件，其效力能否发生尚未确定，须经权利人追认或者拒绝才能确定效力的合同。效力待定合同与无效合同、可撤销的合同是有区别的。效力待定的合同在成立时并没有生效，其法律效力是悬而未决的，之后经权利人追认才有效，权利人拒绝则无效。相比较而言，可撤销的合同本身有效，受害方主张了撤销权则会导致合同自始无效。无效合同自始至终无效，任何行为都不改变合同的无效地位。

（二）效力待定合同的法定情形

效力待定的合同究其原因主要是合同当事人主体资格的瑕疵所造成的，一般有如下：

1. 限制民事行为能力人订立的合同

根据合同的有效要件，限制民事行为能力人不能独立订立合同，因而其独立订立的合同属于效力未定的合同。限制民事行为能力人订立的合同，经其法定代理人追认后，该合同有效，合同相对人可以催告法定代理人在 1 个月内予以追认。法定代理人未作表示的，视为拒绝追认。合同被追认之前，相对人有撤销合同的权利。

如前文提及，限制民事行为能力订立的不需要其法定代理人追认而当然有效的合同有：纯获利益的合同、与其年龄、智力、精神状况相适应而订立的合同或者义务被免除的合同。

2. 无权代理人以被代理人名义订立的合同

行为人没有代理权、超越代理权或者代理权终止后以被代理人名义订立的合同，未经被代理人追认的，对被代理人不发生效力，由行为人承担责任。相对人可以催告被代理人在 1 个月内予以追认。合同被追认之前，善意相对人有撤销的权利。撤销应当以通知的方式作出。

【法律链接】表见代理

表见代理，是指代理人虽然不具有代理权，但被代理人的行为足以使善意相对人相信无权代理人具有代理权，基于此项信赖相对人与无权代理人进行交易，由此生产的法律后果由被代理人承担的代理。即行为人没有代理权、超越代理权或者代理权终止后以被代理人名义订立的合同，相对人有理由相信行为人有代理权的，出于保护相对人的合法利益的目的，该代理有效，被代理人须承担合同义务。表见代理的构成要件：①符合合同成立的有效要件及代理行为的表现特征；②客观上存在善意相对人相信行为人享有代理权的理由；③相对人为善意且无过失。

3. 以无权处分而订立的合同

无处分权的人处分他人财产，经财产权利人追认或者无处分权的人订立合同后取得处分权的，该合同有效。无权处分人不能取得处分权或权利人不予追认的合同无效，但其无效不适用善意取得的情形。

五、合同不成立、无效、被撤销或不被追认的法律后果

如果合同不成立、无效、被撤销或不被追认的，并非不产生任何法律上的后果，只是不发生订约当事人所预期的法律效力。其主要法律后果有返还财产、赔偿损失等缔约过失责任，也有行政责任和刑事责任等。《合同法》所规定的主要法律责任有：

（1）返还财产。合同无效或者被撤销后，因该合同取得的财产，应当予以返还；不能返还或者没有必要返还的，应当折价补偿。

（2）合同不成立、无效、被撤销或不被追认。当事人一方因此受到损失，有过错的一方应当按照缔约过失责任承担责任。

（3）基于恶意串通，损害国家、集体或者第三人利益的合同而取得的财产，收归国家所有或者返还集体、第三人。

【法律链接】缔约过失责任

缔约过失责任是在订立合同的过程中，一方违背其依据诚实信用原则所应尽的义务，对于期待该合同成立的相对人造成的利益损害，依法应承担的民事责任。根据《合同法》规定，承担缔约过失责任的情形：

（1）假借订立合同，恶意进行磋商。

（2）故意隐瞒与订立合同有关的重要事实或提供虚假情况。

（3）有其他违背诚实信用原则的行为。

（4）泄露或不当使用对方商业秘密、因一方过失导致合同无效、因一方过失导致合同被撤销的。

第四节　合同的履行

一、合同履行的原则

合同的履行，是指合同成立生效后，债务人全面、适当地完成其合同义务以实现债权的合同权益。合同各方当事人所期望的经济利益能否实现取决于合同债务人的履行情况。为了保障合同履行质量和债权人利益，合同履行除了遵守诚实信用、公平、平等民事基本原则外，还要遵守合同履行专属原则：

（一）全面履行原则

全面履行原则又叫适当履行原则，要求当事人按照合同约定的标的及其质量、数量，由适当的主体在适当的履行期限，履行地点，以适当的履行方式，全面完成合同的义务。

（二）协作履行原则

协作履行原则，是指债务人应基于诚实信用原则，主动及时履行合同义务。债权人在必要的限度内，应配合并协助对方履行义务。

（三）经济合理原则

经济合理原则要求当事人在履行合同时，以经济效益为目标，取得最佳履行效果，但不得损害对方的合法利益。

二、合同履行的主要规定

【案例讨论】2015 年 2 月 12 日，重庆某机电有限公司（卖方）与杭州某房地产开发公司（买方）签订合同：买方向卖方订购全新美国 PACO 柏高空调水泵设备一批，共计 10 台，并对设备的价格、型号、技术参数、交货期限、付款期限及方式、保修等作出了明确规定，但对运费的负担没有约定。合同订立后，卖方将设备运往买方所在地并发生运费 6 500 元。关于运费的承担，双方发生了争议。卖方坚持要求买方全部承担，否则不予交货；买方则主张双方共同分担运费。

根据《合同法》的规定，运费的负担问题应如何处理？

（一）合同内容约定不明确时的履行规则

合同生效后，当事人应严格按照合同约定进行履行。如果合同中当事人就质量、价款或报酬、履行地点等内容没有约定或者约定不明确的，可以协议补充；达不成补充协议的，按照合同有关条款或者交易习惯确定。如果仍不能确定的，则按照以下规定履行：

（1）质量要求不明确的，按照国家标准、行业标准履行；没有上述标准的，按照通常标准或者符合合同目的的特定标准履行。

（2）价款或报酬不明确的，按照订立合同时履行地的市场价格履行；依法应当执行政府定价或指导价的，按照规定履行。

（3）履行地点不明确的，给付货币的，在接受货币一方所在地履行；交付不动产的，在不动产所在地履行；其他标的，在履行义务一方所在地履行。

（4）履行期限不明确的，债务人可以随时履行，债权人也可随时要求履行，但应当给对方必要的准备时间。

（5）履行方式不明确的，按照有利于实现合同目的的方式履行。

（6）履行费用的负担不明确的，由履行义务一方负担。

（二）执行政府定价或者政府指导价合同的履行规则

执行政府定价或者政府指导价的，在合同约定的交付期内政府价格调整时，按照交付时的价格计价。逾期交付标的物的，遇价格上涨时，按原价格执行；价格下降时，按照新价格执行。逾期提取标的物或者逾期付款的，遇价格上涨时，按照新价格执行；价格下降时，按照原价格执行。

（三）合同履行涉及第三人时的规则

1. 向第三人履行的合同（利他合同）

当事人约定由债务人向第三人履行债务的，债务人未履行债务或履行债务不符合约定的，应由债务人向债权人承担违约责任。

2. 由第三人履行的合同

当事人约定由第三人向债权人履行债务的，第三人未履行债务或履行债务不符合约定的，应由债务人向债权人承担违约责任。

三、双务合同履行中的抗辩权

双务合同中的抗辩权，是指当事人一方在符合法定条件时，对抗对方当事人要求履行合同的请求，暂时拒绝履行其债务的权利。它包括同时履行抗辩权、后履行抗辩权和不安抗辩权。

（一）同时履行抗辩权

1. 同时履行抗辩权的概念

同时履行抗辩权是指当事人互负债务且没有先后履行顺序，一方当事人在对方未履行合同义务之前，拒绝履行自己的义务的权利。

2. 同时履行抗辩权的成立条件

同时履行抗辩权要符合下列条件：第一是当事人须因同一双务合同而互负债务；第二是当事人双方互负的债务没有先后履行顺序，并且已到履行期限；第三是对方当事人未履行债务或未按约定履行债务；第四是对方当事人的债务是可能履行的。

3. 同时履行抗辩权的效力

同时履行抗辩权的行使能暂时阻止对方当事人要求自己履行债务，但是如果对方在适当履行了合同义务后，同时履行抗辩权失去其存在的理由，主张同时履行抗辩权的当事人应当履行自己的合同义务。当事人主张同时履行抗辩权的，还有权要求对方当事人承担违约责任。

（二）后履行抗辩权

1. 后履行抗辩权的概念

后履行抗辩权是指在有先后履行顺序的双务合同中，应当先履行的一方当事人没有履行合同义务的，后履行一方当事人拒绝履行自己的合同义务的权利。后履行抗辩权是以权利人的后履行权作为抗辩理由，其目的是为保护有先后履行顺序的合同中，后履行义务一方当事人的合法权利。

2. 后履行抗辩权的成立条件

后履行抗辩权要符合下列条件：第一是当事人因同一双务合同而互负合同债务；第二是当事人之间的合同债务有先后履行的顺序；第三是先履行一方到期未履行债务或未按约定履行债务。

3. 后履行抗辩权的效力

后履行一方当事人行使后履行抗辩权后，可以暂时中止履行债务，并以此来对抗先履行一方要求其履行债务的请求。先履行一方若采取了补救措施或者改变违约为适当履行的情况下，后履行抗辩权则消失，后履行一方须按照合同约定履行其债务。在行使后履行抗辩权的同时，后履行一方当事人还可以要求对方承担违约责任。

（三）不安抗辩权

【案例讨论】 某药品批发企业与某大药房之间签订了一笔价值 120 万元的药品买卖合同。其中合同约定：药品批发企业应于 8 月份按照合同约定向大药房交付药品一批；大药房在收到货物后 10 日内，应向药品批发企业支付全部货款；任何一方违约，应向对方支付合同总价 20%的违约金。在 8 月 24 日，药品批发企业准备及时发货时，获知大药房因一场经济诉讼陷入经营困境。对此，药品批发企业也处于困惑之中，对于其发货行为不知如何处理。

依据合同法规定，你认为药品批发企业应当如何应对，以维护自身合法权益？

1. 不安抗辩权的概念

不安抗辩权是指在双务合同中，应当先履行义务的当事人有确切证据证明对方有丧失或可能丧失履行能力的情形时，有中止履行自己义务的权利。不安抗辩权目的是保护先履行义务一方当事人的合法利益。

2. 不安抗辩权的成立条件

不安抗辩权要符合下列条件：第一是当事人之间的合同是双务合同，当事人相互向对方负有合同债务。第二是行使不安抗辩权的当事人一方负有先履行的债务，并且已到债务履行期。第三是后履行债务一方有丧失或可能丧失履行义务能力的下列情形：经营状况严重恶化的；转移财产、抽逃资金，以逃避债务的；严重丧失商业信誉的；其他丧失或者可能丧失履行债务能力的情形。第四是后履行债务一方当事人未提供适当担保。

3. 不安抗辩权的效力

不安抗辩权的主要效力在于中止合同，先履行一方有权中止履行，但应及时通知对方。对方提供充分担保的，应当恢复履行。中止履行后，对方在合理期限内未恢复履行能力并且未提供充分担保的，先履行合同义务的一方可以解除合同。

四、合同的保全

合同保全，是指为预防债务人的财产不当减少而给债权人的债权带来危害，法律赋予债权人行使代位权或撤销权，维护其债权的法律制度。

合同保全的目的是为了促使合同义务的履行，通过对债务人总体财产的控制，以督促合同债务人履行债务。

我国《合同法》中规定合同有两种保全方式：债权人的代位权和债权人的撤销权。

（一）代位权

代位权，是指当合同债务人怠于行使其对第三人享有的权利而危及债权人的债权时，合同债权人可以向法院请求以自己的名义代替行使合同债务人对第三人的权利。

债权人行使代位权要符合以下条件：

（1）合同债务人享有对第三人的权利。此处的权利限于非专属于债务人本身的权利。专属于债务人本身的权利主要是基于扶养关系、继承关系等产生的给付请求权和劳动报酬、养老金、人身伤害赔偿请求权等权利。

（2）债务人怠于行使其权利。

（3）债务人已陷于延迟履行合同义务。

（4）延迟履行已对债权人造成损害。

代位权的行使人是合同债权人，如果债权人有多个，则债务人的各个债权人在符合法律规定的条件下都可以行使代位权。代位权的行使方式，是债权人以自己名义向法院起诉，由法院通过诉讼程序决定。债权人行使代位权所产生的必要费用，由债务人承担。代位权范围以债权人的债权为限，并须对债务人的权利尽到善良管理人的注意义务，如给债务人造成损失的，债权人应负赔偿责任。

【案例讨论】2012 年 5 月，乙公司向甲公司购买了一批空调，采取的是先提货后付款的方式，总价款为 90 万元，合同约定的付款终止日期为 2012 年 9 月 30 日。乙公司在合同约定的付款日期到来之际向甲公司支付了货款 50 万元，但一直未支付余下的 40 万元货款。甲公司向乙公司追讨期间，发现乙公司已严重亏损，濒临破产。后来终于发现乙公司对丙公司有一笔到期的 25 万元债权，甲公司要求乙公司催讨债权向自己清偿，但乙公司对此采取无所谓的态度，既不向丙公司收债，也不还甲公司的钱。甲公司找乙公司收款不能，便要求丙公司直接将其所欠乙公司的 25 万元交给自己，遭丙公司拒绝。甲公司无奈，于 2013 年 3 月将丙公司起诉到法院，请求法院判令丙公司归还乙公司的货款，并执行给甲公司。丙公司则辩称原告甲公司无权过问其与乙公司的债务。

甲公司的诉讼请求是否有理由？为什么？

（二）撤销权

债权人的撤销权，是指债权人对于债务人危害债权的行为，可以请求法院予以撤销的权利。

撤销权成立的条件有客观要件和主观要件两个方面。

客观要件是债务人作出了减少自己责任财产的行为，并危及了债权人的债权，包括以下情况：①债务人放弃了其到期债权；②债务人无偿转让财产；③债务人以明显不合理的低价转让财产等。

主观方面的条件主要是看第三人有无恶意，如果债务人所作的危害债权的行为是无偿的，则无论第三人是否处于恶意，均可撤销；如果债务人行为是有偿的，则第三人为恶意可撤销，第三人为善意不能撤销。

行使撤销权的主体、方式和范围与代位权相同。撤销权的行使还有时间限定，即撤销权应在债权人知道或者应当知道撤销事由之日起 1 年内行使；自债务人的行为发生之日起 5 年内没有行使撤销权的，该撤销权消灭。

第五节　合同的担保

合同的担保，是指依照法律规定或由当事人双方经过协商一致约定而设立的为保障合同债权实现的法律措施。为了使合同得以切实履行，使债权得以实现，我国制定了担保法律制度。其中，1995 年 10 月 1 日实施的《中华人民共和国担保法》（以下简称《担保法》）成为担保的基本法律制度。2007 年 10 月 1 日实施的《中华人民共和国物权法》（以下简称《物权法》）对物权担保也作出了特别规定。在《海商法》和《民用航空法》中也有物权担保的规定。

在物流经济活动中，由于担保的重要性，各方当事人都广泛地运用各种担保形式，以保障债权的实现。物流活动中的担保方式，包括了担保法律制度中设定的五种担保方式，即保证、抵押、质押、留置和定金。根据本章体系安排，本节重点介绍前面四种担保方式。

一、保证

保证是指保证人和债权人约定，当债务人不履行债务时，保证人按照约定履行债务或者承担责任的行为。

保证合同必须采用书面形式，应当包括以下内容：①被保证的主债权种类、数额；②债务人履行债务的期限；③保证的方式；④保证担保的范围；⑤保证的期间；⑥双方认为需要约定的其他事项。

【案例讨论】某家电专营商场与某家电配送企业之间签订一份销售配送合同。合同约定，家电配送企业向家电专营商场配送金星牌微波炉和洗衣机等家电产品，每月 28 日结清货款。由于货款金额较大，为了保证货款回笼安全，家电配送企业提出了担保要求。在未获得公司授权的情况下，某贸易公司的财务部承诺为配送企业提供担保。为此，双方签订了保证合同，即合同明确规定当家电专营商场无力偿还货款时，该公司保证偿还全部债务。

这份保证合同有效吗?

(一) 保证人

保证人必须有符合法律规定的资格。按照《担保法》第七条的规定，具有代为清偿债务能力的法人、其他组织或者公民，可以作保证人。但《担保法》规定下列几种人不能作为保证人：

(1) 国家机关不得作为保证人，但经国务院批准为使用外国政府或国际经济组织贷款进行转贷时，国家机关可作为保证人。

(2) 学校、幼儿园、医院等以公益为目的的事业单位、社会团体不得作为保证人。

(3) 企业法人的分支机构、职能部门不得作为保证人。企业法人的分支机构有法人书面授权的，可以在授权范围内提供保证。

(二) 保证范围

保证担保的范围是指保证关系中保证人所承担的保证责任范围，《担保法》第二十一条规定，保证担保的范围包括主债权及利息、违约金、损害赔偿金和实现债权的费用。保证合同另有约定的，按照约定。当事人对保证担保的范围没有约定或者约定不明确的，保证人应当对全部债务承担责任。

(三) 保证方式

保证方式有一般保证和连带责任保证两种。

1. 一般保证

一般保证是指当事人在保证合同中约定，在债权人不能履行债务时，由保证人承担保证责任。一般保证的最大特点是体现了保证的补充性，即债务人不能履行债务时，保证人才补充性地承担责任。其中，不能履行是指客观不能，即经过法律程序对债务人的财产依法强制执行仍不能履行债务，而不是有能力履行但主观上不愿意履行。

2. 连带责任保证

连带责任保证是指当事人在保证合同中约定保证人与债务人承担连带责任的保证。债务人在主合同规定的债务履行期届满没有履行债务的，债权人可以要求债务人履行债务，也可以要求保证人在其保证范围内承担保证责任。

当事人对保证方式没有约定或者约定不明确的，按照连带责任保证承担保证责任。

(四) 保证期间

保证期间是指保证人承担保证责任的时间范围。也就是说保证人在期间的时间范围内才承担保证责任，超出这个时间段，保证人就不承担保证责任。保证期间可由当事人自由约定，一般保证的保证人与债权人未约定保证期间的，保证期间为主债务履行期届满之日起 6 个月。

《担保法》第二十七条规定，保证人依照本法第十四条规定就连续发生的债权作保证，未约定保证期间的，保证人可以随时书面通知债权人终止保证合同，保证人对于通知到债权人前所发生的债权，承担保证责任。

二、抵押

【案例讨论】2015 年 6 月某乡村民钟某为提高家庭经营能力，打算向乡农村信用社贷款 4 万元购买两辆农用车，信用社要求其提供相应的担保。钟某提出以自家承包经营的 3.33 万平方米荒山作抵押，并说明所承包的荒山已经种上了果树，很快就有收成。但信用社以承包土地不能用于抵押为由，不同意以此作贷款担保。

钟某能以自己所承包的荒山作贷款抵押吗?

抵押是指债务人或者第三人以其特定财产在不转移占有，将该财产作为对债权的担保。债务人不履行债务时，债权人有权依法以该财产折价或以拍卖、变卖该财产的价款优先受偿。在抵押关系中，债务人或者第三人为抵押人，债权人为抵押权人，提供担保的财产为抵押物。抵押权是对物的直接支配权，是债权人享有在债务人不履行债务时变卖抵押物，从所得价款中优先受偿的权利。

抵押人和抵押权人应当以书面形式订立抵押合同。抵押合同的主要内容包括：①被担保债权的种类和数额；②债务人履行债务的期限；③抵押财产的名称、数量、质量、状况、所在地、所有权归属或者使用权归属；④抵押担保的范围；⑤当事人认为需要约定的其他事项。

（一）抵押物

抵押财产可以是不动产，也可以是动产，但并非任何财产都可抵押。《物权法》第一百八十四条规定下列财产不得抵押：①土地所有权；②耕地、宅基地、自留地、自留山等集体所有的土地使用权，但法律规定可以抵押的除外；③学校、幼儿园、医院等以公益为目的的事业单位、社会团体的教育设施、医疗卫生设施和其他社会公益设施；④所有权、使用权不明或有争议的财产；⑤依法被查封、扣押、监管的财产；⑥法律、行政法规禁止抵押的其他财产。

（二）抵押合同的生效与抵押权的设立

1. 抵押合同的生效

《物权法》规定，抵押合同自当事人协商一致达成协议后成立生效，但法律另有规定或者合同另有约定的除外。同时物权法明确表明，未办理物权登记的，不影响合同效力，这表明物权担保合同的效力不依赖担保物权成立。因此，抵押权的成立不是抵押合同生效的条件。但是根据《物权法》的规定，抵押登记要对抵押权的实现顺序产生实质影响。

2. 抵押权的设立

《物权法》规定，抵押权自抵押合同成立生效时设立，法律规定抵押物应当办理登记的，则抵押权自登记时设立。法律规定抵押权自登记时设立的财产有：①建筑物和其他土地附着物；②建设用地使用权；③以招标、拍卖、公开协商等方式取得的荒地等土地承包经营权；④正在建造的建筑物。

（三）抵押物的转让

《物权法》为了保障抵押权人的权益，对抵押人转让抵押物作出了限制性规定：一是抵押期间，抵押人经抵押权人同意转让抵押财产的，应当将转让所得的价款向抵押权人提前清偿债务或者提存。转让的价款超过债权数额的部分归抵押人所有，不足部分由债务人清偿。二是抵押期间，抵押人未经抵押权人同意，不得转让抵押财产，但受让人代为清偿债务消灭抵押权的除外。

（四）抵押权的实现

1. 抵押权的实现方式

（1）协议方式。债务人不履行到期债务或者发生当事人约定的实现抵押权的情形，抵押权人可以与抵押人协议以抵押财产折价或者以拍卖、变卖该抵押财产所得的价款优先受偿。协议损害其他债权人利益的，其他债权人可以在知道或者应当知道撤销事由之日起一年内请求人民法院撤销该协议。

（2）诉讼方式。抵押权人与抵押人未就抵押权实现方式达成协议的，抵押权人可以请求人民法院拍卖、变卖抵押财产。

无论哪种方式，抵押财产折价或者变卖的，都应当参照市场价格。

2. 抵押权的实现顺序

《物权法》规定，同一财产向两个以上债权人抵押的，拍卖、变卖抵押财产所得的价款依照下列顺序清偿：

（1）抵押权已登记的，按照登记的先后顺序清偿；顺序相同的，按照债权比例清偿。

（2）抵押权已登记的先于未登记的受偿。

（3）抵押权未登记的，按照债权比例清偿。

三、质押

【案例讨论】某国际货代公司欲购买1辆轿车和2辆汽车，价值共计65万元，但公司现金不足，想向银行贷款30万元，以便一次性付清车款。当该公司的张经理以公司名义向某银行提出贷款时，银行要求其必须提供价值相应的财产作担保。公司除拥有市值40万元的记名股票外，无其他价值较大的财产，张经理想以此股票作担保。问：

（1）货代公司是否可以用股票作担保？

（2）如果能够质押，则质权于何时设立？

质押是指债务人或第三人将其特定，财产移交债权人占有，作为债权的担保。债务人不履行债务时，债权人有权依法将其特定财产折价或以拍卖、变卖的价款优先受偿。债务人或第三人被称为出质人，债权人被称为质权人，用于作为担保的财产被称为质物。

出质人和质权人应当以书面形式订立质押合同。质押合同的主要内容有：①被担保的主债权种类、数额；②债务人履行的债务的期限；③质物的名称、数量、质量、状况；④质物移交的时间；⑤质押担保的范围。

（一）质押的形式

质押分为动产质押和权利质押：

1. 动产质押

动产质押，是指债务人或第三人将其动产移交债权占有，将该动产作为债权的担保。原则上，除不动产及法律禁止流通的动产外，其他一切动产都可设定质押。

2. 权利质押

权利质押的标的为具有财产内容并可以转让的权利，包括：①汇票、支票、本票、债券、存款单、仓单、提单；②依法可以转让的股份、股票；③依法可以转让的注册商标专用权、专利权、著作权中的财产权；④依法可以质押的其他权利，如应收账款等。

质押合同中对质押的财产约定不明，或者约定的出质财产与实际移交的财产不一致的，以实际交付占有的财产为准。

（二）质押合同的生效与质权的设立

1. 质押合同的生效

《物权法》第六十四条规定，出质人和质权人应当以书面形式订立质押合同。质押合同自质物移交于质权人占有之日起生效。

2. 质权的设立

动产质押的，质权自出质人交付质押财产时设立。权利质押的，质押权按照下列规定设立：

（1）以汇票、支票、本票、债券、存款单、仓单、提单出质的，质权自权利凭证交付质权人时设立；没有权利凭证的，质权自有关部门办理出质登记时设立。

（2）以基金份额、证券登记结算机构登记的股权出质的，质权自证券登记结算机构办理出质登记时设立；以其他股权出质的，质权自工商行政管理部门办理出质登记时设立。

（3）以注册商标专用权、专利权、著作权等知识产权中的财产权出质的，质权自有关主管部门办理出质登记时设立。

（4）以应收账款出质的，当事人应当订立书面合同。质权自信贷征信机构办理出质登记时设立。

四、留置

留置是指债权人合法占有债务人的动产，债务人不履行到期限债务的，债权人有权留置该财产，并以该财产折价或以拍卖、变卖该财产的价款优先受偿。

留置担保的范围包括主债权及利息、违约金、损害赔偿金、留置物保管费用和实现留置权的费用。

【案例讨论】某市棉纺厂委托本市的万里运输公司运输一批棉布至上海市某进出口公司，双方签订了运输合同。合同约定由运输公司在合同生效后30日将价值300万元的棉布运到上海，运费8万元；运费在交货后15日内付清。运输公司将货物全部运至上海，但向收货人只交付了290万元的货物，余下的拒绝交货。运输公司书面通知棉纺厂30日将所欠运费10万元全部付清，逾期将变卖所留置的货物。棉纺厂以运费10万元与本运输合同无关，运输公司无权留置。在诉讼中，对棉纺厂的主张查证属实。

根据《物权法》的规定，法院会支持谁的主张，为什么？

（一）留置财产的范围

根据《物权法》的规定，留置财产的范围应符合下列规定：

（1）债务人不履行到期债务，债权人可以留置已经合法占有的债务人的动产，并有权就该动产优先受偿。前款规定的债权人为留置权人，占有的动产为留置财产。

（2）债权人留置的动产，应当与债权属于同一法律关系，但企业之间留置的除外。

（3）法律规定或者当事人约定不得留置的动产，不得留置。

由此可见，相对《担保法》而言，《物权法》扩展了留置权的范围，将其扩展到一切债权人合法占有债务人的动产，仅对在涉及自然人时限定动产与债权应属于同一法律关系。

（二）留置权人的义务

（1）留置财产为可分物的，留置财产的价值应当相当于债务的金额。

（2）留置权人负有妥善保管留置财产的义务；因保管不善致使留置财产毁损、灭失的，应当承担赔偿责任。

（3）及时行使留置权的义务。

（三）留置权的实现

留置权人与债务人应当约定留置财产后的债务履行期间；没有约定或者约定不明确的，留置权人应当给债务人两个月以上履行债务的期间，但鲜活易腐等不易保管的动产除外。债务人逾期未履行的，留置权人可以与债务人协议以留置财产折价，也可以就拍卖、变卖留置财产所得的价款优先受偿。留置财产折价或者变卖的，应当参照市场价格。

债务人可以请求留置权人在债务履行期届满后行使留置权；留置权人不行使的，债务人可以请求人民法院拍卖、变卖留置财产。

留置物折价或者拍卖、变卖后，其价款超过债权数额的部分归债务人所有，不足部分由债务人清偿。

第六节　合同的变更、转让和终止

一、合同的变更

（一）合同变更的概念

合同的变更，是指在合同依法成立后尚未履行或者尚未完全履行前，合同当事人经协商或者依照法律规定的条件和程序，对原合同内容进行的修改或补充的行为。

合同的变更从广义上讲，它是指合同的内容和主体发生变化；从狭义上讲，仅指合同内容的变更。我国合同法上所称的变更仅指狭义的合同变更，即合同内容的变更。而合同主体的变更则称为合同的转让。根据合同变更的方式的不同，合同变更可分为协商变更和法定变更两种类型。

（二）合同变更的条件

如果合同成立后，客观的情况发生了变化，当事人可以依照法律规定变更合同。合同变更的要符合以下条件：

（1）原已存在着合同关系。变更就是改变原合同关系，其前提是有原合同关系的存在，由此无效的合同、被撤销的合同、被拒绝追认的效力待定的合同无变更的余地。

（2）合同内容发生变化，可能是合同标的、履行条件、合同价金、合同性质（如租赁变买卖）、合同所附条件或期限、合同担保以及其他内容的变更。当事人对合同内容变更的约定必须明确，约定不明确之处，视为未变更。

（3）须依当事人协议或依法律的规定。若是当事人协商达不成一致的，便不发生合同变更的法律效力。

（4）须遵守法律要求的方式。基于重大误解、显失公平等意思表示不真实的合同，须经法院或者仲裁机构的裁决才能变更。法律、行政法规规定变更合同应当办理批准、登记等手续的，合同变更应当办理相应的手续。

（三）合同变更的效力

合同变更后，当事人应按照应变更后的合同内容做出履行，任何一方违反变更后的合同内容将构成违约。合同的变更仅对已经变更的部分发生效力，对于合同中未变更部分的权利义务仍然有效。

合同变更一般无溯及力，即合同变更对于当事人已经完成的履行部分不产生效力，任何一方不能因此而要求对方返还已为的给付，但是当事人另有约定的除外。

合同的变更，不影响当事人要求赔偿损失的权利。例如因重大误解的合同变更，有过错一方应当赔偿对方因此而受到的损失。

二、合同的转让

合同的转让，是指在合同内容不变的前提下，一方当事人依法将其合同中的权利、义务全部或部分转让给第三人，由第三人来行使合同的权利或者承担合同的义务的行为。合同的转让可分为以下三类：

（一）债权让与

【案例讨论】2012 年，渔业个体工商户老板曾某向某财务公司借款买渔船并归还了借款。2013 年 1 月 12 日，曾某以渔船为抵押向该财务公司贷款 20 万元，约定两年还清。因曾某未归还贷款本息，财务公司遂诉至法院。法院判决曾某败诉，曾某应归还贷款及本息，财务公司渔船抵押权有效。事后，曾某远洋外出作业，没有归还贷款。2015 年 4 月 28 日，财务公司与甲公司签订了转让该债权及抵押权的合同，甲公司支付给财务公司 18 万元。转让后，财务公司将转让通知送到曾某住所，请曾某家人转告曾某。曾某得知后，以自己未欠甲公司任何债务为由，拒绝向甲公司履行债务。问：

（1）财务公司与甲公司之间的债权让与合同是否有效？

（2）曾某拒绝向甲公司履行债务的理由能否成立？

1. 债权让与

债权是指因合同、侵权行为、无因管理、不当得利以及法律的其他规定，权利人请求特定义务人为或者不为一定行为的权利。债权让与，即合同权利的转让，是指债权人通过协议将其债权全部或者部分转让给第三人享有的行为。其中债权人称为让与人，第三人称为受让人。

2. 债权让与的条件

债权让与应当符合以下条件：第一是须存在着有效的债权，即让与人具有处分该债权的权限。第二是被让与的债权具有可转让性，一般的要求是债权让与不违背法律的强制性规定、社会秩序和公共道德。同时，合同法还规定了三类债权不得转让，它们包括依据合同性质不得转让的债权、按照当事人约定不得转让的债权、依照法律规定不得转让的债权。第三是让与人和受让人须就合同债权的转让达成协议。

债权人转让债权无须债务人的同意，但应当通知债务人，债务人收到债权让与通知后，即应当将受让人作为债权人而履行债务。未经通知的，该转让对债务人不发生效力。当然债权让与通知原则也存在一些例外，例如当事人之间约定债权不得转让的，若债权人欲转让，则必须经过债务人同意；又如无记名的债券如车船票、电影票等的权利转让不需通知债务人，债务人应当按照票据载明的权利履行义务。

3. 债权让与的法律后果

债权让与的法律后果：第一是受让人获得合同债权人的地位。若债权全部让与，受让人取代让与人的法律地位而成为新的债权人，让与人则脱离原有的债；若债权只是部分转让，则让与人与受让人共同享有债权。第二是债务人的抗辩权随之转移，债务人接到债权转让通知时，债务人对让与人的抗辩，可以向受让人主张。第三是债务人仍可主张抵销，债务人对让与人享有债权的，债务人仍然可以依法向受让人主张抵销。

（二）债务承担

1. 债务承担

债务承担，即债务的转让，是指不改变合同内容，合同义务人依法将合同义务全部或部分转移给第三人承担的行为。该第三人称为承担人。债务承担包括免责的债务承担和并存的债务承担。在免责的债务承担中，第三人取代原债务人的地位承担全部债务，而原债务人脱离债的关系；并存的债务承担则是指债务人并不脱离合同债的关系，而由第三人加入到债的关系中来，与债务人连带承担合同债务。

2. 债务承担的条件

债务承担应当符合以下条件：第一是存在有效的债务。第二是所转移的债务具有可转让性，这就是要排除不具有可转让性的债务，包括性质上不可转移的债务、当事人特别约定不得转移的债务、法律规定不得转让的债务。第三是债权人或者债务人与第三人就债务转让达成协议。第三人既可以同债务人达成承担债务的协议，也可以同债权人订立协议进行债务的转移。第四是债务承担须经债权人同意。第三人与债权人达成协议承担债务本身已经表明债权人同意，不须另外的表示；而在第三人与债务人达成债务承担协议时，必须有债权人同意的表示才能生效。

3. 债务承担的法律后果

债务承担的法律后果：在免责的债务承担中，承担人取代原债务人成为新的合同债务人，原债务人不再承担责任；在并存的债务承担中，第三人加入到债的关系中，和原债务人一起承担连带债务，第三人和原债务人也可约定按比例承担债务。债务承担后，抗辩权随之转移，新债务人可以主张原债务人对债权人的抗辩。债务承担后，合同的从债务一并转移，新债务人应当承担与主债务有关的从债务。

（三）合同权利义务的概括转移

1. 合同权利义务的概括转移

合同权利义务的概括转移，是指原合同当事人一方将其合同权利义务一并转移给第三人，由第三人继受这些权利义务的行为。合同权利义务的概括转移又分两种情形：一种情况是出让人将其全部权利义务转移给承受人，即全部转移；另一种情况是出让人只转移一部分权利义务，即部分转移。部分转移时出让人和承受人应确定各自享有的权利和承担的义务的份额，若没有约定或约定不明的，视为出让人和承受人负连带责任。

2. 合同权利义务概括转移的条件

合同权利义务的概括转移，由于既转让权利，又转移义务，因而只存在于双务合同中，并经过对方当事人同意后才能生效。发生合同权利义务的概括转让的原因可以是当事人之间的合意，也可是法律的直接规定。合意的概括转让（又叫合同承受），指当事人一方和第三人达成协议，并在经对方当事人同意后将自己在合同中的权利和义务一并转让给第三人的情形。法定的概括转移主要有三种情形：一是因继承而发生的被继承人的权利义务的转移；二是基于"买卖不破除租赁"原则而产生的权利义务转移；三是企业的合并和分立。

【法律链接】买卖不破除租赁原则

出租房屋的转让不应影响租赁关系的效力，这就是买卖不破租赁的原则。根据这一原则，在租赁关系存续期间，即使出租人将所出租的房屋转让他人，对租赁关系也不产生任何影响。也就是房屋的新所有权人概括的承受了原房屋所有人与承租人之间的房屋租赁合同。

3. 合同权利义务概括转移的法律后果

权利义务概括转移的法律后果，适用债权让与和债务承担的规定。

三、合同的终止

合同的终止，即合同权利义务的终止，是指当事人之间的合同权利和合同义务消灭，当事人不再受合同关系的约束。

根据我国《合同法》第九十一条的规定，合同终止的情形主要有：

（一）清偿

清偿，就是合同的履行。合同债务人全面地履行了合同义务，债权人完全实现了自己的权利，当事人双方订立合同的目的得以实现。清偿后，合同自然终止。

（二）合同解除

合同解除，是指在合同有效成立后尚未完全履行前，基于当事人的约定、协商或者法律规定而使合同关系消灭的行为。即解除合同包括约定解除、法定解除和当事人协商解除三种情形。

合同解除后，尚未履行的部分，终止履行；已经履行的，根据履行情况和性质，当事人可以要求恢复原状或采取补救措施，并有权要求赔偿损失。

（三）抵销

抵销是指当事人双方相互负有债务，将各自债务相互充抵，使其债务与对方债务在对等额内相互消灭。

抵销可分为法定抵销和合意抵销。法定抵销的条件：一是双方互负有债务，互享有债权；二是双方债务的给付为同一种类；三是双方的债务均届清偿期；四是双方的债务均为可抵销的债务。当事人因此而主张抵销的，应当通知对方，通知自到达对方时生效。合意抵销是当事人基于协议而实行的抵销。按照合同法规定，当事人互负到期债务的，标的物种类、品质不相同的，经双方协商一致，也可以抵销。

（四）提存

提存是指债务人的债务已届履行期时，由于债权人的原因使其无法向债权人清偿债务，债务人可将标的物提交给提存机关，以消灭合同债务的行为。

提存的法定情形有：第一，债权人无正当理由拒绝受领标的物；第二，债权人下落不明；第三，债权人死亡未确定继承人或者丧失行为能力未确定法定代理人；第四，法律规定的其他情形。

如果标的物不适合提存或者提存费用过高的，债务人可以依法拍卖或者变卖标的物，提存所得的价款。

提存后，意味着债务人已经履行债务，债权人可以随时领取提存物。提存还涉及提存机关，提存机关有保管提存物的义务，提存费用和提存物风险由债权人负担。

（五）免除债务

债务免除是指债权人免除债务人的债务而使合同权利义务部分或全部终止的意思表示。债务免除的效力是使合同消灭。债务全部免除的，合同债务全部消灭；债务部分免除的，合同于免除的范围内部分消灭。主债务因免除而消灭的，从债务也随之免除。

（六）混同

混同是指债权与债务同归于一人，而使合同关系消灭的事实。发生混同的原因有两种：一是概括承受，即合同关系的一方当事人概括承受对方当事人的权利与义务，如企业合并；二是因债权让与或债务承担而承受权利与义务。

（七）法律规定或者当事人约定终止的其他情形。

第七节　违约责任及其免除

在合同成立生效后，各方当事人必须按照合同规定全面、适当地履行义务，非经双方协商或者法定事由不得擅自变更或解除合同。任何一方当事人不全部履行合同义务或履行合同义务不符合合同的规定，即构成违约行为，应承担相应的法律责任，即违约责任。违约责任是合同法律制度的重要内容，除了保障守约方的经济权益，也可以增加当事人履行合同义务的职责。

【案例讨论】2014 年 10 月 16 日，原告蒋某在被告某建材公司（销售商）购买白水泥等材料制作水磨石地面，该水泥外包装上标明的质量标号为 425，白度 4 级。在生产过程中，原告发现以该水泥材料制作的水磨石地面出现麻点、砂点、裂缝等质量问题，要求销售商处理。双方共同取样，将水泥送到检测中心检测，检测结果为该样品不合格。除鉴定费外，蒋某还提供了水磨石原材料、运费、化验费、车费、水磨工资、水电费、勤杂（返工的凿工等）等相关费用清单，总额为36 448元。事后，双方未能协商解决合同争议，引起诉讼。请问：

（1）被告是否存在合同违约的情况？

（2）若被告违约，根据《合同法》规定，原告可主张哪些违约救济措施？

一、违约行为

违约行为是指合同一方当事人不履行合同义务或履行合同义务不符合约定的行为。依据法律规定，违约方应当对违约行为承担违约责任，违约责任免责情形除外。实践生活中，违约行为主要表现为：

1. 不能履行

不能履行，又称给付不能，是指债务人由于某种情形，在客观上已经没有履行能力，从而导致事实上已经不可能再履行债务。

2. 延迟履行

延迟履行，又称债务人逾期履行，是指债务人能够履行，但在履行期限届满时却未履行债务。

3. 拒绝履行

拒绝履行是指当事人一方明确表示或者以自己的行为表明不履行合同义务，它是违约合同的一种形态。拒绝履行与不能履行存在着明显的不同，拒绝履行当事人有履行能力而不履行，不能履行则主要强调客观上不能履行。

法律规定，当事人一方明确表示或者以自己的行为表明不履行合同义务的，对方可以在履行期限届满之前要求期承担违约责任。

4. 不完全履行

不完全履行是指债务人虽然履行了债务，但其履行没有完全地按照合同约定的内容履行完毕。

二、违约责任

违约责任，是指当事人不履行合同义务或履行合同义务不符合约定时，依法所产生的法律责任。《合同法》第一百零七条规定：“当事人一方不履行合同义务或者履行合同义务不符合约定的，应当承担继续履行、采取补救措施或者赔偿损失等违约责任。”

（1）违约责任的归责原则。《合同法》第一百零七条表明，在追究当事人的违约责任时，将无过错责任原则作为追究违约责任的基本原则，而过错责任原则只有在法律明确规定的情况才予以适用。

（2）违约责任的追究时间。一般情况下在当事人不履行合同义务或履行合同义务不符合约定时，守约方有权追究其违约责任。《合同法》第一百零八条规定：“当事人一方明确表示或者以自己的行为表明不履行合同义务的，对方当事人可以在履行期限届满之前要求其承担违约责任。”

三、承担违约责任的方式

当事人一方不履行合同义务或者履行合同义务不符合约定的，应当承担继续履行、采取补救措施、赔偿损失、承担违约金、定金责任等。《合同法》赋予当事人可以根据不同的违约行为，依法选择适用违约救济措施。

（一）继续履行

继续履行又称实际履行，是指当事人一方不履行合同义务或者履行合同义务不符合约定时，另一方当事人可以要求其在合同履行期届满后，继续按照原合同约定履行义务。

1. 金钱债务的继续履行

金钱债务是指以给付一定数额的金钱为目标的债务。金钱债务具有特殊性，它只存在迟延履行，不存在履行不能，因而示违约方要求违约方继续履行金钱债务，违约方就应当继续履行。

2. 非金钱债务的继续履行

《合同法》在确认当事人可以要求非金钱债务的继续履行的同时，也规定了不能实际履行的情形：

（1）法律上或者事实上不能履行。例如，标的物已经灭失或毁损等。

（2）债务的标的不适于强制履行或者履行费用过高。例如，委托合同等提供个人服务的合同，如果强制执行会侵害自然人的人格尊严和人身自由。

（3）债权人在合理期限内未要求履行。此种情况意味着债权人主动放弃实际履行请求权。

在可以履行的条件下，违反合同的当事人无论是否已经承担赔偿金或者违约金责任；对方当事人都有权要求违约方继续按照合同约定履行其尚未履行的义务。

（二）采取补救措施

履行质量不符合约定的，应当按照当事人的约定承担违约责任。对违约责任没有约定或约定不明确的，受损害方可以根据标的性质以及损失的大小，合理选择请示对方采取修理、更换、重做、退货、减少价款或者报酬等补救措施。

（三）赔偿损失

【案例讨论】2013 年 2 月 1 日，四川省粮油批发总公司与黑龙江大兴粮站签订了 4 万吨的东北某地特产小麦的买卖合同，其中约定黑龙江大兴粮站即卖方的交货期是 6 月，交货地点宜宾，四川粮油批发总公司支付预付款 200 万元。2013 年 2 月 13 日，四川粮油总公司与宜宾某酒厂签订了 4 万吨小麦转售合同，并约定违约金 300 万元。

合同履行期内，黑龙江大兴粮站发函表示，货物价格暴涨导致收购困难，无法履行 4 万吨交货义务。为了维护自身的合法权益，2013 年 5 月 21 日粮油总公司依据合同约定向成都仲裁委员会提起仲裁，除返还预付款及利息损失外，还要求卖方承担下列损失：①粮油总公司向酒厂支付的违约金 300 万元；②赔偿市场利润损失 400 万元；③承担合同订立费用 6 万元。

对上述粮油总公司的损害赔偿主张，请谈谈你的看法。

赔偿损失是指因合同一方当事人的违约行为而给对方当事人造成财产损失时，违约方给予对方的经济补偿。对于违约的当事人，在承担继续履行义务或者其他补救措施后，根据对方的要求还要承担对方因此所遭受的经济损失。

损害赔偿责任成立的情况下，要确定损害赔偿的范围，因为其直接关系到违约当事人损害赔偿的责任的大小。依据《合同法》规定，确定损害赔偿范围，要遵循以下规则：

1. 完全赔偿规则

赔偿损失的目的主要是补偿未违约方的财产损失，因此，以违约所产生的各种损害为赔偿标准。损失赔偿额应当相当于因违约所造成的损失，包括实际损失和合同履行后可以获得的利益损失。

2. 合理预见规则

损失赔偿不得超过违反合同一方当事人（违约方）在订立合同时能够预见到或者应当预见到的因其违约而可能造成的损失。因违约可能导致特殊损害的，当事人应在订立合同时先行告知对方当事人，以保护自己合同权益。

3. 减轻损失规则

当事人一方违约后，对方应当采取适当措施防止损失的扩大；没有采取适当措施致使损失扩大的，不得就扩大的部分损失要求赔偿。

当事人因防止损失扩大而支出的合理的费用，应由违约方承担。

（四）支付违约金

违约金，是指当事人在合同中预先约定的在一方违约时应当向对方支付的一定数额的金钱。当事人既可以约定违约金的数额，也可以约定违约损失赔偿额的计算方法。违约金合同属于诺成合同。

违约金具有补偿性和特定情况下的惩罚性。当约定的违约金低于造成的损失时，当事人可以请示人民法院或者仲裁机构予以增加；约定的违约金过分高于造成的损失时，当事人可以请示人民法院或者仲裁机构予以适当减少。通过变动违约金数额，保持与受害方的损失大体相当，体现了违约金的补偿性。但是在特定情况下，当违约金高于但不过分高于实际损失时，违约方不能请求减少，这时，高于实际损失的部分即具有惩罚性。

（五）定金

定金，是指为了担保合同的履行，在合同订立时一方当事人向另一方支付的金钱。根据法律规定，定金数额可由当事人约定，但不得超过合同本金的20%。

定金具有双重功能。一方面，定金由债务人向债权人预先支付，债务人履行债务后，定金抵作价款或收回，这表明定金是一种担保方式，起着保证债务履行的作用。另一方面，按照定金罚则，给付定金的一方不履行约定的债务的，无权要求返还定金；收受定金的一方不履行约定的债务的，应当双倍返还定金，这表明定金是一种违约责任形式。

【法律链接】违约金条款、定金条款不能同时适用

《合同法》第一百一十六条规定：当事人在订立合同时，既可以约定违约金，又可以约定定金，一方违约时，对方可以选择适用违约金条款或者定金条款，即两者不能同时适用。当事人执行违约金或定金条款后，不足以弥补所受损害的，仍可以请求赔偿损失。

（六）解除合同

尚未履行或尚未完全履行的合同，当事人可以协议解除合同，依合同约定解除合同或依法解除合同。解除合同也是守约方行使违约救济的重要法律手段。

法定解除合同主要是指当合同一方当事人出现根本违反合同时，守约方有权依据法律规定行使解除合同的权利，使合同归于无效。解除合同作为违约救济措施被视为是对违约方最严历的处罚方式，所以只有当违约行为达到严重程度即构成根本违反合同的情况下才能行使和运用。根据《合同法》第九十四条规定，解除合同的法定情形有：

（1）在履行期限届满之前，当事人一方明确表示或者以自己的行为表明不履行主要债务。

（2）当事人一方迟延履行主要债务，经催告后在合理期限内仍未履行。

（3）当事人一方迟延履行债务或者有其他违约行为致使不能实现合同目的。

（4）法律规定的其他情形。

四、违约责任的免除

违约责任的免除是指在合同履行过程中，出现约定免责事由或法定免责事由导致合同不能履行的，当事人违约责任予以免除。

约定免责事由，是指当事人在合同中约定的免除责任事由。当事人约定免责条款时，应遵守《合同法》中，如格式合同等订立规则。法定的免责事由，是指法律规定的免除责任的事由，主要有不可抗力或情形变迁。在此，简述法定免责事由即不可抗力事件。

1. 不可抗力

不可抗力是指当事人订立合同时不能预见，对其发生和后果不能避免并不能克服的事件。一般情况下，不可抗力分为：①自然事件，如火灾、地震等；②社会事件，如政府征用、发布新政策法规、罢工、战争等。

2. 不可抗力的法律后果

因不可抗力不能履行合同或迟延履行合同的，可以全部或部分免除当事人的相应违约责任，但当事人迟延履行后发生不可抗力的不能免责。

3. 当事人的义务

遭遇不可抗力的一方当事人，应当履行在享受违约责任免责时应当履行以下法律义务。

（1）及时通知义务。遭遇不可抗力的一方当事人，应当向对方通报自己不能履行合同的情况和理由，使对方及时采取措施，防止和减少损失，否则应赔偿扩大的损失部分。

（2）提供证明义务。遭遇不可抗力的一方当事人，应当在合理期限内向对方提供有关机构的书面证明，以证明不可抗力事件的发生及影响当事人履行合同的具体情况。

实训作业

一、实训项目

自然人唐某与某医药公司欲共同投资成立国际货运代理有限公司，双方就投资及企业管理等问题口头达成一致意见：唐某现金出资600万元，乙方现金出资250万元和设备出资150万元，出资到位时间为投资协议生效后15日内；对未履行出资义务，违约方承担应出资额的20%的违约金；投资收效分配和亏损分担均按50%执行；唐某负责企业设立工作，在公司成立后任总经理，负责公司业务管理；乙方委派人员负责公司技术管理和财务管理；在设立过程中，过错方承担相应赔偿责任；投资协议须经成都公证处公证后生效；合同发生争议提交成都仲裁委员会解决。

根据上述情形，请你协助当事人拟定一份书面投资协议。

二、案例分析题

（一）齐某原是某瓷砖厂的业务员，因故于2014年5月被辞退。次年4月，齐某利用当初留下的一张盖有瓷砖厂公章的业务介绍信，以瓷砖厂的名义与佳兴公司签订了一份合同，合同约定由瓷砖厂于年底前向佳兴公司供应白色瓷砖10万块。合同也注明了瓷砖的规格、价款、送货方式、交货日期、违约责任等事项。由于合同到期后未见货到，佳兴公司便派员到瓷砖厂催货，此时瓷砖厂才知道齐某以瓷砖厂的名义与佳兴公司签订了合同。由于合同约定的瓷砖价格较高，瓷砖厂遂以瓷窑正在检修为由，要求佳兴公司宽限5个月交货，双方达成延期交货的协议。宽限期满后，瓷砖厂仍未能交货，佳兴公司于是要求瓷砖厂承担违约责任。瓷砖厂由于不能供货，遂以齐某已被辞退，其订立的合同对于瓷砖厂没有约束力为由，拒绝承担赔偿。

根据所学有关合同法知识，请分析瓷砖厂和佳兴公司之间的合同是否生效。

（二）2005年，北京出现一家月球大使馆有限责任公司，以298元/英亩（1英亩约合4 000平方米）的价格向市民兜售月球土地。声称购买者享有所购月球土地的所有权、使用权以及土地以上及地下3千米以内的矿物产权，为此公司专门给购买者发放“月球土地权属证书”。该公司声称与美国月亮大使馆（公司）签了代理协议，取得了中国片区的代理销售权。因为美国月亮大使馆公司发现联合国1967年制定的《外层空间条约》有漏洞，即在这份外太空条约中，所有联合国成员都签署并同意外太空天体的主权不为任何一个国家所有，但该条约却没规定私人不可以拥有外太空星体。于是其向当地法院、美国、前苏联和联合国递交了一份所有权声明，宣布自己为月球、太阳系除地球外的8大行星及其卫星的土地拥有者。北京月球大使馆有限责任公司于10月19日开业后，3天内就有34名顾客购买了49英亩月球土地，总金额为1.4万余元。

请分析顾客与“月球大使馆”公司签订的购买月球土地买卖合同的效力及其理由。

（三）2014年2月10日，某家电生产企业与某家电配送中心之间签订了一份家电销售配送合同。因货款金额较大，为了保证货款的安全，某贸易公司愿意向家电生产企业提供担保并出具保证书，即当家电配送中心不支付货款时，该公司保证履行其应付债务，但没有约定保证期限。3 月 10 日家电配送中心收到价值 300 万元的货物，但没有在合同约定收到货物后 15 日内支付货款。2014 年 9 月 28 日，家电生产企业要求保证人贸易公司履行担保责任，也被拒绝。于是，9 月 29 日家电生产企业将保证人等列为被告提起诉讼。

法院会判决保证人履行保证责任吗？

（四）10 月 6 日是中秋佳节。8 月 5 日，某食品配送中心通过 Email 向某月饼生产企业订购月饼，具体内容是：订购贵厂荣祖月饼 6 000 盒，每盒月饼 8 块，每块 200 克，每盒价格 50 元；交货时间为 9 月 25 日前，以保证节前连锁店的销售；任何一方违约应支付货款总价 10%的违约金。月饼生产企业接到订单后，同意订购但要求食品配送中心先行支付总价 20%的定金。食品配送中心于 8 月 10 日向月饼生产企业支付了合同定金。9 月 29 日，食品配送中心未收到货物，申请人又通过 Email 方式向月饼生产企业表示解除合同，并要求双倍返还定金、承担违约金和赔偿损失。月饼生产企业不同意，10 月 2 日将货物发送到食品配送中心。食品配送中心拒绝收货。问：

（1）根据《合同法》的规定，食品配送中心是否有权解除合同？为什么？

（2）食品配送中心关于双倍返还定金、主张违约金和损害赔偿，是否符合法律规定？

第四章
物流采购法实务

采购是企业常见的经济活动，也是企业生产经营活动的基础。不论因自身经营的需要还是因用户的需求，物流企业都存在着大规模集中物流采购，尤其是配送中心的采购活动尤为突出。采购成功与否在一定程度上取决企业采购管理能力。作为企业采购管理队伍，不但要熟悉物流采购业务运作，还要具备物流采购法的基本知识。物流采购法从性质上讲是买卖法，物流采购所形成的法律关系主要是买卖合同关系。规范商品采购协议，明确各方当事人的权利与义务，才能切实保障物流采购当事人的合法利益。

【导入案例】2014 年 8 月，某市电力局的电力调度中心工程需要安装两部电梯，该局采用招标竞标方式进行采购。招标邀请发出后，富杰机电设备公司（以下简称富杰公司）等六家机电设备公司参加投标。富杰公司提交了投书，并交纳了 2 万元投标保证金。2014 年 10 月 10 日，电业局进行开标和评标，最终富杰公司被确定为预中标单位，中标金额为 450 万元。2014 年 12 月 18 日，在电力局发送《中标通知函》后，富杰公司交纳了履约保证金 45 万元。根据通知函，双方应于 7 日内签订设备采购合同，但因采购方原因一直未能办理。2015 年 1 月 26 日，电力局以招标程序违反《中华人民共和国招标投标法》为理由，通知富杰公司此次中标无效。与电力局多次协商赔偿未果的情况下，富杰公司向人民法院提起了民事诉讼，要求被告电力局向其进行赔偿损失，共计 25.64 万元。诉讼前，富杰公司从电力局退回了 45 万元保证金。

电力局拒签设备采购合同是否违约？为什么？

第一节　物流采购法概述

一、物流采购与物流采购法

（一）物流采购

1. 物流采购的概念

商品或者劳务的采购是企业常见的经济活动。根据取得商品的方式、途径的不同，采购可以从狭义和广义两方面来理解。狭义的采购就是企业根据需求提出采购计划、审核计划，选好供应商，经过商务谈判确定价格、交货以及相关条件，最终签订合同并按要求收货付款的全过程。广义的采购是指为了满足某种特定的需求，以购买、租赁、借贷、交换等各种途径，取得商品及劳务的使用权或所有权的活动过程。

物流采购，是指物流企业为了满足客户或者自身经营生产活动的需要而进行的商品或者劳务集中采购的行为。物流采购成为物流企业生产经营活动的基础。在实践生活中，物流采购随着物流配送业的发展，出现了与传统采购不同的现代物流采购。

2. 现代物流采购的特点

物流采购品种类繁多，采购主体比较分散，供应商云集，重复采购的现象普遍比较突出。现代物流采购以物流配送为集中体现，与传统物流采购相比，现代商品采购主要有以下特点：

（1）现代物流采购以信息和网络化为基础。现代采购的一个重要的特点就是供应链企业之间实现了信息连通、信息共享。供应商能随时掌握用户的需求信息，能够根据用户需求情况和需求变化情况，主动调整自己的生产计划和送货计划。各个企业可以通过计算机网络进行信息沟通和业务处理。

（2）现代物流采购降低了库管成本。从库存情况看，现代采购是由供应商管理用户的库存。用户没有库存即零库存，大幅降低了库管消耗，节约了生产成本。

（3）现代物流采购送货方是供应商。现代采购是由供应商负责送货，而且实现了连续小批量、多频次地送货。这种送货机制可以大大降低库存，并满足了客户的需要，适用社会的发展。

（4）现代物流采购降低了采购成本。传统采购是一种对抗关系，卖方会有以次充好、以假充真、以不合格产品冒充合格产品的行为。在此情形下，买方进行货检的工作量大，成本高。现代商品采购，由于供应商与物流配送企业的责任与利润相连，增强了自我约束，保证了质量，降低了物流采购管理成本。

【资料链接】家电连锁企业多坚持“薄利多销”的经营理念，企业着力构建现代物流采购体系。我国大型物流采购企业的主要做法：①调整商品采购方式，利用集中采购和统一采购的方式来降低采购的成本；②采取规范化的业务流程，压缩采购过程中不必要的环节，提高采购过程中的工作效率；③提高采购方式的管理，对采购过程进行高效管理，同时降低人力成本以及管理费用；④ERP 系统的实施加强了企业与供应商之间的合作关系，从长远来看为企业提高了竞争优势；⑤物流信息系统的建立大大降低了采购过程中的物流成本，与此同时提升了采购的速度以及反应速度；⑥创建符合企业发展的供销模式，摆脱了繁琐的中间环节与厂商直接进行交易，占据市场营销的主动权，将厂家价格优势转化为自身优势，并以此低价来占据市场。

（二）物流采购法律制度

物流采购法是规范物流商品采购各方行为的法律依据。根据物流采购的方式以及采购主体不同，适用于物流采购的法律法规主要：

1. 合同法

物流采购所形成的法律关系实际上是一种买卖合同关系，受《民法通则》《合同法》等法律制度的调整。《合同法》第九章关于买卖合同的具体规定，明确了买卖过程中所产生的买方和卖方之间的权利、义务关系。这一基本法律规定同样适用于物流采购活动。其主要内容包括买卖合同的成立、卖方和买方的义务，对违反买卖合同的补救方法、货物所有权与风险的移转等内容。

2. 招标投标法

《中华人民共和国招标投标法》是指国家用来规范招标投标活动，调整在招标投标过程中产生的各种关系的法律规范的总称。招标采购是企业大宗商品最常用的采购方式，也是政府采购的主要途径。1999 年 8 月 30 日第九届全国人大常委会第十一次会议通过的《中华人民共和国招标投标法》（以下简称《招标投标法》），是规范招投标行为的基本法律制度。

【法律链接】强制招标和自愿招标

强制招标范围由法律作出明确规定，该范围之外的项目可以由当事人自行决定是否采取招标方式进行。我国《招标投标法》规定，在中华人民共和国境内进行下列工程建设项目包括项目的勘察、设计、施工、监理以及与工程建设有关的重要设备、材料等的采购，必须进行招标：

（1）大型基础设施、公用事业等关系社会公共利益、公众安全的项目。

（2）全部或者部分使用国有资金投资或者国家融资的项目。

（3）使用国际组织或者外国政府贷款、援助资金的项目。

3. 国际货物买卖法

《中华人民共和国国际货物买卖法》是用来调整货物买卖过程中所产生的买方和卖方之间的权利、义务关系，以保障国际货物买卖的顺利进行的法律规范。国际货物买卖法由于调整的对象具有国际性，因此涉及的法律关系复杂，适用法律多样。通常其主要包括货物买卖的国内立法、国际条约与国际惯例。《联合国国际货物买卖合同公约》于 1980 年通过，是规范国际货物买卖的重要国际公约，包括中国在内的绝大多数国家都是该公约的缔约国。

二、物流采购的类型

依据不同的标准，物流采购有不同的类型划分。在物流采购中，合理选择物流采购方式，有助于实现经济效益和时效效益。

（一）按采购时间持续性分类

（1）固定性采购与非固定性采购。固定性采购是指采购行为长期而固定性的采购，而非固定性采购是指采购行为临时性即需要时的采购。

（2）计划性采购与紧急采购。计划性系采购是指根据材料计划或采购计划而进行的采购；而紧急采购是指物料急用时毫无计划性的突发采购。

（二）按采购是否具备招标性质分类

（1）招标性采购。招标采购是指采购方根据已经确定的采购需求，提出招标采购项目的条件，向潜在的供应商或承包商发出投标邀请而进行的商品采购行为。

（2）非招标性采购。非招标性采购主要通过采购人与供货商直接协商方式所完成的采购活动。

（三）按采购方式分类

（1）直接采购。直接向制造商进行采购，这是物流配送企业或者连锁超市最主要的采购方式。

（2）委托采购。委托某代理商或贸易公司向物料生产厂商进行采购。

（3）调拨采购。在几个分厂或协力厂商和顾客之间，将过剩物料互相调拨支援进行采购。

（四）按采购政策分类

（1）集中采购。所谓集中采购，是指由企业的采购部门全权负责企业采购工作。即企业生产中所需物资的采购任务，都由一个部门负责，其他部门（包括分厂、分公司）均无采购职权。

（2）分散采购。所谓分散化采购，是指按照需要由各单位自行设立采购部门负责采购工作，以满足生产需要。这种采购制度适合于大型生产企业或大型流通企业。

（五）按采购价格方式分类

（1）招标采购。将商品采购的所有条件（如商品名称、规格、品质要求、数量、交货期、付款条件、处罚规则、投标押金、投标资格，等等）详细列明，刊登公告。投标供应商按公告的条件，在规定时间内，交纳投标押金，参加投标。招标采购的开标按规定必须至少三家以上供应商从事报价投标方能开标，开标后原则上以报价最低的供应商中标，但中标的报价仍高过标底时，采购人员有权宣布废标，或征得监办人员的同意，以议价方式办理。

（2）询价现购。采购人员选取信用可靠的供应商将采购条件讲明，并询问价格或寄以询价单并促请对方报价，比较后现价采购。

（3）比价采购。采购人员请数家供应商提供价格后，从中加以比较后，决定供应商进行采购。

（4）议价采购。采购人员与供应商经过讨价还价后，议定价格进行采购。一般来说，询价、比价和议价是结合使用的，很少单独进行。

（5）定价收购。购买物料数量巨大，非几家厂商所能全部提供的，如：纺织厂订购棉花、糖厂订购甘蔗等，或者在市场上该物料匮乏时，则按定价现款收购。

（6）公开市场采购。采购人员在公开交易或拍卖时，随时机动的采购，因此大宗需要或价格变动频繁的商品常用此法采购。

【资料链接】物流商品采购的模式

单店经营可实现按照企业自身的经营意愿开展经营活动。单店超市卖场规模一般比较小，在物流采购竞争中往往处于劣势。单店商品采购的权力集中于店长或经理，他们有权选择供应商以及商品购进时间和购进数量。

物流配送主要选择集中采购模式，就是指设立专门采购部门，配备专职采购队伍，统一负责配送商品的采购工作，如统一规划同供应商的接洽、议价、商品的导入、商品的淘汰以及POP促销等。该采购模式具有极强的市场谈判能力。

三、与物流采购相关的政府采购

物流采购属于企业采购，与政府采购在主体、采购程序和资金来源等方面存在很大的差异。在实践生活中，物流采购商往往成为政府采购的供应商，与政府采购存在很多的经济往来。由于合理引入市场竞争机制，采购价格低于市场平均价格、采购效率更高、采购质量优良和服务良好，政府采购也成为物流采购的参考对象。

政府采购对社会经济有着非常大的影响，采购规模的扩大或缩小，采购结构的变化都对社会经济发展状况、产业结构以及公众生活环境都有着十分明显的影响。为了规范政府采购行为，我国颁布实施了《中华人民共和国政府采购法》（2003）（以下简称《政府采购法》）。

（一）政府采购概念

政府采购是指各级国家机关、事业单位和团体组织，使用财政性资金采购依法制定的集中采购目录以内的或者采购限额标准以上的货物、工程和服务的行为。政府采购是以合同方式有偿取得货物、工程和服务的行为，包括购买、租赁、委托、雇用等。其有别企业采购重要特征是政府采购人所用资金全部或部分属于财政性资金。财政性资金包括预算资金、预算外资金和政府性基金。使用财政性资金偿还借款，视同为财政性资金。

（二）政府采购活动中的主体

在政府采购活动中享有权利和承担义务的各类主体，包括采购人、供应商和采购代理机构等。采购人是指依法进行政府采购的国家机关、事业单位、团体组织。采购代理机构是指接受采购人的委托办理商品采购事务的单位。根据《政府采购法》规定，集中采购机构是政府采购的代理机构，属于非营利事业法人。供应商是指向采购人提供货物、工程或者服务的法人、其他组织或者自然人。

根据《政府采购法》规定，采购人采购纳入集中采购目录的政府采购项目，必须委托集中采购机构代理采购；采购未纳入集中采购目录的政府采购项目，可以自行采购，也可以委托集中采购机构在委托的范围内代理采购。

采购人依法委托有政府采购代理资格的机构办理采购事宜的，应当由采购人与采购代理机构签订委托代理协议，依法确定委托代理的事项，约定双方的权利义务。采购人可以直接与供应商签订政府采购合同，也可以委托采购代理机构代表其与供应商签订政府采购合同。采购合同是规范采购人与供应商的商品采购的法律依据。

（三）政府采购方式

政府采购方式主要有：①公开招标；②邀请招标；③竞争性谈判；④单一来源采购；⑤询价；⑥国务院政府采购监督管理部门认定的其他采购方式。对于某项具体采购活动应适用何种采购方式，《政府采购法》均作出了明确的规定。在这些采购方式中，公开招标是政府采购中的最主要方式。

四、招标采购的基本制度

【案例讨论】西安市某热力公司拟进行锅炉系统技术项目改行，项目计划投资为1 800万元，该项目资金部分获得了财政部门的拨款预算，另一部分自筹资金也得到落实。项目规划及其可行性研究以及勘察设计等工作已基本完成。因此次项目技术改造将采取最新技术的锅炉系统，基于目前有资格的生产厂商在国内外都相对较少，且项目技术指标要求较高。经过相关部门批准，国际招标采取邀请招标方式进行。

经过市场调查，招投标代理机构向甲、乙、丙、丁四家公司发送招标邀请函。其中，甲、乙均为美国某公司的代理商，丙为国内设备供应商，丁为韩国设备制造商。此时，德国一家设备公司A主动申请进行投标。由于项目时间紧迫，并没有对A公司进行相关审核，直接批准其参加此次项目的招标活动。

随着资料的检查和整理，设计院发现该锅炉系统的设计存在着巨大的漏洞。招标方遂直接向招标的5家公司发出了项目的变更通知，招标其他条件不变。此时距离项目投标日期只剩6天，变更通知中未做出投标时间的变更。投标截止日时，甲、乙公司的投标方案仍按照原招标文件方案提交，丁公司按照新计划更改后进行投标，丁公司投标中包括了更改前设计和更改后设计两种方案。A公司按照最新方案进行投标。招标人通过评标委员会审核认为所有投标书均是有效的，经过评比后，最终确定A公司中标并发送中标通知函。

问，该项目的招标过程是否存在问题？应如何进行更正？

（一）招标采购的概念

招标采购是指采购方作为招标方，事先提出采购的条件和要求，邀请众多企业参加投标，然后由采购方按照规定的程序和标准一次性地从中择优选择交易对象，并按最有利条件与投标方签订采购协议活动。招标采购不但是政府采购最主要方式，也是企业集中采购最重要的方式，因为它是最能降低采购成本、提高经济效益的采购方式。

（二）招标采购的特点

（1）招标程序的公开性。其公开性也指透明性，是指整个采购程序都依据相关法律规定在公开情况下进行。公开发布投标邀请，公开开标，公布中标结果，投标商资格审查标准和最佳投标商评选标准要事先公布。

（2）招标程序的竞争性。招标就是一种引发竞争的采购程序，是竞争的一种具体方式。招标之竞争性充分体现了现代竞争的平等、信誉、正当和合法等基本原则。物流采购通过招标程序，可以最大程度地吸引和扩大投标人的竞争，从而使招标方有可能以更低的价格采购到所需的物资或服务，更充分地获得市场利益，有利于政府采购经济效益目标的实现。

（3）招标程序的公平性。对招标感兴趣的供应商、承包商和服务提供者都可以进行投标，并且地位一律平等，不允许对任何投标商进行歧视；评选中标商应按事先公布的标准进行；投标是一次性的并且不准同投标进行谈判。这些措施既保证了招标程序的完整，又可以吸引优秀的供应商来竞争投标。

（三）招标采购的分类

（1）公开招标。公开招标是指招标人以公告的方式邀请不特定的法人或其他组织投标。招标人采用公开招标方式的，应当发布招标公告。依法必须进行招标的项目的招标公告应当通过国家指定的报刊信息网络或者其他媒介发布，招标公告应当载明招标人的名称和地址、项目的性质和数量、实施地点和时间以及获取招标文件的办法等事项。

（2）邀请招标。邀请招标是指招标人以投标邀请书的方式邀请特定的法人或其他组织。招标人采用邀请招标方式的，应当向三个以上具备承担招标项目的能力、资信良好的特定的法人或其他组织发出投标邀请书，投标邀请书应当载明招标人的名称地址，招标项目的实施地点、时间、性质、数量以及获取招标文件的办法等事项。

（四）招标采购的操作程序

根据《招标投标法》的规定，招标投标基本程序有招标、投标、开标、评标与中标等环节。

1. 招标

（1）招标人条件

招标人是指依照招投标法规定提出招标项目进行招标的法人或者其他组织。招标人必须具备两个条件：

第一，招标人必须是法人或者其他组织。法人是指具有民事权利能力和民事行为能力，并依法享有民事权利和承担民事义务的组织。包括企业法人、机关法人、事业单位法人和社会团体法人。

第二，招标人必须提出招标项目进行招标。所谓提出招标项目，即根据实际情况和《招标投标法》的有关规定，提出和确定拟招标的项目，办理有关审批手续，落实项目的资金来源等。所谓进行招标，指提出招标方案，拟定或决定招标方式，编制招标文件，发布招标公告，审查潜在投标人资格，主持开标，组建评标委员会，确定中标人，订立书面合同等。

（2）招标公告

公开招标应当发布招标公告。招标公告应当通过网站、报刊或者其他媒介发布。招标公告应当载明下列事项：①招标人的名称和地址；②招标项目的性质、数量；③招标项目的地点和时间要求；④获取招标文件的办法、地点和时间；⑤对招标文件收取的费用；⑥需要公告的其他事项。

（3）招标人或招标投标中介机构的职责

招标人或招标投标中介机构可以对有兴趣投标的法人或者其他组织进行资格预审，但应当通过网站、报刊或者其他媒介发布资格预审通告。采用邀请招标程序的，招标人一般应当向三家以上有兴趣投标的或者通过资格预审的法人或其他组织发出投标邀请书。采用议标程序的，招标人一般应当向两家以上有兴趣投标的法人或者其他组织发出投标邀请书。

资格预审应当主要审查有兴趣投标的法人或者其他组织，是否具有圆满履行合同的能力。有兴趣投标的法人或者其他组织应当向招标人或者招标投标中介机构提交证明其具有圆满履行合同的能力的证明文件或者资料。招标人或者招标投标中介机构应当对提交资格预审申请书的法人或者其他组织作出预审决定。

（4）编制招标文件

招标人或者招标投标中介机构根据招标项目的要求编制招标文件。招标文件一般应当载明下列事项：①投标人须知；②招标项目的性质、数量；③技术规格；④投标价格的要求及其计算方式；⑤评标的标准和方法；⑥交货、竣工或提供服务的时间；⑦投标人应当提供的有关资格和资信证明文件；⑧投标保证金的数额或其他形式的担保；⑨投标文件的编制要求；⑩提供投标文件的方式、地点和截止日期；⑪开标、评标、定标的日程安排；⑫合同格式及主要合同条款；⑬需要载明的其他事项。

招标人或者招标投标中介机构在招标文件中，可以规定投标人在提交符合招标文件要求的投标文件的同时，提交备选投标文件，但应作出说明，并规定相应的评审和比较办法。

招标文件规定的技术规格应当采用国际或者国内公认、法定标准。招标文件中规定的各项技术规格，不得要求或者标明某一特定的专利、商标、名称、设计、型号、原产地或生产厂家，不得有倾向或排斥某一有兴趣投标的法人或者其他组织的内容。

招标人或者招标投标中介机构应当按照招标公告或者投标邀请书规定的时间、地点出售招标文件。招标文件售出后不予退还。除不可抗力原因外，招标人或者招标投标中介机构在发布招标公告或者发出投标邀请书后不得终止招标。

招标人或者招标投标中介机构需要对已售出的招标文件进行澄清或者非实质性修改的，一般应当在提交投标文件截止日期 15 天前以书面形式通知所有招标文件的购买者，该澄清或修改内容为招标文件的组成部分。

招标公告发布或投标邀请书发出之日到提交投标文件截止之日，一般不得少于 30 天。

2. 投标

（1）投标人和投标联合体

投标人是指响应招标、参加投标竞争的法人或者其他组织。按《招标投标法》规定，一般只允许法人或其他组织成为投标人，个人即自然人不能成为投标人。只有依法招标的科研项目或其他法定项目可允许个人投标。该投标的个人适用《招标投标法》关于投标人的规定。

投标人应具备承担招标项目的能力；国家有关规定对投标人资格条件或招标文件对投标人资格条件有规定的，投标人应具备规定的资格条件。

投标联合体，是指在招标投标中，由两个或两个以上的法人或其他组织组成的、以一个投标人的身份共同投标的团体。联合体各方均应当具备承担招标项目的相应能力；国家有关规定或者招标文件对投标人资格条件有规定的，联合体各方均应当具备规定的相应资格条件。由同一专业的单位组成的联合体，按照资质等级较低的单位确定资质等级。

联合体各方应当签订共同投标协议，明确约定各方拟承担的工作和责任，并将共同投标协议连同投标文件一并提交招标人。联合体中标的，联合体各方应当共同与招标人签订合同，就中标项目向招标人承担连带责任。招标人不得强制投标人组成联合体共同投标，不得限制投标人之间的竞争。

（2）投标文件

投标文件是指投标人对招标文件中的项目的实质要求和条件作出回应而编制的书面文件。投标人应当按照招标文件的规定编制投标文件。投标文件应当载明下列事项：①投标函；②投标人资格、资信证明文件；③投标项目方案及说明；④投标价格；⑤投标保证金或者其他形式的担保；⑥招标文件要求具备的其他内容。

投标文件应在规定的截止日期前密封送达到投标地点。招标人或者招标投标中介机构对在提交投标文件截止日期后收到的投标文件，应不予开启并退还。招标人或者招标投标中介机构应当对收到的投标文件签收备案。投标人有权要求招标人或者招标投标中介机构提供签收证明。

投标人可以撤回、补充或者修改已提交的投标文件；但是应当在提交投标文件截止日之前，书面通知招标人或者招标投标中介机构。

3. 开标

开标是指在投标人提交投标文件截止日期过后，招标人依据招标文件规定的时间和地点，开启投标人提交的投标文件，公开宣布投标人的名称、投标价格和投标文件中的其他主要内容的行为。

开标应当按照招标文件规定的时间、地点和程序以公开方式进行。开标由招标人或者招标投标中介机构主持，邀请评标委员会成员、投标人代表和有关单位代表参加。投标人检查投标文件的密封情况，确认无误后，由有关工作人员当众拆封、验证投标资格，并宣读投标人名称、投标价格以及其他主要内容。投标人可以对唱标作必要的解释，但所作的解释不得超过投标文件记载的范围或改变投标文件的实质性内容。开标应当作记录，存档备查。

4. 评标

评标是指依据招标文件的规定和要求，对投标文件进行审查、比较和评议的过程。

（1）评标委员会的组建

评标由招标人依法组建的评标委员会负责。依法必须进行招标的项目，其评标委员会由招标人的代表和有关技术、经济等方面的专家组成，成员人数为五人以上单数，其中技术、经济等方面的专家不得少于成员总数的三分之二。前述专家应当从事相关领域工作满 8 年并具有高级职称或者具有同等专业水平，由招标人从国务院有关部门或者省、自治区、直辖市人民政府有关部门提供的专家名册或者招标代理机构的专家库内的相关专业的专家名单中确定；一般招标项目可以采取随机抽取方式，特殊招标项目可以由招标人直接确定。与投标人有利害关系的人不得进入相关项目的评标委员会，已经进入的应当更换。

评标委员会成员应当客观、公正地履行职务，遵守职业道德，对所提出的评审意见承担个人责任。评标委员会成员不得私下接触投标人，不得收受投标人的财物或者接受其他好处。

（2）评标的保密

招标人应当采取必要的措施，保证评标在严格保密的情况下进行。任何单位和个人不得非法干预、影响评标的过程和结果。评标委员会成员的名单在中标结果确定前应当保密。

评标委员会成员和参与评标的有关工作人员不得透露对投标文件的评审和比较、中标候选人的推荐情况以及与评标有关的其他情况。

（3）评审要求

评标委员会可以要求投标人对投标文件中含义不明确的内容作必要的澄清或者说明，但是澄清或者说明不得超出投标文件的范围或者改变投标文件的实质性内容。

评标委员会应当按照招标文件确定的评标标准和方法，对投标文件进行评审和比较；设有标底的，应当参考标底。评标委员会完成评标后，应当向招标人提出书面评标报告，并推荐合格的中标候选人。招标人根据评标委员会提出的书面评标报告和推荐的中标候选人确定中标人；招标人也可以授权评标委员会直接确定中标人。国务院对特定招标项目的评标有特别规定的，从其规定。

5. 中标

中标是指经招标人评标，投标人投标成功并与招标人签订合同的行为。

（1）中标的条件。中标人的投标应当符合下列条件之一：能够最大限度地满足招标文件中规定的各项综合评价标准；能够满足招标文件的实质性要求，并且经评审的投标价格最低是投标价格低于成本的除外。

（2）中标通知。中标人确定后，招标人应当向中标人发出中标通知书，并同时将中标结果通知所有未中标的投标人。中标通知书对招标人和中标人具有法律效力。中标通知书发出后，招标人改变中标结果的，或者中标人放弃中标项目的，应当依法承担法律责任。

（3）订立合同。招标人和中标人应当自中标通知书发出之日起30日内，按照招标文件和中标人的投标文件订立书面合同。招标人和中标人不得再行订立背离合同实质性内容的其他协议。招标文件要求中标人提交履约保证金的，中标人应当提交。

中标人应当按照合同约定履行义务，完成中标项目。中标人不得向他人转让中标项目，也不得将中标项目肢解后分别向他人转让。中标人按照合同约定或者经招标人同意，可以将中标项目的部分非主体、非关键性工作分包给他人完成。接受分包的人应当具备相应的资格条件，并不得再次分包。中标人应当就分包项目向招标人负责，接受分包的人就分包项目承担连带责任。

（4）强制招标项目的中标报告。依法必须进行招标的项目，招标人应当自确定中标人之日起15日内有关行政监督部门提交招标投标情况的书面报告。

（五）中标无效

中标无效，是指在招标投标中，因招标人或投标人单独或共同违反招标投标法律法规的规定而影响中标结果时，该中标无效。《招标投标法》规定中标无效的情形有：

（1）招标代理机构违反本法规定，泄露应当保密的与招标投标活动有关的情况和资料的，或者与招标人、投标人串通损害国家利益、社会公共利益或者他人合法权益，影响中标结果的，该中标无效。

（2）依法必须进行招标的项目的招标人向他人透露已获取招标文件的潜在投标人的名称、数量或者可能影响公平竞争的有关招标投标的其他情况的，或者泄露标底，影响中标结果的，该中标无效。

（3）依法必须进行招标的项目，招标人违反本法规定，与投标人就投标价格、投标方案等实质性内容进行谈判，影响中标结果的，该中标无效。

依法必须进行招标的项目违反《招标投标法》规定，中标无效的，应当依照《招标投标法》规定的中标条件在投标人中重新确定中标人或者依照《招标投标法》重新进行招标。

（六）违反《招标投标法》的法律责任

《招标投标法》规定的法律责任按其性质主要分为三类，即民事法律责任、行政法律责任和刑事法律责任。民事法律责任，是指在招标投标活动中，违反法律规定或合同约定，给招标人和投标人造成损失的，过错方应承担赔偿损失等法律责任。行政法律责任，是指在招标投标活动中，违反招标投标法律法规的规定，承担由行政管理机关进行行政处罚的法律责任。行政处罚的方式主要包括警告、责令限期改正、取消投标资格、吊销营业执照、罚款、没收违法所得等。刑事法律责任，是指在招标投标活动中，违反刑法，构成犯罪而应承担接受刑事处罚的法律责任。

五、招标采购协议的注意事项

采购协议也称采购合同，是指采购人与供应商双方经协调到一致所达成的明确商品采购过程中各方权利与义务的协议。招标采购对象有货物、工程和服务三大类型，在签订招标采购协议时，应注意三者的差异：

（一）报价方式不同

货物类招标一般要求直接明确标的报价。工程类招标应通过工程量细化报价。服务类招标要求依据国家收费标准进行报价，投标人根据该标准以下浮方式进行报价。

（二）招标流程不同

货物或服务类招标可由供货商直接投标，也可由其代理商投标。工程类招标应由有资质的承包商直接投标。货物或服务招标类，招标人直接对拟投标人进行资格审查，工程特别是大型工程类招标招标人还会对拟投标人进行资格预审。

（三）履行要求不同

货物类招标，一般要求设备代理商或贸易公司投标时需要制造厂商授权，以保证供货质量价格和售后服务。服务类招标，要求投标人直接提供服务，服务期届满后投标人不再提供服务。工程类招标，投标人即承包商中标后应在项目现场设立常驻机构，项目应驻有专业人员或施工人员。

（四）法律依据不同

在招标采购协议适用法律依据方面，货物类招标法律依据相对简单，服务类招标因服务行业不同而有不同法律依据。工程类招标涉及法律和技术规范更为广泛和复杂。

第二节　买卖合同当事人的义务

物流采购活动本身就是买卖活动。物流采购商品有货物、工程和服务三大类型，物流采购协议所确定的权利与义务也各有差异。一般情况下，在采购活动中双方当事人的权利义务可以通过采购合同加以明确规定。这有利于合同的顺利履行，也便于合同纠纷的解决和违约责任的追究。

当合同未约定的或者约定不明确的，应以合同所适用法律规定来确定当事人权利和义务。《合同法》对买卖当事人的主要义务规定如下：

一、卖方的义务

（一）交付标的物的义务

【案例讨论】上海某外贸公司与澳洲某公司成交 1 000 辆越野摩托车，双方约定 700 辆为黑色，200 辆为银色，100 辆为银红色。卖方在发货时发现银红色摩托车无货。于是在未经对方同意情况下，擅自用银色摩托车替代银红色摩托车装运出口。由于卖方交付货物与合同签订内容不符，买方拒绝付款赎单。在双方交涉过程中，买方仍坚持要求卖方补交 100 辆银红色摩托车，而多出的 100 辆银色摩托车退货或降价 30% 处理。此外，争议标的在目的港仓库租金等损失应由卖方承担。

买方要求是否合理？为什么？

按照买卖合同规定，卖方有交付标的物并使买方取得该物所有权的义务。

出卖人在交付标的物时，应当按合同规定的数量、质量、期限、方式和时间交付标的物。除法律另有规定，履行交付义务所需要的费用由出卖人负担。交付标的物时应一并交付与标的物有关的文件。如有从物时，应一并交付。对此，《合同法》第一百三十五条规定：卖方应当履行向买方交付标的物或者交付提取标的物的单证，并转移标的物所有权的义务。

关于交付的时间，依合同的约定或法律的规定。在当事人没有约定、法律也没有规定的情况下，应按下列规则确定：①债务人可以随时履行，债权人也可以随时要求履行，但应当给对方必要的准备时间；②合同的标的物在合同订立前已被买方实际占有，合同的生效时间即为交付时间；③需要办理特别手续的，办完法定手续的时间为交付时间。

关于交付的地点，合同有约定的，依照合同约定；法律有规定的，依照法律规定；法律没有规定、当事人也没有约定的，按下列标准确定：①给付货币的，在接受货币一方的所在地履行；交付不动产的，在不动产所在地履行；其他标的，在履行义务一方所在地履行；②标的物需要运输的，卖方应当将标的物交付给第一承运人以交给买方；标的物不需要运输的，卖方和买方订立合同时知道标的物在某一地点的，卖方应当在该地点交付标的物；不知道标的物在某一地点的，应当在卖方订立合同时的营业地交付标的物；③卖方送货的，卖方将标的物运到预定地点，由买方验收后，视为交付；④卖方代为托运或邮寄的，卖方办完托运或邮寄手续后，视为交付；⑤买方自己提货的，买方通知的提货时间为交付时间，但卖方通知的时间应给买方留有必要的在途时间。

（二）交付所卖标的物的有关单证和资料的义务

我国《合同法》第一百三十五条规定："出卖人应当履行向买方交付标的物或者交付提取标的物的单证，并转移标的物所有权的义务"。第一百三十六条规定："出卖人应当按照约定或者交易习惯向买方交付提取标的物单证以外的有关单证和资料"。提取标的物的单证，主要是提单、仓单，是对标的物占有的权利的体现，可以由卖方交付给买方作为拟制的交付以代替实际的交付。这种拟制的交付不需要合同作出专门的约定。

除了标的物的仓单、提单这些用于提取标的物的单证外，现实生活中关于买卖的标的物，尤其是国际贸易中的货物，还有其他一些单证和资料，比如商业发票、产品合格证、质量保证书、使用说明书、产品检疫书、产地证明、保修单、装箱单等。对于这些单证和资料，如果买卖合同中明确约定了卖方交付的义务或者是按照交易的习惯，卖方应当交付，则卖方就有义务在履行交付标的物的义务以外，向买方交付这些单证和资料。《联合国国际货物销售合同公约》第三十四条规定："如果卖方有义务移交与货物有关的单据，他必须按照合同所规定的时间、地点和方式移交这些单据。"我国民法理论关于买卖合同卖方的交付义务中，也有这方面的内容。

（三）转移标的物所有权的义务

取得标的物的所有权是买方的交易目的，因此，将标的物的所有权转移给买方，是卖方的另一项主要义务。我国《合同法》第一百三十三条规定："标的物的所有权自标的物交付时起转移，但法律另有规定或者当事人另有约定的除外。"

可见在我国现行民事立法上，标的物所有权的转移方法，因标的物的不同而有所不同。动产一般以占有为权利的公示方法，除当事人另有约定的以外，动产所有权依交付而转移。不动产以登记为物权变动的公示方法，其所有权自办理完毕所有权的转移登记手续时才发生转移，因此卖方应按照法律规定或者合同约定，协助买方办理所有权的转移登记手续，并将有关的产权证明交付给买方。如果未办理转移登记手续，不动产所有权未移转给买方，卖方便未履行主给付义务。

对于船舶、航空器以及机动车辆等特殊类型的动产，因其价值较高，也常以登记作为权利变动的公示方法。在以往的学说和审判实践中，对于登记与此类动产交易的关系，认识不一：有将登记作为交易行为效力发生的条件，因此未办登记手续，交易行为即不发生效力；有将登记作为所有权移转的条件，未办登记手续，所有权即不转移。以上做法，皆不够妥当。比较妥当的做法是：此类动产的所有权一般也自交付之时起转移，但未依法办理登记手续的，所有权的转移不具有对抗第三人的效力。

为了保护卖方的利益，《合同法》第一百三十四条规定："当事人可以在买卖合同中约定买方未履行支付价款或者其他义务的，标的物的所有权属于卖方。"这就是所谓的所有权保留制度。所有权保留作为一种新型的担保制度，在交易实践中，经常与分期付款买卖结合在一起。在保留所有权的分期付款买卖中，买方在条件成就前，享有所有权的期待权。该所有权的期待权得成为交易的对象；卖方基于其所保留的所有权享有取回权，该所有权与一般意义上的所有权有所不同，仅具有担保作用。该制度以微观上的利益均衡、交易安全为宗旨，以权利拥有和利益享用相分离的权利分化理论为构思主题，以设定标的物所有权转移的前提条件为特征，精巧地实现了买方对标的物的提前享用，有效消弭了卖方滞后收取价金的交易风险，从而以制度设计的内在合理性为契机，在各个国家和地区得到了广泛应用。《合同法》对所有权保留制度的肯认，必将推动我国信贷消费的发展。

依据《合同法》第一百三十七条的规定："出卖具有知识产权的计算机软件等标的物的，除法律另有规定或当事人另有约定的以外，该标的物的知识产权并不随同标的物的所有权一并移转于买方。"这就是所谓的知识产权保留条款，其规范目的在于保护知识产权人的利益。

（四）瑕疵担保的义务

【案例讨论】我国某农产品出口公司与日本一家农贸公司签订一批玉米贸易合同。其中对农产品品质规定为：水分最高17%，杂质不超过4%，以中国商检局检验交货品质为最后依据。在成交前，我方公司曾向对方寄送过玉米样品；合同签订后，再次电告对方，成交货物与样品相似。在中国商检局签发品质规格合格证书后，货物装运。货物抵达日本后，该国公司提出货物品质比样品差，据此要求每吨减价7%。

我公司以合同中并未规定凭样交货，不同意减价。于是，以日本某检验公司检验报告所证明所交货物比样品杂质达到6%为依据，日本公司提出索赔要求。我方公司不服，认为农产品不可能做到与样品完全相同，且品质杂质不会高于6%。但因我方留存的样品遗失，无法证明。

我方公司是否承担品质差异的交货责任？为什么？

卖方在履行交付标的物的义务和使买方获得标的物所有权的义务的同时，对其所交付的标的物，应担保其权利完整无缺并且有依通常交易观念或当事人的意思，认为应当具有之价值、效用或品质。如果卖方违反或未履行此项担保义务，则应承担民事责任。这种民事责任就是瑕疵担保责任。

按照传统民法理论，债法上的瑕疵分为两种，一种是品质瑕疵，另一种是权利瑕疵。下面分别加以叙述：

（1）品质瑕疵。品质瑕疵也称物的瑕疵，是指卖方所交付的标的物欠缺法定或约定的品质。物的瑕疵，依其被发现的难易程度，分为表面瑕疵与隐蔽瑕疵。前者是指瑕疵存在于物的表面，不需专门检验而仅凭一般人的经验即能发现；后者是指存在于物的内部，需经专门检验或使用才能发现的瑕疵。区分两者的意义在于买方主张权利的时间不同，前者的期限较短，而后者的期限较长。品质瑕疵的担保责任。买方可以请求减少价金或者解除合同，也可以要求卖方进行修理或自行修理，费用由卖方负担。标的物为种类物时，买方可以请求出卖人另行交付完好的替代物。买方因卖方交付瑕疵物而遭受损失的，可以请求卖方赔偿损失。但是，买方明知物有瑕疵而接受的，卖方不负责任。

（2）权利瑕疵。权利瑕疵是指标的物为他人所有或标的物上附有他人的权利，权利人可以追回或对标的物主张其他权利的情形。

出卖人应担保第三人就买卖合同的标的物对于买方不得主张任何权利。这便是罗马法上“任何人不得以大于自己的权利予人”原则的体现。卖方违反此义务的，买方可根据关于债务不履行的规定，向卖方主张支付违约金，实际履行，解除合同，损害赔偿或其他权利。但是，若卖方已将权利的瑕疵告知买方或根据情况可证明买方知道权利存在瑕疵的，卖方不负责任。

我国《合同法》虽然没有规定品质的瑕疵担保责任，但却规定了权利瑕疵担保责任：卖方就交付的标的物，负有保证第三人不得向买方主张任何权利的义务，但买方订立合同时知道或者应当知道第三人对买卖的标的物享有权利的除外。

（五）合同的附随义务

我国《合同法》第六十条规定：“当事人应当按照约定全面履行自己的义务。当事人应当遵循诚实信用原则，根据合同的性质、目的和交易习惯履行通知、协助、保密等义务。”从这一条可以看出，附随义务至少具有三个方面的内容，即通知义务、协助义务与保密义务。

1. 合同的通知义务

【案例讨论】某保健品公司与某工贸公司签订了一份买卖合同，约定由保健品公司供给工贸公司药酒100箱，每箱单价1 000元，货款总计10万元；药酒符合卫生防疫站的质量要求，在产品保质期内，供方保证产品质量，需方保管不善造成损失自负；需方预先支付30%的货款，余款在接收全部货物后半年内付清。合同订立后，工贸公司按约预付了3万元货款，保健品公司亦发运了100箱药。工贸公司在收货后半年内未付清余款，并于收货后第七个月提出质量异议。保健品公司认为依照有关法律规定，已过质量保质期限，遂起诉工贸公司，要求其偿还剩余货款并支付利息。法院在审理中查明，该药酒未标明产品保质期，遂限期令当事人双方就产品保质期限进行举证，但无结果。后委托某产品质量监督检验所对双方争议的2006年10月3日生产的药酒进行抽样检验，结论是不符合保健品公司于2005年发布实施并报省企业标准备案的保健品公司企业标准。

对本案应做何处理？

合同的通知义务，是指在合同签订、履行、终止各阶段，一方将有关合同具体情况以口头或书面形式告知对方，以便对方及时了解合同内容及存在的问题。

在合同的订立阶段，该通知义务显得尤为重要，它关系到合同能否成立。我国的《合同法》规定："要约、承诺均采用到达主义，即一方的通知到达对方时要约或承诺生效。"要约的撤回、撤销，承诺的撤回均要求一方履行通知义务；在合同的履行过程中，《民法通则》《合同法》均提到当事人一方因不可抗力不能履行合同的，应及时通知对方，以减轻可能给对方造成的损失。若未履行该义务，则可能应就对方扩大的损失承担赔偿责任；在国际贸易中，FOB（离岸价）、CFR（成本加运费）也均涉及买卖双方都要给予对方充分通知的义务，如卖方装船后，应及时通知买方，以使买方及时投保。否则由此造成的买方漏保引起的损失要由卖方负责。

从中我们可以看出，看似简单的通知在合同的各个阶段均扮演着不小的角色，在很多时候决定了风险的转移及责任的承担。

2. 合同的保密义务

随着高科技的发展，现实中合同所涉及的领域将更多地与商业秘密密切联系。我国的《中华人民共和国反不正当竞争法》（以下简称《反不正当竞争法》）给商业秘密下的定义是：不为公众所知悉，能为权利人带来经济利益，具有实用性并经权利人采取保密措施的技术信息和经营信息。商业秘密作为一个公司的资产，具有巨大的经济价值，任何对其的泄露、窃取将给公司带来重大损失，而现实中此类案子并不少见。

在合同关系中，一方理应本着诚实信用的原则保守合同中接触到对方的秘密，未经对方同意，不得擅自使用或许可他人使用。如加工承揽合同中由定作方提供技术图样，承揽方按其要求进行加工；技术转让合同中涉及的专利，技术秘密均要求一方履行保守秘密。不得对其造成非法侵害，否则侵害方要承担侵权责任，甚至刑事上的责任。我国的《反不正当竞争法》第十条具体规定了不得采用的不正当竞争手段。若违反此规定，给被侵害人造成损害的应当承担损害赔偿责任，并承担被侵害人因调查该不正当竞争行为所支付的合理费用，《中华人民共和国刑法》第三章第七节的侵犯知识产权罪对此类行为也进行了强有力的打击。

3. 合同的协助义务

合同的订立在一定程度上是建立在双方的相互信任基础上，信任对方的履约能力及资信，在合同的履行过程中可以相互支持、帮助，共同克服困难，即能更好地实现合同的目的。

《合同法》第二百五十九条规定："承揽工作需要定作人协助的，定作人有协助的义务。"特别是在定作方提供技术图样情况下，因为承揽方可能存在对图纸的不了解或本身某些技术不足等情况。定作方若不协助，一来影响了承揽工作的进度，二来可能造成工作无法完成或完成的工作质量不合格。因此而产生不必要纠纷，作为定作方并不是有足够的理由占有优势。同时法律规定在当事人一方违约后，对方应采取适当措施防止损失的扩大，即要求一方应积极协助，采取补救措施使损失降低。否则就扩大的损失要求赔偿将得不到法律上的支持。

可见，合同附随义务在合同的签订、履行过程中对合同关系的成立、稳定、发展发挥着重要作用，作为合同的当事人应给予必要的重视，以减少合同纠纷，顺利实现合同目的，维持双方友好的长久的合作关系。

二、买方的义务

（一）支付价款的义务

【案例讨论】 北京某游戏公司因推出新游戏需要构建游戏服务器，向某硬件设备公司购买高性能游戏服务器。双方签订合同，合同约定硬件设备公司使用 IBM 刀片式服务器为游戏公司构建游戏服务器，并达到约定性能，游戏公司为此支付 100 万元。硬件公司在收到游戏公司预付的 10 万元预付款后，按照合同约定为游戏公司构建服务器，并完成调试验收后余款至今未付。硬件设备公司经过多次催收无果。将游戏公司告上法庭，请求法院请求法院判令被告向原告支付欠款 90 万元及利息 16 350.56 元，诉讼费由被告承担。问：

（1）被告的行为是否合法？为什么？

（2）你认为本案应该怎样处理？

支付价款是买方的主要义务。买方支付价款应按照合同约定的数额、地点、时间为之。

1. 价款数额的确定

价款数额一般由单价与总价构成，总价为单价乘以标的物的数量。当事人在合同中约定的单价与总价不一致，而当事人又不能证明总价为折扣价的，原则上应按单价来计算总价。当事人对价款的确定，须遵守国家的物价法规，否则其约定无效。当事人在合同中约定执行政府定价的，依照《合同法》第六十三条的规定：“……在合同约定的交付期限内政府价格调整时，按照交付时的价格计价。逾期交付标的物的，遇价格上涨时，按照原价格执行；价格下降时，按照新价格执行。逾期提取标的物或者逾期付款的，遇价格上涨时，按照新价格执行；价格下降时，按照原价格执行。”买方应当按照约定的数额支付价款。对价款没有约定或约定不明确的，可以协议补充；不能达成补充协议的，按照合同有关条款或者交易习惯确定。如仍不能确定，按照订立合同时履行地的市场价格履行，依法应当执行政府定价或者政府指导价的，按照规定履行。

2. 价款的支付时间

价款的支付时间，可以由双方当事人约定。买方应当按照约定的时间支付价款。对支付时间没有约定或者约定不明确的，可以协议补充；不能达成补充协议的，按照合同有关条款或者交易习惯确定。仍不能确定的，按照同时履行的原则，买方应当在收到标的物或者提取标的物单证的同时支付。卖方未履行交付标的物义务之前，买方有权拒绝支付价款。

价款支付迟延时，买方不但要继续支付价款，而且还有责任支付迟延利息。买方在卖方违约的情况下，有拒绝支付价款、请求减少价款、请求返还价款的权利。如卖方交付的标的物有重大瑕疵以致难以使用时，买方有权拒绝接受交付，并有权拒绝支付价款。如卖方交付的标的物虽有瑕疵但买方同意接受，买方可以请求减少价款。标的物在交付后部分或全部被第三人追索，买方不但有权解除合同，请求损害赔偿，也有权要求返还全部或部分价款。买方在有明显证据表明第三人可能对标的物提出权利主张而致使其不能取得标的物的所有权或不能完全取得时，可以拒绝支付相应的价款。但是，在卖方提供担保的情况下，买方不得拒绝支付价款。

有些国家和地区的立法确认，买方拒绝支付价款时，卖方有权请求买方将所拒绝支付的价款提存。这一权利称为提存请求权。其设立的原因在于，一旦买方拒绝支付价款后其所有权的取得并未因第三人主张权利而受影响，此时若买方无能力支付全部的价款，必然会给卖方造成不利。因此，为保护卖方的利益，法律赋予卖方提存请求权。在卖方请求买方提存拒绝支付的价款时，买方应予提存。在确能证明第三人不能对标的物提出权利要求时，卖方才得领取提存的价款。如买方不将拒绝支付的价款提存，则不得拒绝支付价款。

3. 价款的支付地点

价款的支付地点可由双方当事人约定。买方应当按照约定的地点支付价款。对支付地点没有约定或者约定不明确，可以协议补充；不能达成补充协议的，按照合同有关条款或者交易习惯确定；仍不能确定的，买方可以在卖方的营业地、交付标的物或者提取标的物单证的所在地支付。

4. 价款的支付方式

价款的支付方式，也可由当事人约定，但当事人关于支付方式的约定不得违反国家关于现金管理的规定。

（二）检验货物的义务

【案例讨论】 某果汁生产厂与当地农贸公司签订购买脐橙的合同。合同规定，农贸公司以每千克6元的价格出售脐橙150吨给果汁生产厂，分三次交货，质量为二等果以上。由果汁厂收货时验收。合同签订后，农贸公司按照约定将150吨脐橙分三批，每批50吨送到果汁厂仓库。前两批脐橙在果汁厂交货时经验收，认定交付的脐橙符合确定标准，并向农贸公司出具了收条。但在第三批脐橙交货时，正是果汁厂采购水果忙时，果汁厂加工业务员忙不过来，未对脐橙进行检验，在清点了数量之后就让农贸公司将脐橙运送到仓库，并开具了收条。14日后，果汁加工厂业务员在搬运脐橙时发现脐橙不符合标准，不少脐橙发生腐烂。在合同约定的付款日到期后，农贸公司要求果汁厂付款时，果汁长以第三批脐橙不符合标准应减价为由，拒付货款。双方发生纠纷，农贸公司遂向法院提交诉讼，要求果汁厂按照约定价格交付货款并承担逾期付款的利息。

农贸公司送交的第三批脐橙不符合标准，果汁加工厂有无权利要求减价？

对货物的检验既是买方的权利，同时也是买方的义务。买方收到标的物时应当在约定的检验期间内检验。没有约定检验期间的，应当及时检验。当事人约定检验期间的，买方应当在约定期间内，将标的物的数量或质量不符合约定的情形通知卖方，买方怠于通知的，视为标的物的数量或质量符合约定。当事人没有约定期间的，买方应当在发现或者应当发现标的物数量或质量不符合约定的合理期间内通知卖方。买方在合理期间内未通知或者自标的物收到之日起两年内未通知卖方的，视为标的物数量或质量符合约定；但对标的物有质量保证期的，适用质量保证期，不适用该两条的规定（《合同法》第一百五十七条、第一百五十八条）。

卖方知道或者应当知道提供的标的物不符合约定的，买方得在发现标的物质量或数量不合格的任何时间向卖方主张责任的承担。

（三）对货物负有保全的义务

买方对于卖方不按合同约定条件交付的标的物，例如多交付、提前交付、交付的标的物有瑕疵等，有权拒绝接受。在特殊情况下，买方虽作出拒绝接受交付的意思表示，但有暂时保全并应急处置标的物的义务。这一点各国立法皆有规定。

买方的保全义务是有条件的：①必须是异地交付，货物到达交付地点时，买方发现标的物的品质瑕疵而作出拒绝接受的意思表示；②卖方在标的物接受交付的地点没有受托人，即标的物在法律上已处于无人管理的状态；③一般物品由买方暂时保管，但卖方接到买方的拒绝接受通知时应立即以自己的费用将标的物提回或作其他处置，并支付买方的保管费用；④对于不易保管的易变质物品如水果、蔬菜等，买方可以紧急变卖，但变卖所得在扣除变卖费用后需退回卖方。买方在拒绝接受交付时为卖方保管及紧急变卖标的物的行为必须是基于善良的动机，不得扩大卖方的损失。卖方也不能因买方上述情况下的保管或紧急变卖行为而免除责任。

（四）及时收领货物的义务

买方不及时收取货物，不但增加货物品质变化风险，还会产生货物保管等费用损失及意外财产损害等。因此，法律要求买方应当按照合同约定及时收领标的物。未及时受领的，构成迟延收领，买方应承担相应的违约责任。

第三节 货物风险转移

一、货物风险转移

【案例讨论】某快递公司因为业务发展需要购入3辆小货车，经人介绍，快递公司派采购人员看车。经协商达成以20万元/辆的价格购买3辆小货车。采购人员在交付车款后因不会开车，又未带驾驶员，在汽车销售公司将小货车钥匙交付快递公司后，又将已选定的3辆小货车开到车库存放，待快递公司自提。但该汽车销售公司未将小货车的有效单证等交付快递公司。两天后汽车销售公司联系快递公司，称其购买的3辆小货车被盗。快递公司随即报案，但无结果。快递公司要求汽车销售公司退还其60万元购车款，双方协商不成。快递公司遂向当地人民法院起诉，要求销售公司返还其购车款。

粮油公司的请求是否合法？请说明你的理由。

货物风险是指买卖合同履行过程中，合同项下货物可能遭受的各种意外损失，如盗窃、火灾、沉船、破碎、渗漏、扣押以及不属于正常损耗的腐烂变质等。我国《合同法》和一些国际公约所指的货物风险，是指货物的毁损、灭失的危险，即货物发生毁坏、灭失的可能。

货物风险转移是指货物发生灭失等各种意外损失的可能性何时从卖方转移给买方。划分货物风险转移界限具有重要的现实意义。因为当货物发生损失时，承担风险责任的一方当事人要承担货物损坏或灭失的责任，而不得要求另一方当事人对此承担责任。例如，在买卖合同的履行过程中，卖方已将货物交给承运人发运而风险尚未转移，则货物在途中遭受灭失、受损的风险均由卖方承担，同时卖方还要承担不交货的违约责任，除非卖方能证明这种损失是由不可抗力造成的。若货物的风险已转移于买方，则货物遭受损害或者灭失的风险，买方仍应支付货款。在对货物办理保险业务时，也以当事人是否承担货物风险为依据作为判断其是否享有可保利益，从而影响甚至决定当事人的投保资格特别是保险索赔权益的实现。因此，货物风险转移直接关系到买卖双方当事人的切身利益。

二、各国关于货物风险转移的时间

在买卖合同中，风险转移的核心问题是时间问题，即货物的风险何时由卖方转移给买方。在现代商业实践中，风险转移问题往往比所有权转移更为重要。它直接涉及买卖双方的基本义务，并关系到谁承担货物所遭受的损失。对此，各国都作出了明确的规定，但具体操作存在很大的差异。

将风险转移与合同订立结合在一起，即订立主义，如瑞士和意大利；将风险转移与货物所有权转移结合在一起，即所有权主义，如英国和法国；将风险转移与货物交付结合在一起，即交付主义，如美国、德国和中国等。相比较而言，在实践中以货物交付时间来决定风险转移时间与以货物所有权转移来决定风险转移时间更为合理且更具有可操作性。其中所谓的货物交付，通常情况下是卖方将货物的占有和实际控制权移交给买方。例如，在货交承运人这种情况下，卖方将货物交付第一承运人就履行了交付货物的义务。承运人领受货物视同买方之代理行为，风险也随之转移给买方。

三、我国《合同法》关于货物风险转移的规定

【案例讨论】安信贸易公司与鑫源农产品公司签订一份价值25万美元的面粉交易合同，以鑫源农产品公司仓库为交货地点，合同规定安信贸易公司应于7月提取货物。鑫源农产品公司已于7月1日将提货单交付安信贸易公司，安信贸易公司也付清了全部货款。但安信贸易公司直到7月31日也未将货物取走，鑫源农产品公司便将提货单项下货物转移到仓库保管。8月15日安信贸易公司前往提货，但由于前一天鑫源农产品仓库所在地下特大暴雨，导致库房被淹，使得面粉失去销售价值。双方对货物风险损失的承担发生争议。

该案应如何处理？说明理由。

我国《合同法》对货物风险转移问题作了如下规定：

（一）货物买卖的风险转移一般是在货物交付时转移

我国《合同法》第一百四十二条规定："标的物毁损、灭失的风险，在标的物交付之前由出卖人承担，交付之后由买受人承担，但法律另有规定或者当事人另有约定除外"。由此可见，我国法律对货物买卖的风险转移原则上是以交付来确定的。

当事人约定货物风险转移的做法在国际贸易业务中非常普遍，如进出口双方一般采用某种贸易术语来确定进出口双方对货物风险的承担界限。例如，采用 FOB、CFR 和 CIF（到岸价）条件成交时，货物的风险都是在装运港装船越过船舷时起由卖方转移于买方，即货物越过船舷以前的风险由卖方承担，越过船舷以后的风险由买方承担。

（二）货物在运输途中的出售的风险转移时间

《合同法》第一百四十四条规定："买方出卖交由承运人运输的在途标的物，除当事人另有约定以外，货物的毁损、灭失的风险自合同成立时起由买方承担。"例如，当卖方先把货物装上开往某个目的地的船舶，然后再寻找适当的买方订立买卖合同时，在外贸业务中称之为"海上路货"，其风险的转移就依据本条规定进行处理。

（三）当买卖合同涉及运输时风险转移时间

《合同法》第一百四十五条规定："当事人没有约定交付地点或者约定不明确，标的物依法规定需要运输的，卖方将标的物交付给合同项下第一承运人后，标的物毁损、灭失的风险由买方承担。"

（四）违约行为对风险转移的影响

1. 卖方违约对风险转移的影响

《合同法》第一百四十七条的规定："卖方未按照约定交付有关标的物的单证和资料的，不影响标的物毁损、灭失风险的转移。"同时，《合同法》第一百四九条规定："标的物的毁损、灭失的风险由买方承担的，不影响因卖方履行债务不符合约定、买方要求其承担违约的责任。"也就是说，若卖方交付标的物而未交付有关标的物的单证和资料，则标的物毁损、灭失的风险虽转移由买方承担，但卖方仍应负债务不履行的违约责任。

《合同法》第一百四十八条规定："因标的物质量不符合质量要求致使不能实现合同目的，买方拒绝接受标的物或者解除合同的，标的物毁损、灭失的风险由卖方承担。"卖方对此还要承担相应的违约责任。

由买方承担货物风险有一个重要的前提条件，即卖方当事人已将货物特定化。按照许多国家的法律规定，卖方将货物特定化，是货物风险和所有权转移于买方的必要条件。在货物特定化之前，其风险和所有权原则上不转移于买方。

2. 买方违约对风险转移的影响

《合同法》第一百四十三条规定："因买方的原因致使标的物不能按照约定的期限交付的，自约定交付之日起标的物毁损、灭失风险转移给买方承担。"《合同法》第一百四十六条规定："卖方按照合同约定或者依法将标的物置于交付地点，买方违约约定没有收取的，标的物毁损、灭失的风险自违反约定之日起由买方承担。"

实训作业

一、实训项目

为了熟悉招标投标流程，正确认识招投标每一行的法律性质，掌握招投标业务操作技能，可将学生分组为招标人、招标代理机构、投标人、投标评审委员会等角色，收集相关资料，以文具商品招标采购为例，进行模拟实训。在实训过程中，要求学生除提交招标公告、投标人资格审查材料、投标书、中标通知函等材料外，还要求学生根据招标投标条件拟定一份文具采购协议。

根据学生完成情况，教师可对招投标流程及采购协议等进行评价。

二、案例分析

1. 甲公司与乙设备厂订立了一份购买设备的合同，合同约定乙公司向甲公司交付两台机器设备，总价款为 10 万元；甲公司向乙公司交付定金 2 万元，余款由甲在两个星期内付清。双方还约定，在甲公司向乙公司付清货款之前，乙公司保留两台设备的所有权。乙公司交付了该两台设备。但在甲公司付清余款前机器设备被盗，于是甲公司认为设备的所有权属于乙公司，自己没有看管义务，遂后要求乙公司退还其 2 万元定金。问：甲公司的理由是否合法，为什么？

2. 一份出售茶叶的合同，以卖方仓库为交货条件的买卖，数量为 1 000 千克，总价为 12 万元。合同规定买方应于 10 月提取货物。卖方已于 10 月 1 日前将提货单交付买方，买方已付清了全部货款。但买方直到 10 月 31 日尚未提取货物，卖方遂将货物移至他处。当买方于 11 月 15 日提货时，发现有 10%的茶叶与相邻的牛皮串味，失去商销价值。双方为此发生争议。请问该案应如何处理，说明理由。

3. 2014 年 1 月 6 日，某建材公司作为销售方与购买方朱林签订了一份建材购销合同，并约定商业合同保密责任。由于利润丰厚，在当晚宴请朋友时不免多喝了几杯，一再吹嘘到自己在合同谈判、签订合同中的本事，为怕别人不相信，朱林还将与李江签订的《建材购销合同》出示给大家观看。洋洋得意之际，朱林将合同的附件之一《价格明细表》丢失，却未能察觉。当地经营同类建材的张某前往该处用餐，无意中发现了那张《价格明细表》。此事发生后使该建材公司生意一落千丈，后来得知是购方朱林泄露了其商业秘密，遂要求购方朱林赔偿其因此受到的损失。

朱林是否应当承担赔偿责任？你的法律依据是什么？

第五章 物流运输法实务

物流运输是指物流经济活动主体所从事货物运输的生产经营活动，即所谓的货物运输。为了保障物流运输活动中各方当事人的利益和运输的安全，根据货物运输的方式不同，国家制定了不同的运输法律制度。当然不同的运输方式适用不同的运输法律法规。在货物运输方面，我国建立了比较完善的法律制度，国内运输法主要有《合同法》《海商法》《铁路法》《公路法》《航空法》及与之配套实施的《水路货物运输规则》《铁路货物运输管理规则》《汽车货物运输规则》《中国民用航空货物国际运输规则》等；同时，我国也参加了一些与货物运输有关的国际公约。在这些法律中，既有运输合同法律规范，也有运输强制性法律规范。本章主要介绍与货物运输有关的法律法规和国际公约。

【导入案例】运输合同纠纷案

去年，某纺织品进出口公司委托某外运公司办理一批服装出口运输，从上海运至东京。外运公司租用了某远洋运输公司的船舶承运，但以自己名义签发提单。货物抵达目的港后，发现部分服装已湿损。于是收货人向保险公司索赔。保险公司依据保险合同赔偿了收货人，取得了代位求偿权，并对外运公司提起诉讼。外运公司认为自己是代理人，不应当承担赔偿责任。但法院审理认为，由于外运公司以自己的名义签发提单，使其成为契约承运人，从而承担了承运人的责任和义务。法院最终判决外运公司承担承运人责任范围内原因所造成的经济损失。

根据本案，说说契约承运人与实际承运人的法律关系。

第一节 货物运输法概述

一、物流运输法

（一）物流运输法的概念

物流运输泛指人类利用一定的载运工具、线路、港站等实现货物的空间位移的活动，包括铁路、公路、航空、水路、管道等五种交通方式的运输。物流运输活动不仅涉及当事人的经济利益、生命财产安全，还涉及国家物流秩序的正常运输。保障物流运输正常生产经营，国家和相关国际组织进行了广泛的物流运输立法建设。物流运输法是国家规范货物运输经济活动的法律制度的总称。物流运输法既包括规范当事人可以协商内容的范围的任意性法规，也包括涉及物流运输安全生产的强制性法规。

（二）物流运输法的立法现状

各种物流运输方式都有不同的具体物流运输法。同时，因物流运输涉及国内物流和国际物流，物流运输法还包括国内的法律法规和国际公约。

1. 水路运输的法律法规

1999 年《合同法》第十七章专设了“运输合同”分则；此外，在 2001 年 1 月 1 日起施行《国内水路货物运输规则》（2014 年 3 月 1 日修订），另有《水路危险货物运输规则》（1996）。针对国际海洋运输，1993 年正式颁布并实施了《中华人民共和国海商法》（以下简称《海商法》）。

国际上针对海洋运输的国际公约有 1924 年的《海牙规则》，即《统一提单的若干法律规则的国际公约》、1968 年的《维斯比规则》和 1978 年的《汉堡规则》（即《1978 年联合国海上货物运输公约》）。

2. 铁路运输的法律法规

我国针对铁路运输的法律法规有：在 1991 年 5 月 1 日起实施《中华人民共和国铁路法》（2015 年 4 月 24 日修订）、《铁路货物运输管理规则》（1991）、《铁路危险货物运输管理规则》（2008）。

国际针对铁路运输的国际公约有：《国际铁路货物联运协定》（我国 1954 年已加入）、《铁路货物运输国际公约》（我国未加入）。

3. 公路运输的法律法规

我国针对公路运输的法律法规有：《中华人民共和国公路法》（1997 颁布，2009 年修正）、《中华人民共和国道路运输条例》（2004 年 7 月 1 日颁布，2012 年修正）、《道路危险货物运输管理规定》（2013 年 7 月 1 日起施行）、《汽车货物运输规则》（2000 年 1 月 1 日起施行）。我国针对国际道路运输有《国际道路运输管理规定》（2005 年 6 月 1 日施行）。

国际针对公路运输的国际公约有：《国际公路货物运输合同公约》（CIM）、《国际公路车辆运输公约》（TIR）等，目前我国均未加入这些条约。

4. 航空运输的法律法规

我国针对航空运输的法律法规有：《中华人民共和国民用航空法》（1996 年 3 月 1 日起施行）、《民用机场管理条例》（2009 年 7 月 1 日起施行）。我国针对国际航空运输的法律法规有《中国民用航空货物国际运输规则》。

国际针对航空运输的国际公约有《华沙公约》（即《统一国际航空运输某些规则的公约》）、《海牙议定书》《瓜达拉哈拉公约》等。

5. 国际多式联运的法律法规

我国针对国际多式联运的法律法规有：《海商法》（1993 年 7 月 1 日起实施）、《中华人民共和国海上国际集装箱运输管理规定》（1990 年颁布，1998 年修订）。

国际针对多式联运的公约有《联合国国际货物多式联运公约》（1980）、《联合国国际贸易和发展会议/国际商会多式联运单证规则》（1991）。

二、货物运输合同概述

（一）货物运输合同

《合同法》将运输合同定义为："运输合同是承运人将旅客或者货物从起运地点运输到约定地点，旅客、托运人或者收货人支付票款或者运输费用的合同。"货物运输合同又称货物运送合同，是指经承运人与托运人协商一致，由承运人将货物运输到约定地点，托运人支付运费的合同。运输合同是承运人和托运人双方对运输中的各主要事项，特别是双方权利义务进行约定的产物。合同的标的是承运人的运输行为，即货物在空间上的位移。

（二）货物运输合同的形式

货物运输合同的表现形式主要有口头、书面和其他形式，但是否为要式合同因不同运输方式下的法律而有所区别。在我国专门运输法中，虽未直接规定运输合同为要式合同，但是根据运输合同的特殊性质，运输合同的基本内容除以运输法律、运输法规和运输规则的形式表现以外，还有若干特定的表现形式，如以客票运单和提单等运输文件作为合同形式。

目前，运输合同的形式主要有两种：一种是以书面形式记载条款，依照法律规定，书面合同应记载合同关系的主要的或基本的内容；另一种是以运输单证的方式，只载明运输的有关事项，如起运点、终点、经停点、货物种类、数量、包装等，而对合同的其他内容并不载明。

【案例链接】台湾兴航海运股份有限公司作为承运人（被告），在未收到运费且在卸货港无人提货的情况下，对其所承运的中国林业国际合作公司名下的货物进行提存，并从拍卖所得价款中优先受偿提单持有人所应支付的运费、滞期费等各项费用。中国林业国际合作公司作为提单持有人（原告）起诉于法院，认为被告在此情况下处理承运货物程序不当，要求被告承担经济损失。本案经审理，法院认为，在提单并入租船合同的条件下，提单持有人与承运人之间的权利义务关系适用租船合同的约定，被告承运人享有提存权。但本案被告未经法律程序擅自变卖货物，给原告造成了经济损失。最后，法院支持原告诉求，判令被告承担未依法提存货物而给原告造成的经济损失。

三、货物运输关系主体的权利与义务

（一）承运人的权利与义务

（1）提供适当运输工具的义务。例如，《海商法》第四十七条规定："承运人在船舶开航前和开航当时，应当谨慎处理，使船舶处于适航状态，妥善配备船员、装备船舶和配备供应品，并使货舱、冷藏舱、冷气舱和其他载货处所适于并能安全收受、载运和保管货物。"

（2）接受和照管所托运货物的义务。承运人受理整批或零担货物时，应根据运单记载货物名称、数量、包装方式等，核对无误，方可办理交接手续。发现与运单填写不符或可能危及运输安全的，不得办理交接手续。承运人接收货物后至交货前，应当妥善照管货物。

（3）在规定的期限内将货物送达目的地的义务。运输期限由承托双方共同约定后应在运单上注明。承运人应在约定的时间内将货物运达目的地。零担货物按批准的班期时限运达，快件货物按规定的期限运达。

（4）选择适当运输线路的义务。承运人应按其与托运人约定运输路线运输货物。若起运前运输路线发生变化的，必须通知托运人并按最后确定的路线运输。承运人未按约定的路线运输增加的运输费用，托运人或收货人可以拒绝支付增加部分的运输费用。

（5）承担正常交付货物的义务。货物运到后，承运人应当及时通知收货人。承运人在货物运到后交付收货人之前，负有妥善保管货物的义务。收货人不明或者收货人拒绝受领货物的，承运人应当及时通知托运人，并请求其在合理期限内对货物的处理作出指示。无法通知托运人，或者托运人未作指示或者指示事实上不能实行的，承运人可以提存货物；货物不宜提存的，承运人可以拍卖或者变卖该货物，扣除运费、保管费以及其他必要的费用后，提存剩余价款。

（6）收取运费与货物留置的权利。托运人或者收货人应当支付运输费用。托运人或者收货人不支付运费、保管费以及其他运输费用的，承运人对相应的运输货物享有留置权，但当事人另有约定的除外。

（7）依法享有免责权利。承运人对运输过程中货物的毁损、灭失承担损害赔偿责任，但承运人证明货物的毁损、灭失是因不可抗力、货物本身的自然性质或者合理损耗以及托运人、收货人的过错造成的，不承担损害赔偿责任。

货物在运输过程中因不可抗力灭失，未收取运费的，承运人不得要求支付运费；已收取运费的，托运人可以要求返还。

（二）托运人的权利与义务

（1）提供货物、支付运输费用的义务。在诺成性的货物运输合同中，托运人应按照合同约定的时间和要求提供托运的货物，并向承运人交付运费等费用。否则，托运人应支付违约金，并赔偿承运人由此而受到的损失。

（2）向承运人准确表明有关货物运输的必要情况。托运人办理货物运输，需要填写托运单的，托运单应当准确填写有关货物运输的必要情况，包括以下内容：托运人姓名或名称、住所；货物名称、数量、重量、包装和价值；收货人姓名或名称、住所；目的地；填写地及填写日期。因托运人申报不实或者遗漏重要情况，造成承运人损失的，托运人应当承担损害赔偿责任。

（3）提交货物运输的相关文件。货物运输需要办理审批、检验手续的，托运人应当将有关审批、检验的文件提交承运人。

（4）托运人应当按照约定的方法包装货物。没有约定或者约定不明确的，应当按照国家或者行业包装标准进行包装；没有国家或者行业包装标准的，应当按照能够使货物安全运输的方法进行包装。托运人违反此义务的，承运人可以拒绝运输。

（5）托运危险货物时的特别要求。托运人托运易燃、易爆、有毒、有腐蚀性、有放射性等危险物的，应当按照有关危险物的运输规定办理。托运人应对危险物妥善包装，作出危险物标志和标签，并将有关危险物的名称、性质和防范措施的书面材料提交承运人。托运人违反此义务，承运人可以采取相应措施以避免损害的发生，因此产生的费用由托运人承担。

（6）托运人有变更货物运输合同的权利。托运人可以要求承运人中止运输、返还货物、变更到达地或者将货物交给其他收货人，但应当赔偿承运人因此受到的损失。

（三）收货人的权利与义务

（1）及时提货的义务。收货人收到提货通知后，应当及时提货。收货人请求交付货物时，应当将提单或者其他提货凭证交还承运人。逾期提货的，收货人应当向承运人支付保管费。

（2）及时验货与通知的义务。货物交付时，承运人与收货人应当做好交接工作，发现货损货差，由承运人与收货人共同编制货运事故记录，交接双方在货运事故记录上，签字确认。收货人接收货物后，发现货物有毁损、灭失的，收货人应当及时通知承运人。怠于通知的，承运人免除赔偿责任，但承运人恶意掩蔽或者货物毁损、灭失是由承运人故意或者重大过失造成的除外。

【知识拓展】托运人与收货人的运输合同权益转移

《中国民用航空货物国际运输规则》第三十八条规定："收货人收到或者要求提取货物、货运单的，托运人对货物的处置权即告终止。"

收货人拒绝接收货运单或者货物，或者承运人无法同收货人取得联系的，托运人继续行使对货物的处置权。

第二节　公路货物运输法

一、汽车货物运输法

汽车货物运输法即公路货物运输法，是指为维护汽车货物运输当事人的合法权益，明确承运人、托运人、收货人以及其他有关方的权利、义务和责任，维护正常的道路货运输秩序而制定的法律规范的总称。

公路货物运输法包含两部分：一是国内公路运输的法律法规，包括《中华人民共和国公路法》（1997）、1999 年交通部颁布并于 2000 年 1 月 1 日起施行的《汽车货物运输规则》《集装箱汽车运输规则》《汽车危险货物运输规则》《中华人民共和国道路运输条例》《道路危险货物运输管理规定》及针对国际道路运输的《国际道路运输管理规定》等；二是国际上关于公路运输的公约，包括《国际公路货物运输合同公约》（即 CIM）、《国际公路车辆运输公约》（即 TIR）等。上述公约我国均未参加，实际业务操作涉及的法律问题的解决依据是我国与当事国之间达成的双边公路运输协议。

凡在国内从事营业性汽车货物运输及相关的货物搬运装卸、汽车货物运输服务等活动，均应遵守《汽车货物运输规则》，法律法规另有规定除外。同时，对于汽车运输与其他运输方式实行货物联运以及拖拉机及其他机动车、非机动车辆从事货物运输的，可适用或参照本规则执行。本节主要依据《汽车货物运输规则》介绍公路货物运输法律制度。

二、汽车货物运输的分类

汽车货物运输因实际类型不同，运输合同各方当事人的权利与义务也存在差异。

对此，《汽车货物运输规则》从立法上对汽车货物运输进行了法律上的分类。

（1）汽车货物运输按托运货物数量分为零担和整车。《汽车货物运输规则》第七条规定："托运人一次托运货物计费重量3吨及以下的为零担货物运输。"《汽车货物运输规则》第八条规定："一次托运货物计费重量3吨以上，或不足3吨但其性质、体积、形状需要一辆汽车运输的，为整批货物运输。"

（2）汽车货物运输按运送的时间要求分为快件货物运输、快件运输、特快件运输。在规定的距离和时间内将货物运达目的地的，为一般货物运输；应托运人要求，采取即托即运的，为特快件货物运输。

（3）按照运输时货物的特点分为大型特殊笨重物体运输、集装箱汽车运输、危险货物汽车运输等。

（4）按照运输时货物有无特殊要求分普通货物、特殊货物。货物在运输、装卸、保管中无特殊要求的为普通货物，共有三等。货物在运输、装卸、保管中需采取特殊措施的为特种货物，共有四类。《汽车货物运输规则》第十七条规定："每立方米体积重量不足333千克的货物为轻泡货物。其体积按货物（有包装的按货物包装）外廓最高、最长、最宽部位尺寸计算。"

（5）按照运输时货物有无保险分为货物保险、货物保价运输两种投保方式。采取自愿投保的原则，由托运人自行确定是否投保。货物保险可由托运人直接向保险公司投保，也可以委托承运人代办。

三、汽车货物运输合同

（一）汽车货物运输合同的定义

汽车货物运输合同是指汽车承运人与托运人之间签订的明确相互权利义务关系的协议。汽车货物运输合同的订立应符合《合同法》的要求。《汽车货物运输规则》第二十八条规定："汽车货物运输合同自双方当事人签字或盖章时成立。当事人采用信件、数据电文等形式订立合同的，可以要求签订确认书，签订确认书时合同成立。"

《汽车货物运输规则》第二十四条规定："汽车货物运输合同有定期运输合同、一次性运输合同和道路货物运单。"每一批货物的汽车运输都有相应的合同。在有运输合同存在的情况下，运单视为合同的证明；在没有运输合同存在的情况下，运单本身就成了汽车货物运输合同。

（二）汽车货物运输合同的内容

不同类型的汽车货物运输合同，其表现形式存在差异，但内容基本相似。一次性运输合同和道路货物运单的基本内容如下：

（1）托运人、收货人和承运人的名称（姓名）、地址（住所）、电话、邮政编码。

（2）货物的种类、名称、性质及货物的包装方式。

（3）重量、数量、体积或月、季、年度货物批量。

（4）装货地点、卸货地点、运距。

（5）承运日期和运到期限；或合同期限。

（6）运输质量。

（7）装卸责任。

（8）货物价值，是否保价、保险。

(9) 运输费用的结算方式。

(10) 违约责任。

(11) 解决争议的方法。

【知识拓展】汽车货物运输业务中的当事人

实践中因汽车货物运输业务涉及装运、仓储和代办等，其法律关系下的主体多样化。汽车货物运输业务中的当事人表现为：承运人，是指使用汽车从事货物运输并与托运人订立货物运输合同的经营者；托运人，是指与承运人订立货物运输合同的单位和个人；收货人，是指货物运输合同中托运人指定提取货物的单位和个人；货物运输代办人（简称货运代办人），是指以自己的名义承揽货物并分别与托运人、承运人订立货物运输合同的经营者；站场经营人，是指在站、场范围内从事货物仓储、堆存、包装、搬运装卸等业务的经营者。

四、汽车货物运输合同当事人的权利与义务

【案例讨论】2015 年 4 月 18 日，某商品采购中心的授权代表刘江与四川某快捷运输公司的授权代表郝佳在上海签订了一份汽车货物运输合同。该合同约定：快捷运输公司承运采购中心从上海、浙江发往成都的鞋底、火花塞和冰柜等货物。合同还对运费、运输时间等内容作了约定。合同签订后，快捷运输公司承运货物的川 A16426 号车在运输途中发生交通事故，使商品采购中心托运的火花塞损失计款 14 680 元，胶合板损失计款 7 122 元（其中遗失的胶合板损失 5 386. 5 元），货损共计 21 810 元。对此次交通事故，交通管理部门认定第三方承担 60%的责任。此后，商品采购中心与快捷运输公司协商货损赔偿问题无果，遂提起诉讼。

根据案情，你认为承运人是否应对运输过程中货物的毁损、灭失承担全部赔偿责任？

（一）承运人的权利与义务

(1) 根据货物的需要和特性，提供适宜的车辆。承运人应根据承运货物的需要，按货物的不同特性，提供技术状况良好、经济适用的车辆，并能满足所运货物重量的要求。使用的车辆、容器应做到外观整洁，车体、容器内干净无污染物、残留物。承运特种货物的车辆和集装箱运输车辆，需配备符合运输要求的特殊装置或专用设备。

(2) 承运人应当根据受理货物的情况，合理安排运输车辆。货物装载重量以车辆额定吨位为限，轻泡货物以折算重量装载，不得超过车辆额定吨位和有关长、宽、高的装载规定。

(3) 承运人应按约定运输路线进行运输。起运前运输路线发生变化必须通知托运人，并按最后确定的路线运输。承运人未按约定的路线运输增加的运输费用，托运人或收货人可以拒绝支付增加部分的运输费用。

(4) 承运人应在规定运输期限内将货物运达。运输期限由承运人与托运人双方共同约定后应在运单上注明。承运人应在约定的时间内装货物运达。零担货物按批准的班期时限运达，快件货物按规定的期限运达。根据《汽车货物运输规则》第三条规定：

"末约定运输期限的，从起运日起，按200千米为1日运距，用运输里程除每日运距，计算运输期限。"

（5）承运人应对货物的运输安全负责，保证货物在运输过程中不受损害。承运人受理整批或零担货物时，应根据运单记载货物名称、数量、包装方式等，核对无误，方可办理交接手续。发现与运单填写不符或可能危及运输安全的，不得办理交接手续。

车辆装载有毒、易污染的货物卸载后，承运人应对车辆进行清洗和消毒。但因货物自身的性质，应托运人要求，需对车辆进行特殊清洗和消毒的，由托运人负责。

（6）及时发出交货通知。整批货物运抵前，承运人应当及时通知收货人做好接货准备；零担货物运达目的地后，应在24小时内向收货人发出到货通知或按托运人的指示及时将货物交给收货人。

（二）托运人的权利与义务

（1）保证单货一致。托运货物的名称、性质、件数、重量、体积、包装方式等，应与运单记载的内容相符。托运的货物中，不得夹带危险货物、贵重货物、鲜活货物和其他易腐货物、易污染货物、货币、有价证券以及政府禁止或限制运输的货物等。

（2）提交相关文件。按照国家有关部门规定办理准运或审批、检验等手续的货物，托运人托运时应将准运证或审批文件提交承运人，并随货同行。托运人委托承运人向收货人代递有关文件时，应在运单中注明文件名称和份数。

（3）按照约定的方法包装货物。托运货物的包装，应当按照承托双方约定的方式包装。对包装方式没有约定或者约定不明确的，可以协议补充；不能达成补充协议的，按照通用的方式包装，没有通用方式的，应在足以保证运输、搬运装卸作业安全和货物完好的原则下进行包装。依法应当执行特殊包装标准的，按照规定执行。

（4）正确使用标志。托运人应根据货物性质和运输要求，按照国家规定，正确使用运输标志和包装储运图标标志。使用旧包装运输货物，托运人应将包装与本批货物无关的运输标志、包装储运图标标志清除干净，并重新标明制作标志。

（5）托运人的其他义务。托运特种货物，托运人应在运单中注明运输条件和特约事项。运输途中有需要饲养、照料的有动物、植物、尖端精密产品、稀有珍贵物品、文物、军械弹药、有价证券、重要票证和货币等，托运人必须派人押运并在办理货物托运手续时，在运单上注明押运人员姓名及必要的情况。押运人员在运输过程中负责货物的照料、保管和交接；如发现货物出现异常情况，应及时作出处理并告知车辆驾驶人员。

（6）按照约定支付运费。

【法律链接】《汽车货物运输规则》关于货物保价运输的规定

第二十条　货物保价运输是按保价货物办理承托运手续，在发生货物赔偿时，按托运人声明价格及货物损坏程度予以赔偿的货物运输。托运人一张运单托运的货物只能选择保价或不保价。

第二十一条　托运人选择货物保价运输时，申报的货物价值不得超过货物本身的实际价值；保价运输为全程保价。

第二十二条　分程运输或多个承运人承担运输，保价费由第一程承运人（货运代办人）与后程承运人协商，并在运输合同中注明。承运人之间没有协议的按无保价运输办理，各自承担责任。

第二十三条　办理保价运输的货物，应在运输合同上加盖“保价运输”戳记。保价费按不超过货物保价金额的7‰收取。

五、货物的交付

（1）货物运达承、托双方约定的地点后，收货人应凭有效单证提（收）取货物，无故拒提（收）取货物，应赔偿承运人因此造成的损失。

（2）货物交付时，承运人与收货人应当做好交接工作，发现货损、货差，由承运人与收货人共同编制货运事故记录，交接双方在货运事故记录上签字确认。

（3）货物交接时，承托双方对货物的重量和内容有质疑，均可提出查验与复磅，查验和复磅的费用由责任方负担。

（4）货物运达目的地后，承运人知道收货人的，应及时通知收货人，收货人应当及时提（收）货物，收货人逾期提（收）货物的，应当向承运人支付保管费等费用。收货人不明或者收货人无正当理由拒绝受领货物的，依照《合同法》的有关规定，承运人可以提存货物。

六、汽车货物运输中各方当事人的违约责任

（一）承运人的违约责任

（1）货物在承运责任期间和站、场存放期间内，发生毁损或灭失，承运人、站场经营人应负赔偿责任。承运责任期间，是指承运人自接受货物起至将货物交付收货人止，货物处于承运人掌管之下的全部时间。承运人与托运人可以就货物在装车前和卸车后对承担的责任达成其他的协议。

（2）承运人未按约定的期限将货物运达，应负违约责任；因承运人责任将货物错送或错交，应将货物无偿运到指定的地点，交给指定的收货人。《汽车货物运输规则》第三条规定：“运输期限，是由承托双方共同约定的货物起运、到达目的地具体时间。未约定运输期限的，从起运日起，按200千米为1日远距，用运输里程除每日远距，计算运输期限。”

（3）承运人未遵守承托双方商定的运输条件或特约事项，由此造成托运人的损失，应负赔偿责任。

【知识拓展】承运人的免责事项

货物在承运责任期间和站、场存放期间，由于下列原因造成灭失、损坏，经承运人、站场经营人举证后可不负赔偿责任：①不可抗力；②货物本身的自然性质变化或者合理损耗；③包装内在缺陷，造成货物受损；④包装体外表面完好而内装货物毁损或灭失；⑤托运人违反国家有关法令，致使货物被有关部门查扣、弃置或作其他处理；⑥押运人员责任造成的货物毁损或灭失；⑦托运人或收货人过错造成的货物毁损或灭失。

（二）托运人的违约责任

（1）托运人未按合同规定的时间和要求，备好货物和提供装卸条件，以及货物运

达后无人收货或拒绝收货，而造成承运人车辆放空、延滞及其他损失，托运人应负赔偿责任。

（2）因托运人下列过错，造成承运人、站场经营人、搬运装卸经营人的车辆、机具、设备等的损坏，污染或人身伤亡以及因此而引起的第三方的损失，由托运人负责赔偿：第一，在托运的货物中有故意夹带危险货物和其他易腐蚀、易污染货物以及禁、限运货物等行为；第二，错报、匿报货物的重量、规格、性质；第三，货物包装不符合标准，包装、容器不良，而从外部无法发现；第四，错用包装、储运图标标志。

（3）托运人不如实填写运单、错报、误填货物名称或装卸地点，造成承运人错送、装货落空以及由此引起的其他损失，托运人应负赔偿责任。

（三）货运代办人与站场经营人的违约责任

（1）货运代办人根据委托协议承担相关法律责任。货运代办人以承运人身份签署运单时，应承担承运人责任，以托运人身份托运货物时，应承担托运人的责任。

（2）搬运装卸作业中，因搬运装卸人员过错造成货物毁损或灭失，站场经营人或搬运装卸经营者应负赔偿责任。

七、货运事故和违约处理

（一）货运事故处理的规定

（1）货物运输途中，发生交通肇事造成货物损坏或灭失，承运人应先行向托运人赔偿，再由其向肇事的责方追偿。由托运人直接委托站场经营人装卸货物造成货物损坏的，由站场经营人负责赔偿；由承运人委托站场经营人组织装卸的，承运人应先向托运人赔偿，再向站场经营人追偿。

《汽车货物运输规则》规定："在货运事故处理过程中，收货人不得扣留车辆，承运人不得扣留货物。由于扣留车、货而造成的损失，由扣留方负责赔偿。"

（2）货运事故发生后，承运人应及时通知收货人或托运人。收货人、托运人知道发生货运事故后，应在约定的时间内，与承运人签注货运事故记录。收货人、托运人在约定的时间内不与承运人签注货运事故记录的，或者无法找到收货人、托运人的，承运人可邀请两名以上无利害关系的人签注货运事故记录。

（3）货物赔偿时效从收货人、托运人得知货运事故信息或签注货运事故记录的次日起计算。《汽车货物运输规则》第八十四规定："在约定运达时间的30日后未收到货物。视为灭失，自31日起计算货物赔偿时效。未按约定的或规定的运输期限内运达交付的货物，为迟延交付。"

（二）货运事故的赔偿责任

货运事故赔偿金数额，《汽车货物运输规则》第八十三条作出如下规定：

（1）货运事故赔偿分限额赔偿和实际损失赔偿两种。法律、行政法规对赔偿责任限额有规定的，依照其规定；尚未规定赔偿责任限额的，按货物的实际损失赔偿。

（2）在保价运输中，货物全部灭失，按货物保价声明价格赔偿；货物部分毁损或灭失，按实际损失赔偿；货物实际损失高于声明价格的，按声明价格赔偿；货物能修复的，按修理费加维修取送费赔偿。保险运输按投保人与保险公司商定的协议办理。

（3）未办理保价或保险运输的，且在货物运输合同中未约定赔偿责任的，按第一条规定赔偿。

（4）货物损失赔偿费包括货物价格、运费和其他杂费。货物价格中未包括运杂费、包装费以及已付的税费时，应按承运货物的全部或短少部分的比例加算各项费用。

（5）货物毁损或灭失的赔偿额，当事人有约定的，按照其约定，没有约定或约定不明确的，可以补充协议，不能达成补充协议的，按照交付或应当交付时货物到达地的市场价格计算。

（6）由于承运人责任造成货物灭失或损失，以实物赔偿的，运费和杂费照收；按价赔偿的，退还已收的运费和杂费；被损货物尚能使用的，运费照收。

（7）丢失货物赔偿后，又被查回，应送还原主，收回赔偿金或实物；原主不愿接受失物或无法找到原主的，由承运人自行处理。

（8）承托双方对货物逾期到达，车辆延滞，装货落实都负有责任时，按各自责任所造成的损失相互赔偿。

（三）违约责任

承运人或托运人发生违约行为，应向对方支付违约金。违约金的数额由承托双方约定。违约金不足以赔偿损失的，还可以要求损害赔偿。但《汽车货物运输规则》第八十七条作出特别规定："对承运人非故意行为造成货物迟延交付的赔偿金额，不得超过所迟延交付的货物全程运费数额。"

第三节　铁路货物运输法

铁路货物运输法可分为国内针对铁路货物运输的法律法规和国际铁路运输法律法规。前者如：《铁路法》《铁路货物运输管理规则》（2000 年）；后者如：《国际铁路货物联运协定》（我国 1954 年已加入）、《铁路货物运输国际公约》（我国尚未加入）等。《铁路法》于 1991 年 5 月 1 日起实施，在 2009 年 8 月和 2015 年 4 月我国对《铁路法》进行了两次修正。本节主要依据《中华人民共和国铁路法》和《国际铁路货物联运协定》介绍铁路货物运输法律制度。

一、《铁路法》有关货物运输的主要内容

《铁路法》对于铁路货物运输的规定，主要包括以下三方面：

（一）铁路货物运输合同

铁路货物运输合同是明确作为承运人的铁路运输企业与托运人之间权利义务关系的协议。根据《铁路法》第十一条规定，货物运单是运输合同或运输合同的组成部分。

（二）铁路货物运输合同当事人的权利义务

铁路货物的托运人与作为承运人的铁路运输企业应订立运输合同，双方按运输合同履行各自的义务，享有平等的权利。

1. 承运人的义务

（1）及时运送货物。铁路承运人应当按照合同约定的期限或者国务院铁路主管部门规定的期限，将货物运到目的站。货物运达后要及时通知收货人，并将货物交付收货人。

（2）保证货物安全。铁路承运人对于承运的货物，应妥善处理。对于承运的容易

腐烂变质的货物和活动物，应当按照国务院铁路主管部门的规定和合同的约定，采取有效的保护措施。

2. 托运人的义务

（1）如实申报和提供合法货物。托运人应当如实填报托运单，铁路承运人有权对填报的货物和包裹的品名、重量、数量进行检查。经检查，申报与实际不符的，检查费用由托运人承担；申报与实际相符的，检查费用由铁路承运人承担，因检查对货物和包裹中的物品造成的损坏由铁路承运人赔偿。

托运人因申报不实而少交的运费和其他费用应当补交，铁路承运人按照国务院铁路主管部门的规定加收运费和其他费用。

托运、承运货物，必须遵守国家关于禁止或者限制运输物品的规定。

（2）妥善包装货物。托运货物需要包装的，托运人应当按照国家包装标准或者行业包装标准包装；没有国家包装标准或者行业包装标准的，应当妥善包装，使货物在运输途中不因包装原因而受损坏。

（3）支付运费。双方可以约定由托运人在货物发出前支付运费或者货物到站后由收货人支付运费，但是铁路货物运输一般是由托运人在货物托运时支付运费，如果托运人不支付运费，铁路承运人可以不予承运。

（4）自愿保险或保价。托运人可以根据自愿的原则办理保价运输，也可以办理货物运输保险；还可以既不办理保价运输，也不办理货物运输保险。

3. 收货人的义务

货物到站后，收货人应当按照国务院铁路主管部门规定的期限及时领取，并支付托运人未付或者少付的运费和其他费用；逾期领取的，收货人应当按照规定交付保管费。

《铁路法》第二十二条规定："自铁路运输企业发出领取货物通知之日起满 30 日仍无人领取的货物，或者收货人书面通知铁路运输企业拒绝领取的货物，铁路运输企业应当通知托运人，托运人自接到通知之日起满 30 日未作答复的，由铁路运输企业变卖；所得价款在扣除保管等费用后尚有余款的，应当退还托运人，无法退还、自变卖之日起 180 日内托运人又未领回的，上缴国库。"

【案例链接】 一字之差，百里之遥

山西省大同市某公司与内蒙古自治区某公司通过函件订立了一个买卖合同。因货物采取铁路运输的方式，而内蒙古公司作为卖方将到达栏内的"大同县站"写成"大同站"。因此导致货物运错了车站，造成了双方的合同纠纷。铁路货物运输合同是指托运方与铁路运输部门就铁路运输货物所达成的明确双方权利义务关系的协议。从本合同之纠纷来看，其中所涉及的主要问题是铁路运输合同的条款问题。在本合同纠纷中，造成错发站的原因关键是发货方将"大同县站"写成了"大同站"，一字之差，货物发到了百里之外，教训不可谓不深。在此，错发货的主要责任在于发货方，与铁路部门无关，应由发货方承担对收货方的赔偿责任。

（三）铁路货物运输合同当事人的违约责任

1. 承运人的责任

（1）货损责任

铁路承运人应当对承运的货物自接受承运时起到交付时止发生的灭失、短少、变质、污染或者损坏，承担赔偿责任。

托运人办理了保价运输的，按照实际损失赔偿，但最高不超过保价额。未按保价运输承运的，按照实际损失赔偿，但最高不超过国务院铁路主管部门规定的赔偿限额；如果损失是由于铁路承运人的故意或者重大过失造成的，不适用赔偿限额的规定，按照实际损失赔偿。

（2）迟延交付责任

铁路承运人未按照合同约定的期限或者国务院铁路主管部门规定的期限将货物运达，并按期交付收货人的，铁路承运人要承担赔偿责任。

铁路承运人逾期30日仍未将货物交付收货人的，托运人、收货人有权按货物灭失向铁路承运人要求赔偿。

2. 免责事项

由于下列原因造成的货物、包裹、行李损失的，铁路承运人不承担赔偿责任：

（1）不可抗力。

（2）货物或者包裹、行李中的物品本身的自然属性，或者合理损耗。

（3）托运人、收货人或者旅客的过错。

3. 托运人的责任

因托运人或者收货人的责任给铁路运输企业造成财产损失的，由旅客、托运人或者收货人承担赔偿责任。

二、《国际铁路货物联运协定》的主要内容

1951年，《国际铁路货物联运协定》由苏联、罗马尼亚、匈牙利、波兰等八个国家签订，自1951年11月1日起实施。《国际铁路货物联运协定》于1953年、1955年、1957年、1959年、1964年、1970年和1971年进行了修改和补充。我国于1954年1月加入《国际铁路货物联运协定》。

《国际铁路货物联运协定》不仅是办理铁路货物国际联运业务的依据，也是解决国际铁路货物联运中有关纠纷的法律依据。其主要内容包括以下三个方面。

（一）铁路货物运输单证

铁路的运输单证称为运单。《国际铁路货物联运协定》规定，运单就是国际铁路货物联运的运送合同。按照该规定，发货人在托运货物的同时，应对每批货物按规定的格式填写运单和运单副本，由发货人签字后交始发站。从始发站承运货物（连同运单一起）时起，即认为运输合同业已订立。在发货人提交全部货物和付清一切费用后，发站在运单及其副本上加盖发站日期戳记，证明货物业已承运。运单一经加盖戳记就成为运输合同生效的凭证。运单随同货物从始发站至终点站全程附送，最后交给收货人。

（二）铁路货物运输合同双方当事人的权利义务

1. 铁路承运人的权利和义务

（1）基本责任。《国际铁路货物联运协定》规定，按照运单承运货物的铁路，应对

货物负连带的责任，即承运货物的铁路，应负责完成货物的全部运输。如果是在缔约国一方境内接受货物，铁路的责任直到在到站交货时为止；如果是向非《国际铁路货物联运协定》参加国转运，则按照另一国际铁路货物运输公约，到办完手续时为止。其中每一个继续运送的铁路，自接收附有运单的货物时起，即作为参加这项运输合同的当事人，并承担由此而产生的义务。

铁路应从承运货物时起，至在到达站交付货物时为止，对货物运输逾期以及因货物全部或部分灭失或毁损所产生的损失负责。同时铁路还应对由于铁路过失而使发货人在运单上记载并添附的文件的遗失后果负责，并对由于铁路过失未能执行有关要求变更运输合同的申请的后果负责。

（2）免责事项。《国际铁路货物联运协定》规定，如果承运的货物由于下列原因而遭受损失时，铁路可以免责：一是铁路不能预防和不能消除的情况；二是货物特殊自然属性，以致引起自燃、损坏、生锈、内部腐烂或类似的后果；三是发货人或收货人的过失或由于其要求，而不能归咎于铁路者；四是发货人或收货人的装车或卸车的原因所造成的；五是发送人或者收货人许可，使用敞车类货车运送的货物的损失；六是发货人或收货人指派的货物押运人未采取保证货物完整的必要措施；七是容器或包装的缺点，在承运时无法从其外部发现；八是发货人用不正确、不确切或不完全的名称托运违禁品；九是发货人未按本协议规定办理特定条件货物承运时；十是货物在规定标准内的途中损耗。

此外还规定，如果发生下列情况而使铁路未能将货物按规定的运到期限运达时，铁路也可免责：一是发生雪（沙）害、水灾、崩陷和其他自然灾害，按照有关国家铁路中央机关的指示，期限在 15 天以内；二是因按有关国家政府的指令，发生其他行车中断或限制的情况，以政府规定的时间为准。

（3）赔偿限额。铁路承运人对货物赔偿损失的金额，在任何情况下，都不得超过货物全部灭失时的数额。对于货物全部或部分灭失，铁路承运人的赔偿金额应按外国出口方在账单上所开列的价格计算；如发货人对货物的价格另有声明时，铁路应按声明的价格予以赔偿。

货物逾期运到，铁路应以所收运费为基础，按逾期的长短，向收货人支付规定的逾期罚款。如果货物在某一铁路逾期，而在其他铁路都早于规定的期限运到，则确定逾期同时，应将上述期限相互抵消。

2. 托运人的权利和义务

托运人包括发货人与收货人，主要有以下几个方面的权利和义务：

（1）支付运费。支付运费是托运人的主要义务。根据《国际铁路货物联运协定》的规定，运费的支付规则如下：一是发送国铁路的运送费用，按照发送国的国内运价计算，在始发站由发货人支付；二是到达国铁路的费用，按到达国铁路的国内运价计算，在终点站由收货人支付；三是如果始发站和到达路的终点站属于两个相邻的国家，无需经由第三国过境运输，而且这两个国家的铁路有直通运价规程时，则按运输合同订立当天有效的直通运价规程计算；四是如果货物需经第三国过境运输，过境铁路的运输费用，应按运输合同订立当天有效的《国际铁路货物联运统一过境运价规程》（即《统一货价》）的规定计算，可由始站向发货人核收，也可以由到达站向收货人核收。但如果按《统一货价》的规定，各过境铁路的运送费用必须由发货人支付时，则这项费用不准转由收货人支付。

（2）受收货物。受收货物是收货人的另一项主要义务。根据《国际铁路货物联运协定》规定，货物运抵到达站，在收货人付清运单所载的一切应付的运送费用后，铁路必须将货物连同运单一起交给收货人；收货人则应付清运费后受领货物。

收货人只有在货物因毁损或腐烂而使质量发生变化，以致部分或全部货物不能按原用途使用时，才可以拒绝受收货物。即使运单中所载的货物部分短少时，也应按运单向铁路支付全部款项。但此时，收货人按赔偿请求手续，对未交付的那部分货物，有权领回其按运单所支付的款项。

如果铁路在货物运到期限届满 30 天内，未将货物交付收货人时，收货人无须提出证据就可认为货物已经灭失。但货物如在上述期限届满后运到到达站时，则到达站应将这一情况通知收货人。如货物在运到期限届满后四个月内到达，收货人仍应领取货物，并将铁路所付的货物灭失赔款和运送费用退还给铁路。此时，收货人对货物的送交或毁损，保留提出索赔请求权。

（三）索赔与诉讼时效

《国际铁路货物联运协定》规定："发货人和收货人有权根据运输合同提出索赔要求。在索赔时附有相应索赔根据并注明款项，以书面形式由发货人向发送站提出，或由收货人向到达站提出。"

有关当事人向铁路承运人提出索赔时，应按下列规定办理：

（1）货物全部灭失时，可由发货人提出，同时须提交运单副本，也可以由收货人提出，同时须提交运单副本或运单。

（2）货物部分灭失、毁损或腐烂时，由发货人或收货人提出，同时须提交运单和铁路在到达站交给收货人的商务记录。

（3）货物逾期运到时，由收货人提出，同时须提交运单。

（4）多收运送费用时，由发货人按其已交付的款额提出，同时须提交运单副本或发送铁路国内规章规定的其他文件；或由收货人按其所交付的运费提出，同时须提交运单。

铁路承运人自有关当事人向其提出索赔时，须在 180 天内审查请求，并予以答复。凡有权向铁路提出索赔的人，只有在提出索赔后，才可以向铁路承运人提起诉讼。

《国际铁路货物联运协定》规定："托运人依据运输合同向铁路承运人提出索赔和诉讼，以及铁路承运人对托运人关于支付运送费用、罚款和赔偿损失的要求和诉讼，应在 9 个月内提出。"

第四节　海上货物运输法

一、海上货物运输法

海上货物运输是指由托运人支付运费，承运人将其货物经海路从起运港运至目的港的运输行为。海上货物运输与内河运输共同构成水路运输。因海上货物运输在水路运输中占有重要比重，本节主要介绍与海上货物运输相关的法律规定。

目前我国针对国内水路运输的法律法规主要有《国内水路货物运输规则》，针对国际海洋运输的法律法规主要有《中华人民共和国海商法》（以下简称《海商法》）。《海商法》于1992年11月7日由第七届全国人大常委会第二十八次会议通过，1993年7月1日起实施。《海商法》是以调整国际海上运输过程中发生的运输关系、船舶关系为中心的特别法。其中第四章“海上货物运输合同”对海上货物运输合同双方的权利、义务、责任和豁免作出了原则性的规定。国际上针对海洋运输的国际公约主要有《海牙规则》《维斯比规则》《汉堡规则》等。

【相关链接】海上货物运输合同当事人

承运人分契约承运人和实际承运人，其中契约承运人是指本人或者委托他人以本人名义与托运人订立海上货物运输合同的人；实际承运人是指接受承运人委托，从事货物运输或者部分运输的人，包括接受转委托从事此项运输的其他人。托运人，是指本人或者委托他人以本人名义或者委托他人为本人与承运人订立海上货物运输合同的人；也包括本人或者委托他人以本人名义或者委托他人为本人将货物交给与海上货物运输合同有关的承运人的人。收货人是指有权提取货物的人。

二、承运人的责任与权利

承运人的责任包括责任期间、责任内容、免责事项、责任限制等方面。

（一）承运人的责任期间

承运人的责任期间是指货物处于承运人掌管之下的全部期间。在承运人的责任期间，货物发生灭失或者损坏，除法律法规另有规定外，承运人应当负赔偿责任。《海商法》第四十六条规定：“承运人对集装箱装运的货物的责任期间，是指从装货港接收货物时起至卸货港交付货物时止，货物处于承运人掌管之下的全部期间。”承运人对非集装箱装运的货物的责任期间，是指从货物装上船时起至卸下船时止，货物处于承运人掌管之下的全部期间。上述规定不影响承运人就非集装箱装运的货物在装船前和卸船后所承担的责任达成任何协议。

（二）承运人的责任内容

承运人的责任内容主要有提供适航船舶、妥善保管货物、适当运输线路等。

（1）提供适航的船舶。承运人在船舶开航前和开航当时，应当谨慎处理，使船舶处于适航状态，妥善配备船员、装备船舶和配备供应品，并使货舱、冷藏舱、冷气舱和其他载货处所适于并能安全收受、载运和保管货物。若双方在运输合同中约定了特定的船舶，则承运人必须提供该特定船舶。如果未经对方同意变更船舶，则可以认定为未履行合同。

（2）妥善保管货物。在承运人的责任期间，承运人应当妥善地、谨慎地装载、搬移、积载、运输、保管、照料和卸载所运货物，以保护所承运的货物的安全。

（3）选择适当运输线路。承运人应按照约定的或者习惯的或者地理上的航线将货物运往卸货港。若船舶在海上为救助或者企图救助人命或者财产而发生的绕航或者其他合理绕航的，不属于违约行为。

（4）按时交付货物。承运人应当在约定的期间或合理的时间内向托运人或收货人交付货物。《海商法》第五十条规定：“货物未能在约定的时间内，在约定的卸货港交付的，为迟延交付。由于承运人的过失，致使货物因迟延交付而灭失或者损坏的，承运人应当负赔偿责任。”

【案例链接】 2002年7月，秦皇岛金海粮油工业有限公司与秦皇岛市裕东行船务有限公司签订运输协议，由巴西运输一套精炼棕榈油设备至秦皇岛港，包干运费29 500美元。货物运至上海港后，秦皇岛市裕东行船务有限公司安排临海市涌泉航运公司所属“涌泉2号”轮进行转船运输。同年9月6日，“涌泉2号”轮在驶往秦皇岛途中因货舱进水，船体倾斜，被救助于山东石岛港。经秦皇岛出入境检验检疫局检验，货物残损金额22 270美元。经青岛双诚船舶技术咨询有限公司对船舶进行检验，“涌泉2号”轮船体开裂进水的原因是由于船舶结构缺陷或船舶材质问题所致。

天津海事法院经过审理认为，承运人在开航前和开航时，应当谨慎处理，使船舶处于适航状态，使货舱适于并能安全收受、载运和保管货物。“涌泉2号”轮虽然于2001年12月12日进行了年检，取得适航证书，但青岛双诚船舶技术咨询有限公司验船师在验船时拍摄的照片中显示，该轮货舱锈蚀特别严重，船底K列板上有一条长度约为400mm纵向裂口，痕迹较旧并用木塞塞住。另外被核定抗风能力8级的该轮，在遭遇6级风浪时即造成船体损坏、货舱进水，均证明该轮在开航时，实际上已不适航。被告临海市涌泉航运公司作为上海港至秦皇岛港的区段承运人，没有提供适航的船舶，对由此给原告造成的损失应承担赔偿责任。第一被告秦皇岛市东裕行船务有限公司作为全程承运人，应对全程运输负责，对于原告的损失应于第二被告承担连带赔偿责任。据此，天津海事法院依据我国《海商法》和《合同法》的有关规定判决两被告连带赔偿原告货物损失、残损检验费、货物在石岛港产生的堆存费、装卸费、外国专家来秦皇岛检查设备费用、原告重新定购被损坏设备的运输费用及其保险费，共计人民币261 795.43元。

天津海事法院作出一审判决后原告、被告均未上诉。

（三）承运人的免责事项

承运人的免责事项是指在承运人的责任期间由于特定原因造成货物的灭失或损坏的，承运人可以不负赔偿责任的事项。我国《海商法》第五十一条规定了承运人的免责事项有以下方面：

（1）船长、船员、引航员或者承运人的其他受雇人在驾驶船舶或者管理船舶中的过失。

（2）火灾，但是由于承运人本人的过失所造成的除外。

（3）天灾，海上或者其他可航水域的危险或者意外事故。

（4）战争或者武装冲突。

（5）政府或者主管部门的行为、检疫限制或者司法扣押。

（6）罢工、停工或者劳动受到限制。

（7）在海上救助或者企图救助人命或者财产。

（8）托运人、货物所有人或者他们的代理人的行为。

（9）货物的自然特性或者固有缺陷。

（10）货物包装不良或者标志欠缺、不清。

（11）经谨慎处理仍未发现的船舶潜在缺陷。

（12）非由于承运人或者承运人的受雇人、代理人的过失造成的其他原因。

（四）承运的人赔偿责任限制

1. 赔偿责任限制的计算规则

承运的人赔偿责任限制是指承运人对货物的灭失或者损坏的赔偿限额。一般在计算货物灭失的赔偿额时，按照货物的实际价值计算；货物损坏的赔偿额，按照货物受损前后实际价值的差额或者货物的修复费用计算。货物的实际价值，按照货物装船时的价值加保险费加运费计算。货物实际价值，赔偿时应当减去因货物灭失或者损坏而少付或者免付的有关费用。

2. 赔偿责任限制的计算标准

《海商法》第五十六条规定："承运人对货物的灭失或者损坏的赔偿限额，按照货物件数或者其他货运单位数计算，每件或者每个其他货运单位为 666.67 计算单位，或者按照货物毛重计算，每千克为 2 计算单位，以两者中赔偿限额较高的为准。但是，托运人在货物装运前已经申报其性质和价值，并在提单中载明的，或者承运人与托运人已经另行约定高于本条规定的赔偿限额的除外。"

货物用集装箱、托盘或者类似装运器具集装的，提单中载明装载此类装运器具中的货物件数或者其他货运单位数，视为前款所指的货物件数或者其他货运单位数；未载明的，每一装运器具视为一件或者一个单位。装运器具不属于承运人所有或者非由承运人提供的，装运器具本身应当视为一件或者一个单位。

3. 不适用赔偿责任限制的情况

赔偿责任限制不是任何时候都适用的。不适用的情况有两种：一是有特别约定时。如果托运人在货物装运前已经申报货物的性质和价值，并在提单中载明的，或者承运人与托运人已另行约定高于《海商法》规定的赔偿限额的，则应按提单所载或双方约定的标准进行赔偿。二是承运人丧失责任限制的权利。《海商法》规定，如果货物灭失、损坏或延迟交付是承运人故意或明知可能造成损失而轻率地作为或者不作为造成的，承运人不得援引赔偿责任限制的规定。

三、托运人的责任与权利

（一）托运人的责任

（1）妥善提供货物运输包装。托运人托运货物，应当妥善包装，并向承运人保证货物装船时所提供的货物的品名、标志、包数或者件数、重量或者体积的正确性；由于包装不良或者上述资料不正确，对承运人造成损失的，托运人应当负赔偿责任。

（2）提供货物运输所需各项单证。托运人应当及时向港口、海关、检疫、检验和其他主管机关办理货物运输所需的各项手续，并将已办理各项手续的单证送交承运人；因办理各项手续的有关单证送交不及时、不完备或者不正确，使承运人的利益受到损害的，托运人应当负赔偿责任。

（3）危险货物的特别通知。托运人托运危险货物，应当依照有关海上危险货物运输的规定，妥善包装，作出危险品标志和标签，并将其正式名称和性质以及应当采取的预防危害措施书面通知承运人；托运人未通知或者通知有误的，承运人可以在任何时间、任何地点根据情况需要将货物卸下、销毁或者使之不能为害，而不负赔偿责任。

托运人对承运人因运输此类货物所受到的损害，应当负赔偿责任。

承运人即使知道危险货物的性质并已同意装运的，仍然可以在该项货物对于船舶、人员或者其他货物构成实际危险时，将货物卸下、销毁或者使之不能为害，而不负赔偿责任。

（4）支付运费和其他费用。托运人应当按照约定向承运人支付运费。托运人与承运人可以约定运费由收货人支付；但是，此项约定应当在运输单证中载明。

（5）及时提取货物的义务。《海商法》第八十六条规定：“在卸货港无人提取货物或者收货人迟延、拒绝提取货物的，船长可以将货物卸在仓库或者其他适当场所，由此产生的费用和风险由收货人承担。”

（二）托运人的权利

损害赔偿请求权。当承运人单方面解除货物运输合同，违反适航义务、管理货物义务等，致使托运人或者收货人遭受经济损失的，托运人（或提单持有人）有权请求损害赔偿。

四、提单

提单是承运人在接受或装载货物以后，应托运人的要求，由承运人、船长或承运人的代理人签发的货运单据。

提单是指用以证明海上货物运输合同和货物已经由承运人接收或者装船，以及承运人保证据以交付货物的单证。提单中载明的向记名人交付货物，或者按照指示人的指示交付货物，或者向提单持有人交付货物的条款，构成承运人据以交付货物的保证。

（一）提单的内容

（1）货物的品名、标志、包数或者件数、重量或者体积，以及运输危险货物时对危险性质的说明。

（2）承运人的名称和主营业所。

（3）船舶名称。

（4）托运人的名称。

（5）收货人的名称。

（6）装货港和在装货港接收货物的日期。

（7）卸货港。

（8）多式联运提单增列接收货物地点和交付货物地点。

（9）提单的签发日期、地点和份数。

（10）运费的支付。

（11）承运人或者其代表的签字。

提单缺少前款规定的一项或者几项的，不影响提单的有效性，关键是应具备提单的性质和作用。当然，提单中订入的条款不能有降低承运人责任的内容，否则此类条款将是无效的。

（二）提单的性质

（1）提单是海上货物运输合同的证明。提单是证明海上货物运输合同的一种单据，其本身并不是运输合同。运输合同在货物装船前已经存在，虽然没有经过双方书面订立，因为对于非整船货物的运输，承运人不可能与为数众多的托运人签订运输合同，所以都采用预先制订的条款，并把它印刷在提单背面。由于提单上载明了各项重要条件，所以它实际上起着运输合同的作用。

（2）提单是证明货物由承运人装载的单据。在一般情况下，货物未实际装船而签发的提单是无效的。如果货物装船以前，承运人已应托运人的要求签发了收货待运提单或其他物权凭证，托运人应将收货待运提单或其他物权凭证退还承运人，以换取已装船提单；或者由承运人在收货待运提单或其他物权凭证上加注承运船舶的船名和装船日期，经过加注的收货待运提单或者其他物权凭证被视为已装船提单。

（3）提单是承运人保证凭以交付货物的物权凭证。由于提单代表着提单项下所记载的货物本身，出示提单才能提取货物，所以提单持有人必须凭提单才能向承运人或船长请求交付货物，而船方也必须按提单的记载将货物交给收货人。因此，提单具有物权、债权凭证的性质。提单可以作为一种有价证券在市场上自由流通。托运人可以请承运人对特种货物签发不可以转让提单，即在提单上批注“不可流通”或“不可转让”的字样。

（三）提单的分类

1. 按照提单抬头分类，可分为记名提单、指示提单和不记名提单

提单的抬头就是指提单上填写的收货人栏目，提单由抬头填写的内容不同分为记名提单、指示提单和不记名提单三种。这三种提单都是为了确定什么人在目的港是收货人，以便凭提单向承运人或者船长要求交货。按照《海商法》的规定，无论何种提单，收货人都应出示正本提单才能提货。

（1）记名提单。发货人在提单内指明某一特定的企业单位或某一个特定的人为收货人，除了这个特定的企业单位或者这个特定人以外，他人不得提货。这种提单一般不得转让，没有流通性。

（2）指示提单。根据提单载明的指示人（一般为托运人或银行）交付货物，在提单正面不记载确定的收货人名称。这种提单可以背书后转让他人。指示提单的背书可以采取记名背书转移或空白背书转让，空白背书后的指示提单变成不记名提单，任何持有人都可凭这个空白背书的提单向船长要求提货。

（3）不记名提单。发货人在提单内没有指名收货人，承运人在目的港将货物交付提单持有人。不记名提单到达任何人手中，均可提货或出卖转让。因此提单持有人就是提货人。不记名提单凭单交货，手续虽然简便，但是如果发生遗失或者盗窃情节，以致到了善意地付出代价的第三者手中时，极易引起纠纷。

2. 按货物是否已装船分类，可分为已装船提单和备运提单

（1）已装船提单。已装船提单是指货物装船后由承运人签发给托运人的提单。如果承运人签发了已装船提单，就是确认他已经将货物装在船上。这种提单除载明一般事项外，通常还必须注明装载货物的船舶名称及装船日期。在航运实践中，除集装箱货物运输外，现在大都采用已装船提单。

由于已装船提单可以保证收货人及时收到货物，所以在买卖合同中一般都要求卖方提供已装船提单。在以跟单信用证为付款方式的国际贸易中，更是要求卖方必须提供已装船提单。

（2）备运提单。备运提单又称待运提单。它是承运人在收到托运人交付的货物但还没有装船时应托运人的要求而签发的提单。承运人签发了备运提单，只说明他确认

货物已交给他保管，并存入他所控制的仓库，而不能说明他确实已将货物装到船上。

当货物装上预定船舶后，承运人可以在备运提单正面加注“已装船”字样和装船日期，并签字盖章，从而使之成为已装船提单；同样，托运人也可以用备运提单向承运人换取已装船提单。

【知识拓展】备运提单的应用

备运提单由于存在一定的缺陷，在贸易实践中，买方一般不愿意接受备运提单。但是，随着集装箱运输和多式联运的发展，备运提单的用途不断扩展，这是因为集装箱航运公司或多式联运经营人通常在内陆货运站收货，而不是在装运港收货。所以，承运人只能在此签发备运提单，而不能签发已装船提单。

3. 按提单上有无批注分类，可分为清洁提单和不清洁提单

（1）清洁提单。清洁提单是承运人未加批注的提单。这种提单，由于托运人交付的货物“外表状况良好”，所以承运人在签发提单时，未加任何有关货物减损、外表包装不良或其他影响结汇的批注。使用清洁提单在贸易实践中非常重要。买方要想收到完好无损的货物，首先必须要求卖方在装船时保持货物外观良好，并要求卖方提供清洁提单。《UCP500》第三十四条规定：“清洁运输单据，是指货运单据上并无明显地表明货物及包装有缺陷的附加条文或批注者；银行对有该类附加条文或批注的运输单据，除信用证明确规定可接受外，应当拒绝接受。”可见，在以跟单信用证为付款方式的贸易中，通常卖方只有向银行提交清洁提单才能取得货款。清洁提单是收货人转让提单时必须具备的条件，同时也是履行货物买卖合同规定的交货义务的必要条件。

（2）不清洁提单。不清洁提单又称有批注提单，是指被承运人加有批注的提单。这种提单，承运人因在货物装船时发现并非“外观状况良好”，而加上诸如“包装箱损坏”“渗漏”“破包”“锈蚀”等形容货物的外观状态的批注。但是，并非加上任何批注的提单都属于不清洁提单。如果提单上批注的只是如“重量、数量不详”等内容，则视为“不知条款”，不能视为不清洁提单。

在提单上进行批注，是承运人自我保护的有效措施。在交货时如发现货物损害可以归因于这些批注的事项，可以减轻或免除承运人的责任。另一方面，不清洁提单对于托运人显然不利。买方由于担心包装不良会使货物在运输中受损，所以通常都拒绝接受不清洁提单。在跟单信用证贸易中，银行通常对提交不清洁提单者拒付货款。

4. 按运输方式分类，可分为直达提单、转船提单和多式联运提单

（1）直达提单。直达提单又称直运提单，是指货物自装货港装船后，中途不转船，直接运至卸货港的提单。直达提单上不得有“转船”或“在某港转船”的批注。但是，有时提单条款内虽无“转船”批注，但却列有承运人有权转装他船的所谓“自由转船条款”，这种提单通常也属于直达提单。使用直达提单，货物由同一船舶直运目的港，对买方来说，比中途转船有利得多，它既可以节省费用，减少风险，又可以节省时间，及早到货。因此，通常买方只有在无直达船时才同意转船。在贸易实务中，如信用证规定不准转船，则买方必须取得直达提单才能结汇。

（2）转船提单。转运提单即海上联运提单。是指货物从装货港装船后，在中途转船，交由其他承运人用船舶接运至目的港的提单。通常签发联运提单的联运承运人又

是第一程承运人，但他应对全程运输负责，其他接运承运人则应分别对自己承担的那部分运输负责。在实践中，也有的联运提单规定，联运承运人仅对自己完成的第一程运输负责，并且对于第二程运输期间发生的货损不负连带责任。

（3）多式联运提单。多式联运提单是指多式联运承运人将货物以包括海上运输在内的两种以上运输方式，从一地运至另一地而签发的提单。这种提单通常用于国际集装箱货物运输。

5. 特殊提单

除了上述分类外，经常遇到的还有：倒签提单、预借提单、过期提单、舱面货提单、租船合同项下的提单、运输代理行提单等提单。

（1）倒签提单。倒签提单是指以早于货物实际装船的日期为提单签发日期的提单。通常，提单签发日期应为该批货物全部装船完毕的日期，或者是按照航运惯例的开装日期。但是，有时由于种种原因，不能在合同或信用证规定的装船期内完成装运，而又来不及修改合同及信用证时，为了符合合同或信用证关于装运期限的规定，承运人应托运人的请求，在一定条件下并取得托运人的保函后，才签发这种提单。由于这种作法既不合法又要承担很大的责任风险，所以承运人一般不愿意签发这种提单。

【案例链接】倒签提单案

某年7月，中国丰和贸易公司与美国威克特贸易有限公司签订了一项出口货物的合同，合同中，双方约定货物的装船日期为该年11月，以信用证方式结算货款。合同签订后，中国丰和贸易公司委托我国宏盛海上运输公司运送货物到目的港美国纽约。但是，由于丰和贸易公司没有能够很好地组织货源，直到第二年2月才将货物全部备妥，于第二年2月15日装船。中国丰和贸易公司为了能够如期结汇取得货款，要求宏盛海上运输公司按去年11月的日期签发提单，并凭借提单和其他单据向银行办理了议付手续，收清了全部货款。但是，当货物运抵纽约港时，美国收货人威克特贸易有限公司对装船日期发生了怀疑，威克特公司遂要求查阅航海日志，运输公司的船方被迫交出航海日表。威克特公司在审查航海日志之后，发现了该批货物真正的装船日期是第二年2月15日，比合同约定的装船日期要迟延达三个多月，于是，威克特公司向当地法院起诉，控告我国丰和贸易公司和宏盛海上运输公司串谋伪造提单，进行欺诈，既违背了双方合同约定，也违反法律规定，要求法院扣留该宏盛运输公司的运货船只。可见这是一宗有关倒签提单的案件。收货人一旦有证据证明提单的装船日期是伪造的，就有权拒绝接受单据和拒收货物。收货方不仅可以追究卖方（托运方）的法律责任，还可以追究轮船公司的责任。

（2）预借提单。预借提单是指在货物装船前或装船完毕之前，托运人为了及时结汇而向承运人预先借用的已装船提单。这种提单一般是在信用证规定的装船日期和交单结汇日期即将届满时，应托运人的要求签发的。签发这种提单，比倒签提单具有更大的责任风险。承运人一般不愿签发预借提单，即使签发也必须要求托运人出具保函并同意承担一切责任。

（3）过期提单。过期提单包括两种情形。一种过期提单是指由于航线较短或银行单据流转速度太慢，以至于提单晚于货物到达目的港，收货人提货受阻；另一种过期提单则是由于出口商在取得提单后未能及时到银行议付形成过期提单。

对前一种情况，有的地方在试着采用非转让的海运单或应用电子提单来替代目前的提单，以加快货物的流转。但由于海运单无法流通，影响了货物的再出售。对后一种情况，《UCP500》第四十三条规定："除规定一个交单到期日外，凡要求提交运输单据的信用证，还须规定一个在装运日后按信用证规定必须交单的特定期限。如未规定该期限，银行将不予接受迟于装运日期后 21 天提交的单据。但无论如何，提交单据不得迟于信用证的到期日…… "。

（4）舱面货提单。舱面货提单又称甲板货提单，是指承运人对装于船舶甲板上的货物所签发的提单。承运人通常要在这种提单上打印或书写"舱面上"字样，以表明提单所列货物装在舱面上的事实。在贸易实践中，有些体积特别庞大的货物以及某些有毒货物和危险物品不宜装于舱内，只能装在船舶舱面上。在这种情况下，托运人接受的是舱面货提单。

《海牙规则》和我国的《海商法》均规定，舱面货不包括在承运人负责的"货物"范围内，承运人对其在海上运输中发生的任何性质的灭失或损坏不负责任。舱面货不仅遭受损害的可能性较大，而且还不能在发生共同海损时得到分摊，所以对托运人的保障较差。为了减少风险，买方一般不愿意把普通货物装在舱面上，有时甚至在合同和信用证中明确规定，不接受舱面货提单。银行为了维护开证人的利益，对这种提单一般也予拒绝。

（5）租船合同项下的提单。这是指承运人根据租船合同签发的提单。租船提单注明"一切条款、条件和免责事项按照某年某月的租船合同"。以前认为该种提单受租船合同的约束，不是独立的文件，所以除非信用证另有规定，银行不接受注明并入租船合同的提单。《UCP500》第二十五条对此规定："如果信用证要求或允许提交租船合同项下的提单，除非信用证另有规定，银行将接受……含有受租船合同约束的任何批注……"的单据。同时规定，"……即使信用证要求提交与租船合同项下提单有关的租船合同，银行对该租船合同不予审核，但将予以照转而不承担责任。"

租船合同项下的提单是根据船舶的经营性质分类的提法，与之对应的是班轮提单。班轮提单是指经营班轮运输的船公司或其代理人签发的提单。班轮提单上列有详细的条款，其中背面条款是承运人与托运人权利义务划分的依据。

（6）运输代理行提单。其是指由运输代理人签发的提单。运输代理行提单一般只是运输代理人收到货物的收据，不可转让，也不能作为向承运人提货的凭证，所以除非信用证另有规定，银行通常不接受这种提单。

6. 货物的交付与留置

（1）货物的交付与异议。《海商法》第八十一条规定："承运人向收货人交付货物时，收货人未将货物灭失或者损坏的情况书面通知承运人的，此项交付视为承运人已经按照运输单证的记载交付货物以及货物状况良好的初步证据。货物灭失或者损坏的情况非显而易见的，在货物交付的次日起连续 7 日内，集装箱货物交付的次日起连续 15 日内，收货人未提交书面通知的，也视为承运人已将货物按提单的记载交付。货物交付时，收货人已经会同承运人对货物进行联合检查或者检验的，无需就所查明的灭失或者损坏的情况提交书面通知。"

《海商法》第八十二条规定："承运人自向收货人交付货物的次日起 60 日内，未收到收货人就货物因迟延交付造成经济损失而提交的书面通知的，可以不负赔偿责任。”

（2）货物的留置与拍卖。在卸货港无人提取货物或者收货人迟延、拒绝提取货物的，船长可以将货物卸在仓库或者其他适当场所，由此产生的费用和风险由收货人承担。托运人应当向承运人支付的各种费用没有付清，又没有提供适当担保的，承运人可以在合理限度内留置其货物。留置的货物，自船舶抵达卸货港的次日起满 60 日无人提取的，承运人可以申请法院裁定拍卖。拍卖所得价款，用于清偿保管、拍卖货物的费用以及运费和应当向承运人支付的其他有关费用；不足的金额，承运人有权向托运人追偿；剩余的金额，退还托运人；无法退还或自拍卖之日起满 1 年无人领取的，上缴国库。

第五节　航空货物运输法

航空货物运输所适用的国内法律法规主要有《中华人民共和国民用航空法》（以下简称《航空法》）和《中国民用航空货物国际运输规则》；国际航空货物运输适用的国际公约主要有:《统一国际航空运输某些规则的公约》（即《华沙公约》）、《海牙议定书》和《瓜达拉哈拉公约》等。

我国 1996 年 3 月 1 日起实施的《中华人民共和国民用航空法》（以下简称《航空法》），涉及航空货物运输的内容主要集中在第九章公共航空运输中。自 2000 年 8 月 1 日起施行的《中国民用航空货物国际运输规则》也成为规范国内航空货运和国际航空货运的重要法规规范。本节主要介绍这两部法律规范关于航空货物运输相关规定。

一、航空货物运输合同

（一）航空货物运输合同的含义

航空货物运输合同是指航空承运人与托运人签订，由航空承运人通过空运方式将货物运至托运人指定的航空港，交付给托运人指定的收货人，由托运人支付运费的合同。

航空运输合同各方认为几个连续的航空运输承运人办理的运输是一项单一业务活动的，无论其形式是以一个合同订立或者数个合同订立，应当视为一项不可分割的运输，包括国内航空运输和国际航空运输。

（二）航空货运单

航空货运单简称空运单，是航空货运中的重要单证。航空承运人有权要求托运人填写，托运人也有权要求承运人接受空运单。托运人未能出示空运单、空运单不符合规定或者空运单遗失，不影响运输合同的存在或者有效。

托运人应当填写航空货运单正本一式三份，连同货物交给承运人。航空货运单第一份注明“交承运人”，由托运人签字、盖章；第二份注明“交收货人”，由托运人和承运人签字、盖章；第三份由承运人在接受货物后签字、盖章，交给托运人。

承运人根据托运人的请求填写航空货运单的，在没有相反证据的情况下，应当视为代托运人填写。

“航空货运单”，是航空货物运输合同订立和运输条件以及承运人接受货物的初步证据。空运单上关于货物的重量、尺寸、包装和包装件数的说明具有初步证据的效力。除经过承运人和托运人当面查对并在航空货运单上注明经过查对或者书写关于货物的外表情况的说明外，空运单上关于货物的数量、体积和情况的说明不能构成不利于承运人的证据。

二、航空货物运输合同双方的权利义务

（一）承运人的权利和义务

（1）保证货物及时运达。承运人要按照航空货运单上填明的地点，在约定的期限内将货物运抵目的地。在运输过程中，应按照合理或经济的原则选择运输路线，避免货物的迂回运输。在航空运输中因延误造成的损失，承运人应当承担责任；但是，承运人证明本人或者其受雇人、代理人为了避免损失的发生，已经采取一切必要措施或者不可能采取此种措施的，不承担责任。

（2）保证货物安全运达。对承运的货物应当精心组织装卸作业，轻拿轻放，严格按照货物包装上的储运指示标志作业，防止货物损坏。

（3）收取运费，向收货人交付货物。托运人或者收货人未支付运费和其他费用的，承运人可以依法留置货物，并催付有关的运费和其他费用。托运人或者收货人未在规定的期限内支付运费和其他费用的，承运人可按照有关规定处置货物，并事先通知货运单上载明的托运人或者收货人。

（二）托运人的权利和义务

（1）提供合同约定的货物。

（2）如实申报。托运人应当对航空货运单上所填关于货物的说明和声明的正确性负责。对航空货运单上所填的货物的品名、重量和数量及其他说明和声明不符合规定、不正确或者不完全，给承运人或者承运人对之负责的其他人造成损失的，托运人应当承担赔偿责任。

（3）按照国家主管部门规定的包装标准包装货物。如果没有上述包装标准，则应按照货物的性质和承载飞机的条件，根据保证运输安全的原则，对货物进行包装。如果不符合上述包装要求，承运人有权拒绝承运。托运人还必须在托运的货件上标明出发站、到达站和托运人、收货人的单位、姓名和地址，并按照国家规定标明包装储运指示标志。

（4）妥善托运危险货物。要遵守国家有关货运安全的规定托运，按国家关于危险货物的规定对其进行包装。不得以普通货物的名义托运危险货物，也不得在普通货物中夹带危险品。

（5）及时支付运费、受领货物。除非托运人与承运人有不同约定，运费应当在承运人开具航空货运单时一次付清。货物到达目的地，收货人履行空运单上所列运输条件后，有权要求承运人移交空运单并交付货物。除另有约定外，承运人应当在货物到达后立即通知收货人。

承运人承认货物已经遗失，或者货物在应当到达之日起七日后仍未到达的，收货人有权向承运人行使航空货物运输合同所赋予的权利。

（6）变更运输。托运人在履行航空货物运输合同规定的义务的条件下，有权在出发地机场或者目的地机场将货物提回，或者在途中经停时中止运输，或者在目的地机

场；但是，托运人不得因行使此种权利而使承运人或者其他托运人遭受损失，并应当偿付由此产生的费用。托运人的指示不能执行的，承运人应当立即通知托运人。

（7）托运人应当提供必需的资料和文件，以便在货物交付收货人前完成法律、行政法规规定的有关手续。

（三）承运人的责任

（1）责任期间：航空承运人的责任期间即航空运输期间，是指在机场内、民用航空器上或者机场外降落的任何地点，货物处承运人掌管下的全部期间。

航空运输期间，不包括机场外的任何陆路运输、海上运输、内河运输过程；但是，此种陆路运输、海上运输、内河运输是为了履行航空运输合同而装载、交付或者转运，在没有相反证据的情况下，所发生的损失视为在航空运输期间发生的损失。

（2）责任与免责。因发生在航空运输期间的事件，造成货物毁灭、遗失或者损坏的，承运人应当承担责任；但是，承运人证明货物的毁灭、遗失或者损坏完全是由于下列原因之一造成的，不承担责任：

一是货物本身的自然属性、质量或者缺陷。

二是承运人或者其受雇人、代理人以外的人包装货物的，货物包装不良。

三是战争或者武装冲突。

四是政府有关部门实施的与货物入境、出境或者过境有关的行为。

货物在航空运输中因延误造成的损失，承运人应当承担责任；但是，承运人证明本人或者其受雇人、代理人为了避免损失的发生，已经采取一切必要措施或者不可能采取此种措施的，不承担责任。

在货物运输中，经承运人证明，损失是由索赔人或者代行权利人的过错造成或者促成的，应当根据造成或者促成此种损失的过错的程度，相应免除或者减轻承运人的责任。

（3）责任限制。《国内航空运输承运人赔偿责任限额规定》（2006）第三条规定，承运人对旅客托运的行李和对运输的货物的赔偿责任限额为每千克人民币 100 元。国际航空运输承运人的赔偿责任限额为每千克 17 计算单位。

在航空货物运输中，托运人在交运托运货物时，特别声明在目的地点交付时的利益，并在必要时支付声明价值附加费的，除非承运人能证明托运人声明的金额高于托运货物在目的地点交付时的实际利益，否则承运人应当在声明金额范围内承担责任。

任何旨在免除《航空法》规定的承运人责任或降低《航空法》规定的赔偿责任限额的条款，均属无效；但是，此种条款的无效，不影响整个航空运输合同的效力。

【案例讨论】2004 年 9 月 4 日，托运人张某将旧手机配件一批交到被上诉人广州市某航空服务公司南方分公司处托运，该公司的工作人员应上诉人的要求在《航空货运单》上填写有关内容，订明：始发站广州，目的站济南，收货人夏亮，计费重量 9kg，货物品名为配件，付款总额为 100 元（包括航空运费 56 元、地面运费 10 元、其他费用 25 元、保险费 8 元）。在该货运单上托运人未填写“运输声明价值”和“运输保险价值”。运输过程中，托运的货物发生了破损，其中损坏的旧手机配件、翻新手机配件共 74 台（套）。托运人与承运人对赔偿数额协商未果，托运人张某遂诉至法院。

经法院审理认为：承运人与托运人订立航空货运单，是《中华人民共和国民用航空法》第一百三十七条第一款规定的缔约承运人，托运人与承运人因航空货运合同关系产生的纠纷应适用该法律进行调整。广州市某航空服务公司南方分公司作为缔约承运人应当对合同约定的全部运输负责。根据民航总局制定的《中国民用航空国内货物运输规则》第四十五条规定：货物没有办理声明价值的，承运人按照实际损失的价值进行赔偿，但赔偿最高限额为毛重每千克人民币 20 元。(2006 年 6 月赔偿最高限额为毛重每千克人民币 100 元。)

法院依照《合同法》第三百一十二条、《航空法》第一百二十八条第一款、第一百三十八条、《中国民用航空货物国内运输规则》第四十五条的规定，判决如下：

一、广州市某航空服务有限公司、广州市某航空服务公司南方分公司在判决发生法律效力之日起 3 日内赔偿张某损失 2 180 元（其中，包括货物损失 180 元，保险费 8 元和赔偿损失 2 000 元）。

二、广州市某航空服务有限公司、广州市某航空服务公司南方分公司在判决发生法律效力之日起 3 日内退还张某费用 100 元。

问：你认为该判决适用赔偿最高限额是否合理？为什么？

（4）责任限制权利的丧失

经证明，航空运输中的损失是由于承运人或者其受雇人、代理人的故意或者明知可能造成损失而轻率地作为或者不作为造成的，承运人无权援用有关赔偿责任限制的规定。同样，承运人的受雇人、代理人也不能引用赔偿责任限制规定。

4. 航空运输索赔与诉讼

（1）航空运输索赔时效

《航空法》第一百三十四条规定：“托运货物发生损失的，收货人应当在发现损失后向承运人提出异议，至迟应当自收到货物之日起 14 日内提出。托运货物发生延误的，至迟应当自货物交付收货人处置之日起 21 日内提出。任何异议均应当在上述规定的期间内并写在运输凭证上或者另以书面形式提出。除非承运人有欺诈行为，否则收货人未在规定的期间内提出异议的，就不能向承运人提出索赔诉讼。”

（2）诉讼时效的规定

《航空法》第一百三十五条规定：“航空运输的诉讼时效期间为两年，自民用航空器到达目的地、应当到达目的地或者运输终止之日起计算。”

（3）索赔与诉讼的对象

由几个航空承运人办理的连续运输，接受货物的每一个承运人都应受《航空法》规定的约束，并就其根据合同办理的运输区段作为运输合同的订约一方。

针对货物的灭失、损坏或者延误，托运人有权对第一承运人提起诉讼，收货人有权对最后承运人提起诉讼，托运人、收货人均可以对发生灭失、损坏或者延误的运输区段的承运人提起诉讼。上述承运人应当对托运人或者收货人承担连带责任。

某一项运输，同时存在缔约承运人和实际承运人的情况与连续运输的情况不同。缔约承运人应对合同约定的全部运输负责，实际承运人只对其履行的运输负责。对于实际承运人履行运输过程中出现的问题，托运人或收货人既可以向实际承运人，也可以向缔约承运人，还可以同时对实际承运人和缔约承运人提出索赔与诉讼。

第六节　货物多式联运法规

一、货物多式联运法规

（一）货物多式联运法规

货物多式联运，是指按照多式联运合同以至少两种不同的运输方式，由多式联运经营人将货物从接管货物的地点运至指定交付货物地点的活动。货物多式联运涉及国内多式联运和国际多式联运。多式联运的方式运送货物可以缩短运输时间，保证货运质量，节省运输费用，实现真正的运输合理化。

我国《海商法》和《合同法》对货物多式联运的相关事项都作了规定。1997 年交通部和铁道部还联合颁布了《国际集装箱多式联运管理规则》，专门对集装箱多式联运的有关问题作出了规定。关于国际货物多式联运的国际公约主要有《联合国国际货物多式联运公约》和《联合国国际贸易和发展会议/国际商会多式联运单证规则》等。

（二）货物多式联运经营人的义务

货物多式联运合同是指多式联运经营人与托运人签订的，由多式联运经营人以两种或者两种以上的运输方式将货物从接管地运至交付地，并收取全程运费的合同。货物多式联运经营人的义务主要来源于运输合同的约定和相关法规的规定。多式联运经营人的主要义务为：

（1）及时提供适合装载货物的运输工具。

（2）按照规定的运达期间，及时将货物运至目的地。

（3）在货物运输的责任期间内安全运输。

（4）在托运人或收货人按约定缴付了各项费用后，向收货人交付货物。

（三）货物多式联运经营人的货运责任

1. 责任期间

多式联运经营人对货物的责任期间，自其接管货物之时起到交付货物时为止。货物被视为在多式联运经营人掌管之下的期间包括：自多式联运经营人从发货人或其代理人，或者根据接管货物地点适用的法律或规章，货物必须交付运输的当局或其他第三方接管货物之时起至将货物交给收货人，或者按照多式联运合同或按照交货地点适用的法律或特定行业惯例，将货物置于收货人支配之下，或者根据交货地点适用的法律或规章，将货物交给必须向其交付的当局或其他第三方时为止。

在多式联运经营人的责任期间发生的货物灭失、损坏和迟延交付，多式联运经营人应负赔偿责任。《合同法》第三百一十八条规定："多式联运经营人可以与参加多式联运的各区段承运人就多式联运合同的各区段运输约定相互之间的责任，但该约定不影响多式联运经营人对全程运输承担的责任。"

2. 责任制类型

多式联运责任制类型有责任分担制、统一责任制和网状责任制等。目前，国际上大多采用的是网状责任制。

（1）责任分担制。在这种责任制下，多式联运经营人和各区段承运人在合同中事先划分运输区段。多式联运经营人和各区段承运人都仅对自己完成的运输区段负责，并按各区段所应适用的法律来确定各区段承运人的责任。这种责任制实际上是单一运输方式损害赔偿责任制度的简单叠加，并没有真正发挥多式联运的优越性，不适应多式联运的要求，故目前很少采用。

（2）统一责任制。在这种责任制下，多式联运经营人对全程运输负责，各区段承运人对且仅对自己完成的运输区段负责。它是不论损害发生在哪一区段，均按照同一责任进行赔偿的一种制度，多式联运经营人和各区段承运人均承担相同的赔偿责任。这种责任制有利于货方，但对多式联运经营人来说责任负担则较重，目前，世界上对这种责任制的应用并不广泛。

（3）网状责任制。在这种责任制下，由多式联运经营人就全程运输向货主负责，各区段承运人对且仅对自己完成的运输区段负责。无论货物损害发生在哪个运输区段，托运人或收货人既可以向多式联运经营人索赔，也可以向该区段的区段承运人索赔。但是，各区段适用的责任原则和赔偿方法仍根据调整该区段的法律予以确定。多式联运经营人赔偿后有权就各区段承运人的过失所造成的损失向区段承运人进行追偿。网状责任制是介于统一责任制和责任分担制之间的一种制度，故又称为混合责任制。目前，国际上大多采用的是网状责任制。

我国的法律法规在多式联运经营人的责任形式方面一致采用了网状责任制。《海商法》规定，多式联运经营人负责履行或者组织履行多式联运合同，并对全程运输负责。多式联运经营人与参加多式联运的各区段承运人，可以就多式联运合同的各区段运输，另以合同约定相互之间的责任。但是，此项合同不得影响多式联运经营人对全程运输所承担的责任。货物的灭失或者损坏发生于多式联运的某一运输区段的，多式联运经营人的赔偿责任和责任限额，适用调整该区段运输方式的有关法律法规；货物的灭失或者损坏发生的运输区段不能确定的，多式联运经营人应当依照《海商法》第四章有关承运人赔偿责任和责任限额的规定负赔偿责任。

二、我国《国际集装箱多式联运管理规则》规定

国际多式联运基本上都是国际集装箱多式联运。为了加强国际集装箱多式联运的管理，促进通畅、经济、高效的国际集装箱多式联运的发展，满足对外贸易发展的需要，我国于 1997 年制定并施行了我国《国际集装箱多式联运管理规则》。本规则的主要内容包括：

（一）托运人责任

（1）托运人将货物交给多式联运经营人，所提供货物的名称、种类、包装、件数、重量、尺寸、标志等应准确无误，如系特殊货物还应说明其性质和注意事项。

（2）由于下列原因所致造成货物灭失、损坏或对多式联运经营人造成损失，托运人应自行负责或承担赔偿责任：①箱体、封志完好，货物由托运人装箱、计数、施封或货物装载于托运人的自备箱内；②货物品质不良或外包装完好而内装货物短损、变质；③运输标志不清，包装不良。

（3）由于托运人的过失和疏忽对多式联运经营人或第三方造成损失，即使托运人已将多式联运单据转让，仍应承担赔偿责任。多式联运经营人取得这种赔偿权利，不影响其根据多式联运合同对托运人以外的任何人应负的赔偿责任。

【案例讨论】 我某出口公司按CPT条件、凭不可撤销即期信用证以集装箱出口成衣350箱，装运条件是CY BY CY。货物交运后，我出口方取得清洁已装船提单，提单上标明："Shippers load and count"。在信用证规定的有效期内，我出口方及时办理了议付结汇手续。20天后，接进口方来函称：经有关船方、海关、保险公司、公证行会同对到货开箱检验，发现其中有20箱包装严重破损，每箱均有短少，共缺成衣512件。各有关方均证明集装箱完好无损。为此，进口方要求我出口方赔偿短缺的损失，并承担全部检验费2 500美元。

进口方的要求是否合理？为什么？

（4）托运人托运危险货物，应当依照该种货物运输的有关规定执行，并妥善包装、粘贴或拴挂危险货物标志和标签，将其正式名称和性质以及应采取的安全防护措施书面通知多式联运经营人；由于未通知或通知有误的，多式联运经营人可以根据情况将货物卸下、销毁或者采取相应的处理手段，而不负赔偿责任。托运人对多式联运经营人因运输该种货物所受到的损失，应当负赔偿责任。

多式联运经营人知道危险货物的性质并已同意装运的，在发现该种货物对于运输工具、人员或者其他货物构成实际危险时，仍然可将货物卸下、销毁或者使之不能发生危害。多式联运经营人的责任适用于所发生区段的有关法律法规。

（二）多式联运经营人的责任

（1）多式联运经营人签发多式联运单据后，即表明多式联运经营人已收到货物，对货物承担多式联运责任，并按多式联运单据载明的交接方式，办理交接手续。

（2）多式联运经营人对货物的责任期间自接收货物时起至交付货物时止。接收是指货物已交给多式联运经营人运送，并由其接管。交付是指按多式联运合同将货物交给收货人或根据交付地适用的法律或贸易作法将货物置于收货人的支配下或必须交给的当局、第三方。

（3）多式联运经营人在接收货物时已知道或有合理的根据怀疑托运人陈述或多式联运单据上所列货物内容与实际接收货物的状况不符，但无适当方法进行核对时，多式联运经营人有权在多式联运单据上作出保留、注明不符之处、怀疑的根据或无适当核对方法的说明。

多式联运经营人未在多式联运单据上对货物或集装箱的外表状况加以批注，则应视为他已收到外表状况良好的货物或集装箱。

（4）除依照规定作出保留外，多式联运经营人签发的多式联运单据是多式联运经营人已经按照多式联运单据所载状况收到货物的初步证据。

（5）多式联运经营人有义务按多式联运单据中收货人的地址通知收货人货物已抵达目的地。

（6）收货人按多式联运单据载明的交接方式接收货物，在提货单证上签收。多式联运经营人收回正本多式联运单据后，多式联运经营人责任即告终止。

（7）货物的灭失、损坏或延迟交付发生在多式联运经营人责任期间内，多式联运经营人应依法承担赔偿责任。

货物在明确约定的交货日期届满后，连续60日仍未交付，收货人则可认为该批货物已灭失。货物的灭失、损坏或延迟交付发生于多式联运的某一区段的，多式联运经营人的赔偿责任和责任限额适用该运输区段的有关法律法规。

货物的灭失、损坏不能确定所发生的区段时，多式联运经营人承担赔偿责任的赔偿责任限制为：多式联运全程中包括海运的适用于《海商法》，多式联运全程中不包括海运的适用于有关法律法规的规定。

（8）货物的延迟交付不能确定所发生的区段时，多式联运经营人对延迟交付承担赔偿责任限制，在多式联运全程中包括海运段的，以不超过多式联运合同计收的运费数额为限。

货物的灭失或损坏和延迟交付同时发生的，多式联运经营人的赔偿责任限额按货物的灭失或损坏处理。

（9）因货物灭失、损坏或延迟交付造成损失而对多式联运经营人提起的任何诉讼，不论这种诉讼是根据合同还是侵权行为或其他理由提起的，均适用第七条、第八条规定的赔偿责任限制。

（10）由于货物灭失、损坏或延迟交付造成损失而对多式联运经营人的受雇人提起诉讼，该受雇人如能证明其是在受雇范围内行事，则该受雇人有权援用多式联运经营人的辩护理由和赔偿责任限制。

（11）如能证明货物的灭失、损坏或延迟交付是多式联运经营人有意造成或明知有可能造成而毫不在意的行为或不行为所致，多式联运经营人则无权享受第七条和第八条所规定的赔偿责任限制。

（12）多式联运经营人可以与有关各方签订协议，具体商定相互之间的责任、权利和义务及有关业务安排等事项，但不得影响多式联运经营人对多式联运全程运输承担的责任，法律法规另有规定者除外。

（三）诉讼时效

（1）多式联运全程包括海运段的，对多式联运经营人诉讼时效期间为 1 年。多式联运全程未包括海运段的，按民法通则的规定，对多式联运经营人的诉讼时效时间为 2 年。

（2）时效时间从多式联运经营人交付或应当交付货物的次日起计算。

（3）诉讼时效的规定不妨碍索赔人在能确定货物发生灭失、损坏区段时，根据该区段法规所规定的有权提起的诉讼时效。

（4）多式联运经营人对第三人提起追偿要求的时效期限为 90 日，自追偿的请求人解决原赔偿请求之日起或者收到受理对其本人提起诉讼之日起计算。

三、《联合国国际货物多式联运公约》

《联合国国际货物多式联运公约》，又称为《东京规则》，于 1980 年 5 月 24 日在联合国贸易与发展会议上获得通过。我国是该公约的缔约国。公约的主要内容有：

（一）关于公约的适用范围与管理

公约的各项规定适用于两国境内各地之间的所有多式联运合同，但多式联运合同规定的多式联运经营人接管货物或交付货物的地点必须位于缔约国境内，并规定公约不得影响任何有关运输业务管理的国际公约或国家法律的适用，或与之相抵触。同时，公约不得影响各缔约国在国家一级对管理多式联运业务和多式联运经营人的权利，包括就下列事项采取措施的权利：多式联运经营人、托运人、托运人组织以及各国主管当局之间就运输条件进行协商，特别是在引用新技术开始新的运输业务之前进行协商；颁发多式联运经营人的许可证；参加运输；为了本国的经济和商业利益而采取一切其他措施。公约还明确规定，多式联运经营人除了应遵守本公约的规定外，还应遵守其业务所在国的法律。

（二）关于多式联运经营人的责任

1. 多式联运经营人的责任期间

公约规定多式联运经营人的责任期间自接管货物之日时起到交付货物为止。

2. 多式联运经营人的赔偿责任原则

公约实行完全推定过错责任原则，多式联运经营人对于在责任期间所发生的货物灭失、损坏或延迟交付引起的损失应负赔偿责任，包括他的受雇人、代理人或为履行多式联运合同而使用其服务的任何其他人。除非多式联运经营人证明其本人、受雇人或代理人为避免事故的发生及其后果已采取一切所能合理要求的措施。否则，便推定损坏是由于其本人、受雇人或代理人的过错行为所致，并由其负赔偿责任。

3. 多式联运经营人的赔偿责任限制

多式联运经营人对货物的灭失或损坏造成的损失负赔偿责任，按灭失或损坏的货物的每包或其他货运单位计不得超过 920 特别提款权（SDR），或按毛重每千克计不得超过 2. 75 特别提款权，以较高者为准。

（1）如果货物是用集装箱、货盘或类似的装运工具集装，经多式联运单据列明装在这种装运工具中的包数或货运单位数应视为计算限额的包数或货运单位数。否则，这种装运工具中的货物应视为一个货运单位。

（2）如果装运工具本身灭失或损坏，而该装运工具并非为多式联运经营人所有或提供，则应视为一个单独的货运单位。

（3）多式联运合同如果不包括海上或内河运输，则多式联运经营人的赔偿责任按灭失或损坏货物毛重每千克计不得超过 8. 33 特别提款权。

（4）延迟交付货物造成损失所负的赔偿责任限额为该货物应付运费的 2. 5 倍，但不得超过多式联运合同规定的应付运费的总额。

（5）多式联运经营人赔偿责任的总和（同时发生货损和延迟交付）不得超过按货物全部灭失所计算的赔偿责任限额。

（6）如果多式联运经营人和发货人之间订有协议，则多式联运单据中可规定超过上述各款规定的赔偿限额。

（7）如果货物的灭失或损坏发生于多式联运的某一特定阶段，而对这一阶段适用的一项国际公约或强制性国家法律规定的赔偿限额高于上述各款所得出的赔偿限额，则应按照该公约或强制性国家法律予以确定赔偿限额。

4. 多式联运经营人赔偿责任限制权利的丧失

如经证明，货物的灭失、损坏或延迟交付是由于多式联运经营人或其代理人、受雇人有意造成或明知可能造成而毫不在意的行为或不行为所引起，则多式联运经营人丧失享受本公约所规定的赔偿责任限制的权利。

（三）关于发货人的义务与责任

发货人是指其本人或以其名义或其代表同多式联运经营人订立多式联运合同的任

何人，或指其本人或以其名义或其代表按照多式联运合同将货物实际交给多式联运经营人的任何人。

（1）发货人应保证在多式联运单据中所提供的货物品类、标志、件数、重量和数量，如属危险货物，其危险性等事项，概述准确无误。

（2）发货人必须赔偿多式联运经营人因前款所指各事项的不准确或不当而造成的损失。即使发货人已将多式联运单据转让，仍须负赔偿责任。

（3）由于发货人的过失或疏忽或者发货人的受雇人或代理人在其受雇范围内行事时的过失或疏忽造成货物损害，发货人应负赔偿责任。

（4）发货人应以合适的方式在危险货物上标明危险标志或标签。发货人将危险货物交给多式联运经营人或其任何代表时，应告知货物的危险特性，必要时并告知应采取的预防措施。否则，发货人对多式联运经营人由于载运这类货物而遭受的一切损失应负赔偿责任。如果未经发货人告知而多式联运经营人又无从得知货物的危险特性，多式联运经营人视情况需要，可随时将货物卸下、销毁或使其无害而无须给予赔偿。

（四）关于收货人的义务与责任

收货人是指有权提取货物的人。公约规定，货物运到合同规定的交货地点后，收货人应及时提取货物。如果收货人不向多式联运经营人提取货物，则按照多式联运合同或按照交货地点适用的法律或特定行业惯例，多式联运经营人可以将货物置于收货人支配之下；或者将货物交给根据交货地点适用的法律或规章必须向其交付的当局或者第三方，这时，多式联运经营人即已履行其交货义务。

（五）关于多式联运单据

1. 公约对多式联运单据的内容及填写作了规定

如果多式联运经营人或其代表知道或有合理的根据怀疑多式联运单据所列货物的品类、主要标志、包数或件数、重量或数量等事项没有准确地表明实际接管货物的状况，或无适当方法进行核对，则该多式联运经营人或其代表应在多式联运单据上作出保留，注明不符之处、怀疑的根据或无适当核对方法。如果多式联运经营人或其代表未在多式联运单据上对货物的外表状况加以批注，则应视为该单据注明货物的外表状况良好。

【知识拓展】集装箱跌落海中，清洁提单下船方可以免责

清洁提单所载明的货物，在港口惯例中是不允许在甲板上积载货物的。换言之，对于出具清洁提单，货方可以认为，船方就等于宣布将货物装入舱内；如果由于并未装入舱内而造成了损失，船方是应对其损失负责的。但是，在提单没有载明集装箱可以装在甲板上的条件下，港口习惯与航贸习惯是允许在甲板上装载集装箱的。船货双方对专用集装箱船甲板上可以装载集装箱一事是熟知的，也视为舱内货。这种作法无需在提单上特别注明的，除提单另有规定者外，不得作为违规处理，集装箱跌落入海所造成的损失，船方可以免责。

2. 公约对多式联运单据的签发作了规定

（1）多式联运经营人接管货物时，应签发一项多式联运单据，该单据应发货人的选择或为可转让单据或为不可转让单据。

（2）多式联运单据应由多式联运经营人或经他授权的人签字。

（3）多式联运单据上的签字如不违背签发多式联运单据所在国的法律，可以是手签、手签笔迹的复印、盖章、符号或用任何其他机械或电子仪器打出。

（4）多式联运单据以可转让的方式签发时，应列明按指示或向持票人交付；如列明按指示交付，须经背书后转让；如列明向持票人交付，无须背书即可转让；如签发一套一份以上的正本，应注明正本份数；如签发任何副本，每份副本均应注明“不可转让副本”字样。

只有交出可转让多式联运单据，并在必要时经正式背书，才能向多式联运经营人或其代表提取货物。

如签发一套一份以上的可转让多式联运单据正本，而多式联运经营人或其代表已在当地按照其中一份正本交货，该多式联运经营人便已履行其交货责任。

（5）多式联运单据以不可转让的方式签发时，应指明记名的收货人。多式联运经营人将货物交给此种不可转让的多式联运单据所指明的记名收货人或经收货人通常以书面正式指定的其他人后，该多式联运经营人即已履行其交货责任。

3. 多式联运单据的证据效力

除对单据准许保留的事项作出保留的部分之外，多式联运单据应是该单据所载明的货物由多式联运经营人接管的初步证据；如果多式联运单据以可转让方式签发，而且已转让给正当地信赖该单据所载明的货物状况的，包括收货人在内的第三方，则多式联运经营人提出的反证不予接受。如果多式联运经营人意图诈骗，在多式联运单据上列入有关货物的不实资料，或漏列按规定应载明的任何资料，则该联运人不得享有本公约规定的赔偿责任限制，而须负责赔偿包括收货人在内的第三方因信赖该多式联运单据所载明的货物状况行事而遭受的任何损失、损坏或费用。

（六）关于索赔与诉讼

1. 灭失、损坏或延迟交货的通知

（1）如果货物存在着明显的灭失或损坏，收货人应不迟于在货物交给他的次一工作日，将说明此种灭失或损坏的一般性质的书面通知送交多式联运经营人。如果货物灭失或损坏不明显，收货人应在收到货物之日后连续 6 日内提出书面通知。在上述规定时间内若未提出书面通知，则此种货物的交付即为多式联运经营人交付多式联运单据所载明的货物的初步证据。

（2）如果货物的状况在交付收货人时已经当事各方或其授权在交货地的代表进行了联合调查或检验，则无须就调查或检验所证实的灭失或损坏送交书面通知。

（3）对延迟交货造成损失的索赔，收货人必须在收到货后连续 60 日内向多式联运经营人送交书面通知，否则多式联运经营人对延迟交货所造成的损失无须给予赔偿。

2. 诉讼时效

（1）根据本公约有关国际多式联运的任何诉讼，如果在 2 年期间内没有提起诉讼或交付仲裁，即失去时效。但是，如果在货物交付之日或应当交付之日后 6 个月内，没有提出书面索赔通知，说明索赔的性质和主要事项，则此期限届满后即失去诉讼时效。

（2）时效期间自多式联运经营人交付货物或部分货物之日的次一日起算，如货物未交付，则自货物应当交付的最后一日的次一日起算。

（3）被索赔方可在时效期间内随时向索赔人提出书面声明，延长时效期间。此种期间可用另一次声明或多次声明再度延长。

（4）除非一项适用的国际公约另有相反规定，根据本公约负有赔偿责任的人即使在上述各款规定的时效期间届满后，仍可在起诉地国家法律所许可的限期内提起诉讼，要求追偿，而此项所许可的限期，自提起此项追偿诉讼的人已清偿索赔要求或接到对其本人的诉讼传票之日起算，不得少于90日。

3. 关于仲裁

公约规定，合同双方可以达成书面协议，将争议提交仲裁。申述方有权选择仲裁地点，但应在有管辖权的法院所在国提交仲裁。

（七）关于管辖权

公约规定，原告有权选择有管辖权的法院提起诉讼，并规定下列地点所在国有管辖权：

（1）被告主要营业所或者被告的经常居所。

（2）订立多式联运合同的地点，而且合同是通过被告在该地的营业所、分支或代理机构订立。

（3）货物接管地或交付地。

（4）多式联运合同中指定并在多式联运单据中载明的任何其他地点。

实训作业

一、实训项目

某纺织品进出口公司委托某外运公司办理一批服装出口运输，装运港上海，CIF东京120万美元。外运公司租用了某远洋运输公司的船舶承运，但以自己名义签发提单。货物运抵目的港后，发现部分服装已湿损。于是收货人向保险公司索赔。保险公司依据保险合同赔偿了收货人，取得了代位求偿权，并对外运公司提起诉讼。外运公司认为自己是代理人，不应当承担赔偿责任。但法院审理认为，由于外运公司以自己的名义签发提单，使其成为契约承运人，从而承担了承运人的责任和义务。法院最终判决外运公司承担承运人责任范围内原因所造成的经济损失。

根据本案，说说契约承运人如何“一路走好”。

二、案例分析

（一）2011年12月6日，原告某保险公司接受某公司（托运人）对其准备空运至米兰的20箱丝绸服装的投保，保险金额为73 849美元。同日，由被告A航空公司的代理B航空公司出具了航空货运单一份。该航空货运单注明：第一承运人为A航空公司，第二承运人为C航空公司，货物共20箱，重750千克，该货物的“声明价值（运输）”未填写。A航空公司于2011年12月20日将货物由杭州运抵北京，12月28日，A航空公司在准备按约将货物转交C航空公司运输时，发现货物灭失。2012年，原告对投保人（托运人）进行了全额赔偿并取得权益转让书后，于2012年5月28日向B

航空公司提出索赔请求。B 航空公司将原告索赔请求材料转交 A 航空公司。A 航空公司表示愿意以每千克 20 美元限额赔偿原告损失，原告要求被告进行全额赔偿，不接受被告的赔偿意见，遂向法院起诉。

根据航空运输法规，你认为航空公司应该赔偿保险公司 15 000 美元吗？说说你的法律依据。

（二）承运人 APL 公司签发了一套将一辆机动车从德国汉堡运到韩国釜山的记名提单，提单上收货人一栏中写有收货人名字，但没有注明“凭指示”字样。此提单共签发一式三份，由托运人持有。船到釜山，在没有出示正本记名提单的情况下，承运人将汽车交给收货人。收货人未按汽车购货价格向托运人付款，托运人遂起诉 APL 错误交付。

根据案情，你认为托运人的做法对吗？为什么？

第六章
物流仓储法实务

在货物整个物流过程中，仓储保管通常占用相当长的时间，需要对货物进行保管养护、适当的进出库管理和仓库管理等，以防止出现交接差错、货物短少和货物变质等问题。《合同法》对仓储保管行为作出了具体的规定，特别明确了仓储保管活动中当事人权利、义务及仓单法律性质等，对仓储业的发展起到了重要的规范作用；为了适应国际贸易和涉外物流的发展，各国都积极推行和建立保税仓库业务与出口监管仓库业务。由于仓储货物的危险性不同，各国也规定了危险货物的仓储制度。

【导入案例】 2014年3月，原告天津某投资公司与被告北京某钢贸公司签订仓储合同，且明确约定放货程序及提交提货单作为交货条件。在每次盘点时，原告均要求被告出具相关的库存货物统计表以供核对。2014年11月，原告提货时，被告以各种借口推脱交货。当了解到其库存的货物2月前已被被告私自放走后，原告遂起诉至法院，要求被告赔偿损失。

在诉讼过程中，被告辩称：原告所委派员工颜某以手机短信方式指令被告发货，被告有理由相信颜某的行为代表了原告并变更了仓储合同中发货的流程。原告认为，被告工作人员与颜某有串通提货的嫌疑，被告未按约定办理交货手续，造成货物下落不明，理应承担不能交付仓储物的责任。法院审理认为，被告未按仓储合同约定将货物交付给原告或原告指定的提货人，且在没有《提货单》的情况下办理出库手续，对此损失负有重大过错责任。法院判决被告赔偿原告因此所遭受的货物损失。

第一节 物流仓储法概述

一、物流仓储与物流仓储法

（一）物流仓储

仓储保管以仓库为物质基础，物流仓储与仓库有着直接的关系。仓库是储存保管货物的建筑物和场所的总称。物流仓储是指在物流生产过程中利用仓库对货物进行的保护、管理、贮藏等经营服务活动的行为。为了保障物流仓储业正常开展，各方当事人主要通过仓储保管合同来明确权责和义务。

物流仓储主要发生在物流网络的节点处，它以货物的进库为起点，以货物的出库为终点。物流仓储利用仓库对货物进行养护、仓库管理和进出库管理等，以防止出现交接差错、货物变质和短少。仓库最基本的功能就是储存货物，并对储存的货物实施保管和控制。随着现代物流业的发展，仓库也担负着货物处理、流通加工、物流管理和信息服务等更多功能。

物流仓库常见分类有：①依其经营目的不同，可分为保管仓库和保税仓库。前者是以物品的储存和保管为目的的仓库；后者是储存进口手续未完成的货物的特定场所。②依其营业对象的不同，可分为营业仓库和利用仓库。前者是指接受他方报酬，并为他方提供货物的储存保管的仓库；后者是为储存或者保管自己物品而经营的仓库。我们这里所说的仓储仅指与保管仓库或者营业仓库相关的经营服务活动。

（二）物流仓储法

物流仓储法是指国家规范在物流生产过程的仓储保管经营行为的法律规范的总称。

目前，我国物流仓储法律规范散见于各种法律法规。物流仓储体现为民事活动，因此《民法通则》《合同法》中都有对仓储行为的法律规定。《商业仓库管理办法》（1988）、《粮油仓储管理办法》（2009）、《百货、文化用品、商品运输保管定额损耗管理试行办法》等对有关商品仓储保管作出了具体的规定。国家为了改善贸易进口条件，提高贸易出口效率，以《海关法》《中华人民共和国海关对出口监管仓库及所存货物的管理办法》（2005）等形式建立了保税仓库制度。2014 年 12 月 1 日起施行的《中华人民共和国安全生产法》（以下简称《安全生产法》），对经营危险物品的仓储企业的市场准入、安全设施、安全经营管理和从业人员都作出了严格的规定。

【法律链接】《安全生产法》

第三十六条　生产、经营、运输、储存、使用危险物品或者处置废弃危险物品的，由有关主管部门依照有关法律法规的规定和国家标准或者行业标准审批并实施监督管理。

生产经营单位生产、经营、运输、储存、使用危险物品或者处置废弃危险物品，必须执行有关法律、法规和国家标准或者行业标准，建立专门的安全管理制度，采取可靠的安全措施，接受有关主管部门依法实施的监督管理。

二、仓储合同的概念

（一）仓储合同定义

仓储合同又称仓储保管合同，是指保管人储存存货人交付的仓储物，存货人支付仓储费的合同。只有当事人双方约定由仓库营业人（称为仓储保管人）为存货人储存、保管货物，存货人为此支付仓储费用的协议，才是仓储合同。其中，仓储物是指存货人交付保管人储存的物品。

（二）仓储合同的法律特征

《合同法》第三百九十五条规定，“仓储合同一章没有规定的内容，应当适用保管合同的有关规定”。可见仓储合同与保管合同在性质上有相同之处，但由于仓储营业的特殊性质，使得仓储合同又有别于保管合同的法律特征。

（1）保管人应当具有仓库营业资质。并非任何个人或单位都可以从事仓储业务，仓储合同的保管人必须是经工商行政管理机关核准登记的专营或兼营仓储业务的法人组织或其他经济组织、个体工商户等。

（2）仓储合同的对象仅为动产。因为仓储合同是储存货物的合同，只有适于堆放储藏的物品才可成为仓库储存保管的对象，而不动产不具有这一特点。

（3）仓储合同为诺成合同。当事人就仓储合同的主要条款协商一致，即可成立生效。除当事人另有约定外，保管合同自保管物交付时成立；仓储合同自成立时生效，《合同法》第三百六十七条规定明确了仓储合同是诺成合同。

（4）仓储合同是双务合同、不要式合同。保管人提供储存、保管的义务，存货人承担支付仓储费的义务。

（5）仓储合同是保管合同的变种。仓储合同属于保管合同，但两者有着不同的性质，如保管合同是实践合同，仓储合同是诺成合同。《合同法》将仓储合同规定为一类独立的合同。

【司法案例】被告某贸易发展有限公司从外地采购了一批真皮皮鞋，因为库房存货空间紧张，被告联系了某储运有限公司原告，就此批皮鞋的储存订立了一份仓储合同。合同约定：原告为被告提供真皮皮鞋的仓储保管服务，时间为6个月，保管费为2万元。合同订立后，原告为了履行该合同积极地准备仓库，进行了腾空和清理打扫工作，并专门为储存真皮皮鞋采取了一些必要的措施，拒绝了其他公司仓储货物的要约。考虑到运费和仓储费等问题，被告又接受了另一家储运公司的要约，并将货物存放于该家公司。被告向储运公司发来紧急电传，谎称由于皮鞋供货商违约，原定储存的皮鞋无法采购入库，不再需要原告的仓库保管服务。被告还认为没有将货物入库，双方的仓储合同没有生效，不存在赔偿损失的责任。经法庭审理，法院判决被告承担违约责任。

三、仓储合同的主要条款

仓储合同的主要条款，是存货人与仓库营业人双方协商一致而订立的，规定双方所享有的主要权利和承担的主要义务的条款。仓储合同的主要条款是检验合同的合法性、当事人履约行为以及追究违约责任的重要依据。仓储合同的主要条款有：

（1）存货人与保管人的名称或者姓名及住所。

（2）仓储物的品种、数量、质量、包装、件数和标记。

（3）仓储物的损耗标准。

（4）储存场所。

（5）仓储期限。

（6）仓储费用。

（7）仓储资格及设施。

（8）违约责任。

（9）解决争议条款。

（10）其他特别约定条款。

四、仓储合同当事人的主要义务

【案例讨论】某水果批发商与某仓库签订了一份保管20吨香蕉的仓储合同，储存期间为20天。水果批发商如期将香蕉送到仓库，仓库保管方验收入库。20天后，水果批发商提货时发现仓储包装良好，但香蕉重量短缺1吨，且有近15%的香蕉腐烂变质，不能食用。问：

短缺的1吨香蕉和腐烂的15%的香蕉分别由谁承担责任？

仓储合同当事人的权利与义务是当事人在履行仓储合同过程中有权要求对方采取的行为和自身需要进行的作为或不作为。当事人的权利和义务来自于仓储合同的约定和法律的规定。

（一）存货人的义务

（1）告知义务。存货人的告知义务包括两个方面：对仓储物的完整明确的告知和瑕疵告知。所谓完整告知，是指在订立合同时存货人要完整细致地告知保管人，仓储物的准确名称、数量、包装方式、性质、作业保管要求等涉及验收、作业、仓储保管、交付的资料，特别是危险货物，存货人还要提供详细的说明资料。存货人寄存货币、有价证券或者其他贵重物品的，应当向保管人声明，由保管人验收或者封存，存货人未声明的，该物品毁损、灭失后，保管人可以按照一般物品予以赔偿。存货人未明确告知的仓储物属于夹带品，保管人可以拒绝接受。

所谓瑕疵，包括仓储物及其包装的不良状态、潜在缺陷、不稳定状态等已存在的缺陷或将会发生损害的缺陷。保管人了解仓储物所具有的瑕疵可以采取针对性的操作和管理，以避免发生损害和危害。因存货人未告知仓储物的性质、状态造成的保管人验收错误、作业损害、保管损坏由存货人承担赔偿责任。在订立合同时，必须预先告知保管人。

（2）妥善处理和交存货物。存货人应对仓储物进行妥善处理，根据性质进行分类、分储，根据合同约定妥善包装，使仓储物适合仓储作业和保管。存货人应在合同约定的时间向保管人交存仓储物并提供验收单证。交存仓储物不是仓储合同生效的条件，而是存货人履行合同的义务。存货人未按照约定交存仓储物，构成违约。

（3）支付仓储费和偿付必要费用。存货人应根据合同约定时间、地点和方式支付仓储费，否则构成违约。如果存货人提前提取仓储物，保管人不减收仓储费。如果存货人逾期提取，应加收仓储费。由于未支付仓储费，保管人有对仓储物行使留置权的权利，即有权拒绝将仓储物交还存货人或应付款人，并可通过拍卖留置的仓储物等方式获得款项。

仓储物在仓储期间发生的应由存货人承担责任的费用支出或垫支费，如保险费、货物自然特性的损害处理费用、有关货损处理、运输搬运费、转仓费等，存货人应及时支付。

（4）及时提货。存货人应按照合同的约定，按时将仓储物提取。保管人根据合同的约定安排仓库的使用计划，如果存货人未将仓储物提取，会造成保管人已签订的下一个仓储合同无法履行。

（二）保管人的义务

【案例讨论】某外贸出口公司将一批银鱼交由某仓库储存，仓单上注明了低温保存技术要求。根据保管要求，仓库方提供了相应的设施设备。外贸公司提货时发现部分银鱼腐烂，遂要求赔偿。仓库方认为仓库的冷藏设备没有问题，同期其他冷藏食品都没有发生变质的现象。腐烂的银鱼一定是在进库前就已经变质，只是在入库验收时未能观察出来。

仓库保管方是否应当承担责任？为什么？

（1）提供合适的仓储条件。仓储人经营仓储保管的先决条件就是具有合适的仓储保管条件，有从事保管货物的保管设施和设备。包括适合的场地、容器、仓库、货架、作业搬运设备、计量设备、保管设备、安全保卫设施等条件。同时还应配备一定的保管人员、商品养护人员，制定有效的管理制度和操作规程等。同时保管人所具有的仓储保管条件还要适合所要进行保管的仓储物的相对仓储保管要求，如保存粮食的粮仓、保存冷藏货物的冷库等。保管人若不具有仓储保管条件，则构成根本违约。

（2）验收货物。保管人应该在接受仓储物时对货物进行理货、计数、查验，在合同约定的期限内检验货物质量，并签发验货单证。验收货物按照合同约定的标准和方法，或者按照习惯的、合理的方法进行。保管人未验收货物推定为存货人所交存的货物完好，保管人也要返还完好无损的货物。

（3）签发仓单。保管人在接受货物后，根据合同的约定或者存货人的要求，及时向存货人签发仓单。在存期届满，根据仓单的记载向仓单持有人交付货物，并承担仓单所明确的责任。保管人根据实际收取的货物情况签发仓单。保管人应根据合同条款确定仓单的责任事项，避免将来向仓单持有人承担超出仓储合同所约定的责任。

（4）合理化仓储。保管人应在合同约定的仓储地点存放仓储物，并使用适合于仓储物保管的仓储设施和设备，如容器、货架、货仓等。同时，应注意商品储存要实行分区、分类管理。严禁将危险品和一般商品，有毒品和食品，性质互相抵触、互相串味的商品，以及养护、灭火方法不同的商品混合存放。贵重商品、剧毒商品、易燃易爆商品要专库（柜）储存，指定专人保管。因其保管不善所造成的仓储物在仓储期间发生损害、灭失，除非保管人能证明损害是由于货物性质、包装不当、超期等以及其他免责原因造成的，否则保管人要承担赔偿责任。

（5）返还仓储物及其孳息的义务。保管人应在约定的时间和地点向存货人或仓单持有人交还约定的仓储物。仓储合同没有明确存期和交还地点的，存货人或仓单持有人可以随时要求提取，保管人应在合理的时间内交还存储物。作为一般仓储合同，保管人在交返仓储物时，应将原物及其孳息、残余物一同交还。

（6）危险告知义务。当仓储物出现危险时，保管人应及时通知存货人或仓单持有人，并有义务采取紧急措施处置，防止危害扩大。包括在货物验收时发现不良情况、发生不可抗力损害、仓储物的变质、仓储事故的损坏以及其他涉及仓储物所有权的情况，都应该告知存货人或仓单持有人。

【相关链接】保管人的留置权和提存权

（1）保管人的留置权。存货人不支付仓储费和其他必要费用的，除当事人另有约定外，保管人对仓储物享有留置权。若仓储物是可分物的，保管人所留置的仓储物应相当于存在货人债务的金额，而不能就全部仓储物行使留置权。

（2）保管人的提存权。储存期间届满，存货人或者仓单持有人不提取货物的，保管人可以催告其在合理期限内提取，逾期不提取的，保管人可以提存仓储物。

提存程序一般来说，首先应由保管人向提存机关呈交提存申请书。在提存书上应当载明提存的理由、标的物的名称、种类、数量以及存货人或提单所有人的姓名、住所等内容。其次，仓管人应提交仓单副联、仓储合同副本等文件，以此证明保管人与存货人或提单持有人的债权债务关系。此外保管人还应当提供证据证明自己催告存货人或仓单持有人提货而对方没有提货，致使该批货物无法交付其所有人。

第二节　仓单

一、仓单概念与性质

（一）仓单的概念

仓单是指由保管人在收到仓储物时向存货人签发的表示已经收到一定数量的仓储物的书面凭证。《合同法》第三百八十五条规定：“存货人交付仓储物的，保管人应当给付仓单。”

仓单是仓储合同存在的证明。仓单是存货人与保管人双方订立的仓储合同存在的一种证明，只要签发仓单，就证明了合同的存在。仓单是处理保管人与存货人或提单持有人之间关于仓储合同纠纷的依据。仓单既是保管人收货的证明，又是存货人或者持单人提取仓储物的有效凭证。仓单是仓储物所有权的一种凭证。

（二）仓单的主要性质

（1）仓单为有价证券。仓单是提取仓储物的凭证。仓单表明存货人或者仓单持有人享有对保管人就仓储物交付的请求权，保管人应当履行仓单项下货物的交付义务，故为有价证券。

（2）仓单为要式证券。仓单是提取仓储物的凭证。根据《合同法》第三百八十七条规定：“在经过存货人或者仓单持有人在仓单上背书并经保管人签字或者盖章手续的，仓单即可转让或出质。”

（3）仓单为物权证券。仓单上所载仓储物的移转，必须自移转仓单始生所有权转移的效力，故仓单为物权证券。

（4）仓单为文义证券，不要因证券。所谓文义证券是指证券上权利义务的范围以证券的文字记载为准。仓单的记载事项决定当事人的权利义务，当事人须依仓单上的记载主张权利义务。故仓单为文义证券，不要因证券。

（5）仓单为自付证券。仓单是由保管人自己填发的，又由自己负担给付义务，故仓单为自付证券。

仓单证明存货人已经交付了仓储物和保管人已经收到了仓储物的事实。它作为物品证券，在保管期限届满时，存货人或者仓单持有人可凭仓单提取仓储物，也可以背书的形式转让仓单所代表的权利。

二、仓单的内容与效力

【案例讨论】某水果连锁超市与某仓储公司签订了一份仓储合同，合同约定仓储公司为水果连锁超市储存水果 50 吨，仓储期间为 1 个月，仓储费为 4 000 元，自然耗损率为 4%。水果由存货人分批提取。合同签订以后，某水果连锁超市将水果交给仓储公司储存，入库过磅。在填写仓单过程中，一人读仓储合同条款，另一人填写仓单内容，但因工作人员口音，填写人将自然耗损率误写为百分之十，存货人没有注意就将仓单取走。存货方持仓单向仓储公司取货时发现水果仅有 46 000 千克，扣除 4%的自然耗损以后还短缺 2 096 千克。

水果连锁超市以仓储合同为依据要求仓储公司赔偿损失。仓储公司认为根据仓单上载明的自然耗损率为 10%，不存在货物短缺，没有赔偿责任问题。双方争执不下，水果连锁超市向法院起诉以解决仓储合同纠纷。

法院会支持谁的主张？为什么？

（一）仓单的内容

仓单是要式证券，仓单须经保管人签名或者盖章，且须具备一定的法定记载事项。根据《合同法》第三百八十六条规定，仓单内容包括下列事项：

（1）存货人的名称或者姓名和住所。仓单是记名证券，因此应当记载存货人的名称或姓名和住所。

（2）仓储物的品种、数量、质量、包装、件数和标记。在仓单中，有关仓储物的有关事项必须记载，因为这些事项与当事人的权利义务直接相关。

（3）仓储物的损耗标准。仓储物在储存过程中，由于自然因素和货物本身的自然性质可能发生损耗，如干燥、风化、挥发等，这就不可避免地会造成仓储物数量上的减少。

（4）储存场所。储存场所是存放仓储物的地方。仓单上应当明确载明储存场所，以便存货人或仓单持有人能够及时、准确地提取仓储物。

（5）储存期间。储存期间是保管人为存货人储存货物的起止时间。它不仅是保管人履行保管义务的起止时间，也是存货人或仓单持有人提取仓储物的时间界限。

（6）仓储费。仓储合同是有偿合同，仓单上应当载明仓储费的有关事项，如数额、支付方式、支付地点、支付时间等。

（7）仓储物已经办理保险的，仓单还应标明其保险金额、期间以及保险人的名称。

（8）填发人、填发地点和填发时间。

保管人在仓单上签字或者盖章表明保管人对收到存货人交付仓储物的事实进行确认。否则，该仓单不发生法律效力。当保管人为法人时，由其法定代表人或其授权的代理人及雇员签字；当保管人为其他经济组织时，由其主要负责人签字；当保管人为个体工商户时，由其经营者签字。

（二）仓单的效力

仓单上所记载的权利义务与仓单密不可分，仓单有如下效力：

(1) 受领仓储物的效力。保管人一经签发仓单，不管仓单是否由存货人持有，持单人均可凭仓单受领仓储物，保管人不得对此提出异议。

(2) 转移仓储物所有权的效力。只要存货人在仓单上背书并经保管人签字或者盖章的，提取仓储物的权利即可发生转让。

三、仓单的转让与质押

仓单是作为物权凭证的有价证券，具有流通性，这是仓单最重要特征。《合同法》第三百八十七条规定："仓单是提取仓储物的凭证。存货人或者仓单持有人在仓单上背书并经保管人签字或者盖章的，可以转让提取仓储物的权利。"这一规定表明了仓单的可转让性及其法律要求。仓单作为有价证券，可以流通即仓单转让；根据《中华人民共和国担保法》（以下简称《担保法》）规定，仓单可以质押，即仓单出质。

（一）仓单的转让

仓单转让，均须符合法律规定的形式，才能产生相应的法律效力。存货人转让仓单必须在仓单上背书并经保管人签字或者盖章，若只在仓单上背书但没有保管人签字或者盖章，即使交付了仓单，转让行为也不能生效。因而，背书与保管人签章是仓单转让的必要的形式条件，缺一不可。背书是指存货人在仓单的背面或者粘单上记载被背书人（即受让人）的名称或姓名、住所等有关事项的行为。保管人的签字或盖章则是确保仓单及仓单利益，明确转让仓单过程中法律责任的手段。

【资料链接】标准仓单的转让

在商品交易所进行上市流通的仓单必须使用标准仓单。为此，各商品交易所制定了标准仓单管理制度、仓单质押管理办法等。所谓标准仓单是指指定交割仓库在完成入库商品验收、确认合格并签发《货物存储证明》后，按统一格式制定并经交易所注册可以在交易所流通的实物所有权凭证。标准仓单的表现形式为《标准仓单持有凭证》。标准仓单持有凭证，是在交易所办理标准仓单交割、交易、转让、质押、注销的凭证，受法律保护。其内容包括会员号、会员名称、投资者编码、投资者名称、品种、类别、等级、生产年份、仓单数量、冻结数量、抵押数量等，交易所依据《货物存储证明》代为开具。

（二）仓单的出质

存货人以仓单出质，应当与质权人签订质押合同，在仓单上背书并经保管人签字或者盖章，将仓单交付质权人，质押合同生效。当债务人不履行被担保债务时，质权人就享有提取仓储物的权利。

根据《担保法》第七十六条规定："以汇票、支票、本票、债券、存款单、仓单、提单出质的，应当在合同约定的期限内将权利凭证交付质权人。质押合同自权利凭证交付之日起生效"。仓单可以作为权利凭证进行质押，以仓单质押的，应当在合同约定的期限内将权利凭证交给质权人，质押合同自凭证交付之日起生效。因此，仓单质押融资是有法律依据的。

仓单质押在国外已经成为企业与银行融通资金的重要手段，也是仓储业增值服务的重要组成部分。在我国，仓单质押尚属一项新兴的服务项目。由于仓单质押业务涉及法律、管理体制、信息安全等一系列问题，可能产生不少法律风险。因此，仓单质押时，各方当事人应有防范风险的意识与措施。

四、仓单持有人在提取仓储物时应遵循的原则

仓单持有人在提取仓储物时应遵循以下原则：

（1）仓单持有人应当在储存期间届满时提取仓储物。

（2）仓单持有人逾期提取仓储物的，应当支付超期保管的仓储费。

（3）对超过储存期间的仓储物，虽经保管人采取必要的措施，仍无法避免仓储物出现损坏、变质等现象的，其损失由仓单持有人承担。

（4）仓单持有人提前提取仓储物的，不减收仓储费。

（5）仓单是提取仓储物的凭证，仓单持有人提取仓储物应当出示仓单，并缴回仓单。

五、仓单丧失的法律救济

《中华人民共和国民事诉讼法》（以下简称《民事诉讼法》）规定：“按照规定可以背书转让的票据的持有人，因票据被盗、遗失或者灭失，可以向票据支付地的基层人民法院申请公示催告。”

仓单属于票据，当仓单持有人丧失仓单时，可以依据《民事诉讼法》规定启动公示催告程序，从而确认其权利。通过法院的确权裁决书，再请求保管人补发新的仓单。

第三节　涉外仓储业务

一、涉外仓储业务

（一）涉外仓储业务

涉外仓储业务伴随着国际贸易发展，成为国际物流的重要内容。涉外仓储业务是指在物流过程中依法接受海关的监管并利用仓库对进出口货物提供仓储服务的经营活动。

根据涉外仓储实施内容不同，涉外仓储业务可分为广义的涉外仓储业务和狭义的涉外仓储业务。广义的涉外仓储业务，包括保税仓库业务、涉外工业加工业务和特殊监管区业务等；狭义的涉外仓储业务，仅指利用仓库提供涉外仓储业务，即我国实施的保税仓库业务和出口监管仓库业务。本节主要介绍保税仓库制度和出口监管仓库制度。

【案例链接】深圳某外商投资企业进口了一台价值400万元的机器（免税），海关给予14天的申报期限，他们开始委托一间报关行报关，因为减免税表申请不下来，所以导致每天要多交0.5‰的滞报金（2 000元/天）。后来听说保税仓库可以解决这一问

题，便委托在保税区报关，快速将货物转入保税仓库作保税仓储，每天只需要交少量的仓储费用，从而减少了大量的损失。

（二）涉外仓储业务的法律特征

（1）涉外仓储业务发生的环节仅仅局限于货物进出口环节。如保税仓库是针对货物在入境时所提供的仓储业务；出口监管仓库是针对货物在出口时所提供的仓储业务。

（2）涉外仓储业务享有货物进出口特殊的法律待遇。保税仓库货物虽然入境，但对其暂缓实施关税的法律保护机制。出口监管仓库货物虽然尚未装入国际货物运输工具，但该批货物的发货人或其代理人须依法办理出口退税和结汇等手续。

（3）涉外仓储业务需要接受海关机关的监督管理。由于涉外仓储业务的对象是尚未办理关税手续或者已报关但尚待装运出口的货物，为了维护国家海关秩序和国家主权，因此涉外仓储业务各个环节需要接受海关的监督管理。

二、涉外仓储法律制度

涉外仓储法，是指国家制定的规范涉外仓储业务的法律制度的总称。它是仓储业法律制度的重要组成部分。

我国涉外仓储法律制度，主要包括保税制度和出口监管仓库制度。其中，保税制度又可分为保税仓库制度、涉外工业加工制度和特殊监管区域制度。我国现行的涉外仓储法律制度主要有《海关法》、2004 年 2 月 1 日起实施的《中华人民共和国海关对保税仓库及所存货物的管理规定》（以下简称《海关对保税仓库及所存货物的管理规定》）和 2006 年 6 月 1 日起施行《中华人民共和国海关对出口监管仓库及所存货物的管理办法》（以下简称《海关对出口监管仓库及所存货物的管理办法》）等。

三、保税仓库制度

（一）保税仓库的概念、设立目的及特征

保税仓库，是指经海关批准设立的专门存放保税货物及其他未办结海关手续货物的仓库。

保税仓库的设立主要目的是：暂缓执行关税的保护机制，以便于因经济或者技术的需要而在保税仓库暂时存放，等待最终进入贸易或者生产环节的货物流动，所以其只适用于准备输入关境的货物。

存放于保税仓库的货物虽然已入我国关境，但可以暂时不缴纳进口税费以及办理相关的海关手续。保税仓库的特征就在于其存放的货物被视为仍处于关境以外，只有当货物经海关核准内销时，才被要求办理进口海关手续，从而实际进入我国关境。

（二）保税仓库的类型

（1）根据保税仓库使用主体不同，保税仓库分为公用型保税仓库和自用型仓库。公用型保税仓库是指由主营仓储业务的中国境内独立企业法人经营，专门向社会提供保税仓储服务的仓库。自用型保税仓库是指由特定的中国境内独立企业法人经营，仅存储供本企业自用的保税货物的仓库。

（2）根据保税仓库所仓储货物性质不同，保税仓库可分为普通保税仓库和专用型保税仓库。普通保税仓库是指存储一般保税货物的仓库。专用型保税仓库是指专门用来存储具有特定用途或特殊种类商品的仓库。专用型保税仓库又包括液体危险品保税仓库、备料保税仓库、寄售维修保税仓库和其他专用型保税仓库。其中，液体危险品保税仓库，是指符合国家关于危险化学品仓储规定的，专门提供石油、成品油或者其他散装液体危险化学品保税仓储服务的保税仓库；备料保税仓库，是指加工贸易企业存储为加工复出口产品所进口的原材料、设备及其零部件的保税仓库，所存保税货物仅限于供应本企业；寄售维修保税仓库，是指专门存储为维修外国产品所进口寄售零配件的保税仓库。

【法律链接】经营保税仓库的企业，应当具备下列条件：

①经工商行政管理部门注册登记，具有企业法人资格；②注册资本最低限额为300万元人民币；③具备向海关缴纳税款的能力；④具有专门存储保税货物的营业场所；⑤经营特殊许可商品存储的，应当持有规定的特殊许可证件；⑥经营备料保税仓库的加工贸易企业，年出口额最低为1 000万美元；⑦法律、行政法规、海关规章规定的其他条件。

（三）保税仓库存储货物及期限

1. 保税仓库存储货物

保税仓库应当按照海关批准的存放货物范围和商品种类开展保税仓储业务。《海关对保税仓库及所存货物的管理规定》规定下列货物，经海关批准可以存入保税仓库：

（1）加工贸易进口货物。

（2）转口货物。

（3）供应国际航行船舶和航空器的油料、物料和维修用零部件。

（4）供维修外国产品所进口寄售的零配件。

（5）外商暂存货物。

（6）未办结海关手续的一般贸易货物。

（7）经海关批准的其他未办结海关手续的货物。

同时，保税仓库禁止存放下列货物：国家禁止进境货物；未经批准的影响公共安全、公共卫生或健康、公共道德或秩序的国家限制进境货物以及其他不得存入保税仓库的货物。

2. 保税仓库存储货物的期限

保税仓库的货物属于临时性储存。我国《海关对保税仓库及所存货物的管理规定》第二十四条规定："保税仓储货物存储期限为1年。确有正当理由的，经海关同意可予以延期；除特殊情况外，延期不得超过1年。"

（四）保税仓库的经营管理

为了保税仓库的正常经营管理，《海关对保税仓库及所存货物的管理规定》对其作出了以下规定：

（1）保税仓库不得转租、转借给他人经营，不得下设分库。

（2）海关对保税仓库实施计算机联网管理，并可以随时派员进入保税仓库检查货物的收、付、存情况及有关账册。海关认为必要时，可以会同保税仓库经营企业双方共同对保税仓库加锁或者直接派员驻库监管，保税仓库经营企业应当为海关提供办公场所和必要的办公条件。

（3）海关对保税仓库实行分类管理及年审制度。保税仓库不参加年审或者年审不合格的，海关注销其注册登记，并收回《保税仓库注册登记证书》。

（4）保税仓库经营企业应当如实填写有关单证、仓库账册，真实记录并全面反映其业务活动和财务状况，编制仓库月度收、付、存情况表和年度财务会计报告，并定期以计算机电子数据和书面形式报送主管海关。

（5）保税仓库经营企业需变更企业名称、注册资本、组织形式、法定代表人等事项的，应当在变更前向直属海关提交书面报告，说明变更事项、事由和变更时间；变更后，海关按照本规定第八条的规定对其进行重新审核。

保税仓库需变更名称、地址、仓储面积（容积）、所存货物范围和商品种类等事项的，应当经直属海关批准。直属海关应当将保税仓库经营企业及保税仓库的变更情况报海关总署备案。

（6）保税仓库无正当理由连续6个月未经营保税仓储业务的，保税仓库经营企业应当向海关申请终止保税仓储业务。经营企业未申请的，海关注销其注册登记，并收回《保税仓库注册登记证书》。保税仓库因其他事由终止保税仓储业务的，由保税仓库经营企业提出书面申请，经海关审核后，交回《保税仓库注册登记证书》，并办理注销手续。

（五）保税仓库的入库、存放和出库规则

1. 保税仓库的入库规则

保税仓储货物入库时，收发货人或其代理人持有关单证向海关办理货物报关入库手续，海关根据核定的保税仓库存放货物范围和商品种类对报关入库货物的品种、数量、金额进行审核，并对入库货物进行核注登记。入库货物的进境口岸不在保税仓库主管海关的，经海关批准，按照海关转关的规定或者在口岸海关办理相关手续。

2. 保税仓库的存放规则

保税仓储货物可以进行包装、分级分类、加刷唛码、分拆、拼装等简单加工，不得进行实质性加工。保税仓储货物，未经海关批准，不得擅自出售、转让、抵押、质押、留置、移作他用或者进行其他处置。

3. 保税仓库的出库规则

保税仓库货物的出库应向海关机关办理批准手续。海关按照相应的规定进行管理和验放下列情形的保税仓储货物：①运往境外的；②运往境内保税区、出口加工区或者调拨到其他保税仓库继续实施保税监管的；③转为加工贸易进口的；④转入国内市场销售的；⑤海关规定的其他情形。

保税仓储货物出库运往境内其他地方的，收发货人或其代理人应当填写进口报关单，并随附出库单据等相关单证向海关申报，保税仓库向海关办理出库手续并凭海关签印放行的报关单发运货物。从异地提取保税仓储货物出库的，可以在保税仓库主管海关报关，也可以按照海关规定办理转关手续。

保税仓储货物出库复运往境外的，发货人或其代理人应当填写出口报关单，并随附出库单据等相关单证向海关申报，保税仓库向海关办理出库手续并凭海关签印放行的报关单发运货物。出境货物出境口岸不在保税仓库主管海关的，经海关批准，可以在口岸海关办理相关手续，也可以按照海关规定办理转关手续。

四、出口监管仓库制度

（一）出口监管仓库

1. 出口监管仓库

出口监管仓库，是指经海关批准设立，对已办结海关出口手续的货物进行存储、保税物流配送、提供流通性增值服务的海关专用监管仓库。出口监管仓库分为出口配送型仓库和国内结转型仓库。出口配送型仓库是指存储以实际离境为目的的出口货物的仓库。国内结转型仓库是指存储用于国内结转的出口货物的仓库。

【案例链接】 东莞某工厂的合同手册即将到期，海关要求工厂的产品必须限期出口方可核销。而这批成品所订的船期未到，于是他们将货品出口转关至福田保税区的出口监管仓库暂时存放，这样货品视同出境，厂家的合同核销问题迎刃而解。当船期到时，再由保税区出口监管仓库出货交至深圳或香港码头。

2. 出口监管仓库的特征

根据《海关对出口监管仓库的暂行管理办法》的规定，出口监管仓库具有以下特征：

（1）出口监管仓库只能存储用于出口且已办结出口海关手续的货物。其目的是为了方便出口货物的仓储、运输或者进行简单加工。凡是流向不明或者未办结出口海关手续的货物都不能存放于出口监管仓库。

（2）出口监管仓库存放的货物属于海关监管货物，不具有保税性质。这不同于存入保税仓库的货物享有保税待遇。

（二）出口监管仓库的设立与登记

1. 出口监管仓库设立条件

建立出口监管仓库，应由经国家批准有权经营对外贸易运输、仓储业务的企业和经经贸主管部门批准有对外贸易仓储经营权的外商投资企业向海关提出申请。出口监管仓库只在沿海口岸及边境口岸设立。内地和未设关地点不设立出口监管仓库。

出口监管仓库设立条件：①仓库应具有专门储存、堆放出口监管货物的安全设施；②建立健全的仓储管理制度和详细的仓库账册；③配备经海关培训认可的专职管理人员。经营仓库的企业应具备向海关承担缴纳税款等项义务的能力。

2. 设立登记

建立仓库应由其经理人持工商行政管理部门颁发的工商营业执照，填写《出口监管仓库申请书》，向直属海关提出申请，经海关审核并派员实地调查，在报经海关总署核准后，由直属海关颁发《出口监管仓库登记证书》。

（三）出口监管仓库货物存放期限

《海关对出口监管仓库的暂行管理办法》规定，已按规定办理手续存入仓库的货物，应在规定的时间内运出境外，不得转为境内销售。仓库所存货物储存期限为6个月，如因特殊情况可向海关申请延期，但延期最长不得超过6个月。

货物储存期满仍不运出境，也不办理有关进境手续的，由海关将货物变卖，所得价款比照《中华人民共和国海关法》第二十一条的规定处理。

（四）出口监管仓库入库、存放和出库规则

1. 出口监管仓库入库规则

出口货物存入出口监管仓库时，发货人或其代理人应向海关如实申报，并依据《海关对出口监管仓库的暂行管理办法》规定交验下列单证：

（1）加盖“出口监管仓库货物”印章并注明拟存出口监管仓库名称的《出口货物报关单》一式五份（属进料加工或对外加工装配出口成品的一式六份）及《进仓货物清单》两份；按规定可办理出口退税的还应加填一份出口退税专用报关单。

（2）对外签订的货物出口合同。

（3）如出口货物属于实行出口货物许可证管理的商品，应交验出口货物许可证。

（4）由出口货物收货人委托境内发货人存入出口监管仓库的委托证明。

（5）境外银行出具的信用证，或外汇管理部门签发的核销结汇证明。

（6）其他有关单证。

仓库经理人应于货物存入出口监管仓库后在经海关签印的报关单和《进仓货物清单》上签收。报关单一份交回海关，一份交发货人或其代理人，一份留存仓库；《进仓货物清单》一份上注明货位交回海关，一份留存仓库。供出口退税使用的报关单应在货物实际存入仓库，经仓库经理人签印后，由海关加盖“验讫章”退还发货人或其代理人凭以办理出口退税手续。

2. 出口监管仓库存放规则

仓库中不得对所存货物进行加工。如需在仓库内进行分级、挑选、刷贴标志、改换包装等简单加工，应当经海关许可并在海关监管下进行。为刷贴标志，改换包装而进口的材料，进口人应向进境地海关申报并填写进口货物报关单一式三份，由货主交仓库主管海关一份，仓库经理人一份，货主留存一份。主管海关应定期检查材料使用、出口情况。

仓库所存的货物，应有专人负责，并于每月的前 5 天内将上月有关货物的收、付、存等情况分别列表并随附《进出仓库货物清单》报送主管海关核查。

3. 出口监管仓库出库规则

仓库所存货物装运出口时，发货人或其代理人应向海关交验该批货物入库时经海关签印的报关单及有关单证，填写《出仓货物清单》两份，办理装运出口手续。仓库代理人应凭海关签印的《出仓货物清单》交付有关货物，在海关监管下将货物装运出口。

【法律链接】《海关对出口监管仓库的暂行管理办法》

第十五条　对存入仓库的出口货物，海关按货物离岸价格的千分之零点五计征海关监管手续费。

第十七条　经营仓库的企业如有违反本办法规定的行为或走私行为，由海关按《中华人民共和国海关法》和有关规定进行处理。

实训作业

一、实训项目

（一）网上查询商品交易所标准仓单管理制度，熟悉标准仓单业务操作流程及法律意义。

（二）某粮油批发总公司与某粮站商签 2 万吨粮食仓储保管合同，保管期 6 个月，保管费 4 万元。将学生分成粮食仓储保管存货方和保管方，探讨如何签订该仓储保管合同条款和制作仓单，以避免法律风险和经营风险。学生相互完成对他人所拟仓储保管合同和仓单审查。

二、案例分析

（一）广西某公司到贵阳收购了一批干辣椒，价值 5 万元，准备用于出口。因收购时没有组织好运输，故在当地与贵州某储运公司签订了一份仓储合同，约定广西公司将该批干辣椒在贵阳公司仓库存放 7 天（6 月 20 日至 26 日），待原告派车来运。公司支付了仓储费后即回去组织车辆来运。没想到从 6 月 21 日开始，贵阳连下暴雨，由于仓库年久失修，暴雨形成的积水将库存货物严重浸湿，等广西公司前来提货时，辣椒已变质。贵阳仓库以遭受不可抗力为由拒绝进行赔偿。问：

（1）本案中的暴雨是否构成不可抗力？请说明理由。

（2）本案仓储合同纠纷应当如何处理？为什么？

（二）某外贸公司将一批出口货物储存于某物流公司仓库，在合同约定的提货日该公司未将货物提走，使得该物流公司的仓库不能使用，造成另一家已签订合同的公司的货物无法及时入库。为了信守合同和保障第三方客户的利益，物流公司只好高价租用当地另一家物流中心的仓库。半月后，外贸公司前来提货，愿意支付增加天数的仓储费。但物流公司要求外贸公司承担高价租用仓库所产生的费用及违约金。问：

物流公司的要求合理吗？为什么？

第七章
物流配送法实务

配送活动是现代物流的重要组成部分，是物流企业的业务内容。在物流配送经济活动中，当事人不但应履行配送合同义务，而且还应当遵守物流配送活动所涉及的相关法律法规。由于物流配送活动具有综合性与复杂性，所以物流配送所涉及的法律问题也相对复杂。为了规范物流配送的发展，国家出台的《货物代理配送制行业管理若干规定》（1998）。物流配送的核心内容是物流配送企业为满足用户的需要而提供的配送服务，是物流配送活动中法律规范的重要领域，也是物流配送法律制度探讨的重点内容。

【导入案例】6 月 20 日胡先生向相关执法部门投诉声称，优选商城电商宣传配送服务快捷，在下订单后 24 小时内完成配送业务。在此情形下，在优选商城的“阳阳果园”网店，胡先生购买水蜜桃提货券 20 张，并于 2015 年 6 月 18 日签下订单。在 6 月 20 日上午，胡先生查询 20 箱水蜜桃尚未配送，使其不能在端午节前给朋友，有失礼仪。在接到投诉后，执法人员立即调查相关事实，联系电商第三方服务公司即配送中心，并查明其因节前网购火爆难以及时配送所致。经过执法人员协调，该商城表示认可处理意见，赔偿损失，并委托阳阳果园负责处理此事。

此案警示消费者网购物品时，当事人应当注意电商的配送服务条款。这样才能让所网购快捷服务质量有保障，而且也利于事后纠纷的处理。

第一节　物流配送法概述

一、物流配送

（一）物流配送的概念

物流配送是指在经济合理区域范围内，配送企业根据用户要求，对物品进行拣选、加工、包装、分割、组配等作业，并按时送达指定地点的物流活动。原国内贸易部发布的《货物代理配送制行业管理若干规定》对物流配送概念解释更为具体，即物流配送是在流通服务过程中，配送企业为生产企业、用户、零售商经营网点和项目建设单位（统称为用户）提供专业化的配套物流服务，包括加工、包装、配货和送货等，按照用户提出的品种、数量、质量和批次，在指定的时间和地点将货物送达用户。

大吨位、高效率的物流运输力量实现了干线运输低成本化目标，但对支线运输和小搬运来说，却出现了运力利用不合理、成本过高等问题。物流配送可以将支线运输和小搬运统一起来，使支线运输过程得以优化和完善。物流配送是物流中一种专业化活动形式，是商流与物流的紧密结合。物流配送往往包含了物流中若干功能要素的一种物流综合性活动。物流配送是现代物流管理的重要体现。

（二）物流配送的特征

一般情况下，送货可以是一种偶然且单独的行为；配送却是一种固定的形态。其有确定组织、确定渠道，有一套装备和管理力量、技术力量，有一套制度的体制形式。配送有效利用分拣、配货等理货功能，且使送货达到一定规模，利用规模优势实现较低成本的送货。物流配送具有下列特征：

（1）物流配送是以终端用户为出发点。物流配送是通过一系列的活动完成最终交付的一种活动，实现物品从最后一个物流结点到用户之间的空间移动。本处所说的最终用户是相对的，在整个物流过程中，流通渠道构成不同，物流配送企业所直接面对的最终用户也不一样。

（2）物流配送是各种业务的有机结合。在物流配送业务中，除了送货、仓储外，配送充分利用拣选、分货、包装、分割、组配、配货等理货工作，使送货达到一定规模并取得竞争中的成本优势。

（3）物流配送是以用户需求为出发点。物流配送是从用户利益出发，按用户的要求所进行的一种活动。配送企业的地位是服务地位不是主导地位，所以不能从本企业利益出发而应从用户利益出发，在满足用户利益的基础上取得本企业的利益。

（4）物流配送是末端运输。从运输角度来看，货物运输分为干线部分的运输和支线的配送。这里所说的物流配送是指支线的、末端的运输，是面对用户的一种短距离的物流服务。

【案例链接】联华超市股份有限公司于 1991 年成立于上海，通过直接经营、加盟经营和并购方式，目前已发展成为一家具备全国网点布局的零售连锁超市公司。截止 2009 年 12 月，其拥有世纪联华大型综合超市、联华新标超（联华、华联）、快客便利店、联华 OK 网上销售、药业连锁等五大业态领域；门店总数 5 599 家，主要分布在华东、华南、西南、华北、东北等地 100 余座城市，是国内最大的零售连锁超市公司。联华公司的快速发展，离不开高效便捷的物流配送中心的支持。联华共有 4 个配送中心，其中有 2 个常温配送中心、1 个便利物流中心、1 个生鲜加工配送中心。配送中心对用户采用信息化管理，通过现代机械化作业，实现快速配送服务。

二、物流配送法

物流配送法是国家规范和管理物流配送活动的相关法律制度的总称。一般物流仅涉及运输和仓储，而物流配送业务集装卸、包装、保管、运输于一身，特别是当物流配送增加加工服务功能后，其包括的内容更为广泛。可以说，物流配送几乎包括了所有的物流功能要素，是物流全部经济活动的一个缩影或者在较小范围内的体现。因此，规范物流配送的法律制度比较复杂，也几乎涵盖了物流配送企业法律制度、物流仓储法律制度、物流包装法律制度、物流装卸法律制度、物流加工法律制度、物流运输法律制度、合同法律制度等。

为了便于规范和指导物流配送业的发展，国家发布实施了《中华人民共和国国家标准物流术语》（GB/T 18354-2006）强制标准。原国内贸易部发布的《货物代理配送制行业管理若干规定》成为物流配送的重要法律依据。由于本书已经探讨了物流各环节的相关法律制度，故本章只探讨物流配送企业法律制度和物流配送合同制度。

三、物流配送企业

（一）物流配送企业概念

物流配送企业是指依法从事配送业务的经济组织。物流配送企业是物流配送活动的承担者和实施者。物流配送企业的表现形式主要是物流配送中心，按不同标准可分为不同类型：

（1）按经营主体性质不同，物流配送企业可分为：厂商主导型配送企业；批发商主导型配送企业；零售商主导型配送企业；专业（第三方）主导配送企业。

（2）按物流配送企业服务对象不同，物流配送中心可分为：面向消费者的配送企业；面向制造企业的配送企业；面向零售商的配送企业。

（3）按物流配送功能不同，物流配送企业可分为：储存型配送企业；流通型配送企业；加工配送企业。

（二）物流配送企业的设立

依据企业法的规定，物流配送企业的类型不同，则其所设立条件、设立程序、企业内部管理和对外法律责任等也有差异。《货物代理配送制行业管理若干规定》规定，从事货物流通代理、配送营销的企业应当具备下列条件：

（1）从事货物营销并取得法人资格。

（2）具备开展相应代理业务的人员、场地、设施和资金，加工、运输和技术服务能力。

（3）具备制造商、用户或者通过一级代理商出具的委托证明。

（4）法律法规规定的其他条件。

对于国家统购统销、专卖的货物，国家或地方政府统一管理的货物，以及法律法规规定经营资格的重要货物，应当具备政府有关法规规定的经营条件，并需要按照法律、法规的规定，获得相应的经营许可批准文件，方可进行代理和配送。国家实行一级代理、配送商资格认证制度。一级代理、配送商的资格认证工作，由国家货物流通主管部门组织实施。

在实践生活中，物流配送企业的设立，除了具备一般企业应有的条件，还应当考虑下列因素：①拥有特定的用户群；②配送功能健全；③完善的信息网络；④辐射范围小；⑤多品种、小批量；⑥以配送为主，以储存为辅。

【案例链接】美国沃尔玛公司的配送中心是典型的零售商型配送中心，由沃尔玛公司独资建立，专为本公司的连锁经营网点提供货物，确保各店稳定经营。其设在连锁经营网点的中央位置，服务半径达300多千米，中心经营的货物达4万种。在库存货物中，畅销货物和滞销货物各占50%，库存货物期限超过180天为滞销货物。中心24小时运转，每天为其连锁店配送货物。配送中心的运营，为沃尔玛连锁经营在激烈的市场竞争中的取胜提供了有力的保障。

四、物流配送企业的业务

物流配送企业的配送服务具有综合性，其基本作业主要包括以下几方面：

（一）集货作业

集货就是集中用户的需求进行一定规模的集货。它将分散的或者小批量的物品集中起来，以便进行运输、配送作业。集货是配送的准备工作或者基础工作，也是配送的优势之一。集货作业中主要包括订货、接货和验货三个环节。

订货是物流配送企业收到并汇总需求者的订单以后，确定配送货物的种类及数量，然后根据库存货物情况，再确定向供应商进货的品种和数量。对于流动速度快的货物，为了及时供货，物流配送企业也可以根据需求情况提前组织订货。对供应商的供货，物流配送企业要及时到指定地点接货。在接货后，物流配送企业应按合同约定进行检查验收，以保证合同的全面履行。

（二）保管作业

对于验收合格的货物，根据保管要求应进行开捆、堆码和上架。除此外，物流配送企业为了保证货源供应，通常都会有一定数量的安全库存。因此，在货物堆码和上架时，应注意按品种、出入库先后顺序进行分门别类堆放。在货物保管期间，物流配送企业还要加强货物的保管保养，以保证货物的质量完好、重量和数量准确。

（三）理货配货作业

理货配货作业是物流配送企业的核心作业，根据不同用户的订单要求，主要进行货物的拣选、流通加工和包装等作业。

拣选，就是按订货单或者出库单的要求，从储存场所选出货物，并放置在指定的地点的作业。流通加工，按照用户的要求所进行的流通加工。配送加工应取决于用户的要求，所以其在物流配送中不具有普遍性，但却非常重要，因为根据用户要求所进行的配送加工可以提高用户的满意程度。包装，是指配送企业将需要配送的货物进行重新包装或者捆扎，并在包装物上贴上标签，以便运输和识别不同用户的货物。当然，在理货配货时，物流配送企业应进行配货检验，保证送货的准确性。

（四）出货作业

其包括配装和送货两个环节。配装作业，将不同用户配送的货物，进行有效搭配装载，以充分利用运能和动力，降低送货成本，提供送货效率；送达作业，将货物运送到用户所指定的地点，并将货物移交于用户。

五、物流配送基本流程

物流配送服务是由一套完整的作业流程所组成，物流中心实现了专业化管理、科学调试、网络配送等。其基本流程如下：

（一）货物入库流程

（1）根据客户入库指令，物流配送中心视仓储情况做相应的入库需求受理表。

（2）根据入库需求受理表并结合货物分配的库区库位打印入库单。

（3）在货物正式入库前进行货物验收，主要是对要入库的货物进行核对处理，并对所入库货物进行统一编号（包括合同号、批号、入库日期等）。

（4）货物入库且库位分配，产生货物库位清单。

（5）库存管理主要是对货物在仓库中的一些动态变化信息的统计查询等工作。

（6）对货物在仓库中，物流公司还将进行批号管理、盘存处理、内驳处理和库存的优化等工作，做到更有效的管理仓库。

（二）运输配送流程

（1）物流配送中心根据客户的发货指令视库存情况做相应的配送处理。

（2）根据配送计划系统将自动地进行车辆、人员做相应的出库安排。

（3）由专人负责货物的调配处理，可分为自动配货和人工配货。

（4）根据系统安排结果，按实际情况进行人工调整。

（5）系统将根据货物所放地点（库位）情况按物流公司自己设定的优化原则打印出拣货清单。

（6）承运人凭拣货清单到仓库提货，库管做相应的出库处理。

（7）承运人领取所送客户的送货单。

（8）在货物到达目的地后，经收货方验货签单并向物流配送中心交纳回复单。

（9）根据货物验收回复单统计配送情况及回收货款。

第二节　物流配送合同

一、物流配送合同

物流配送的顺利开展离不开物流配送合同。物流配送合同，是指配送人与用户之间达成的关于配送人按照要求为其配送货物，用户向配送人支付配送费的协议。在配送商业服务活动中，配送人是配送服务活动的提供者；用户是配送活动的需要者和接受者。配送费是配送人向用户提供配送货物服务而获取的报酬，它往往由配送服务费和货物货款两个部分构成。

物流配送业务本身是各种业务的有机结合，除了送货、仓储外，还包括拣选、分货、包装、分割、组配、配货等理货工作。可以说，物流配送合同是综合性协议，其内容所涉及的法律问题比较复杂。我国规范物流配送协议的法律制度主要有《民法通则》《合同法》。依据我国《合同法》的规定，物流配送合同属于无名合同，应当遵守《民法通则》《合同法》等。同时，物流配送合同中涉及的仓储、运输、买卖、加工、包装等条款，则应当遵守《合同法》中关于仓储合同、运输合同、买卖合同、承揽合同等规定。

【案例链接】2013 年 7 月 16 日，成都某钢材物流配送公司（以下简称原告）与民生物资公司（以下简称被告）签订了钢材配送服务合同：“原告承运被告物资 55 吨，运输时间 8 月上旬，运费每吨 298 元，总运费 16 390 元。被告在起程前应预付运费 8 000 元，余款在货物运到后主动结清。”合同签订后，被告由于资金不够，仅预付运费 4 000 元。8 月 10 日，原告将货物装车运送，8 月 12 日到达目的地。双方于当日办理了装货、卸货，交接手续清楚，但在违约责任问题上发生了纠纷。

在诉讼中，原告认为：我公司按合同约定完成了运输义务，而被告除了预付 4 000 元运费外，其余 12 390 元逾期 11 个月尚未给付，被告应立即付清运费和滞纳金。被告认为：我方与原告签订了货物运输合同中规定运输时间为 8 月上旬，而货物运到时间为 8 月 13 日，并给原告造成了损失，因此原告违约在先，理应承担违约责任。

法院审理认为：原被告双方所签订的货物运输合同，符合我国有关法律规定，合同合法有效，双方应全面履行合同。其中，合同中的关于“运输时间 8 月上旬”按字面解释应为运输完毕时间，即 8 月 1 日至 10 日。虽然原告认为其是指装车时间，也可能符合货物运输常规，但是双方未明确约定，也不能推定被告已经理解并接受了这种解释。因此，原告应该承担由于约定不明而逾期到达的违约责任。最后，在法院的调解下双方解决了合同纠纷。

二、物流配送合同的种类

物流配送活动可以采用不同的方式进行分类。在此，以配送服务提供者即配送人的性质不同，将物流配送合同分为以下两类：

（一）配送服务合同

配送服务合同，是指配送人接收用户的货物并予以保管，按用户的要求对货物进行拣选、加工、包装、分割、组配等作业后，在指定的时间送至用户指定地点，用户向配送人支付配送费的协议。

由于在配送服务合同中货物属于用户所有，仅由用户交由配送人保管，所以配送人只单纯提供配送服务的协议，双方当事人仅就货物的交接、配货、运送等事项规定各自的权利与义务，不涉及货物买卖问题。在配送服务过程中，货物所有权一直归用户所有且不发生转移行为。配送的货物本身只发生空间转移和物理形态的变化。配送人只因提供了存储、加工、运送等业务而获得配送费。配送费应是包括配送服务为主的综合性服务费用，但排除了货款内容。

（二）销售配送合同

销售配送合同，是指配送人不但要将配送货物所有权转移给用户外，而且还要根据用户需要提供配送服务，用户向配送人支付配送费的协议。由于销售配送合同中不仅提供了配送服务，还包括了买卖合同，所以该配送费是由配送服务费和货款两部分组成。在现实生活中，销售配送合同主要有以下两种：

（1）销售企业与买方签订的销售配送合同。在销售与供应一体化的业务中，销售企业与买方签订的合同就是销售配送合同。销售企业出于促销目的，在向用户出售货物的同时，向买方提供配送服务。用户既是货物的买方，也是配送服务的接受者。

（2）物流企业与用户签订的销售配送合同。在物流企业与用户签订的销售配送合同中，除约定物流企业提供配货、送货等服务外，还约定物流企业应负责订货、购货。具体地说，用户将自己需要的货物型号、规格、种类、颜色、数量等信息提供给物流企业，由物流企业负责订货、购货、配货以及送货。在实践中，物流企业以自己名义去采购货物，在配送前货物的所有权属于物流企业。货物所有权原则上由物流企业将货物交付给用户时发生转移，但由物流企业与用户在销售配送合同中另有约定除外。

三、物流配送合同的主要内容

物流配送合同的内容，由配送人和用户双方约定。由于物流配送合同属于《合同法》中的无名合同，双方当事人对合同条款的约定就显得非常重要。完善的物流配送合同，不但可以避免合同纠纷，而且还有利于双方全面履行合同义务，实现期待的经济目的。

（一）配送服务合同的主要内容

配送服务合同是单纯提供配送服务的合同，其主要条款有：

（1）当事人的名称或者姓名以及住所。明确配送人与用户的名称或者姓名和住所，是履行配送服务合同的前提，也是处理合同纠纷司法管辖权的重要依据。

（2）服务目标条款。服务目标条款，表明双方当事人在配送服务活动中共同目标和宗旨，特别是用户特定的经营管理和财务目标等。

（3）服务区域条款。即约定配送人向用户提供服务的地理范围的条款。由于物流配送服务是支线运输式的服务，由于运输能力的限制和成本控制等因素，根据配送人的要求，双方应在合同中约定配送服务的区域范围。

（4）配送服务项目条款。配送服务不但涉及运输、保管，还涉及分拣、配货、加工、包装等，因此在服务项目条款中应对配送人的服务项目进行具体的约定，主要包括用户需要配送人提供的配送货物品种、规格、数量；需要配送人提供的加工、组配或者包装的服务及标准；需要配送人对货物运输和保管的要求和标准；配送人对配送特别是加工、包装的货物的质量保证等。在配送服务项目中，应当注意配送服务的后续服务内容。配送服务项目条款，是配送服务合同中最复杂的内容，直接关系到配送服务合同的履行质量。

（5）服务资格管理条款。配送人为了保证配送业务的实现所应当具备的条件，例如，从事配送服务相关的法律资格；具备开展相应业务的人员、场地、设施；具有加工、运输和技术服务能力；法律法规规定的其他条件。

（6）交货条款。双方应当约定配送人向用户配送货物的时间、地点和方式等。本条款的明确规定有助于配送服务的时效性和准确性。

（7）检验条款。对于配送人提供的配送服务是否符合合同约定，直接涉及配送服务合同双方当事人的切身利益。因此，在本合同中应当明确检验条款，即规定验收的时间、检验的标准、检验的主体以及验收时发现货物残损、短少的处理方式。

（8）配送费结算条款。配送费是配送人向用户提供配送服务后收到的劳务报酬，是用户的基本合同义务。合同应当约定用户向配送人支付配送报酬或者价款的计算依据、计算标准和支付的时间、方式等。

（9）合同变更与终止条款。配送服务合同的期限一般较长，由于主客观的变化，需要对合同进行变更或者终止。当事人可以约定合同变更和终止的条件。

（10）违约责任条款。违约责任是当事人违反合同义务应当承担的法律责任，其责任形式有定金、违约金、损害赔偿责任和解除合同等。当事人可以依法约定双方违约时承担的责任的形式。

（11）争议解决条款。配送服务合同属于民事合同，合同纠纷处理方式可以是协商、调解、仲裁和诉讼。当事人可以在合同中明确约定具体的处理方式。

【资料链接】《货物代理配送制行业管理若干规定》第十五条规定：“在配送合同条款中，应当明确：（一）供货企业与用户企业的名称和通讯地址；（二）货物名称、商标、型号、规格以及质量标准；（三）加工标准、包装要求、有关配货的数量和批次、送货时间和地点等的配送计划；（四）结算方式；（五）售后技术服务；（六）权益、职责和义务；（七）违约责任；（八）合同变更和终止的条件；（九）调解、仲裁程序。”

（二）销售配送合同的主要内容

销售配送合同是销售合同与配送合同的统一体，因此，销售配送合同中关于配送服务部分的条款与配送服务合同相同，关于销售合同部分的条款与买卖合同相似。销售配送合同的基本条款有：

（1）当事人的姓名或者名称以及住所条款。

（2）买卖货物名称、品质、数量或者重量条款。本条款是销售配送合同中关于用户订购货物的条款，也直接涉及配送人的货源组织和送货的准确性和时效性。

（3）配送服务项目条款。如果用户对订购货物还需要配送人对货物进行加工、组配或者包装的，当事人应约定配送服务相关内容。

（4）送货条款。由于销售配送服务是支线运输式的服务，基于运输能力的限制和成本控制等因素，双方应当在合同中约定配送服务的区域范围。

（5）检验货物和服务项目条款。在销售配送合同中，配送人不但提供了配送服务，而且还提供了货物的销售。因此，在本合同中应当明确规定检验货物和服务项目条款。

（6）配送费条款。在销售配送服务中，用户向配送人支付的配送费，应当包括货款和配送服务费。在合同中，应当分别约定货款和配送服务费的计算依据和计算标准。

（7）结算条款。

（8）合同变更与终止条款。

（9）违约责任条款。

（10）争议解决条款。

第三节　物流配送当事人的义务

根据物流配送活动中作为配送活动的提供者即配送人的性质不同，可将物流配送合同分为配送服务合同和销售配送合同。在不同类型的合同中，配送人与用户的权利和义务的具体内容也各不相同。关于配送人与用户在配送合同中的义务，可以由当事人协商订立。当合同未规定或者规定不明确的，应依照合同条款所适用的法律规定来确定当事人的义务。

一、配送人与用户在配送服务合同中的义务

【案例讨论】德兴公司（以下简称用户）与迅捷物流配送中心（以下简称配送人）订有配送服务合同，合同约定由用户组织进货并交由配送人保管，配送人按用户的要求对货物进行拣选、加工、包装、分割、组配等作业后，在指定的时间送至用户指定地点，用户支付配送费。在合同履行过程中，先后出现了以下情况：5月8日，配送人

检查发现用户从国外采购的货物在入库时有破损；7月10日，用户检验配送货物中有错送事件；8月10日，用户发现包装内货物不是包装说明的货物，但用户交付保管的原包装良好，无破损状况。

对于上述问题，谁应当承担责任？为什么？

（一）配送人在配送服务合同中的义务

1. 提供配送服务的义务

配送的准确性和时效性直接关系到用户的切身利益。在配送合同中，用户都要求配送人按照约定提供准确、及时有效的配送服务；当然，配送人也把其作为履行合同的承诺，以取得用户的信任和支持。按照约定的时间、地点并准确地提供配送服务，是配送人供应保障能力的体现，是提高配送人的经济效益基本途径，也可避免配送人的生产损失和违约责任。因此，及时有效地提供配送服务成为配送人在配送服务合同中的一项基本义务。

为了履行此项义务，配送人要做好以下工作：一是取得相应的配送经营资格；二是有良好的货物分拣、管理系统，保证在用户指令下达后在最短的时间内准备好相关货物；三是有合理的运送系统，包括运输车辆、作业机械、运输线路；四是有保障配送顺利进行的组织和从业人员。

2. 提供货物保管的义务

物流配送是以仓储为辅，以配送为主。配送离不开仓储保管，并以后者作为履行义务的基础。在配送服务合同中，货物所有权属于用户，用户将货物交付给配送人时要求配送人提供保管和配送两项最基本服务。因此，无论根据合同的规定还是行业惯例，从接收用户货物时起至交付货物时止，配送人都应当妥善地照看、保护、管理货物，以保证货物的数量和质量。在货物的仓储阶段，提供妥善保管货物的义务，同样是配送人在配送服务合同中的一项基本义务。因此，配送人应对货物的库存保存、数量和质量进行管理控制，除合同另有约定外，配送人应对其保管期间的货物的数量短少和质量变质等承担违约责任。

3. 按约定提供加工和包装的义务

对货物进行加工和包装，是物流配送活动中一项重要的经济活动，它不但能实现配送人的增值目标，也能满足用户对货物的个性化要求。根据市场需求，对货物进行加工和包装能够提高用户的销售率，实现经济目标，因此，用户对配送人提出了加工和包装要求也构成配送合同的重要内容。按约定提供加工和包装的义务，是配送人在配送合同中的一项特殊义务。根据合同的规定，配送人应当履行加工和包装义务。无相关约定的，配送人没有加工和包装的责任。

在履行对货物的加工和包装义务时，配送人应取得相关的资格，配备相关的设施和工作人员。因为此项义务不但是合同义务，也涉及相关的法定义务。对货物的加工和包装，配送人也就成为货物的生产者。换言之，为了保护用户和消费者的合法权益，配送人应履行生产者根据产品质量法等规定的法律义务。

4. 履行通知的义务

履行通知义务，是指根据合同约定或者行业惯例，配送人在履行配送合同的过程中应当将履行的情况以及可能影响用户利益的事件及时地通知用户，以便用户采取合理的措施接收货物，防止或者减少损失的发生。对于通知义务，可以在合同中予以明确规定；无约定的，配送人应根据配送合同的履行要求和诚信原则，提供通知义务。例如，在接收用户货物时发现货物包装破损、数量短少、质量变质等，配送人及时通知用户；在货物仓储过程中，对于即将到期的货物，配送人应及时通知用户提取或者处理货物；在配送货物时，配送人应及时通知用户接收货物的时间、地点等。

【法律链接】《货物代理配送制行业管理若干规定》第九条规定："对于国家统购统销、专卖的货物，国家或地方政府统一管理的货物，以及法律法规规定经营资格的重要货物，应当具备政府有关法规规定的经营条件，并需要按照法律法规的规定，获得相应的经营许可批准文件，方可进行代理和配送。"

（二）用户在配送服务合同中的义务

1. 支付配送费的义务

配送服务合同是有偿合同，配送人提供了配送服务，用户应当支付配送费即配送服务费。在配送服务活动中，配送费是配送人提供货物保管、加工、包装、运送等服务的劳务报酬。按照约定支付配送费，是用户在配送服务合同中的基本义务。为了顺利地履行此项义务，在合同中应当明确约定配送费的支付时间、地点和支付方式。配送项目中的配货、包装、运输、送货等服务费用，原则上分别计算。同时，为了保障配送人的利益，增强用户履约意识，合同中还可约定违反支付配送费义务的违约责任。

2. 提供配送货物的义务

配送服务是商物分离的物流模式，配送货物属于用户所有，配送人仅仅提供配送服务。提供配送货物，是配送服务的前提和基础，也直接关系到仓储的使用率和配送的效率。如果用户未按约定及时提供配送货物，会增加仓储的闲置和运输能力的浪费。因此，用户应当按照约定向配送人提供配送货物。在配送服务合同中，除了明确规定用户提供配送货物的义务，还要约定用户相关的违约责任。

3. 接受配送服务的义务

配送人按照约定将货物运送到用户的指定地点时，用户应当及时接受配送服务，并与配送人办理配送货物的交接手续。在履行接受配送服务义务时，用户应当一方面要采取一切理应采取的行动，以便配送人交付货物；另一方面要及时接受货物。用户迟延接收配送服务造成配送人损失的，应当承担相应责任。

4. 及时检验配送服务质量的义务

及时检验配送货物和配送服务的各项指标，以便确定配送人的配送服务质量和相关的法律责任。按照约定检验货物是用户的权利，也是用户的义务。因为根据合同的约定或者法律的规定，用户未及时检验货物，视为用户接受了符合合同所规定的货物，用户对配送服务质量的异议权也消灭。

在配送服务合同中，用户检验的范围主要涉及货物的数量、货物库存包装的破损状况、配送服务的及时性、配送服务的准确性等相关服务内容；如果货物本身还涉及配送人加工、包装的，检验范围还涉及货物加工、包装部分的质量和数量等内容。由于货物是用户交付配送人保管的，因此对于货物自身的内存质量问题，配送人原则上不承担责任。在配送服务合同中，应规定用户检验货物的时间、地点和方式以及未及时检验的法律后果。

5. 履行协助的义务

配送人提供配送服务，在很大程度上依赖用户的协助配合。用户履行协助的义务，可以是合同规定的义务，也可以是根据诚信原则产生的法定义务。例如，用户将货物将付配送人保管或者运输时，应当提供货物的品名、型号、数量等相关资料；对于特殊货物如危险货物和货物保质有特殊要求的，用户应当提供充分的说明，以便配送人采取合理措施。

二、配送人与用户在销售配送合同中的义务

在销售配送合同中，配送人与用户义务的内容虽然在许多方面与配送服务合同的相似，但由于配送人负有向用户转移货物所有权的义务，因此也有许多差异。在此，主要探讨销售配送合同中当事人义务不同之处。

【案例讨论】 成都某高校购买了春风空调器连锁专卖店的立式空调机10台，价值12万元。电器配送中心接到订单后将此空调机送到专卖店，并由专卖店负责送到客户。在专业人员为客户安装时，发现其中4台因运输途中倒置而造成空调压缩机故障，经原生产厂家检修才得以恢复正常，专卖店为此支付了修理费和材料费近1.4万元。专卖店送货人声称：空调机的包装箱没有不能倒置的警示标志，也无文字说明，所以没有特别注意，造成了装货时的倒置。后又查明，配送中心为了保护货物，专门为货物提供了新的包装，由于工作失误，漏印了不能倒置的警示标志。对费用偿付问题，专卖店与配送中心发生了争议。

对费用的偿付问题应当如何处理，为什么？

（一）配送人在销售配送合同中的义务

1. 及时提供符合合同约定服务的义务

配送人应当采取一切合理措施，及时有效地向用户提供配送服务。在销售配送活动中，配送人的职责所涉及的范围比较广泛。例如，根据合同约定，配送人应当做好货物的采购工作，以保障配送货物的充足性；由于配送人同时也是货物的卖方，因此其应当保证货物在交付时符合合同要求的质量标准；根据用户要求需要加工、包装货物的，配送人应当按照约定提供加工、包装的服务；根据配送合同的规定，配送人应当按照合同规定准确、及时地将货物送交用户等。为了避免纠纷，当事人应当对各项义务预先做好合同安排。

2. 移交货物所有权的义务

根据销售配送合同的规定，配送人除提供配送服务外，还应当向用户移交货物所有权。移交货物所有权，是销售配送合同不同于配送服务合同的重要之处。在移交货物所有权时，配送人可以根据约定向用户移交货物本身，也可以交付代表货物所有权的相关凭证。

3. 移交与货物相关单据的义务

销售配送合同涉及货物买卖内容，按照商务活动的惯例，配送人作为卖方在向用户交付货物时，应当向用户即买方提交有关货物的各种单据。货物的有关单据直接涉

及用户的切身利益，例如，货物销售时须向其他用户或者消费者提供相关单据，接受执法机关检查时须要提供相关单据，货物保险索赔时须要提供相关单据等。在许多情况下，用户也将配送人移交单据作为支付货款的条件。同时，货物买卖法也将移交有关货物的单据义务作为卖方的一项义务予以明确规定。因此，在销售配送合同履行中，配送人应当履行此项义务。这也是销售配送合同不同于配送服务合同的体现。

4. 对货物负有品质和权利的担保义务

在销售配送合同中，配送人还应当履行对货物的品质和权利担保的义务，因为货物是由配送人负责采购，并在配送前由其进行仓储保管。在配送服务合同中，由于配送人只提供仓储保管和配送服务，所以配送人原则上只对货物的外装的破损及其由此引起的损失承担法律责任；在销售配送合同中，由于配送人也是货物的卖方，因此其要对货物的本身质量承担法律责任。同时，配送人还要根据法律的规定，保障货物不存在侵犯他人权利的行为。这也是销售配送合同不同于配送服务合同的重要之处。

（二）用户在销售配送合同中的义务

1. 按照约定支付配送费的义务

在销售配送活动中，支付配送费是用户的基本合同义务。由于销售配送合同除了配送服务外，还包括货物买卖内容，因此配送费应当包括配送服务费和货物价款两项内容。为了顺利地履行此项义务，在合同中应当明确约定配送费的支付时间、地点和支付方式以及违反规定时应当承担的违约责任。

2. 接受配送服务和接收货物的义务

配送人按照约定将货物运送到用户的指定地点时，用户应当及时接受配送服务，并与配送人办理配送货物的交接手续。在履行接受配送服务和货物时，用户应当一方面要采取一切理应采取的行动，以便配送人交付货物；另一方面要及时接受货物。用户迟延接收配送服务造成配送人损失的，应当承担相应责任。

3. 及时检验货物和配送服务质量的义务

及时检验配送货物和配送服务的各项指标，以便确定配送人的配送服务质量和货物质量是否符合合同的规定。按照约定实施检验是用户的权利，也是用户的义务。因为根据合同的约定或者法律的规定，用户未及时检验货物，视为用户接受了符合合同所规定的货物和配送人提供了符合合同所要求的配送服务。值得注意的是，在销售配送合同中，用户的检验范围不但涉及配送服务的质量和配送货物的数量，而且还涉及配送货物是否符合合同的质量标准。对配送货物的检验，应当是用户检验权中最主要的内容。

4. 履行协助的义务

配送人提供配送服务，同样依赖用户的协助配合。用户履行协助的义务，可以是合同规定的义务，也可以是根据诚信原则产生的法定义务。用户协助义务的范围比较多，包括了配送服务中的相关内容。同时，在销售配送活动中，用户没有充足的库存，而是根据用户的信息及时组织货源。因此，根据合同的规定应当提前向配送人提供其所需要采购的货物的品名、型号、数量等相关信息，自然成为用户的一项重要义务。

实训作业

一、实训项目

物流配送业务集装卸、包装、保管、运输于一身，特别是当物流配送增加加工服务功能后，其包括的内容更为广泛。可以说，物流配送几乎包括了所有的物流功能要素，是物流全部经济活动的一个缩影或者在较小范围内的体现。物流配送业务复杂，法律风险也更多。借此，组织学生分组查询本地知名企业配送业务流程，并评估各环节法律风险，事后教师对学生分析结果进行评比。

二、案例思考

富进门公司（以下简称用户）与金利来物流配送中心（以下简称配送人）订有销售配送合同，合同约定由配送人组织进货，并按用户的要求对货物进行拣选、加工、包装、分割、组配等作业后，在指定的时间送至用户指定地点，用户支付配送费。在合同履行过程中，先后出现了以下情况：7 月 10 日，用户检查配送货物出现了漏送事件；9 月 10 日，用户接受货物后第五天才发现包装货物不符合合同要求，属于次品。

上述情况，应当如何处理？为什么？

第八章
物流包装、装卸与加工法实务

根据合同约定、法律规定或者物流惯例的需要，现代物流具有按照一定技术标准对货物进行包装、装卸和提供加工等服务内容。例如，为了保护产品运输和仓储安全以及商品销售，必须按照一定的技术方法对货物进行包装并予以适当的装潢和标志；在货物的运输、仓储过程中，需要合理、高效的搬运装卸，以免货物破损，降低物流费用；根据合同的特别约定，需要物流企业对货物进行加工，以提高商品价值，促进物流合理化。可以说物流包装、加工是物流企业提供增值服务的重要方式。

【导入案例】有一份大麦种子的买卖合同，合同约定大麦种子合格标准为发芽率大于90%。卖方在货前对货物进行了合格检验。由于货物需要长途运输，卖方对承运人提出了提供洁净麻袋运输包装服务要求。为此，卖方作为委托人支付了相关物流费用。在货物到达目的地后，买方送到检验机构检验，结论是大麦种子发芽率不到60%。于是，买方向卖方提出了退货和索赔要求，但卖方拒绝授受，理由是在装运前进行了检验且检测结果是合格的。事后双方共同委托鉴定，确认不合格原因是大麦种子运输包装所用的麻袋粘有大量虫卵，在长时间的运输途中，虫卵因气候变化而孵化成虫，成虫咬坏了种子胚芽，造成发芽率降低。当货物不合格原因查明以后，卖方首先承担了大麦种子虫卵损害损失，然后根据运输合同中的包装服务条款向物流企业追偿。

第一节　货物包装法规

一、货物包装与包装法规

（一）货物包装

1. 货物包装的含义

货物包装，是指为了尽可能避免物流过程对产品造成的损坏，保障产品的安全，方便储运装卸，加速交接点验，按一定方法采用容器、材料及辅助物等将货物包封并予以适当标志的活动总称。货物在运输或仓储过程中面临各种风险，为了避免损失的发生，除散装货物和裸装货物外，大多数商品在运输、装卸、储存、使用的过程中都需要一定的包装。基于物流企业风险管理，本节主要阐述货物运输包装或仓储包装。

货物包装处于生产过程的末端和物流过程的始点，具有四大功能：保护商品、方便物流、促进销售、方便消费。货物包装不同于销售包装，前者不但有保护商品在流通过程的品质和数量安全外，还便于运输、装卸、储存、检验、计数、分拨，有利于节省运输成本。

2. 货物包装的种类

运输包装或仓储包装在物流生产过程中占有重要地位，实践中根据货物的性质和运输或仓储要求有不同的包装。货物包装主要有以下种类：

（1）按照包装方式不同，可分为单件运输包装和集合运输包装。前者是指货物在运输过程中作为一个计件单位的包装；后者是将一定数量的单件商品组合成一个大的包装或者装入一个大的包装容器内的包装，主要有集装箱、集装袋和托盘等。

（2）按照包装使用材料不同，可分为纸质包装、木制包装、金属包装、棉麻包装、草制包装、陶制包装等。

（3）按照包装外形不同，可分为包、箱、桶、袋等不同形状的包装。

（4）按照包装质地不同，可分为软性包装、半硬性包装、硬性包装。

（二）货物包装法规

货物包装法规是指一切与货物包装活动有关的法律性规范文件的总称，它包括法律法规，也包括具有法律效力的技术性规范。货物包装义务主要是通过合同约定由当事人承担，但该义务不得违反法律强制性规定或国家强制性标准。

目前，我国没有关于包装的专门性法律，但与货物销售、运输、仓储有关的法律、行政法规、部门规章和国际公约中都有对商品包装的规定。例如《合同法》《海商法》《中华人民共和国食品安全法》《水路危险货物运输规则》《联合国国际货物销售合同公约》《国际海运危险货物规则》等，都对货物的销售包装或运输包装作出了规定。

包装技术标准大多数是强制性标准。在我国，普通货物包装标准主要有《包装储运图示标志》（GB /T191-2008）、《一般货物运输包装通用技术条件》（GB/T9174-2008）、《运输包装件尺寸界限》（GB/T 16471-2008）等；危险货物标准主要有《危险货物包装标志》（GB190-2009）、《危险货物运输包装通用技术条件》（GB12463-2009）等。

【司法案例】运输包装不当案

1985年，四川某锯条企业委托四川某机械进出口公司进口注塑机。事后，机械进出口公司与奥地利ENGE公司签订了进口5台注塑机的合同，其中合同运输条款规定：采用国际多式联运方式；包装条款规定：对货物要进行妥善包装，以适合长途运输。机械进出口公司委托四川某货运代理公司作为其运输代理人。1986年年初，作为多式联运经营人的总承运人，其采用大陆桥国际集装箱方式进行运输。5台机械分两批装运。第一批4台于2月28日运抵收货人。第二批1台在6月26日从成都运往自贡收货人地址时，在一弯道处发生翻车事故，机械受损严重，损失额达9万美元。

事故发生后，交通管理部门现场勘察结果表明：由于集装箱内设备裸装，箱内仅用木条作了简单支撑，未进行有效加固，由于长途运输导致设备发生位移，重心偏离集装箱纵向中轴线，在车辆正常速度转弯时，突然重心偏离，导致翻车事故。中方所有企业与出口方ENGE公司经过紧张谈判后，ENGE同意承担机械设备的修复责任以及相关费用，并保证设备正常使用。

二、货物包装的原则

货物包装主要是保护货物运输或仓储安全，其作业应当遵守以下包装基本原则：

（一）适度包装原则

对货物进行包装时，要根据货物性质、尺寸、重量和运输方式等选用合适的包装物及包装填充物。适度包装一方面要尽力避免不足包装造成的货物破损，另一方面要防止过度包装造成包装材料的浪费。

（二）保护产品安全原则

包装在保护产品的质量和外观不被损坏的情况下，也要注意防盗。

（三）包装与货物成为一体原则

外包装应与由产品和保护材料等组成的内有物成为一体，内有产品之间（一个包装内有多个产品时）或者产品与外包装内壁之间不应有摩擦、碰撞和挤压（使用气体缓冲的充气包装除外）。

（四）注意放置方向原则

对于有放置方向要求的货物，应在包装上有明显标示，保证货物仓储和运输过程中的正确放置，杜绝倒放和侧放以损害货物。

（五）重心中心合一原则

货物包装时应尽量保证货物重心和其几何中心合一或者比较接近，以防止在运输中起动、拐弯和刹车时货物翻滚造成的损失。

三、货物运输包装的基本要求

物流企业在对货物进行包装时，国家有强制性的包装标准时，应按该标准执行；没有强制性标准但有行业标准的，应遵守行业标准。若没有相关标准的，则应从足以保护货物安全且适应仓储、运输和搬运等方式进行包装。普通货物、危险货物和出口货物对运输包装各有不同要求。

（一）普通货物运输包装的基本要求

1. 对运输包装材料及强度的要求

（1）运输包装材料及强度，应符合货物的特性和物流的具体要求，包装应能防震、防盗、防锈、防霉、防尘。例如，钢琴、陶瓷、工艺品等偏重或者贵重物品应用木箱包装；易碎类的物品应用包装填充物填充，避免损坏等。

（2）运输包装封口要求，必须牢固，对体积小、容易丢失的物品应该选用胶带封合或者粘合。

（3）货物捆扎材料和捆扎方法，应适用货物的品质、体积、重量、运输方式，保证货物在物流过程中稳定、不泄漏、不流失。捆扎带应搭接牢固，松紧适度。

2. 运输包装尺寸的要求

《运输包装件尺寸与质量界限（GB/T 16471-2008）》规定了公路、铁路、水路、航空运输的运输包装件外廓尺寸和质量界限。包装件最大长、宽、高分别不宜超过相应运输工具可运输尺寸，最大质量不应超过其最大载荷。

适用于各种运输方式的包装件最大外轮廓尺寸（通用尺寸）见表 8-1。

表 8-1　　各种运输方式通用尺寸

	长度（mm）	宽度（mm）	高度（mm）
水路运输	小于 4 250	小于 3 740	小于 1 100
铁路运输	小于 2 400	小于 1 800	小于 2 542
公路运输	小于 3 360	小于 1 600	小于 1 650
航空运输	小于 1 094	小于 1 434	小于 1 600

适用于各种运输所能承载的运输包装件最大外轮廓（允许尺寸）见表 8-2：

表 8-2　　各种运输工具承载允许尺寸

	长度（m）	宽度（m）	高度（m）
水路运输	小于 32. 200	小于 10. 500	小于 5. 390
公路运输	小于 12. 160	小于 2. 500	最高点距地面 不得超过 4. 000
航空运输	小于 3. 175	小于 2. 438	小于 1. 626

（二）危险货物运输包装的特殊要求

1. 危险货物的一般包装条件

根据《危险货物运输包装通用技术条件》（GB12463-2009）的规定，危险货物一般要求的包装条件应符合下列要求：

（1）包装材质、容器与所装危险货物直接接触时不应发生化学反应或者其他作用。

（2）包装应符合强度要求。包装强度要求分为三类：一类包装（能盛装高度危险性的货物）；二类包装（能盛装中等程度危险性的货物）；三类包装（能盛装低度危险性的货物）。

（3）包装及容器封口应适合货物的性质。封口严密程度可分为三种：气密封口（不透气体的封口）；液密封口（不透液体的封口）；牢固封口（在关闭状态下，不会使内装固体物质在正常运输条件下发生撒漏的封口）。

（4）包装应有适当的衬垫材料。衬垫材料应是惰性的，与容器中的物质不会起化学反应和其他反应；能确保内容器保持围衬状态，不致移动，固定在外容器中；具有足够的吸湿材料以吸收一定量液体，从而不损害其他货物或者损坏外容器的保护性。

（5）包装应能经受一定范围内温度、湿度、压力的变化。

（6）包装的重量、体积、外形应便于运输、装卸和堆码。对货物单一包装最大重量的规定：木桶、琵琶桶最大净重为 400 千克，容量不超过 450 升；木板箱、胶合板箱最大净重为 400 千克；钢罐、塑料罐最大净重为 100 千克；再生木板箱为 100 千克；多孔塑料箱为 60 千克；纤维板箱为 50 千克；纺织品袋、塑料纤维袋、塑料薄膜袋、纸袋最大净重为 50 千克。

2. 危险货物包装试验合格的条件

经过试验合格的包装，都应在包装的明显部位标注清晰持久的包装试验合格标志。在国际物流过程中，还应在包装的明显部位标注清晰持久的联合国标准化组织所规定的包装试验合格标志。

【知识拓展】出境危险货物运输包装使用鉴定结果单简称“危包证”

《出境危险货物运输包装使用鉴定结果单》表明该单所列包装容器业经检验检疫机构鉴定合格，并按“国际海运危规”或“空运危规”的规定盛装货物。该结果单具有以下用途：

（1）外贸经营部门凭检验检疫机构出具的《出境危险货物运输包装使用鉴定结果单》验收危险货物。

（2）港务部门凭检验检疫机构出具的《出境危险货物运输包装使用鉴定结果单》安排出口危险货物的装运，并严格检查包装是否与检验结果单相符，有无破损渗漏、污染和严重锈蚀等情况，对包装不符合要求的，不得入库和装船。

（3）当合同规定或客户要求出具出口危险货物包装容器检验证书时，可凭《出境危险货物运输包装使用鉴定结果单》向出口所在地的检验检疫机构申请换取包装容器检验证书。

（4）对同一批号，分批出口的危险货物包装容器在使用结果单有效期内，可凭该结果单在出口所在地检验检疫机构办理分证手续。

（三）国际物流对货物包装的要求

在国际物流活动中，货物包装除符合国内物流要求外，还应根据运往国家包装法律法规和进口商对包装的要求进行包装。

四、运输包装标志的要求

【案例讨论】北京星火贸易公司把100箱用纸箱包装的玻璃制品交给宏远物流公司运往乌鲁木齐，在运输包装上未标明“易碎物品，小心轻放”标志，货物在运输途中未发生事故，货运到目的地后，收货人接货时包装完好，但开箱后发现5箱货物损坏。

收货人应向谁索赔？为什么？

（一）运输包装标志的分类

货物包装标志是货物包装的重要工作内容。为了货物装卸、运输、存储、检验和交接工作的顺利进行，防止发生错发错送、损坏货物和伤害人身事故，需要在运输包装上书写、印刷有关运输标志，以供人们操作时识别和注意。按运输包装标志用途，其可分为运输标志、指示性标志和警告性标志。

1. 运输标志

运输标志是由一个简单的几何图形和一些字母、数字及简单的文字组成。主要内容有：①目的地的名称和代号；②收发货人的代号；③件号、批号。有的还包括原产地、合同号、许可证号、体积和重量等内容。例如：

A B C

LONDON

NOS. 1-100

在国际货物运输中，为便于电子计算机技术的应用，避免由于运输标志内容差异过大而造成的物流工作的差错和困难，联合国下属国际标准化组织（ISO）规定了一套标准运输标志，并推荐给各国使用。该标准运输标志由四行组成。每行不得超过 17 个英文字母。例如：

SMCO	收货人
NEW YORK	目的港（地）
2015/CNO、345679	合同号（订单号、发票号等）
NO1-30	件号

2. 指示性标志

指示性标志是提醒人们在装卸、运输、仓储过程中需要注意的事项，一般都以简单醒目的图形和文字在包装上标出。

3. 警告性标志

警告性标志又称危险货物标志，凡在运输包装内装有爆炸物、易燃物品、有毒物品、腐蚀物品、氧化剂和放射性物资等危险货物时，都必须在运输包装上标打危险品的标志以示警告，使装卸、运输、仓储作业应按货物特性采取相应的防止措施，以保护物资和人员安全。

（二）货物运输包装标志的注意事项

与货物包装标志有关的法规和技术性规范主要有《包装储运图示标志》（GB / T191-2008）、《危险货物包装标志》（GB190-2009）、《水路包装危险货物运输规则》《国际海运危险货物规则》等。根据货物包装标志的法规和技术性规范的要求，制作运输包装的标志应根据货物自身属性不同的注意事项。

1. 普通货物运输包装标志的基本要求

普通货物也称为一般货物，是指除危险货物、鲜活易腐货物以外的一切货物。其运输包装标志应按照《包装储运图示标志》（GB /T191-2008）、《运输包装收发货标志》（GB 6388-1986）和《对辐射能敏感的感光材料图示标志》（GB 5892）的规定执行。出口货物标志应按我国执行的有关国际公约（规则）办理。普通货物运输包装的标志应符合以下要求：

（1）标志的颜色要清晰。标志颜色应为黑色，如果包装的颜色使得黑色标志显得不清晰，则应在印刷面上用适当的对比色，如以白色作为图示标志的底色。应避免采用易与危险品标志相混淆的颜色，即应避免采用红色、橙色或者黄色，另有规定的除外。

（2）标志的尺寸应适当。标志尺寸一般分为四种，如遇特大或者特小的运输包装件，标志的尺寸适当扩大或者缩小。

（3）标志的打印或者粘贴的要求。货物运输标志一般应印刷或者打印，也允许拴挂或者粘贴。采用印刷方式的，外框线及标志名称都要印上；采用喷涂方式的，外框线及标志名称可以省略。

标志在包装件上的粘贴位置：箱类包装标示应位于包装端面或者侧面；袋类包装标示应位于包装明显处；桶类包装标示应位于桶身或者桶盖；集装单元货物包装标示应位于四个侧面。标志应正确、清晰、齐全、牢固。标志不得褪色、脱落，不得喷刷在残留标记上。

（4）标志的使用方法应正确。“易碎物品”和“向上”标志，应标在包装件所有四个侧面的左上角处；同时使用该两种标示时，“向上”标志应更接近包装箱角。“重心”标志，应尽可能标在包装件所有六个面的重心位置上，至少应标在包装件四个侧面的重心位置上。“由此夹起”标志，用于可夹持的包装件，应标在包装件的两个相对面上，以确保作业时标志在叉车司机的视线范围内。“由此吊起”标志，至少贴在包装件的两个相对面上。

2. 危险货物运输包装标志的特殊要求

危险货物是指具有爆炸、易燃、毒害、腐蚀、放射性等性质，在运输、装卸和存储保管过程中容易造成人身安全和财产损毁需要特别防护的货物。目前，我国已公布的法规、标准主要有《危险货物分类和品名编号》（GB6944-2012）、《危险货物品名表》（GB12268-2012）、《常用危险化学品分类及标志》（GB13690-92），将危险化学品分为八大类，每一类又分为若干项。

危险货物标志的尺寸和标志作业除与普通货物标志的相同外，还应遵守《危险货物包装标志》（GB190-2009）等对危险货物包装图示标志的种类、名称、图案、尺寸及颜色的规定。每种危险品包装件应按其类别贴相应的标志。如果某种物质或者物品还有属于其他类别的危险性质，包装上除了粘贴该类标志作为主标志以外，还应粘贴表明其他危险性的标志作为副标志，副标志图形的下角不应标有危险货物的类项号。

3. 国际物流对货物运输包装标示的要求

在国际物流活动中，货物包装标示包装除符合国内物流要求外，还应根据运往国家包装法律、法规和进口商对包装标示的要求。《国际海运危险货物规则》规定危险货物标志由危险货物的标记、图案标志（标签）和标牌组成。

（1）标记是指标注在包装危险货物外表的简短文字或者符号，包括危险货物的完整学名、联合国编号、海洋污染物标记。

（2）图案标志是指以危险货物运输规则中规定的色彩、图案和符号绘制成的菱形标志。它可以醒目地标示包装危险货物的性质。凡具有次要危险性的货物，除要有主要危险性的图案标志外，还要有次要危险性的图案标志。

（3）标牌是指放大的图案标志（250 毫米×250 毫米），适用于如集装箱、可移动柜、罐等较大的运输单元。

危险货物标志应粘贴、印刷牢固，在运输中清晰、不脱离。《国际海运危险货物规则》规定：“危险货物的所用标志均须满足至少三个月海水浸泡后，即不脱落又清晰可辨。”

第二节　货物装卸搬运法规

一、货物装卸搬运概述

（一）货物装卸搬运的概念

货物装卸，是指在指定地点以人力或者机械将货物装入运输设备或者从运输设备卸下物品的活动；货物搬运，是指在同一场所将物品进行水平移动，以改变“物”的空间位置的活动；两者合称装卸搬运。装卸搬运包括装车（船）、卸车（船）、堆垛、入库、出库以及连接上述各项动作的短程输送，是随运输和保管等活动而产生的必要活动。

在物流行业里，常将装卸搬运整体活动称作“货物装卸”；在生产领域则将整体活动称作“物料搬运”。在实际操作中，装卸与搬运是在一起物流活动中发生的。搬运与运输中的“运”区别在于，搬运是在同一地域的小范围内发生的，即物流节点内进行的活动；而运输则是在较大范围内发生的，即物流节点间进行的活动。

【案例链接】货物装卸案例

某物流公司接受客户委托，代为在港口对从日本进口的集装箱货物进行拆箱取货，以便送到用户手中。事先，物流公司知道箱内装有精密贵重的设备，故挑选比较有经验的装卸工人承担这一任务。当铲车工人用铲车将该箱货物铲出时，由于箱子较宽，未能全面置于叉面上，同时箱子的重心亦不在中间，而偏在悬空的一侧。结果车铲下落时，货箱向外倾倒。在铲车工人采取有效措施之前，箱子摔落在地上，致使设备遭受严重损害。事后，物流公司与客户多次协商，最后承担该设备的外国修理费、往返运费以及一半的客户经营损失等。

（二）装卸搬运的分类

按装卸搬运施行的物流设施、设备不同，装卸搬运可分为仓库装卸、铁路装卸、港口装卸、汽车装卸、飞机装卸等。

按装卸搬运的机械及机械作业不同方式，装卸搬运可分成使用吊车的“吊上吊下”方式、使用叉车的“叉上叉下”方式、使用半挂车或者叉车的“滚上滚下”方式、“移上移下”方式及散装方式等。

（三）装卸搬运的作用

在物流过程中，装卸活动是不断出现和反复进行的，它出现的频率高于其他物流活动。每次装卸活动都要花费很长时间，所以往往也成为决定物流速度的关键因素。装卸活动所消耗的人力很多，装卸费用在物流成本中所占的比重也较高。装卸搬运操作时往往需要接触货物，其也是物流过程中货物破损、散失、损耗、混合等损失发生的主要环节。装卸活动是影响物流效率、决定物流经济效果的重要环节。

【法律链接】《快递市场管理办法》

第十六条　经营快递业务的企业应当按照快递服务标准，规范快递业务经营活动，保障服务质量，维护用户合法权益，并应当符合下列要求：

（一）填写快递运单前，企业应当提醒寄件人阅读快递运单的服务合同条款，并建议寄件人对贵重物品购买保价或者保险服务；

（二）企业分拣作业时，应当按照快件（邮件）的种类、时限分别处理、分区作业、规范操作，并及时录入处理信息，上传网络，不得野蛮分拣，严禁抛扔、踩踏或者以其他方式造成快件（邮件）损毁；

（三）企业应当在承诺的时限内完成快件（邮件）的投递；

（四）企业应当将快件（邮件）投递到约定的收件地址和收件人或者收件人指定的代收人。

二、货物装卸搬运法规

货物装卸搬运法规，是指国家制定的用以规范货物在装卸或搬运过程中的法律规范的总称。

我国的《民事通则》《合同法》《海商法》等都有与装卸搬运有关的法律规范。为规范铁路装卸搬运，原铁道部颁布了《铁路货物运输管理规则》（1991）、《铁路装卸作业安全技术管理规则》（1983）等部门规章。为了规范公路装卸搬运，原交通部在2000年8月28日发布，自2001年11月1日起施行的《港口货物作业规则》是专门调整港口作业的部门规范。其明确了水路运输货物港口作业有关当事人的权利、义务，为水路运输货物提供的装卸、驳运、储存、装拆集装箱等港口作业提供了法律性的操作规则。《联合国国际贸易运输港站经营人赔偿责任公约》也是规范装卸搬运的重要国际公约。

三、货物装卸搬运作业原则

（一）尽量不进行装卸

装卸作业本身并不产生价值，不适当的装卸作业反而可能造成商品的破损，或使商品受到污染。同时，装卸作业不仅要花费人力和物力，增加费用，还会使流通速度放慢。因此，尽力排除无意义的装卸作业，尽量减少装卸次数，以及尽可能地缩短搬运距离等。装卸作业的经济原则就是尽量不进行装卸。

（二）装卸的连续性

装卸的连续性是指两处以上的装卸作业要配合好，以避免连续性作业中途停顿。因此，装卸作业应进行" 流程分析"，进行货物流动性分析，考虑下一步物流计划，使经常相关的作业配合在一起。

（三）减轻人力装卸

装卸经济性要求把人的体力劳动改为机械化劳动。在不得已情况下，依靠人力装卸也尽可能不要让搬运距离太远。减轻人力装卸原则，主要是在减轻体力劳动量、缩短劳动时间，防止劳动安全事故发生，减轻企业成本消耗。

（四）提高搬运灵活性

物流过程中，常将暂时存放的物品再次搬运。从便于经常发生的搬运作业考虑，物品的堆放和分类整理等很重要。这种便于货物移动的程度，被称为“搬运灵活性”。

四、货物装卸搬运合同

物流活动过程中所提供的装卸、搬运、储存、装拆等作业，可通过作业委托人与装卸搬运经营人订立货物装卸搬运合同来进行。货物装卸搬运合同，是指装卸搬运经营人与作业委托人协商订立的由装卸搬运经营人对指定货物进行装卸、搬运、储存、装拆等作业，作业委托人支付作业费用的协议。

货物装卸搬运合同条款主要通过双方当事人协商确定。一般情况下，该合同应当包括以下主要条款：

（1）装卸搬运经营人、作业委托人和货物接收人的名称、负责人、单位地址等。

（2）作业项目，如货物的装卸、搬运、储存、装拆等作业项目。

（3）货物名称、件数、重量、体积（长、宽、高）。
（4）作业费用及其结算方式。
（5）货物交接的地点和时间。
（6）货物异常情况通知义务。
（7）车次、船名或航次。
（8）装卸搬运线路，如起运港（站、点）和到达港（站、点）。
（9）违约责任。
（10）解决争议的方法。

五、港口货物作业合同当事人的责任和义务

港口货物作业涉及装卸、搬运、储存、装拆等作业，最能集中体现货物装卸搬运的基本内容。港口经营人与作业委托人的权利义务可以通过港口货物作业合同（以下简称作业合同）来约定，未约定的按合同所适用的法律法规处理。

（一）作业委托人的主要责任和义务

（1）作业委托人应当及时办理港口、海关、检验、检疫、公安和其他货物运输和作业所需的各种手续，并将已办理各项手续的单证送交港口经营人。

（2）有特殊保管要求的货物，作业委托人应当与港口经营人约定货物保管的特殊方式和条件。

（3）作业委托人向港口经营人交付货物的名称、件数、重量、体积、包装方式、识别标志，应当与作业合同的约定相符。笨重、长大货物作业，作业委托人应当声明货物的总件数、重量和体积（长、宽、高）以及每件货物的重量、长度和体积（长、宽、高）。作业委托人未按照本条规定交付货物、进行声明造成港口经营人损失的，应当承担赔偿责任。

【法律链接】《港口货物作业规则》关于笨重、长大货物的规定

第十三条　单件货物重量或者长度超过下列标准的，为笨重、长大货物：

（一）沿海：重量5吨，长度12米；

（二）长江、黑龙江干线：重量3吨，长度10米。

各省（自治区、直辖市）交通主管部门对本省内作业的笨重、长大货物标准可以另行规定，并报国务院交通主管部门备案。

（4）需要具备运输包装的作业货物，作业委托人应当保证货物的包装符合国家规定的包装标准；没有包装标准的，应当在保证作业安全和货物质量的原则下进行包装。

（5）危险货物作业，作业委托人应当按照有关危险货物运输的规定妥善包装，制作危险品标志和标签，并将其正式名称和危害性质以及必要时应当采取的预防措施书面通知港口经营人。

（6）作业委托人委托货物作业，可以办理保价作业。货物发生损坏、灭失，港口经营人应当按照货物的声明价值进行赔偿，但港口经营人证明货物的实际价值低于声明价值的，按照货物的实际价值赔偿。

（7）港口经营人将货物交付货物接收人之前，作业委托人可以要求港口经营人将

货物交给其他货物接收人，但应当赔偿港口经营人因此受到的损失。

（8）作业委托人或者货物接收人应当在约定或者规定的期限内交付或者接收货物。

（9）除另有约定外，作业委托人应当预付作业费用以及因货物本身原因所产生的其他费用。

【知识拓展】《港口货物作业规则》关于港口货物装卸交接规定

港口经营人交付货物时，货物接收人应当验收货物，并签发收据，发现货物损坏、灭失的，交接双方应当编制货运记录。

货物接收人在接收货物时没有就货物的数量和质量提出异议的，视为港口经营人已经按照约定交付货物，除非货物接收人提出相反的证明。

（二）港口经营人即装卸搬运经营人的主要责任和义务

（1）港口经营人应当按照作业合同的约定，根据作业货物的性质和状态，配备适合的机械、设备、工具、库场，并使之处于良好的状态。

（2）港口经营人应当按照作业合同的约定接收货物，港口经营人接收货物后应当签发用以确认接收货物的收据。

（3）港口经营人应当妥善地保管和照料作业货物。经对货物的表面状况检查，发现有变质、滋生病虫害或者其他损坏，应当及时通知作业委托人或者货物接收人。

（4）港口经营人应当在约定期间或者在没有这种约定时在合理期间内完成货物作业。港口经营人未能在约定期间或者合理期间内完成货物作业造成作业委托人损失的，港口经营人应当承担赔偿责任。

（5）作业委托人未按规定将危险货物的性质通知港口经营人或者通知有误的，港口经营人可以在任何时间、任何地点根据情况需要停止作业、销毁货物或者使之不能为害，而不承担赔偿责任。作业委托人对港口经营人因作业此类货物所受到的损失，应当承担赔偿责任。港口经营人知道危险货物的性质并且已同意作业的，仍然可以在该项货物对港口设施、人员或者其他货物构成实际危险时，停止作业、销毁货物或者使之不能为害，而不承担赔偿责任。

（6）交接集装箱空箱时，应当检查箱体并核对箱号；交接整箱货物，应当检查箱体、封志状况并核对箱号；交接特种集装箱，应当检查集装箱机械、电器装置、设备的运转情况。集装箱交接状况，应当在交接单证上如实加以记载。交接时发现集装箱封志号与有关单证记载不符或者封志破坏的，交接双方应当编制货运记录。

（7）单元滚装运输作业，港口经营人应当提供适合滚装运输单元候船待运的停泊场所、上下船舶和进出港的专用通道；保证作业场所的有关标识齐全、清晰，照明良好；配备符合规范的运输单元司乘人员及旅客的候船场所。旅客与运输单元上下船和进出港的通道应当分开。

（8）港口经营人对港口作业合同履行过程中货物的损坏、灭失或者迟延交付承担损害赔偿责任，但港口经营人证明货物的损坏、灭失或者迟延交付是不可属于自己过错责任除外。

【法律链接】《港口货物作业规则》关于港口经营人的作业免责

港口经营人证明货物的损坏、灭失或者迟延交付是下列原因造成的：①不可抗力；②货物的自然属性和潜在缺陷；③货物的自然减量和合理损耗；④包装不符合要求；⑤包装完好但货物与港口经营人签发的收据记载内容不符；⑥作业委托人申报的货物重量不准确；⑦普通货物中夹带危险、流质、易腐货物；⑧作业委托人、货物接收人的其他过错。

六、集装箱车船装卸作业

随着集装箱运输的不断发展，不同种类、不同性质、不同包装的货物都有可能装入集装箱内进行运输。为确保货运质量的安全，做好集装箱的搬运装卸和箱内货物的积载工作是很重要的。在集装箱物流过程中，集装箱搬运装卸和装箱环节所发生的货损事故比例特别高。

【案例讨论】光明公司与兰光物流公司签订了从浙江宁波用集装箱将一批茶叶运往英国伦敦的运输合同。根据合同规定，兰光物流公司承担集装箱租赁和装箱工作。货物运到伦敦后，收货人发现茶叶有异味，经有关机构检验茶叶中受精奈污染，原因是集装箱前一次装的是精奈货物且没有清洗。

收货人应向谁索赔，为什么？

（一）集装箱搬运装卸的概念

集装箱搬运装卸是指对集装箱进行车船装卸以及集装箱车船装卸作业前后所进行的一系列作业，主要包括集装箱车船装卸作业、堆场作业、货运站作业等。国际标准化组织（ISU）制订的《系列 1 集装箱—装卸和紧固》（ISO 3874-1988）国际标准，对不同种类的集装箱的装卸作了具体的规定。

（二）集装箱货物装箱作业的注意事项

集装箱装箱作业是指将货物装进集装箱内的作业。装箱质量直接关系到货物运输安全和箱内货物安全。在集装箱货物装箱作业时，物流企业应当注意以下事项：

（1）在进行集装箱货物装箱前，应当根据所运输货物的种类、包装、性质和其运输要求来选择合适的集装箱。选择和检查的集装箱应当符合以下基本条件：①符合 ISO 标准；②四柱、六面、八角完好无损；③箱子各焊接部位牢固；④箱子内部清洁、干燥、无味、无尘；⑤不漏水、漏光；⑥具有合格检验证书。

（2）将不同件杂货混装在同一箱内时，应根据货物的性质、重量、外包装的强度、货物的特性等情况，将货区分开。将包装牢固、重件货装在箱子底部，包装不牢、轻货则装在箱子上部。

（3）货物在箱子内的重量分布应均匀。否则，箱子某一部位装载的负荷过重，不但会使箱子底部结构发生弯曲或者脱开的危险，在吊机和其他机械工作时箱子会发生倾斜，而且在集装箱运输时因拖车前后轮的负荷差异过大导致货运事故的发生。

（4）在进行货物堆码时，当根据货物的包装强度，决定货物的堆码层数。另外，为使箱内下层货物不致被压坏，应在货物之间垫入缓冲材料。

（5）货物与货物之间，应有加隔板或者隔垫材料，避免货物相互擦伤、沾湿、污损。

(6) 货物装载应严密整齐，合理使用填充物，使货物之间不应留有空隙。这样不仅可充分利用箱内容积，也可防止货物相互碰撞而造成损坏。

（三）集装箱货物拆箱作业的注意事项

集装箱拆箱作业是指将装在同一个集装箱内多个收货人的物品取出，并交给收货人的作业过程。集装箱拆箱作业通常在集装箱货运站完成。在集装箱货物拆箱作业时，物流企业应当注意以下事项：

(1) 开箱准备及注意事项。开箱门前，应先观察箱门有无明显损坏变形、异样及铅封是否完好，如果发现铅封缺失，或箱体损坏等，必要时应通知船公司派人到场，双方现场观察拆箱实况。在开启右门后，要检查箱内货物堆放情况正常，才能完全开启左门，如发现箱内货物有向外倾倒的可能，要立即采取措施做好支撑后，方可完全开启箱门，防止货物倾出受损、伤人。

(2) 拆箱作业。开箱门后，应先检查货物外包装情况，确认完好，才可以将货物逐件搬移出箱外。货物搬出后，应核对货名以及货物标志规格、件数、单件重量、体积等，与拆箱计划资料核对相符，然后对各票货物分唛点数，分唛进库堆放。如发现货物包装异样，货名、件数、规格等与拆箱计划不符，应立即做好书面记录，必要时拍照存查，并立即通知客户，以界定责任。

(3) 空箱归还作业。集装箱拆空后，应对集装箱进行基本的清扫，清除原有的标志物，并对集装箱的内表面状况进行检查，对箱体存在的破损、水湿、油污、变形等状况做好记录，及时向承运公司反馈箱体情况。完成清箱事项后，应立即将空箱信息反馈给堆场，及时安排空箱返场或送还到箱属公司指定的空箱场区。

（四）物流企业在集装箱码头搬运装卸中的权利和义务

与普通港口搬运装卸相比较，物流企业在集装箱码头搬运装卸负有基本注意事项外，还负有一些特殊的义务。

1. 自行进行集装箱码头搬运装卸作业的物流企业所承担的义务

(1) 应使装卸机械及工具、集装箱场站设施处于良好的技术状况，确保集装箱装卸、运输和堆放安全。

(2) 物流企业在装卸过程中应做到：稳起稳落、定位放箱，不得拖拉、甩关、碰撞；起吊集装箱要使用吊具，使用吊钩起吊时，必须四角同时起吊，起吊后，每条吊索与箱顶的水平夹角应大于45度；随时关好箱门。

(3) 物流企业如发现集装箱货物有碍装卸运输作业安全时，应采取必要的处置措施。

2. 委托他人进行集装箱码头搬运装卸的物流企业承担的义务

(1) 物流企业委托他人进行港口集装箱搬运装卸作业应填制“港口集装箱作业委托单”。

(2) 物流企业委托他人进行港口集装箱搬运装卸作业过程中应保证货物的品名、性质、数量、重量、体积、标准、规格与委托作业单记载相符。委托作业的集装箱货物必须符合集装箱装卸运输的要求，其标志应当明显清楚。由于申报不实给港口经营人造成损失的，物流企业应当负责赔偿。

第三节　物流加工法规

一、物流加工概述

1. 物流加工的定义

物流加工，是指在物流过程中，物流企业根据需要对物品进行包装、分割、计量、分拣、刷标志、拴标签、组装等作业的总称。加工是生产过程的活动，是创造价值的过程。一般情况下，物流不改变其形态创造价值，而是保持流通对象的已有形态，完成空间的位移，实现“时间效用”和“空间效用”。物流加工在流通中进行加工，将流通与加工结合在一起，是现代物流企业的一项增值服务。

2. 物流加工的作用

物流加工能弥补生产过程中的加工不足，使产需双方更好地衔接。物流加工是生产加工在流通领域中的延伸，也可以看成流通领域为了更好地服务，是物流企业在职能方面的扩大。物流加工还能适应多样化的客户的需求，可以通过物流加工来保持并提高商品的机能；提高商品的附加值；更有效地满足用户或者企业多样化的需要；可以规避风险，推进物流系统化。

二、物流加工法规

物流加工法规，是指国家制订的涉及物流加工活动的法律规范的总称。

目前，我国尚无单独的物流加工的法律法规。《民事通则》《合同法》中关于加工承揽合同的规定可适用于物流加工。物流加工的产品符合《中华人民共和国产品质量法》的要求，还应遵守本法及相关法律的规定。

三、加工承揽合同

加工承揽合同，是指承揽方按照定作方提出的要求完成一定工作，定作方接受承揽方完成的工作成果并给付约定报酬的合同。在物流加工服务过程中，按照对方的要求完成一定工作的人是物流加工承揽方，接受工作成果并给付约定报酬的人是物流客户即定作方。

（一）根据加工承揽事项不同，物流加工承揽合同可分为以下类型：

（1）加工合同。由定作方提供原材料或者半成品，由承揽方按合同要求进行加工，承揽方按约定收取加工费。主要特点是定作方自己带料，承揽方只收取加工费。在实际生活中，也有由定作方带一部分原材料，由承揽方负责一部分原辅材料，加工的成品作价给定作方。

（2）定作合同。由定作方提出定作物的名称、品种、数量、规格、质量等要求，由承揽方自筹材料进行生产，定作方接受产品并付给约定的报酬。这种合同与加工合同的区别在于定作方不带料，所用原辅材料完全由承揽方负责。

（3）修理合同。由承揽方为定作方修复损坏或者发生故障的设备、器件或者物品，通过修复和保养，使修理物达到正常使用的状态，承揽方按照定作方的要求完成修理任务所签订的合同。定作方应向承揽方给付酬金。由于物流过程中产品和包装的破损是不可避免的，所以修理合同在物流过程中是常见的。

（4）修缮合同。由定作方提出修缮货物的要求，承揽方按照定作方的要求完成维护修缮任务。这种合同的特点是通过承揽方的工作延续了修缮物的使用价值，承揽方收取合同中约定的酬金。

（二）加工承揽合同的主要条款

加工承揽合同是当事人之间权利义务的依据。任何一方当事人违约，都应按照合同约定承担违约责任。加工承揽合同内容由当事人平等协商确定，一般应当包括以下主要条款：

（1）当事人名称及姓名条款。

（2）加工承揽的品名或者项目。

（3）加工货物的数量、质量标准及加工方法条款。

（4）原材料的提供以及规格、数量、质量条款。

（5）价款或者酬金条款。

（6）验收标准和验收方法条款。

（7）违约责任条款。

（8）解决合同争议条款。

【案例讨论】王某及其子善于制作根雕并成立了根雕工作室，邻居刘某获得两棵树根，就委托王某为其制作根雕，双方约定，每制作一个根雕，就付款2 000元。王某答应1个月内制作完毕，但在王某加工完第一个根雕后，突然发病死亡。王某死亡后，其子在处理完王某的丧事后，向刘某提出，其父已死亡，不能为其制作根雕，要求刘某支付已加工完毕根雕费2 000元，并退回另一尚未制作加工的根雕。刘某要求其子将另一根制作成根雕，或请他人加工也可。双方为此发生争议。

（1）根据本案，说说各方当事人的权利与义务。

四、物流企业在物流加工中的责任和义务

物流加工是生产加工在流通领域中的延伸。当物流加工的产品符合《中华人民共和国产品责任法》的规定时，物流加工企业依法承担生产者关于产品质量的责任和义务：

1. 作为的义务

（1）生产者应当使其生产的产品达到以下质量要求，即不存在危及人身、财产安全的不合理的危险，有保障人体健康和人身、财产安全的国家标准、行业标准的，应符合该标准，即要求生产者不得生产缺陷产品。

（2）除了对产品存在使用性能的瑕疵作出说明的以外，产品质量应当具备使用性能，即要求生产者应当尽合同义务、担保义务。

（3）产品的实际质量应符合在产品或者其包装上注明采用的产品标准，并符合以产品说明、实物样品等方式表明的质量状况。

（4）除裸装的食品和其他根据产品的特点难以附加标识的产品可以不附加产品标识外，其他任何产品或产品包装上均应当有标识，即有中文表明的产品名称、生产厂

名和厂址；有产品质量检验合格证明；根据产品的特点和使用要求，需要标明产品规格、等级、所含主要成分的名称和含量的，相应予以标明；限期使用的产品，标明生产日期和安全有效的日期。

（5）产品包装应符合规定的要求。使用不当容易造成产品本身损坏或可能危及人身财产安全的产品，产品包装必须符合相应要求，并标明警示标志或者中文警示说明等注意事项。

2. 不作为的义务

（1）生产者不得生产国家明令淘汰的产品。

（2）生产者不得伪造产地，不得伪造或冒用他人的厂名、厂址。

（3）生产者不得伪造或冒用认证标志、名优标志等质量标志。

（4）生产者生产产品，不得掺假、掺杂，不得以次充好，不得以不合格产品冒充合格产品。

实训作业

一、实训项目

1. 为增强学生对物流过程中的危险品的认识和重视，加深学生对危险品标志的印象，将所有标志打印为彩色卡纸，分别测试学生对危险品标志的准确性。

2. 学生以小组为单位，每组自行设计一个货物纸箱包装，在设计制作时做一个错误陷阱，完成后各组集中交换检查，找出他组包装设计上的错误。

二、案例思考

1. 红星物流有限公司与某仪器有限公司签订了一批精密仪器的物流配送合同。托运人在运输包装上贴有小心轻放的指示性标志。物流公司所雇佣的装卸工人未按规定装卸，使其中 10 箱货物损坏。

该损失应由谁承担？为什么？

2. 利民物流公司和一客户签订运输茶叶的每袋 1 000 克包装茶叶配送合同。合同中规定，运输前，由利民物流公司提供包装材料和进行运输包装；把每袋 1 000 克的包装茶叶装入 5 层的瓦楞纸的纸箱内，每箱 25 包，共计 800 箱。但利民物流公司无 5 层的瓦楞纸的纸箱，最后用 3 层的瓦楞纸的纸箱代替。此批货物在运输途中纸箱破裂，损失 500 包茶叶，运输包装修理费 600 元。

茶叶损失和包装修理费应由谁承担？为什么？

第九章 物流保险法实务

在物流的加工、仓储、运输等各个环节，货物及其设施设备等都有面临各种自然灾害和意外事故的危险。其一旦发生，必然给货物的所有人或货物风险的承担者造成重大的经济损失。加强货物在物流中各环节的风险管理，是物流工作的重要组成部分。其中，对货物发生风险概率高的运输环节或仓储环节等，采用保险转嫁风险是最常用的操作方式。当货物发生承保范围内的风险时，受害人可以依据保险合同或保险法规定获得一定经济补偿。本章除了介绍保险法的基本原理外，重点介绍财产保险与海上货物运输保险的法律实务知识。

【导入案例】黑龙江某制革厂于2014年11月11日与中国人民保险公司签订了包括自燃等保险事故在内的企业财产保险合同。根据保险合同约定，该厂将位于齐齐哈尔市市郊自有的固定资产和流动资产全部投入保险，其中，固定资产450万元，流动资产87万元，保险费2.9万元，保险期限一年。在财产保险合同、保险单及所附财产明细表中，均写明投保的流动资产包括产成品、原材料和产品，存放在本厂库房，并标明了位置。投保后，制革厂于2015年4月16日、19日先后两次将保险项下的皮革产成品发往其驻武汉的销售部，共计2 100件，价值34万元。2015年8月16日，由于武汉气温连日持续高温，引起武汉库房的货物自燃，全部被烧。问：

（1）根据《保险法》规定，被保险人能否向保险人索赔？为什么？

（2）若保险人发现投保人将货物存放地转移后，能否解除保险合同？为什么？

第一节 保险与保险法概述

一、保险概念与保险构成

（一）保险

物流企业在生产经营各环节都面临各种自然灾害和意外事故，保险自然成为其风险管理的重要选择。一般都认为，保险是一种以保险合同为依据而建立起来的补偿损失的经济制度。被保险人根据合同以交纳保费的方式将风险转移给保险人；保险人根据合同收取保费，建立保险基金，履行合同规定的损失补偿或给付保险金的责任。

【案例链接】中国海运史上的"泰坦尼克号"事件

"大舜"号是山东烟大轮船轮渡有限公司客货滚装船，总吨位为9 843吨，属于往返烟台与大连的定期班轮。1999年11月24日，因海上大风大浪恶劣天气预警，其他班轮停运轮渡，正常发班的"大舜"轮乘客和货主满员，乘客264名、货车61辆，还有船员40名。在复杂的海运气象情况下，船方未在发班时对运载车辆按照技术规范做好加固工作，风大浪高导致船舶大幅摇摆引发D甲板汽车舱火险。在险情出现后，船员没有查明火源，灭火措施处理不当，大火迅速蔓延。因风力加大到10级，浪高5米，多艘前往救助船舶难以施救。在北方寒冷海洋上，在大火中燃烧了近7个小时的"大舜"号失去自救能力，于当晚23时38分在烟台海域沉没。除22人获救外，同船的282人的全部死亡，"大舜"轮成为中国海难史上的"泰坦尼克号"。

（二）保险的构成

保险的构成，又称保险的要件，是指保险得以成立的基本条件。保险的构成必须具备三个要件：

（1）危险要素。俗话说，无危险即无保险，但保险范畴中的危险有其特定的要求：一是危险必须是不确定的，它包含危险发生与否的不确定性、危险发生时间的不确定性与危险发生后果的不确定性；二是危险发生必须是偶然的，如果是保险标的物本身的自然消耗或被保险人的故意行为所造成的，该危险就不具有偶然性；三是危险程度必须是能测定的。危险的程度是投保人和保险人计算保险费率的重要依据。例如货物在运输中面临被丢失、碰撞、污染等危险，仓储货物面临被盗窃、串味等危险。正由于这些危险的存在，当事人才有保险的需求。

（2）互助要素。以多数人的互助共济是保险区别于自保形式建立后备基金的关键，保险体现了"我为人人，人人为我"的互助共济关系。其原理是集合危险，分散损失。因此，保险经营方式是通过集合多数人共同筹集资金，建立集中的保险基金，用以补偿少数人的损失。

（3）补偿要素。"无损失，无保险。"保险最重要的功能是，投保人或被保险人在承保事故发生中所遭受的经济损失，可以从保险人那里获得保险金的补偿。通过保险的补偿功能，使投保人或被保险人能快速地恢复正常的生产与生活，让社会经济秩序得以正常运转。

【案例链接】2015年夏季，成都地区一家（台资）家具生产企业，其库房价值5 000万元的原材料、成品和半成品因一场大火而被烧毁，使企业生产经营活动一下陷入困境。让企业唯一庆幸的是，由于企业风险管理意识强，对其库房及库房内财产办理了综合财产保险。受灾企业向保险公司提出了保险索赔申请，保险公司接到申请后，积极进行了保险事故责任认定和损失认定。在保险事故发生后第四天，该企业就获得了保险金5 000万元的理赔，从而快速重建并恢复了生产经营能力。

二、保险的种类

根据不同的标准，保险有不同的种类。这里只介绍几种主要分类方式。

1. 根据保险标的标准，保险可分为财产保险与人身保险

财产保险，是以财产及其有关利益或损害责任作为标的的保险，如有企业财产保险、责任保险、信用保险和保证保险等。

人身保险，是以人的身体或寿命作为标的的保险，如人寿保险、健康保险和意外伤害保险等。

2. 根据保险合同订立时保险标的价值是否确定的标准，保险可分为定值保险与不定值保险

定值保险，是在保险合同订立时就明确了保险标的的价值的保险。当保险标的发生损失时，保险人就以保险合同中确定的保险价值作为保险金的给付标准。

不定值保险，在保险合同订立时约定保险标的价值须待保险事故发生后才予以确定的保险。不定值保险虽然不约定保险标的的价值，但在保险业务中为了计算保险费，往往先假定一个保险标的价格。若假定的价格与以后确定的价值不同时，再按其差额计算保险费。

3. 根据保险人数标准，保险可分为单保险与复保险

单保险，是指投保人以同一保险标的、保险利益、保险事故，向一个保险人订立保险合同的保险。绝大多数保险属于此类保险。

复保险，又称重复保险，是指投保人对于同一保险标的、保险利益、保险事故，与两个以上的保险人订立数个保险合同的保险。对于财产的重复保险的法律效力，各国法律有不同规定。

4. 根据保险人所负保险责任的次序标准，保险可分为原保险与再保险

原保险，是相对于再保险而言的，是指保险人与投保人原始订立保险合同的保险。无再保险，也就无原保险。在实践中，为了便于区分，一般把原保险称为第一次保险，把再保险称为第二次保险。

再保险，是指保险人将其所承担的保险责任，以分保的形式部分转移给其他保险人的保险。分出保险业务的保险人叫原保险人；接受分出保险业务的保险人叫再保险人。再保险是以原保险人的保险责任为保险对象的，因此在性质上应属于责任保险。再保险是原保险人转移经营风险和扩大承保能力的重要措施。

【知识拓展】 各国保险法基本上类似规定：同一保险人不得同时兼营财产保险业务和人身保险业务；但是，经营财产保险业务的保险公司经保险监督管理机构核定，可以经营短期健康保险业务和意外伤害保险业务。

三、保险法

保险法，是指以保险关系为调整对象的一切法律规范的总称。根据保险法调整的对象即保险关系的差异性，我国的保险立法主要有以下几方面：

（1）保险合同法。保险合同法，是保险法的核心内容，是关于保险关系当事人权利义务的法律。其包括保险合同的订立、履行、终止、变更、解除和保险合同纠纷的处理等内容。1995 年 6 月 30 日第八届全国人大常委会第十四次会议通过《中华人民共和国保险法》（以下简称《保险法》）。2002 年，我国对《保险法》进行了修改；2009 年我国再次对《保险法》进行了修正，并于同年 10 月 1 日起正式实施。《保险法》对

保险合同的总则、财产保险合同和人身保险合同等作了全面系统的规定，成为我国保险合同法的基本法律制度。

(2) 保险业法。保险业法，又称保险组织法或保险业监督法，是国家对保险业进行监督和管理的法律。其对保险组织的设立、经营、管理、监督、破产、解散和清算等进行规定，目的在于维护保险事业的正常发展。例如，我国 1985 年 3 月 3 日国务院颁布的《保险企业管理暂行条例》属于保险业法。

(3) 保险特别法。它是规范某具体险种项下保险关系的法律。例如，1992 年 11 月 7 日第七届全国人大常委会第二十八次会议通过的《中华人民共和国海商法》(以下简称《海商法》)，属于保险特别法。自 2006 年 7 月 1 日起施行的《机动车交通事故责任强制保险条例》，也属于保险特别法，其对机动车交通事故责任强制保险作了专门规定。

【知识拓展】社会保险法是指规范劳动者因偶然事故而影响或丧失劳动能力，或有劳动能力而丧失劳动机会时所受经济损失通过保险予以经济补偿的法律制度。目前，我国已将养老、医疗、失业、工伤与生育等纳入了社会保险法的调整范畴。社会保险法与商业保险有着较大区别，前者属于强制性法规，后者以任意性法规为主。

四、财产保险的基本原则

【案例讨论】7 月，天津某陶瓷企业（卖方）与广州某酒楼（买方）签订了价值 18 万元的陶瓷买卖合同。合同约定：由卖方代办合同货物的托运手续，并代办货物从其库房所在地青岛至目的地广州的海运线路和沿海内河运输保险手续，其中运费和保险费暂由卖方垫付；货到广州后买方支付合同价款、运费和保险费。由于遭遇承保责任范围内的风险，这批货物在运输途中全部损失。此时，酒楼也因经营不善而陷入债务危机，无力支付合同价款及相关费用。于是，仍持有该批货物保险单的卖方直接向保险人提出索赔申请。问：

酒楼索赔能否成功？为什么？

在保险业的每一个环节都有保险的原则和相应的法律制度来指导和规范投保人、被保险人和保险人等投保、理赔等保险行为。由于人身保险与财产保险的保险标的不同，两者的保险原则有较大差异。根据物流产业保险的需要，本书仅阐述财产保险的基本原则。

(一) 可保利益原则

可保利益原则，是指在财产保险中投保人在投保时原则上应对保险标的具有可保利益，才能同保险人签订保险合同；被保险人在进行索赔时必须对遭受损失的保险标的具有可保利益，保险人才对被保险人进行损失赔偿。

可保利益也称保险利益，是指投保人或被保险人对保险标的所具有的法律上承认的利益。其中，保险标的是指作为保险对象的财产及其有关利益或者人的寿命和身体。可保利益体现了投保人或被保险人同保险标的之间存在着合法的经济利益关系。由于有可保利益的存在，限制了保险在损害发生时的补偿限额，从而防止了保险活动中的赌博行为或道德危险的发生。

(二)最大诚信原则

最大诚信原则，是指保险合同对合同当事人的诚信要求高于其他合同，即在保险合同签订时投保人必须诚实地履行告知义务，并进行正确的陈述；在保险合同有效期内，被保险人必须严格地履行其承诺的保证义务。

在保险早期，最大诚信原则是用来约束投保人、被保险人的行为，即投保人或被保险人未履行正确告知、如实陈述或违反保证义务时，保险人有权解除保险合同或增加保险费用。为了平等地保护投保人的利益，现代保险法也要求保险人同样遵守最大诚信原则。例如，我国《保险法》第十八条规定："保险合同中规定有关于保险人责任免除条款的，保险人在订立保险合同时应向投保人明确说明，未明确说明的，该条款不产生效力。"

【案例链接】2006年4月15日，广东富虹油品有限公司（以下简称原告）将从国外购买57 750吨散装巴西大豆。货物海运之前，原告向中国平安保险公司深圳分公司（以下简称被告）投保"一切险"。随后，被告签发了货物运输保险单，以邮政快递的方式寄送原告。保险单正面以中文载明了承保条件，背面以英文载明了海洋运输货物保险（格式）条款。

6月16日，运输船舶抵达中国湛江港。由于等待检疫，直到8月1日才开始卸货。但在此期间，由于舱内一直通风不良产生高温和舱汗，导致此批货物发生霉变。原告及时向被告提出保险索赔，被告援引保险单的"除外责任条款"拒绝赔偿。

在诉讼中，广州海事法院审理认为，原告虽然选择投保"一切险"，但合同没有写明承保范围、除外责任等内容，不能推定原告已经明确了解"除外责任条款"；被告邮寄保险单给原告，不能推定被告向原告直接明确说明了"除外责任条款"；被告向原告签发的保险单却以英文规定除外责任，不便于国内的原告了解"除外责任条款"。因此，法院判定，根据《保险法》第十八条规定，除外责任条款无效。被告应向原告支付保险赔偿金、货损检验费等费用，合计人民币近1 800万元。

(三)保险近因原则

保险近因原则，是指保险人根据保险合同或保险法规定，应对以保险合同中承保风险为近因所造成的保险标的损失承担赔偿责任，对于非承保风险为近因所造成的损失不承担赔偿责任。

在财产保险合同中，对于保险标的所面临的风险可分为承保风险和不保风险两大类。保险标的发生损失的风险可能是其中一个类原因，也可能是两个以上两类原因同时或连续作用所造成的。通过保险近因原则，确立了承保风险与损失之间的关系，成为确定保险人的赔偿责任是否成立以及责任范围的重要依据。

【案例链接】Leyland Shipping Co. V. Norwith Union Fire Ins. Co. Ltd.

在"一战"时期，Leyland Shipping Co. 的一艘船舶投保了海上危险造成的损失，但敌对行为造成的损失除外。在保险合同有效期间，该船在英吉利海峡被鱼雷击中，但仍驶抵法国勒阿弗尔目的港。港口当局害怕船沉在码头泊位上，要求该船移至港口外。由于风大浪急，船舶沉没。船方向保险人 Norwith Union Fire Ins. Co. Ltd. 索赔，被拒绝。双方走上了法庭。法院认为船舶沉没近因是被鱼雷击中而不是海浪的冲击。船舶被鱼雷击中后始终未脱离危险，而且成为沉船最主要、最决定的因素即构成近因；虽然风浪大也是沉船原因，但本身不是近因。因此，保险人不承担赔偿责任。

（四）保险补偿原则

保险补偿原则，是指当保险标的发生了保险责任范围内的损失时，保险人应根据保险合同的规定对被保险人进行损失补偿，但保险人的赔偿不应使被保险人因保险赔偿而获得额外利益。

保险合同根据保险时投保人与保险人对保险标的的保险价值是否确定，可分为不定值保险合同与定值保险合同。其中，不定值保险合同根据保险金额与损失发生时保险标的的保险价值大小又可分为足额保险、不足额保险与超额保险。保险补偿原则只适用于不定值保险合同，其目的是为了防止保险欺诈。在物流活动中，由于保险货物的价值受时空的影响大，所以其保险合同多选择定值保险合同，即保险标的的保险价值在投保时予以确定，投保人以保险价值作为保险金额，损失发生后保险人按照确定的保险价值进行赔偿。

（五）代位追偿原则

代位追偿原则，是指当保险标的发生了保险责任范围内的第三者责任方造成的损失时，在向被保险人履行了损失赔偿的责任后，保险人有权取得被保险人在该项损失中依法享有的向第三者责任方要求索赔的权利。保险人取得该项权利后，即可以被保险人或自己名义向责任方进行追偿。

代位追偿的操作，从被保险人的角度来看是权益的转让，即被保险人因保险标的遭到的损失而取得保险人的赔偿后，应将其依法享有的向第三者责任方要求索赔的权益转让给保险人，以便保险人进行代位追偿。代位追偿原则防止了被保险人在同一损失中运用保险合同和民事侵权责任两种依据获得双倍赔偿的情形。这也是保险补偿原则在财产保险合同中的具体运用。除保险法另有规定外，被保险人放弃对第三者责任方的追偿权，保险人有权拒绝相应部分的赔偿请求。

（六）重复保险的分摊原则

重复保险的分摊原则，是指当保险合同项下的保险标的出现了重复保险时，各保险人应按比例分摊被保险人所遭受的损失。如果其中任何一个保险人赔偿的损失金额超过了其应该分摊的份额时，该保险人有权就其超额赔付部分向其他保险人进行追偿。

在财产保险中，投保人在同一期限内有可能就相同保险标的向多家保险公司投保相同的保险，而且所有保险合同的保险金额超过该保险标的的保险价值。重复保险的分摊原则的重要意义在于，当各保险合同相同的有效期内发生承保责任的损失时，限制被保险人从不同保险公司获得超出保险标的的实际损失的赔偿，同时也在各家保险公司之间进行公平分摊保险标的的实际损失。

第二节 财产保险

一、财产保险的概念

（一）财产保险

财产保险，是以财产及其有关利益为保险标的的各种保险的总称。在财产保险法律关系中，保险人按照约定对被保险人因承保风险发生而遭受的经济损失或者依法应承担的民事责任承担赔偿责任，而投保人应依照约定向保险人缴付保险费。在财产保险业务总收入比重中，运输工具险、企业财产险、货物运输保险和责任保险已经成为其四大险种。

（二）财产保险的分类

【案例讨论】成都佳好电器公司有一批电器销往上海乐百连锁企业，货物由成达物流公司负责运送。对于这一经济活动中的主要风险，当事人通过办理各种保险来保障自身的权益。成都佳好电器公司对电器产品质量、成达物流公司的托运货物和代收货款的信用进行投保；成达物流公司对运输车辆碰撞损坏和所运货物短少进行投保。问：

上述保险合同分别属于财产保险的哪种类型？

财产保险是保险业务的重要组成部分，起源于海上保险，在火灾保险基础上得以发展。随着保险业的发展和市场的需要，财产保险的类型也不断增加。《保险法》第九十二条第一款规定："财产保险业务，包括财产损失保险、责任保险、信用保险等保险业务。"本书依据其分类进行介绍。

（1）财产损失保险。财产损失保险，即狭义的财产保险，是以补偿财产损失为目的的财产保险。在所有财产保险中，财产损失保险是最先出现的保险，其具有最典型性和代表性。其标的是除了农作物、牲畜以外的一切动产和不动产，如房屋、船舶、货物、机动车辆等。财产损失保险按照保险标的不同，又可分为企业财产保险、家庭财产保险、运输工具保险和运输货物保险等。其中，根据运输方式的不同，运输货物保险又可分为海上运输货物保险、陆上运输货物保险、航空运输货物保险和邮递运输货物保险等。

（2）责任保险。责任保险，是以被保险人对第三者依法应承担的民事赔偿责任为保险标的的保险。其标的既可以是侵权责任，也可以是违约责任。如汽车司机因交通肇事而承担的赔偿责任，产品生产者与销售者因产品缺陷造成第三人财产和人身损害而承担的赔偿责任，船舶所有人或租船人因过失在运输途中发生碰撞而承担的赔偿责任，当事人可以通过责任保险合同转移给保险公司承担。在实践生活中，责任保险主要表现为雇主责任保险、公众责任保险、产品责任保险和职业责任保险等。

（3）信用保险。信用保险，是以债务人的信用风险作为保险标的的保险。当债务人不能清偿债务时，由保险人负责赔偿。在信用保险合同中，债权人是投保人和被保险人，保险标的则为债务人的信用风险，即投保人的合法权益因债务人不履行法定或约定的义务而受到的损失。值得强调的是，债务人不是信用保险合同的当事人，通常称其为信用保险合同中第三人。信用保险主要有出口信用保险、投资信用保险和商业信用保险等。

（4）保证保险。保证保险，是指保险人作为保证人向权利人提供担保，即由于被保证人（债务人）的作为或不作为致使权利人遭受经济损失，保险人承担赔偿责任的保险。例如，实践生活中的分期付款购车或者购房按揭还款时，债务人与保险人所订立的保证保险协议，即属于此类保险。在保证保险业务中，权利人和债务人都可以作为投保人与保险人，而信用保险的投保人只能是权利人。保证保险可分为诚实保证保险和确实保证保险等。

二、财产保险法律关系的主体

财产保险法律关系的主体是财产保险权利义务的承担者或者参与者。它们主要分为以下三类：

（一）财产保险的当事人

财产保险的当事人，是指与财产保险合同有直接利害关系的人。在保险中，投保人与保险人是当事人。保险人作为经营保险业务的主体，在保险合同成立时享有对保险费的请求权，在承保责任事故发生时有承担赔偿的责任。绝大多数国家法律规定，保险人必须是依法成立的法人组织，例如我国《保险法》规定商业保险企业必须是股份有限责任公司或国有独资公司；在极少数国家如英国自然人也可以是保险人。投保人对保险标的具有可保利益，同保险人订立保险合同并负有交付保险费义务。

（二）财产保险的关系人

财产保险的关系人，是指与财产保险合同有间接利害关系的人。被保险人和受益人是保险合同的关系人。在保险事故发生且遭受损害，被保险人享有赔偿请求权。在财产保险活动中，被保险人通常就是投保人，即保险合同的当事人。受益人是指被保险人或投保人约定享有赔偿请求权的人。在财产保险中，被保险人是当然的受益人。

（三）财产保险的辅助人

财产保险的辅助人，是指在保险合同订立过程中起辅助作用的人。其主要有保险代理人、保险经纪人和保险公估人等。保险代理人也称保险代理商，其根据保险人的委托，向保险人收取代理手续费，并在受权范围内代为办理保险业务，其行为后果由保险人承担。保险经纪人则接受投保人委托，基于投保人或被保险人的利益，为投保人与保险人订立保险合同提供中介服务。保险经纪人应对投保人的利益负责。保险代理和保险经纪是保险业务拓展的重要渠道。保险公估人接受保险人或被保险人的委托为其办理保险标的的评估、勘验、鉴定、估损、理算等服务业务。

【司法判例】美国新泽西州一位未成年女子保管并使用其未婚夫寄存的汽车，但因初领驾照，须其父亲陪同方能开车。为了保障父女安全，两人到保险经纪人处说明情况，委托投保汽车责任险。保险经纪人明知此情不能投保，但仍答应并设法办理汽车责任险，其中附有“兼保家属或同居人条款保险（名为非自有汽车保险）。”后来，其父开车肇事，要求保险公司赔偿而被拒绝，理由是其父行为不属于保险责任范围。法院认为，保险公司不负赔偿责任，但经纪人明知其特殊情形而仍然办理无保障的保险，有重大过失，应负赔偿责任。

三、财产保险合同的主要凭证

保险合同的订立通常由投保人提出投保申请，保险人同意后签发保险单或者其他保险凭证来完成。在实际生活中，保险合同订立时的投保单、风险询问表、保险单、保险凭证或者其他声明等通常构成保险合同的重要内容，并成为当事人之间权利义务关系的重要依据。财产保险合同的主要凭证有：

（一）投保单和风险询问表

投保单，是投保人表示愿意同保险人订立保险合同的书面申请。对于有些险种，投保人在填写投保单的同时还要填写关于保险标的的风险询问表。投保单和风险询问表都是保险人事先设计的，在投保时投保人应当根据最大诚信原则对其作出正确告知和如实陈述。它们是保险人决定是否承保以及确定保险费率的重要依据。投保单和风险询问表经保险人接受后，就成为保险合同的组成部分，也成为日后处理保险合同纠纷的重要书面证据。

（二）保险单

保险单，简称保单，是投保人与保险人之间订立保险合同的正式书面表现形式。随着保险业的高度发展，保险单出现了标准化的格式。保险单由保险人制作，通常包括序言、明细表、特别约定和保险条款等。现代财产保险单突破了传统财产保险制度，成为可以转让、质押的有价证券，如运输货物的保险单可随保险标的的转让而转让。

（三）保险凭证

保险凭证，俗称小保单，是保险人发给投保人以证明保险合同已经订立或保险单已经签发的一种凭证。它一般不印上保险条款，其内容以同一险种保险单的内容为准，与保险单具有同等效力。在我国还有一种联合保险凭证，把它附印在货物的发票上，仅注明承保险别和保险金额，其他项目均以发票所列内容为准。目前，联合保险凭证主要适用于保险公司与外贸公司合作，在我国对港澳的贸易保险业务中大量使用。

（四）暂保单

暂保单，又称临时保险单，即在保险单或保险凭证签发之前，保险人发出的临时单证。其中，财产保险的暂保单也称暂保条，其法律效力与保险单相同，不过有效期较短，通常在30天以内，保险单签发后，暂保单自动失效。暂保单的内容比较简单，只载明被保险人的姓名、承保险种、保险标的等重要事项，其他内容以保险单为准。

【司法判例】2014年9月，原告向被告某保险公司投保，双方约定：原告对其合同名称下的轿车投保，险种包括第三者责任险，保险期为一年等。原告足额交纳了保险费。2015年5月，原告驾驶该车去郊游途中发生了交通事故，致第三人受伤。交警部门认定原告负有主要责任，原告为此赔偿第三人人身伤害4余万元。事后，原告依据保险合同向被告索赔，但被告以“事故发生时车辆未办理过户登记且行驶证脱检”为由拒绝理赔。法院审理认为，保险合同中没有相关除外责任规定，被告也未履行相关的告知义务。根据《保险法》第十七条规定，被告主张的免责事由不成立。法院最后判决支持了原告的诉讼请求。

四、财产保险合同的主要内容

《保险法》第十三条规定："投保人提出保险要求，经保险人同意承保，并就合同的条款达成协议，保险合同即成立。保险人应当及时向投保人签发保险单或者其他保险凭证，并在保险单或者其他保险凭证中载明当事人双方约定的合同内容。"在保险实务中，通常把保险单的条款视同保险合同的内容。保险单通常包括以下基本条款：

（1）当事人的姓名、名称及住所。保险单是保险人事先拟定的，已有保险人的名称和地址。在保险单上需要填明的主要是投保人的姓名、名称和住所。在保险利益可随保险标的转让而转移给受让的保险合同，如货物运输保险合同中，对投保人的要求较为灵活，即投保人在填写其姓名、名称的同时，可标明"或其指定的人"字样，则保险单可由投保人背书转让；也可采用无记名方式，保险单随保险货物的转移而转让给第三人。

（2）保险标的。保险标的是保险关系的载体。根据《保险法》的规定，财产保险的标的为财产及其有关利益或损害责任。根据《海商法》第二百一十八条规定："船舶、货物、船舶营运收入、货物预期利润、船员工资、对第三人的责任等，都可以作为海上保险合同的标的。"

（3）保险责任。合同中必须载明保险责任条款，即保险人所承保的风险种类及责任范围。例如，海上货物运输保险必须载明投保的基本险种是平安险、水渍险或者一切险，进而确定保险人的保险责任。

（4）保险期限。保险合同的保险期限，通常采用两种方法计算：一是用日历年、月计算；二是以某事事件的始末为保险期限。例如，在货物运输保险中，其保险期限往往表述为航程即仓至仓条款。

（5）保险金额。保险金额是保险人在保险事故发生后应赔偿的最高限额，也是计算保险费的依据。《保险法》第四十条规定："在财产保险合同中，保险金额不得超过保险价值；超过保险价值的，超过的部分无效。"

（6）保险费率和保险费及其支付办法。

（7）除外责任。除外责任，是指依法律规定或合同约定，保险人不负赔偿责任的范围。例如，许多财产保险条款都规定，被保险人故意造成的损失、保险标的的自然损耗、保险船舶开航时不适航、核辐射、核污染等列为保险人的除外责任。

（8）违约责任和争议处理。

（9）合同订立的日期。

保险合同除上述基本条款外，还可根据当事人的需要约定其他条款。

在保险实务中，保险合同条款往往由保险人事先拟定，投保人只在合同中填写相关内容即可。换言之，保险合同属于格式合同。当保险合同条款发生争议时，需要对保险合同进行解释。《保险法》第三十一条规定："对保险合同的条款，保险人与投保人、被保险人或者受益人有争议时，人民法院或者仲裁机关应当作有利于被保险人和受益人的解释"。

【司法判例】公元1536年6月18日，在英国有一名海上保险人里查德·马丁承保了威廉·吉朋的人寿保险，保险期限为12个月，保险金额为2 000英镑，保险费为80

英镑。被保险人于次年5月29日死亡。当受益人向保险人请求支付保险金时，马丁声称其保险单的12个月系以阴历每月28天计算，保险期限已于公元1537年5月20日届满。但受益人认为12个月应按公历计算，保险事故发生于合同有效期内。法院审理认为，当保险条款发生争议时，应作有利于被保险人或者受益人的解释。法院支持了受益人的诉讼请求，马丁应当承担赔偿责任。这一司法判例形成了保险疑义利益解释原则。

五、财产保险合同当事人的主要义务

（一）投保人或者被保险人的义务

1. 交纳保险费的义务

交纳保险费是投保人最基本的义务。各国保险法都规定，在保险合同成立后，投保人应按约定的时间、地点、方式交纳保险费。在保险实务中，保险人通常把投保人交纳保险费作为保险合同生效的条件。如果投保人未按约定足额交纳保险费，则保险合同不生效，保险人不对投保人或者被保险人承担保险赔偿责任。

保险费的数额一经确定，就不得随意改变，但基于法律规定或保险合同约定，保险人或投保人有权要求变更保险费。保险人有权要求增加保险费的情形：一是投保人、被保险人未按约定履行其对保险标的安全应尽的责任；二是在保险合同的有效期内，保险标的危险程度增加的。在上述情形中，保险人除了有权要求增加保险费外，还有权解除保险合同。投保人有权要求减少保险费的情形：一是据以确定保险费率有关情况发生变化，保险标的危险程度明显减少；二是保险标的保险价值明显减少或者其他情形。

2. 维护保险标的安全的义务

保险与防灾防损相结合作为保险法的原则，要求维护保险标的安全是投保人或被保险人的基本义务。实践生活中，在其财产有了保险后，投保人就会产生侥幸心理或者麻痹思想，甚至放任的态度，不注意保险财产的防灾防损工作。《保险法》第三十六条规定："被保险人应当遵守国家有关消防、安全、生产、操作、劳动保护等方面的规定，维护保险标的的安全；根据合同的约定，保险人可以对保险标的的安全状况进行检查，及时向投保人、被保险人提出消除不安全因素和隐患的书面建议。投保人、被保险人未按照约定履行其对保险标的安全应尽责任的，保险人有权要求增加保险费或者解除合同。"同时，保险合同一般也明确规定被保险人有防灾防损的义务，如有违背，保险人就有权拒绝赔偿或者解除保险合同。

3. 危险程度增加时通知义务

在合同的有效期内，如果保险标的所保危险程度增加，被保险人应及时通知保险人。因为保险人是根据承保的保险标的危险程度来决定保险费率的，一旦危险程度增加，保险人承担的责任也必然加重。不变更保险费，则有违背民事活动公平、等价有偿原则。根据各国保险法的规定，保险标的所保危险程度增加的，被保险人未履行通知义务的，保险人有权解除保险合同；保险标的所保危险程度增加的，被保险人未履行通知义务而且保险标的因所保危险增加所造成损失的，保险人有权拒绝承担赔偿责任。

4. 保险事故发生的通知义务

保险事故发生后，被保险人应及时通知保险人，以便使保险人及时调查事故发生的原因、损失范围，尽快妥善处理灾后事益，准备必要的赔偿金。否则，因拖延时间而丧失证据的，直接影响到事故、损失的查核及赔偿责任的确定。《保险法》第二十二条第一款规定："投保人、被保险人或者受益人知道保险事故发生后，应当及时通知保险人。"至于被保险人的通知方式，法律尚无特殊规定，可以是口头的，也可以是书面的，但保险合同对通知方式有特别约定的，应当依照约定方式通知。

5. 防止或者减少保险标的损失的义务

防止或者减少保险标的的损失，是各国保险法明确规定的被保险人的施救义务，即保险标的危险发生后，被保险人应尽力施救，防止或者减少所保财产的损失。在保险标的发生险情后，被保险人怠于施救，听任灾情发展，保险人有权拒绝对由于被保险人没有采取合理措施而发生或者扩大的损失承担赔偿责任。

《保险法》第四十二条规定："保险事故发生时，被保险人有责任尽力采取必要措施，防止或者减少损失。保险事故发生后，被保险人为防止或者减少保险标的的损失所支付的必要的、合理的费用，由保险人承担；保险人所承担的数额在保险标的损失赔偿金额以外另行计算，最高不超过保险金额的数额。"

6. 提供有关证明、资料和单证的义务

保险法规定，在保险事故发生后，依据保险合同请求保险人赔偿或者给付保险金时，投保人、被保险人或者受益人应当向保险人提供其所能提供的与确认保险事故的性质、原因、损失程度等有关的证明和资料。其中，有关证明和资料，通常包括保险协议、保险单或者其他保险凭证、已支付保险费的凭证、保险财产证明、被保险人身份证明、保险事故证明、保险标的损失程度证明、必要的鉴定结论、评估结论和索赔申请书。

（二）保险人的义务

1. 承担损失赔偿责任的义务

承担保险标的因承保风险所致损失的赔偿责任，是保险人的最主要义务。保险的补偿功能是通过保险人及时主动履行赔偿义务体现出来的。《保险法》第二十四条规定："保险人收到被保险人或者受益人的赔偿或者给付保险金的请求后，应当及时做出核定，并将核定结果通知被保险人或者受益人；对属于保险责任的，在与被保险人或者受益人达成有关赔偿或者给付保险金额的协议后10日内，履行赔偿或者给付金额义务，除非保险合同另有约定。对保险人未及时履行该义务的，除了支付保险金外，还应当赔偿被保险人或者受益人因此受到的损失。"

2. 做好防灾防损工作

做好防灾防损工作，不仅是被保险人的义务，也是保险人的重要职责。保险人应充分利用自身拥有的专业技能，积极进行各种灾害事故发生的预防工作，把被保险人可能遭受的风险降到最低点。因为在日常工作中，保险人积累了丰富的有关危险的资料和信息，有助于协助被保险人提高对危险的管理工作水平，并配合防火、防汛等防灾专业部门做好防灾防损工作。

3. 退还保险费

当保险合同被宣告无效或解除时，保险人应当向投保人退还全部或者部分保险费。

《保险法》第三十九条规定："保险责任开始前，投保人要求解除合同的，应当向保险人支付手续费，保险人应当退还保险费。保险责任开始后，投保人要求解除合同的，保险人可以收到自保险责任开始之日起至合同解除之日止期间的保险费，剩余部分退还投保人。"但是，合同的无效或者被解除是由于投保人违反义务所造成的，则可以不予退还保险费或只退还其中一部分。

【法律链接】《道路交通安全法》第七十六条规定："机动车发生交通事故造成人身伤亡、财产损失的，由保险公司在机动车第三者责任强制保险责任限额范围内予以赔偿。超过责任限额的部分，按照下列方式承担赔偿责任：（一）机动车之间发生交通事故的，由有过错的一方承担责任；双方都有过错的，按照各自过错的比例分担责任。（二）机动车与非机动车驾驶人、行人之间发生交通事故的，由机动车一方承担责任；但是，有证据证明非机动车驾驶人、行人违反道路交通安全法律法规，机动车驾驶人已经采取必要处置措施的，减轻机动车一方的责任。交通事故的损失是由于非机动车驾驶人、行人故意造成的，机动车一方不承担责任。"

第三节　海洋运输货物保险

海洋货物运输比陆上货物运输所面临的风险更多，危害更大。海洋货物运输中的承运人、货主等当事人更加注重风险的转嫁。可以说，海上保险是历史最长的保险，现代保险的原则都源于海上保险的实践。

在海上保险事业的发展过程中，英国的劳合社和伦敦保险人协会两大组织起了重要作用。它们于1982年1月1日正式推出了"劳合社保险单（Lloyd's Marine Policy）"和"伦敦保险人协会公司海上保险单（The Institute of London Underwriters Companies Marine Policy）"。同时，伦敦保险人协会也推出了新的"协会货物保险条款（Institute Cargo Clause）"，简称为ICC（1982）。各国海上保险深受其影响。由于篇幅限制，本书主要介绍我国1981年修订实施的《中国人民保险公司海洋运输货物保险条款》（以下简称《海洋运输货物保险条款》）。

我国的海洋运输货物保险制度将海洋运输货物保险设置了基本险、附加险和专门险三大类，并分别规定了各种险别中保险人与投保人、被保险人的权利与义务。

一、保险人承保的责任范围

保险人承保责任范围因不同的基本险而有所不同。根据我国现行海洋运输货物保险条款的规定，将海洋运输货物基本险分为平安险、水渍险和一切险三种。

【案例讨论】有一批价值9 000美元的货物已按发票总值的110%投保平安险。运载该批货物的海轮于5月3日在海面遇到暴风雨的袭击，使该批货物遭受到部分损失，损失金额有1 000美元；该海轮在继续航行途中，于5月4日又发生触礁意外事故，致使该货物再次发生部分损失，损失金额为2 000美元。问：

（1）按平安险规定，保险公司应支付多少保险金？为什么？

(2) 如果没有5月4日的触礁意外事故，对于5月3日的损失保险公司是否应承担赔偿责任，为什么？

(一) 平安险 (Free From Particular Average) 的责任范围

(1) 被保险货物在运输途中由于恶劣气候、雷电、海啸、地震、洪水等自然灾害造成整批货物的全部损失或者推定全损。

本项规定表明：在平安险下，对于被保险货物在海洋运输中遇到自然灾害造成的全部损失或者推定全损，保险人才会承担赔偿责任。换言之，若自然灾害造成的是部分损失，则保险人不承担赔偿责任。

(2) 由于运输工具遭受搁浅、触礁、沉没、互撞、与流冰或者其他物体碰撞以及失火、爆炸意外事故造成货物的全部或部分损失。

本项规定表明：在平安险下，由于运输工具遇到列明的海上意外事故造成船上货物全部或部分损失，以及由于运输工具失火、爆炸意外事故造成货物全部或部分损失，保险人承担赔偿责任。

(3) 在运输工具已经发生搁浅、触礁、沉没、焚毁意外事故的情况下，货物在此前后又在海上遭受恶劣气候、雷电、海啸等自然灾害所造成的全部或者部分损失。

这一项责任是指在平安险下，保险人在有限制的条件下，也会承担由于海上自然灾害造成货物的部分损失。这一"限制条件"就是指船舶在海上航行途中发生了保险单上列明的海上意外事故。

(4) 在装卸或转运时由于一件或数件整件货物落海造成的全部或部分损失。

本项规定保险人的赔偿责任条件有二：一是货物损失发生在装卸或转运时；二是货物损失是一件或数件整件落海。换言之，如果货物落海不是发生在装卸或转运时或者不是整件落海，则保险人不承担赔偿责任。

(5) 被保险人对遭受承保责任范围内危险的货物采取抢救，防止或减少货损措施而支付的合理费用，但以不超过该批被救货物的保险金额为限。

本项所述费用是指被保险人或者其代理人，受雇用人为了减少保险标的损失而产生的施救费用。对于合理的施救费用，保险人承担赔偿责任。

(6) 运输工具遭遇海难后，在避难港由于卸货所引起的损失，以及在中途港、避难港，由于卸货、存仓以及运送货物所产生的特别费用。

本项规定表明：在避难港由于卸货所引起的损失，以及在中途港、避难港，由于卸货、存仓以及运送货物所产生的特别费用由保险人承担赔偿责任，必须是运输工具遭遇海难后发生的损失和费用。

(7) 共同海损的牺牲、分摊和救助费用。

本项规定表明：保险人在平安险下，要承担共同海损所发生的牺牲，同时还要承担货主所负的共同海损中的分摊损失以及救助费用损失。

共同海损是指为了避免在航行中发生船舶与货物共同危险人为地采取有效措施所发生的损失。由于受益的船货方要分担共同海损的损失，因此对于共同海损损失的货主而言是部分损失。按照世界各国共同海损理算规则，构成共同海损的条件有五项：①导致共同海损的危险必须是真实存在的危及船舶与货物共同安全的危险；②共同海损的措施必须是为了解除船、货的共同危险，人为地、有意识地采取的合理措施；

③共同海损的牺牲必须是人为的，费用损失必须是额外支付的；④共同海损的损失必须是共同海损措施的直接的、合理的后果；⑤造成共同海损的损失的共同海损的措施最终必须有效。

救助费用是指船舶和货物在海上航行中遭遇保险责任范围内的灾害事故时，由保险人和被保险人以外的第三人自愿采取救助措施并成功地使遇难船舶和货物脱离险情，由被救的船方和货方向救助方支付的报酬。

（8）运输契约订有“船舶互撞责任”条款，根据该条款的规定应由货方偿还船方的损失。

在实践中，各国承运人利用自身优势，在提单中订立了“船舶互撞责任条款”，即本船货主有义务偿还本船承运人根据运输契约的规定不应承担的但却被迫赔偿给非载货承运人的货主的损失。本项规定表明，此项损失也属于平安险下保险人的赔偿责任。

（二）水渍险（With Particular Average）的责任范围

【案例讨论】有一批家具需要通过海洋运输从广州运送至新加坡。对于货主而主，希望对该货物所承保的基本险种应达到如下要求：一是保险费率最低；二是该保险的责任应包括由于恶劣气候、雷电、海啸、地震、洪水自然灾害造成整批货物的全部损失和部份损失。问：

在平安险、水渍险和一切险中，谁最能满足货主的要求，为什么？

水渍险的承保责任范围是：

（1）平安险承保的各项责任。本项规定是指平安险所承保的责任范围，水渍险均予以承保。

（2）被保险货物由于恶劣气候、雷电、海啸、地震、洪水自然灾害造成整批货物的部分损失

本项规定是指在水渍险下，保险人承担了保险单上列明的海上自然灾害所造成的货物的部分损失。它也是水渍险与平安险的区别所在。由于自然灾害造成的货物部分损失往往是海上运输过程中最常见的或者最容易发生的损失，所以，水渍险的保险责任远远超过平安险的保险责任。与此相适应，水渍险的保险费率也要高于平安险。

（三）一切险（All Risks）的责任范围

【操作思考】海洋货物运输的保险办理中，投保人对险种选择时需要参考的因素很多，如货物的特性、包装、运输季节、线路和港口作业等。如果投保人在对货物办理平安险或者水渍险时，根据货物所面临的常见外来风险还需要加保一般附加险。那么，下列货物应当选择哪种险别？

①进口散装大豆；②出口桶装食用纯花生油；③出口陶瓷；④进口数码相机；⑤出口丝绸服装；⑥进口鱼粉。

（1）水渍险承保的各项责任。对于水渍险所承担的责任，一切险均予以承保。

（2）被保险货物在运输途中由于外来原因所致的全部或部分损失。除了海上自然灾害和意外事故风险外，一切险还承保外来风险。按照国际海上保险惯例，一切险对

外来风险的承保范围覆盖以下险别：

（1）偷窃、提货不着险（Theft Pilferage and Non-delivery）

其是指在保险合同的有效期内，保险人承保被保险人货物被偷走或被窃取以及货物运抵目的地后整件未交的损失。其中，“偷”一般是指货物整件被偷走；“窃”一般是指货物中的一部分被窃取。偷窃本身不包括采用暴力手段所进行的公开抢夺行为。提货不着是指货物的全部或整体未能在目的地交付给收货人。对于承保此项风险的保险人，往往通过保险合同中的海关检验条款和码头检验条款来限制其责任期限。对于货物被偷窃的，被保险人必须在及时提货后10天内申请检验；对于整件提货不着的，被保险人必须向责任方、海关或者有关当局取得相关证明，方可向保险人进行索赔。

（2）淡水雨淋险（Fresh Water &/or Rain Damage）

其是指保险人承保货物在运输途中由于淡水或雨淋所造成的损失。其中，“淡水”包括船上淡水舱、水管漏水和舱汗等。因为在海洋运输保险中，淡水与海水是两个截然不同的概念，平安险和水渍险只对海水所致的各种损失负责赔偿。

（3）受潮受热险（Damage Caused by Sweating and Heating）

其是指保险人承保货物在运输过程中，由于气温突然变化或船上通风设备失灵，使船舱内的水蒸气凝结而引起的货物受潮或者由于温度增高使货物发生变质的损失。如粮谷类货物由于含有一定水分，经过长途运输会出现水分蒸发，也会吸收空气中的水分超标，从而引起货物的霉烂。

（4）渗漏险（Risk of Leakage）

其是指保险人承保流质、半流质类货物由于容器破损而引起的渗漏而造成货物自身的损失；或者因液体外流而引起的被浸泡的其他货物的损失。例如，用铁桶、铁听、塑料桶和玻璃瓶装的液体化工品，容易发生渗漏损失，其货主对其投保一切险或在投保平安险或水渍险时加保渗漏险，以降低风险。

（5）短量险（Risk of Shortage）

其是指保险人承保货物在运输过程中因外包装破裂、破口、扯缝造成货物数量短缺或重量短少的损失。散装货物在投保这一险别时，通常均以装船重量和卸船重量作为计算货物短少的依据，但不包括货物在运输途中正常的消耗。

（6）混杂、玷污险（Risk of Intermixture and Contamination）

其是指保险人承保被保险货物在运输途中因混进杂质或被污染所引起的损失。如棉花混进沙石，或棉布、服装被油类污染，影响其使用或销售而造成损失。在基本险中附有此险别时，对此损失则由保险人承担。

（7）串味险（Risk of Odor）

其是指保险人承保货物在运输过程中，因受其他有异味的货物的影响而造成的串味损失。例如，食品、香料或药材等货物在运输过程中与樟脑、鱼粉堆放在一起时，因串味所造成上述货物失去商业销售价值所致的损失。如果这种损失是由于承运人对货物的装载不当有直接关系，则保险人在对被保险人承担赔偿责任后有权对承运人进行追偿。

（8）碰损、破碎险（Risk of Clash and Breakage）

其是指保险人承保货物在运输过程中由于外来原因所发生的振动、碰撞、受压等造成的碰损和破碎损失。其中，碰损主要是指金属和金属制品货物，在运输过程中因振动、挤压或碰撞等造成货物自身的损失。破碎主要是指易碎货物在运输过程中因受振动、挤压或碰撞而造成货物自身的破碎。如机械设备、木质家具、玻璃制品、陶瓷等在运输途中容易发生此类损失。其不包括货物在运输途中因自然灾害或意外事故而造成的碰损、破碎损失，但这一部分属于各基本险的责任范围之内。

（9）钩损险（Hook Damage）

其是指保险人承保袋装、捆装货物在装卸或者搬运过程中，由于装卸或者搬运工作人员的操作不当，使用吊钩将货物的包装钩坏而造成的损失。

（10）包装破裂险（Breakage of Packing）

其是指保险人承保货物在运输过程中，因包装破裂所造成货物的短少、污染等损失，以及对于在运输过程中，为了继续运输货物的安全需要而产生的修补包装、调换包装所支付的费用。由于包装破裂造成货物损失可以从其他附加险中的承保责任中得到补偿，所以，这一险别主要承保由于修补包装或者调换包装所发生的损失。

（11）锈损险（Risk of Rust）

其是指保险人承保金属或者其制品类货物在运输过程中因生锈所造成的损失。由于裸装的金属或者其制品类货物在运输过程中多会发生锈损，而且是由于货物本身性质所决定的，因此保险人对此损失一般不予承保，但对包装的金属或其制品类货物因包装不当或包装破损而生锈所造成的损失，保险人在锈损险下予以承保。

以上十一种险别，也可以作为一般附加险，供投保人在投保平安险或者水渍险时根据需要选择加保。

【资料链接】 在我国的海洋运输货物保险中，除了基本险和一般附加险之外，还有特别附加险和特殊附加险。前者如交货不到险、进口关税险、舱面险、拒收险、黄曲霉素险等；后者如战争险和罢工险等。所有附加险都不能单独投保，只有在投保了基本险的情况下才可以加保。同时，针对特殊货物还制定了专门的保险条款来予以承保，即专门险。我国海洋运输货物专门险有海上运输冷藏货物保险、海上运输散装桐油保险等。专门险可以单独投保，不必附加于基本险之下。

二、保险人的除外责任

在海洋货物运输保险中，保险人都规定了除外责任，即对列明的损失不承担赔偿责任。我国海洋货物运输保险中，基本险的除外责任是：

（1）被保险人的故意行为或过失所造成的损失。被保险人是保险标的的所有人，有责任和义务妥善保管和维护保险标的的安全。若被保险人故意或恶意造成保险标的损失，其动机就是骗取保险金，违反保险诚信基本原则。因此，各国保险法都明确规定，对被保险人的故意行为所造成的损失，保险人不予承保，也不予赔偿。值得注意的是，我国现行海洋货物运输保险条款还将被保险人的过失所致损失，也列为保险人的除外责任。

（2）属于发货人责任所引起的损失。此项损失，属于合同纠纷，应由收货人根据合同规定向发货人进行索赔。对于发货人的责任所引起的损失，不能因投保了货物运输保险而免除发货人的违约责任。

（3）在保险责任开始前，被保险货物已存在的品质不良或数量短差所造成的损失。

保险人只对保险合同有效期限内所发生的保险责任损失承担赔偿责任。在海洋货物运输保险中，保险责任的有效期限往往通过保险合同中的仓至仓条款作出明确规定，即保险人只承担保险单载明的起动地仓库至目的地仓库的运输过程中，由于承保风险所造成的货物损失。对于在保险责任开始前或保险责任结束后所发生的损失，保险人不承担赔偿责任。

（4）被保险货物的自然损耗、本质缺陷、特性以及市价跌落、运输延迟所引起的损失或费用。货物的自然损耗、本质缺陷、特性所引起的损失，如货物的自然氧化、变质、腐烂、发酵等所导致的损失，属于可以预见的必然事件。保险对必然发生的损失不予承保。市价跌落，是商业活动中的投机性风险，对投机性风险保险也不予承保。同时，海洋运输受自然因素影响大，船期无法保证，即使是由于承保风险导致的运输迟延，保险也不予以承保。例如，船舶在航行途中发生搁浅，到避难港修理船舶，使船期迟延，并造成船上货物全部腐烂变质，对此，保险人不承担赔偿责任。

（5）海洋运输货物战争险条款和货物运输罢工险条款规定的责任范围和除外责任。在海洋货物运输保险中，对于战争和罢工风险所引起的损失，分别由战争险和罢工险条款予以承保。换言之，对战争险和罢工险所承保的责任范围，基本险不予承保。

同时，基本险也将战争险和罢工险的除外责任列为除外责任。其中，战争险的除外责任有：由于敌对行为使用原子或热核武器所致的损失和费用，根据执政者、当权者或者其他武装集团的扣押、拘留引起的承保航程的丧失和挫折而提出的任何索赔；罢工险的除外责任，是指在罢工期间由于劳动力短缺或者不能使用劳动力所致的保险货物的损失。

三、保险责任的期限

【案例讨论】某进口公司从国外进口一批货物，按 FOB SINGAPORE 成交，进口方接到对方的装船通知后，到保险公司办理了投保手续，保险单部分内容如下：

Premium as arranged rate

Slyon or abt. as per B/L from Singapore to Shanghai

Conditions：Covering ALL Risks and War Risk as per CIC dated 01/06/2002

货到上海港后即存入码头仓库，第二天夜间仓库失火，该批货物全部灭失。该公司接到通知后，立即备齐有关索赔单据，以货物未到达收货人仓库为由向保险公司提出索赔。保险公司以货物已经进入仓库而拒绝理赔。问：

（1）该批货物损失由谁负责？

（2）进口商应从中吸取什么教训？

保险期限是指保险人承担保险责任的起止时间。由于海洋货物运输的特殊性，海洋运输保险的期限往往无法固定，因此保险单中也无具体的起止日期的规定。根据国际保险市场的惯例，我国海洋货物运输基本险的保险期限由以下三个条款分别作出规定：

（一）仓至仓条款

海洋货物运输保险负“仓至仓”责任，自被保险货物运离保险单所载明的起动地仓库或储存所开始运输时生效，包括正常运输过程中的海上、陆上、内河和驳船运输在内，直至该项货物到达保险单所载明的收货人的最后仓库或储存所或被保险人用作分配、分派或正常运输的其他储存所为止。如未抵达上述仓库或储存所，则以被保险货物在最后卸载港全部卸离海轮满60天为止。如果在上述60天内被保险货物需要转运到非保险单载明的目的地时，则以该项货物开始转运时终止。

其中，“起动地仓库或储存所”可以是内陆发货人的工厂仓库，也可以是起运港仓库；“最后仓库或储存所”可以是目的港仓库，也可以是内陆最终目的地仓库。为了避免货物在陆上运输和仓储的风险的漏保，在海洋货物运输保险中投保人往往办理运输货物的全程保险，即内陆发货人的工厂仓库至收货人的内陆最终目的地仓库。其中“正常运输”是指正常的航程、航线行驶并停靠港口，包括途中正常的延迟和正常的转船。

（二）扩展责任条款

由于被保险人无法控制的运输延迟、绕道、被迫卸货、重新装载、转载或承运人运用运输契约赋予的权限所作的任何航海上的变更或终止运输契约，致使被保险货物运到非保险单所载明的目的地时，在被保险人及时获知的情况下通知保险人，并在必要时加缴保险费的情况下，本保险仍继续有效，保险人继续承担保险责任。

（三）航程终止条款

由于被保险人无法控制的运输延迟、绕道、被迫卸货、重新装载、转载或承运人运用运输契约赋予的权限所作的任何航海上的变更或终止运输契约，致使被保险货物运到非保险单所载明的目的地时，在被保险人未实施扩展责任条款所规定的行为下，保险责任按下列规定终止：

（1）被保险货物如在非保险单所载明的目的地出售，保险责任至交货时为止，但不论任何情况，均以被保险货物在卸载港全部卸离海轮满60天为止。

（2）被保险货物如在上述60天期限内继续运往保险单所载原目的地或其他目的地时，保险责任仍按上述第（一）款的规定终止。

四、被保险人的义务

各国保险法明确规定了被保险人的义务，并要求被保险人严格履行，否则保险人有权解除保险合同并拒绝承担赔偿责任。在海洋运输货物保险中，被保险人的义务除了保险法规定的义务外，海洋运输货物保险条款也作出了特别规定：

（一）防止迟延的义务

（1）当被保险货物运抵保险单所载明的目的港或者目的地时，被保险人应当及时提取货物。保险货物抵达目的地后，未到达收货人的最后仓库，保险人的保险责任就无法终止。被保险人及时提货可以尽快终止保险人的保险责任。

（2）当发现被保险货物遭受任何损失时，应立即向保险单上所指定的代理人申请检验，以确定损失的原因、范围和程度。比如，运输货物发生损失的原因是多方面的，有发货人责任造成的货物残损即“原残”，有船方责任造成的货物损失即“船残”，有港务局或者其他第三人责任造成的货物损失即“工残”。它们确定直接影响到保险人的利益。

（3）当发现被保险货物整件缺少或者有明显残损痕迹时，应立即向承运人、受托人或者有关部门如海关、港务局等索取货损货差的相关证明。当然，这为保险人的保险理赔和代位追偿权的行使创造了有利条件。

（二）减少货物损失的义务

对遭受承保责任范围内危险的货物，被保险人应及时采取合理措施，防止或减少货物的损失。被保险人采取此项措施，不应视为放弃委付的意思表示。当然保险人也可以采取相应措施时，也不应视为接受委付的意思表示。

【资料链接】 委付是指被保险人在保险货物遭受严重损失时，向保险人声明愿意将保险货物的一切权利（包括财产权以及由此所产生的义务）转让给保险人，而要求保险人按照货物全部损失状态给予赔偿的一种特殊的索赔方式。按照海运保险惯例，委付应当具备以下特征：一是委付通知应当及时送达保险人；二是保险人有权拒绝或者接受委付；三是委付一旦被接受，不能再撤回。

（三）告知义务

（1）如遇航程变更或者发现保险单所载明的货物、船名或航程有遗漏或者错误时，被保险人应获悉后立即通知保险人，在必要时加缴保险费，保险合同继续有效。如果被保险人未履行该项义务而影响了保险人的利益，则保险人有权解除合同。

（2）在获悉有关运输契约中“船舶互撞责任”条款的实际责任后，应及时通知保险人。由于保险人对“船舶互撞责任”承担保险责任，因此船舶发生互撞之后，两船之间的责任大小和赔偿多少等直接与保险人的利益有关。被保险人履行通知义务之后，使保险人可以审时度势保护自身利益。

五、保险索赔与索赔时效

（一）保险索赔

1. 损失通知义务

被保险人一旦获悉保险标的遭受损失时，应立即通知保险人。各国保险法都规定，损失通知一经发出，索赔立即生效且不受索赔时效的限制。保险单上一般都注明了保险人的检验代理人的名称和地址。被保险人应采取就近原则，及时通知保险人或者其在当地的检验代理人，申请对损失进行检验。若被保险人延迟通知，则会影响损失检验工作，影响索赔甚至引起争议。

2. 索赔时提供单证的义务

被保险人在向保险人索赔时，应按照保险合同规定必须提供下列单证：保险单正本、提单、发票、装箱单、磅码单、货损货差证明、检验报告及索赔清单。如涉及第三者责任，还须提供向责任方追偿的有关函电及其他必要单证或者文件。

（二）索赔时效

当货物发生保险单承保责任范围内的损失时，被保险人应当及时向保险人提出索赔。超过保险合同规定的索赔期限的，被保险人就会丧失索赔权。我国现行海洋运输货物保险条款规定的索赔期限是，从被保险货物在最后卸货港完全卸离海轮时起算，最多不超过两年。

实训作业

一、实训项目

设置某物流企业对承运的货物及仓储的货物办理保险为课题案例，提供投保单、风险询问表、保险单、保险合同等资料，将学生分成该保险业务中的投保人、保险公司、保险代理人和保险经纪人四个保险关系主体的角色，并由其分别完成相关的保险制单、审单、保险合同签订等相关业务，以熟练地掌握财产保险业务操作及法律注意事项。

二、案例分析

（一）2015年3月，某物流配送中心与保险公司签订了企业财产保险合同，物流配送中心按月交给保险费，保险公司的承保责任范围包括火灾保险。当年5月，物流配送中心与某设备安装公司签订了维修仓库施工协议。安装公司在施工过程中，有关人员违反安全操作规程，酿成火灾，损失达600万元。配送中心向保险公司提出赔偿要求，一面向安装公司要求赔偿。安装公司赔偿200万元后，说："我们没有多余的资金，有保险公司赔偿，就不要再找我们了。"因安装公司与物流配送中心有私交，物流配送中心承诺放弃对安装公司的赔偿请求权。对物流配送中心的做法，保险公司会如何处理？

（二）有一批货物投保了平安险，该批货共有100件。在装运港装船时，分装两条驳船运到海轮装船。每条驳船装了50件货物，但在驳运过程中，有一条驳船翻船损失了50件，另一条驳船的50件全部装上了海轮。对损失的50件，保险公司是否负责赔偿？

（三）中国某出口企业向海湾某国出口花生糖一批，投保了一切险。由于货轮沿途到处揽载，在印度洋海面多停留3个月。货轮到达目的港卸货时，花生糖因受热时间长已全部软化，无法销售。对此损失，保险公司是否应承担赔偿责任？为什么？

第十章
物流代理法实务

代理是社会生活和经济工作中的常见交往方式，并获得法律上的认可。它不但避免了当事人直接交易的麻烦，又解决了当事人因专业、精力、能力等限制而产生的交流困难，同时也为当事人节省了时间等交易成本。如货代企业从事货运代理业务，接受货物收货人、发货人和其他委托方或其代理人的委托，承办货物运输、签发运输单证、履行运输合同、提供增值服务等，不但获得了佣金等，也让货主、承运人等获得了时间效益和经济效益。货运代理应当符合代理法之相关规定，才能保证代理行为合法有效。本章主要介绍代理法和国际货物运输代理。

【导入案例】我国某粮油进出口公司与英国进口商签订了出口某农产品的合同，共计25 000千克，价值30万英镑。装运期为当年10月至11月，CIF伦敦。由于原定的装货船舶出故障，只能改装另一艘外轮，至使货物到12月20日才装船完毕。在我公司的请求下，外轮代理公司将提单的日期改为11月31日，货物到达鹿特丹后，英国进口商对装货日期提出异议，要求我公司提供11月份装船证明。我公司坚持提单是正常的，无需提供证明。英国进口商聘请的代理律师上货船查阅船长的船行日志，并获取了提单日期是伪造的有利证据。进口商立即向当地法院控告。在法院采取扣留该货船的司法行动之后，经过2个月的协商，在我方同意赔款8万英镑情况下进口商才撤回诉讼请求，终结此案。

第一节　代理法概述

一、代理制度

（一）代理的概念与特征

1. 代理

代理是指代理人以被代理人的名义，代表被代理人同第三人订立合同或作其他的法律行为，由此而产生的权利与义务直接对被代理人发生效力。在代理关系中，被代理人又称委托人或本人；代理人就是代理他人从事民事行为的人；第三人又称相对人，指与代理人实施民事行为的人。

无论是人们日常生活，还是单位生产经营活动，代理行为都普遍存在。例如在物流业领域，就广泛存在各种代理活动，如货物运输代理、保险代理、诉讼代理等。代理业务解决了货运各方当事人因专业、精力、能力等限制而产生的工作困难，例如货运代理使货主通过自己的货运代理人实现以最低的成本完成货物运输、仓储和保险等目的；承运人通过自己的货运代理人实现扩大物流业务从而提高经济效益。为了规范当事人的代理行为，《民法通则》等作出了法律规定。

【相关链接】依照法律规定，以下民事行为不得适用代理：

（1）具有人身性质的民事行为。如设立遗嘱、婚姻登记、收养子女等。

（2）履行与特定人的身份相联系的债务。这类债务通常与特定人的技能、专业水平、能力等密切相关，不能由他人代为履行。如写作、演出、绘画、建筑工程承包等义务的履行。

（3）当事人约定只能由义务人亲自履行的债务。

2. 代理的法律特征

（1）代理涉及内部关系和外部关系。一是代理的内部关系，即委托人和代理人之间的授权代理的外部关系。这种授权可以根据委托人的授权产生，也可基于法律的规定和法院等机关的依法指定产生。二是代理的外部关系，即委托人与代理人对相对人的关系。代理人和相对人之间，代理人依据代理权实施代理行为，以被代理人的名义向相对人为意思表示或接受意思表示。代理人在代理权限内以被代理人的名义同相对人所实施的行为，其法律效果由委托人完全承担。

（2）代理人必须以被代理人的名义行为。在代理关系中，代理人只有以被代理人的名义，代替被代理人进行民事活动，才能为被代理人取得民事权利和履行民事义务。这一特征使之区别于经纪，如信托公司出售物品，以自己名义并自己承担法律后果。

（3）代理人在代理权限范围内独立进行意思表示。代理人在从事代理行为的过程中，并不是机械地执行委托人的意志，而可以在授权范围内独立进行或接受意思表示。这是代理与使者的根本区别。当然这种独立的意思表示不是为了代理人自身的利益，而是为了委托人的利益。

（4）代理的法律后果由委托人承担。代理人以委托人的名义与第三人从事民事行为，由此产生的法律效果完全归属于委托人。因为代理人是以被代理人的名义并为谋求被代理人的利益而进行活动的，代理人依据代理权进行的民事活动，实质上就是被代理人的活动。

【相关链接】行纪行为与居间行为

行纪行为又称信托行为，是指行纪人受委托人的委托，用委托人的费用，以自己的名义为委托人从事购买、销售及其他商业活动，因其活动系以自己的名义进行，故相对于第三人而言，其活动的后果只能直接由行纪人自己承受，然后再依委托合同的规定转移给委托人。换言之，行纪人的活动不能形成代理的三方关系。

居间行为是指居间人为他方报告成交机会即提供商业信息，他方当事人在居间人介绍的交易成立后，向居间人给付一定报酬的行为。居间人在委托人与第三人订立合同的过程中，发挥穿针引线的媒介作用而非代理。

（二）代理的分类

《民法通则》按代理权产生的根据不同，将代理分为法定代理、指定代理和委托代理。

1. 法定代理

法定代理是依据法律规定而产生代理权的代理。法定代理权的发生不需要依赖任何授权行为，而是直接来源于法律的规定。法定代理主要是为无行为能力人和限制行为能力人设定的代理。法定代理主要有以下几种情形：①监护人对被监护人享有法定代理权。②夫妻日常家务事代理权，特别重大的事项不得适用代理，如转让不动产。③基于客观必需法律的特别授权的代理。在紧急情况下，由代理人直接依据法律而取得的授权。例如船舶、火车等运输工具在运输途中因遭意外事故而毁坏，所装货物即将腐烂，客观情况又使得船长或车长无法及时征求货主的意见，则船长或车长有权以货主名义与相对人签订买卖合同，货主为本人，船长或车长为代理人。再如保管人保管财物，而存放保管物的建筑物被毁，以致该保管物有毁损或被盗的危险，客观情况又使得无法与寄托人联系并征求其意见，则保管人即可以寄托人名义与相对人签订买卖合同。

2. 指定代理

指定代理是根据人民法院或者其他指定机关的指定而进行的代理。指定代理主要有以下几种情形：①无行为能力人和限制行为能力人，没有监护人，或数个监护人就监护发生争议时，法院指定监护人，此时的监护人实际上就是法定代理人。②为失踪人指定代理财产管理人。③公民因其他原因不能亲自处理自己的事务，又不能通过法定代理和委托代理处理事务，可由法院为其指定代理人。

3. 委托代理

委托代理是指基于被代理人的委托授权而产生代理权的代理。这种委托授权或意思表示除有些必须采用书面形式外既可是口头的，也可是书面的；既可向代理人表示，也可向第三人表示。书面的授权委托书应当载明代理人的姓名或名称、代理事项、权限和期间，并由委托人签名或盖章。委托书授权不明的，被代理人应当向第三人承担民事责任，代理人负连带责任。

除上述分类外，代理还有其他分类方式。根据代理人的人数，代理可分为单独代理和共同代理。根据是否以本人名义代理为标准可分为直接代理和间接代理。根据代理人的选任，可将代理分为本代理和复代理。

【法律链接】复代理

《民法通则》第六十八条规定："委托代理人为被代理人的利益需要转托他人代理的，应当事先取得被代理人的同意。事先没有取得被代理人同意的，应当在事后及时告诉被代理人，如果被代理人不同意，由代理人自己对所转托的人负民事责任，但在紧急情况下，为了保护被代理人的利益而转托他人代理的除外。"根据《民法通则意见》第八十条规定，紧急情况是指由于急病和通讯联络中断等特殊原因，代理人自己不能办理事项，又不能与被代理人及时取得联系。

二、代理权的行使

【案例讨论】某供销总公司有一经营劳保用品的门市部，面积300平方米，因连年亏损，商业总公司欲将门市部的房屋、货架、柜台出租。当地的焊材厂劳动服务公司欲开办一个焊材批发部，缺少临街铺面。作为两家企业的法律顾问王某在了解到该情况后，征求双方的初步意见。为了减少麻烦，两家企业均委托王某作为其代理人。在全面考虑双方利益后，王某拟定了一份租赁合同。合同约定：房屋用于焊材批发业务；租期为5年，从2014年6月2日至2019年6月1日；第一年租金6万元，以后每年递增5%；除第一年订立合同时支付外，其余租金应在下一年到来前15天支付。对王某带回的租赁合同，两企业未表示异议并完成签章行为。

王某的代理行为合法吗？为什么？

（一）代理权的依据

法定代理是基于法律规定而产生的代理权，指定代理是基于人民法院或有关机关的指定而取得代理权，委托代理是基于被代理人的授权而产生代理权。在代理活动中，委托代理是最常见的方式。

为了保障委托代理合法有效，作为委托人（被代理人）应当注意以下两点：一是委托代理可以用书面形式也可以用口头形式，但法律规定用书面形式的，则应当用书面形式。二是书面委托代理的授权委托书应当载明代理人的姓名或者名称、代理事项、权限和期间，并由委托人签名或者盖章。

《民法通则》规定，因委托书授权不明而造成损害的，被代理人应当向第三人承担民事责任，代理人负连带责任。

（二）代理人的义务

代理权的行使，是指代理人在代理权限内以被代理人的名义实施的代理行为。代理人在行使代理权的过程中应当履行如下义务：

（1）代理人应勤勉履行代理职责，若代理人不履行其义务或者在替被代理人处理事务时有过失，致使被代理人损失，代理人应对被代理人负赔偿责任。

（2）代理人对被代理人应诚信忠实，不得滥用代理权。

（3）代理人不得泄露他在代理业务中所获得的商业秘密和资料。

（4）代理人未经被代理人许可，不得把代理权委托第三人行使。

（三）代理权滥用的禁止

滥用代理权是指代理人在代理期间利用代理权去进行损害被代理人的活动。法律禁止代理权的滥用，其有以下几种情形：

（1）自己代理。自己代理是指代理人以被代理人的名义同自己进行民事法律行为。自己代理之所以为法律禁止，是因为在自己代理情况下，代理人未寻找相对人，由自己与被代理人发生法律关系，这种行为违反了代理人应当负有的忠实义务。按照忠实义务，代理人必须为被代理人的利益而行为，而不能为了自己的利益而行为。

（2）双方代理。双方代理是指代理人以被代理人名义同自己代理的其他人进行民事法律行为。其特点是：①代理人获得了被代理人和相对人的授权；②双方授权的内容是相同的；③代理人同时代理双方为同一法律行为。

（3）代理人与相对人恶意串通损害被代理人利益。在互相串通的情况下，如果造成了被代理人的损害，应当由代理人与相对人负连带责任，赔偿被代理人因此所受的损失。

（四）代理权的终止

代理权的终止，是指代理人与被代理人之间的代理关系消灭。根据《民法通则》第六十九条、第七十条规定，对不同代理权终止情形作出了不同规定：

（1）委托代理终止：①代理期间届满或者代理事务完成；②被代理人取消委托或者代理人辞去委托；③代理人死亡；④代理人丧失民事行为能力；⑤作为被代理人或者代理人的法人终止。

（2）法定代理或者指定代理终止：①被代理人取得或者恢复民事行为能力；②被代理人或者代理人死亡；③代理人丧失民事行为能力；④指定代理的人民法院或者指定单位取消指定；⑤由其他原因引起的被代理人和代理人之间的监护关系消灭。

三、无权代理

【案例讨论】2015年，某县土产公司派业务员张明赴外地联系购进干果事宜，张明随身带着盖有公司印章的空白合同书和介绍信，其中介绍信写有“本单位委托张明同志前往你处联系购买干果，请予接洽”。张明抵达外地一家果品公司后，发现当地的香蕉特别便宜，质量也属上乘，遂与该市果品公司商洽，双方订立购买香蕉和葡萄干合同一份，其中香蕉10吨，每千克1.8元，葡萄干1吨，每千克24元，共计价款4.2万元。货物运到土产公司，土产公司以张明自作主张购进香蕉为由，不承认所订立的合同，拒收全部货物。果品公司的送货人则将货物卸到土产公司门口。香蕉经风吹日晒，开始变质腐烂，后当地工商部门闻讯赶来对香蕉作了及时处理，但已造成一定损失。由于土产公司不承认合同，拒付货款，果品公司只得向法院起诉，要求土产公司支付全部货款并承担违约责任。问：

（1）如何认定张明的代理行为？

（2）法院应如何处理此案？

无权代理就是代理人无代理权、超越代理权或在代理权终止以后所从事的代理行为。无权代理的四种情形：①不具备默示授权条件的代理；②授权行为无效的代理；③超越授权范围的代理；③代理权消灭后的代理。

（1）无权代理的处理方式：无权代理非经被代理人追认不生效力。被代理人追认前，无权代理人所作的代理行为处于效力不确定的状态，第三人处理方式有：①由第三人向被代理人发出催告，要求被代理人在一定时间内答复是否予以追认；②允许第三人在被代理人追认以前，撤回他与无权代理人所订立的合同。但第三人在订立合同时明知其为无权代理人者，不得撤回。

（2）无权代理的法律责任：第三人不知道该代理人没有代理权而与之订立了合同，无权代理人就要对第三人承担责任；第三人明知该代理人没有代理权而与之订立了合同，无权代理人就不负责任。

四、表见代理

【案例讨论】王某长期担任长江实业有限公司的业务主管，经常代表公司处理客户的合同关系，都获得了公司的认可。由于公司的新任总经理与王某性格不合，无理解除了王某的工作关系。在遭解雇一个月后，王某怀恨在心，继续以公司邮件方式从老客户供货商处骗得20万元的货物，然后逃之夭夭。供货商要求公司付款，才知悉王某已经被解雇事实。供货商坚持认为在其与王某做生意期间，未收到关于公司已解雇王某的任何通知，是不知情的善意第三人，公司应对王某的行为负责。双方相持不下，对簿公堂。问：

（1）公司是否要对王某的行为负责？公司应当吸取什么教训？

（2）王某是否要承担刑事责任？

表见代理是指行为人没有代理权、超越代理权或者代理权终止以后，以被代理人名义订立合同，相对人有理由相信行为人有代理权的，该代理行为有效。其中的行为人即为无权代理人。表见代理行为有效，以保护善意的相对人，从而维护社会公平正义。

1. 表见代理的构成要件

（1）无权代理人并没有获得本人的授权。表见代理属于广义的无权代理，其只能在行为人无代理权的情形下发生。

（2）无权代理人具有代理权外观形态。代理权外观形态是指本人的授权行为已经在外部形成了一种表象，足以使第三人有合理的理由相信无权代理人已经获得了授权。如本人在终止代理权后没有收回代理证书及授权委托书等。

（3）相对人主观上善意并无过失。相对人主观善意是指相对人不知道或没有理由知道无权代理人实际上没有代理权。相对人无过失是指行为人没有代理权，并非因疏忽大意或懈怠造成的。

（4）代理权外观形态的形成与本人有一定牵连关系。本人的行为若与权利外观的形成具有一定的牵连性，本人就应当接受表见代理的法律后果。相反，本人行为与外观形成不具有牵连性或者毫无关系，则对本人不产生代理后果。

2. 表见代理的效果

（1）表见代理人所从事的代理行为应直接归于被代理人，即被代理人应当受到表见代理人与相对人订立的合同的约束，直接承享合同的权利与义务。

（2）表见代理的相对人认为合同没有意义，可行使撤销权，使该合同不发生效力。

3. 无权代理与表见代理的关系

广义的无权代理包括了表见代理，而狭义的无权代理则是指除表见代理以外的无权代理。我国民法理论采纳表见代理制度的目的是为了保护相对人的利益，维护交易安全；而狭义的无权代理制度设立的目的是为了保护被代理人的利益，根本目的不是为了保护相对人。同时这二者在构成要件、法律后果以及对本的效力是都有不同之往处，在此不再赘述。

第二节　国际货物运输代理

一、国际货物运输代理概述

（一）国际货物运输代理的定义

国际货运代理业务，是指国际货运代理企业接受进出口货物收货人、发货人或其代理人的委托，以委托人名义或者以自己的名义办理国际货物运输有关业务，收取代理费、佣金或其他增值服务报酬的行为。

国际货运代理企业是国际货运代理业务的实施主体，在一般情况下，它接受货主委托，代办租船、订舱、配载、缮制有关证件、报关、报验、保险、集装箱运输、拆装箱、签发提单、结算运杂费，乃至交单议付和结汇。通过国际货运代理把国际贸易业务中相当繁杂的工作相对集中地办理，协调、统筹、理顺关系，以提高工作效率。国际货运代理工作具有极强的专业性、技术性和政策性。在国际货运市场上，国际货运代理企业处于货主与承运人之间，不是运输或仓储业务中的当事人。但随着国际物流的发展，国际货运代理企业越来越多地承担承运人的职责。

【案例讨论】某国际货运代理企业作为进口商的代理人，负责从A港接受一批艺术作品并在400海里外的B港交货。因该批作品用于国际某市艺术节展览，代理协议要求货运代理企业在规定的日期之前在B港交付全部货物。货运代理企业在A港接收货物后，通过定期货运卡车将大部分货物陆运到B港。因货运卡车出现季节性短缺，一小部分货物无法及时承运。于是货运代理企业在市场租用了一辆货运车以运往B港。然而在运输过程中，承运货物的货车连同货物一起下落不明。

问：该损失由谁承担责任？为什么？

（二）国际货物运输代理的性质

国际货运代理人是主要接受货主委托，办理有关货物报关、交接、仓储、调拨、包装、转运、租船和定舱等各种业务提供服务的企业组织。从货运代埋业务上看，国际货物运输代理人是以货主代理人身份并按代理业务项目提供的劳务，由货主向其支付代理费或佣金。从承揽综合性业务上看，它可以是发货人或收货人的代理人，也可以是承运人的代理人，或者是货主与承运人之间的中介人。

国际货物运输代理业性质上属于服务行业，是国际贸易、国际运输方式发展的产物。随着信息化的发展和客户需求的不断提高，货运代理已摆脱“纯代理人身份”的局限性，通过自身拥有的物流设施及拓展业务的额外服务中，承担部分或全部承运人的职责，以获取“附加价值”或“增值效益”。

二、国际货物运输代理法规

国际货物运输代理法规是指调整国际物流业务中的物流代理及相关活动的法律规范的总称。

规范货物运输代理的法规主要有《民法通则》。《海商法》《国际货物运输代理业管理规定》（1995）、《国际货运代理企业备案（暂行）办法》《外商投资国际货物运输代理企业管理办法》《外商投资国际货运代理企业审批管理方法》《国际船舶代理管理规定》等也是国际货物运输代理重要法律规范。本节主要介绍《国际货物运输代理业管理规定》等相关规定。

【法律链接】《国际货物运输代理业管理规定实施细则》第二条规定

国际货代企业作为代理人从事国际货运代理业务的，是指接受进出口货物收货人、发货人和其他委托方或其代理人的委托，以委托人名义或者以自己的名义办理有关业务，提供增值服务，收取代理费、佣金或其他的增值服务报酬的行为。

国际货代企业作为独立经营人从事国际货运代理业务的，是指接受进出口货物收货人、发货人和其他委托方或其代理人的委托，承办货物运输，签发运输单证，履行运输合同，提供增值服务并收取运费以及服务报酬的行为。

三、国际货物运输代理的业务范围

国际货物运输某一个环节或与此有关的各个环节的业务，可以通过货主委托代理方式将其交付给国际货运代理企业办理。代理协议具体内容由双方当事人协商确定。国际货运代理所受理的业务主要有：

（1）接受发货人即出口商的代理业务：①选择运输路线、运输方式和适当的承运人；②向选定的承运人提供揽货、订舱；③提取货物并签发有关单证；④ 包装、储存、称重和量尺码；⑤安排保险；⑥将货物的港口后办理报关及单证手续并将货物交给承运人；⑦支付运费及其他费用；⑧收取已签发的正本提单并付发货人；⑨安排货物转运；⑩通知收货人货物动态；⑪记录货物灭失情况；⑫协助收货人向有关责任方进行索赔。

（2）接受收货人即进口商的代理业务：①报告货物动态；②接收和审核所有与运输有关的单据；③提货和付运费；④ 安排报关和付税及其他费用；⑤安排运输过程中的存仓；⑥向收货人交付已结关的货物；⑦协助收货人储存或分拨货物。

（3）特种货物装挂运输服务及海外展览运输服务等。

（4）其他代理服务：①货物及运输工具的报关、报检、报验；②货物的监装、监卸、集装箱拼装拆箱、分拨、中转及相关的短途运输服务；③国际多式联运、集运（含集装箱拼箱）等。

四、国际货物运输代理企业的设立条件

货物运输代理企业，应当符合企业法和运输代理法所规定条件。一般情况下，个人独资企业、合伙企业和公司企业都可以依法办理国内货物运输代理业务。但由于国际货物运输代理业务的特殊性，《国际货物运输代理业管理规定》等规定国际货运代理企业除应当依法取得中国企业法人资格，采用有限责任公司或股份有限公司组织形式外，同时还应当具备下列条件：

（1）股东符合法定条件。申请设立国际货代企业的股东可以是企业法人、自然人或其他经济组织。但与进出口贸易或国际货物运输有关，并拥有稳定货源的企业法人

应当为大股东，且应在国际货代企业为控股股东。企业法人以外的股东不得在国际货代企业成为控股股东。

（2）有固定的营业场所和必要的营业设施。其中，固定营业场所即自有房屋、场地须提供产权证明，租赁房屋、场地，须提供租赁契约；必要的营业设施包括一定数量传真、计算机、短途运输工具、装卸设备、包装设备等。

（3）有符合法律规定的注册资本最低限额要求。具体为：①经营海上国际货运代理业务的，注册资本最低限额为500万元人民币；②经营航空国际货运代理业务的，注册资本最低限额为300万元人民币；③经营陆路国际货运代理业务或者国际快递业务的，注册资本最低限额为200万元人民币。企业经营两项以上业务的，注册资本最低限额为其中最高一项的限额。

（4）有合法的企业名称。国际货运代理企业的名称、标志应当符合国家有关规定，同时名称中应含有表明行业特点的“货运代理”“运输服务”“仓储”“配送”“集运”“物流”或“服务贸易”等相关字样。

（5）有必要的从业人员。具有至少5名从事国际货运代理业务3年以上的业务人员。从业资格由业务人员原所在企业证明或者取得外经贸部颁发的资格证书。

（6）法律法规所规定的其他条件。国际货运代理企业在申请设立分支机构或国际货运代理业务经营范围中如包括国际多式联运业务时，还应当具备法律规定的其他条件。

五、国际货物运输代理企业的管理

国务院商务部负责对全国的国际货物运输代理业实施监督管理。省、自治区、直辖市和经济特区的人民政府商务机关（以下简称地方对外贸易主管部门）依照法律规定，在国务院商务部授权的范围内，负责对本行政区域内的国际货物运输代理业实施监督管理。

申请设立国际货物运输代理企业，申请人应当向拟设立国际货物运输代理企业商务主管部门提出申请，必须取得商务部颁发的《国际货物运输代理企业批准证书》（以下简称批准证书）。

国际货运代理企业应当持批准证书向工商、海关部门办理注册登记手续。任何未取得批准证书的单位，不得在工商营业执照上使用“国际货运代理业务”或与其意思相同或相近的字样。

国际货运代理企业完成企业注册登记手续，并到海关、检验检疫、外汇管理、税务等部门办理开展国际货运代理业务所需的相关手续。

六、国际货物运输代理企业的职责

【案例讨论】某国际货代公司接受发货人委托，安排一批福建产的铁观音茶叶海运出口至法国，代理业务范围包括对货物租箱、监装、报关、报检等，代理协议还约定代理人工作失职将承担货物总金额10%的违约金。货代公司在收到租赁船运公司所提供的集装箱后，完成了装箱工作并交付承运。为保障货物运输安全，发货人自行办理了货物运输保险即一切险。收货人在目的港拆箱提货时发现集装箱内异味浓重，经查明该集装箱存有上次所载货物精萘的残存物，货代公司监装时并未清洗，致使茶叶受精萘污染。问：

(1) 收货人可以向谁索赔？为什么？

(2) 最终应由谁对茶叶受污染事故承担赔偿责任？

(一) 国际货物运输代理作为代理人的职责

国际货运代理企业作为代理人接受委托办理有关业务，应当与进出口收货人、发货人签订书面委托代理协议。双方发生代理业务纠纷，应当以所签书面协议作为解决争议的依据。

(1) 承担国际货运代理的传统代理职责。主要代理货主订舱，保管货物和安排货物运输、包装、保险等，并代为支付因运送、保管、保险、报关、签证、办理汇票的承兑和为其服务所引起的一切费用运费。同时，还代为支付由于国际货运代理不能控制的原因所致使合同无法履行而产生的其他费用。客户只有在提货之前全部付清上述费用，才能取得提货的权利。否则，国际货运代理企业对货物享有留置权，以保障自身权益。

(2) 国际货运代理应对本人及其雇员的过错承担责任。其错误和疏忽包括：未按指示交付货物；尽管得到指示，办理过程中仍然出现疏忽；报关有误；运往错误的目的地；未能按必要的程序取得再出口（进口）货物退税；未取得收货人的货款而交付货物等。

(3) 国际货运代理还应对经营过程中造成第三人的财产损害或人身伤亡承担责任。国际货运代理能够证明他对第三人的选择做到了合理的谨慎，那么他一般不承担因第三人的作为或不作为所引起的责任。

(二) 国际货物运输代理企业作为当事人的职责

国际货运代理作为当事人是指在为客户提供所需的国货货运代理服务中，是以本人的名义对第三人办理业务的独立经营人。作为国际货运代理作为当事人，国际货运代理不仅根据代理合同对其本身代理业务和雇员的过失负责，而且应向货主、第三方承担承运人的负责。

(1) 对货主承担承运人责任。其主要表现在三个方面：一是大部分情况属于对货物的灭失或残损的责任；二是因职业过失给货主造成经济损失的责任；三是迟延交货的责任等。国际货运代理企业作为独立经营人，与货主发生业务纠纷时应当以所签运输单证作为解决争议的依据；与实际承运人发生业务纠纷时应当以其与实际承运人所签运输合同作为解决争议的依据。

(2) 对海关的责任。有报关权的国际货运代理在替客户报关时应遵守海关的有关规定，向海关当局及时、正确、如实申报货物的价值、数量和性质。报关有误，国际货运代理将会遭到罚款，并难以从货主里补偿。

(3) 对第三人的责任。因货物问题或工作失误对装卸公司、港口当局等参与货运的第三人造成损失时，应当承担赔偿责任。

七、国际货物运输代理的责任限制与免责

（一）国际货物运输代理的责任限制

国际货运代理企业应对代理行业承担责任。国际货运代理企业作为独立经营人且负责履行或组织履行国际多式联运合同时，其责任期间自接收货物时起至交付货物时止。

各国为了保护本国的航运业，通常将赔偿责任用法律加以限制。换言之，国际货运代理与承运人一样，均有权将其责任限制在合理的限额内。当国际货运代理为承运人时，其享受有关承运人的责任限制。

（二）国际货物运输代理的免责

免责是指根据国家法律、国际公约、运输合同的有关规定，责任人免于承担责任的事由。国际货运代理与承运人一样享有除外责任。对此，国内货物运输法及相关国际公约中都有所规定。国际货运代理的免责情形主要有：

（1）客户的疏忽或过失所致。

（2）客户或其代理人在搬运、装卸、仓储和其他处理中所致。

（3）货物的自然特性或潜在缺陷所致，如：由于破损、泄漏、自燃、腐烂、生锈、发酵、蒸发或由于对冷、热、潮湿的特别敏感性。

（4）货物的包装不牢固、缺乏或不当包装所致。

（5）货物的标志或地址的错误或不清楚、不完整所致。

（6）货物的内容申报不清楚或不完整所致。

（7）不可抗力所致。

实训作业

一、实训项目

1. 某县水果公司欲在水果批发市场采购包括香蕉、西瓜等时令水果一批，前者限购10吨，后者限购30吨，以供节日销售。为了完成此项业务，公司打算委派本单位业务工作人员朱某负责办理。请学生模拟水果公司总经理的身份，向朱某草拟一份授权委托书。

2. 将学生分组，查询国际货运代理业务的基本流程，并分析每一流程环节中货运代理企业的职责与法律风险。

二、案例分析

（一）王某于2012年至2015年6月期间曾是某服装贸易公司的业务员，专门负责公司广东、香港片区的服装业务。王某辞职经营期间，利用身边留存的一张盖有原公司公章盖章的空白合同书，以服装贸易公司名义与香港的长期供货商在广州订了一份服装采购合同。依照合同规定，香港供货商提供男女毛涤等面料及各种样式和规格的男女服装200打，货款总额人民币24万元；交货期为同年8月；货款在货到后10日内

付清；违约金为货款总额的15%。2015年8月，服装贸易公司收到了香港供货商的提货单和付款通知，服装贸易公司认为王某涉嫌合同欺诈，既不提货也不付款。在协商不成的情况下，香港供货商向法院起诉。

试分析王某的代理是无权代理还是表见代理，本案应如何处理。

（二）中国甲贸易出口公司与外国乙进口公司以CFR洛杉矶、信用证付款的条件达成出口贸易合同。出口贸易合同和信用证均规定不准转运。甲贸易出口公司在信用证有效期内委托丙货代公司，丙货代公司以承运人的名义签发提单，并标注不准转运。在运输途中，实际承运人即船运公司为接载其他货物，擅自将甲公司托运的货物卸下，换装其他船舶运往目的港。由于中途延误，货物抵达目的港的时间比合同约定抵达时间晚了23天，造成货物变质损坏。乙公司向货代公司提出索赔，理由是货代公司签发的是直达提单，而实际则是转船运输，构成欺诈行为。

试分析货代公司应否向受害方承担责任，为什么？

第十一章 物流市场秩序法实务

竞争是市场经济的重要支柱和发展源泉。我国物流业和连锁经营业起步较晚，企业管理和技术设施相对较差。当外资企业特别是欧美、日本等发达国家和地区的大型物流企业、连锁经营企业纷纷入驻中国之时，连横合纵，抢夺市场份额，市场竞争必然更加激烈。有竞争，必然有作为竞争对立物的不正当竞争，而且后者的最终结果必然扰乱竞争秩序，破坏社会主义市场经济，损害经营者的合法权益，最终损害消费者和用户的利益。为了规范竞争，保障市场秩序的公正合理，我国建设了市场秩序法律制度。无论是物流企业还是连锁经营企业，无论是内资企业还是外资企业，都必须遵守我国市场秩序法律制度，运用合法的竞争手段求得企业的生存和发展。

【导入案例】在“双十一”购物狂欢节期间，黄金贵在天猫商城网购一台创维彩电，由卖家送货上门，因促销卖方还表示加价600元，即向其赠送一个乌金木材质的电视柜，总计价格22 999元。在网上付款成功后的第七天，快递公司就送来了货物。黄金贵拆开包装后发现：彩电屏幕有非常明显的刮痕，严重影响外观和节目观看效果；电视柜不是乌金木材质量，而是普通板材且有裂纹。当黄金贵联系卖家反映诉求时，卖家却说“彩电发货时是完好无损的，刮痕是物流公司在运输途中导致的，责任应先由物流公司承担；电视柜虽然不是乌金木材质量但属于赠送品，不属于质量担保范围；卖家经营的是网店，不提供发票”。问：

(1) 彩色电视存在刮痕问题，买方是否应先找物流公司承担责任?

(2) 电视柜不是乌金木材质且质量很差，消费者能否要求卖家退货?

(3) 以网店为由而不提供发票，卖家说法有道理吗?

第一节　反不正当竞争法概述

一、不正当竞争行为概念

不正当竞争行为是指经营者违反公平正当竞争，损害其他经营者的合法权益，扰乱社会经济秩序的行为。不正当竞争行为包括垄断行为、限制竞争行为和不正当竞争行为等三类行为。其中，狭义的不正当竞争行为专指我国《中华人民共和国反不正当竞争法》所规定不正当竞争行为。

各国认为凡在商业经营活动中违反诚实经营的竞争行为即构成不正当的竞争行为，并把违反诚实信用原则和公平竞争原则作为不正当竞争概念的核心内容。物流行业的发展，必须支持正当竞争行为，反对和制止不正当竞争行业、垄断行为。

【案例链接】2013 年 1 月，国家发展改革委员会对韩国三星、LG，中国台湾地区奇美、友达、中华映管、瀚宇彩晶等六家国际大型液晶面板生产商的价格垄断行为，做出处罚决定，除责令涉案企业全部退还国内彩电企业多付价款 1.72 亿元外，还处以合计 3.53 亿元人民币经济处罚。据查，在 2001 年至 2006 年期间，上述六家企业利用优势地位，合谋操纵液晶面板价格，在中国大陆实施价格垄断行为，涉案液晶面板销售数量合计 514.62 万片，违法所得 2.08 亿元。该案是自《中华人民共和国反垄断法》实施以来国家机关首次对境外企业开出的反垄断罚单。

二、反不正当竞争的法律制度

（一）反不正当竞争法

反不正当竞争法，是指调整在维护公平竞争、制止不正当竞争过程中发生的社会关系的各种法律规范的总称。

1993 年 9 月 2 日第八届全国人大常委会第三次会议通过的《中华人民共和国反不正当竞争法》（以下简称《反不正当竞争法》）。2007 年 8 月 30 日第十届全国人民代表大会常务委员会第二十九次会议通过《中华人民共和国反垄断法》（以下简称《反垄断法》），自 2008 年 8 月 1 日起施行。除此之外，专利法、商标法、著作权法、食品卫生管理法、药品管理法、广告法等法律法规中都有反不正当竞争行为的相关规定。本节主要介绍《反不正当竞争法》和《反垄断法》的相关规定。

【案例链接】1999 年 1 月至 2000 年 2 月，太原市煤炭气化（集团）有限公司对申请办理燃气热水器的用户，根据其购买燃气热水器来源不同，收取不同的安装费。对从当事人指定经销点购买燃气热水器的用户收取 550 元/台的安装费，而对从其他渠道自购符合选型标准的燃气热水器的用户，除收取安装费外，还在额外收取每台燃气热水器 100~200 元入网费。山西省工商行政管理部门依据《反不正当竞争法》有关规定，认定太原煤炭气化（集团）有限公司利用其公用企业的垄断地位，采取差别待遇收费用的方式，强制用户购买其指定的经营者的燃气热水器，损害其他经营者的合法竞争，属于违法行为。因此作出处罚决定，责令该公司停止违法行为并没收违法所得 3.22 万元。

（二）反不正当竞争的立法宗旨及基本原则

反不正当竞争法律都明确规定了立法宗旨，即为保障社会主义市场经济健康发展，鼓励和保护公平竞争，制止不正当竞争行为，保护经营者和消费者的合法权益，规定了反不正当竞争法律的基本原则：

（1）制止不正当竞争行为，保护经营者和消费者合法权益的原则。这项原则贯穿于反不正当竞争法律的各项规定之中。

（2）依法进行市场交易的原则。例如《反不正当竞争法》规定：“经营者在市场交易中，应当遵守自愿、平等、公平、诚实、信用的原则，遵守公认的商业道德。”这是对依法交易的基本要求，也为经营者的具体竞争行为提供了模式。

(3) 对不正当竞争行为进行监督检查的原则。为了有效地制止不正当竞争行为，该法对不正当竞争行为的监督检查作出了明确规定。其监督检查，既包括政府有关部门的监督检查，也包括一切组织和个人的社会监督。

三、《反垄断法》中垄断行为

经营者可以通过公平竞争、自愿联合，依法实施集中，扩大经营规模，提高市场竞争能力。根据《反垄断法》规定，经营者或行政机关等不得有下列垄断行为：

（一）经营者达成垄断协议

垄断协议，是指排除、限制竞争的协议、决定或者其他协同行为。《反垄断法》规定，垄断协议主要有三类表现形式。一是与具有竞争关系的经营者达成的横向垄断协议：①固定或者变更商品价格；②限制商品的生产数量或者销售数量；③分割销售市场或者原材料采购市场；④限制购买新技术、新设备或者限制开发新技术、新产品；⑤联合抵制交易。二是经营者与交易相对人达成纵向垄断协议：①固定向第三人转售商品的价格；②限定向第三人转售商品的最低价格。三是国务院反垄断执法机构认定的其他垄断协议。为了适应社会的发展需要，《反垄断法》对垄断协议也作出了除外规定。

（二）经营者滥用市场支配地位

市场支配地位，是指经营者在相关市场内具有能够控制商品价格、数量或者其他交易条件，或者能够阻碍、影响其他经营者进入相关市场能力的市场地位。滥用市场支配地位的行为：①以不公平的高价销售商品或者以不公平的低价购买商品；②没有正当理由，以低于成本的价格销售商品；③没有正当理由，拒绝与交易相对人进行交易；④没有正当理由，限定交易相对人只能与其进行交易或者只能与其指定的经营者进行交易；⑤没有正当理由搭售商品，或者在交易时附加其他不合理的交易条件；⑥没有正当理由，对条件相同的交易相对人在交易价格等交易条件上实行差别待遇；⑦国务院反垄断执法机构认定的其他滥用市场支配地位的行为。《反垄断法》对市场支配地位的认定依据作出了明确的规定。

（三）具有或者可能具有排除、限制竞争效果的经营者集中

经营者集中是指下列情形：①经营者合并；②经营者通过取得股权或者资产的方式取得对其他经营者的控制权；③经营者通过合同等方式取得对其他经营者的控制权或者能够对其他经营者施加决定性影响。经营者集中达到国务院规定的申报标准的，经营者应当事先向国务院反垄断执法机构申报，未申报的不得实施集中。对外资并购境内企业或者以其他方式参与经营者集中，涉及国家安全的，除依法进行经营者集中审查外，还应当按照国家有关规定进行国家安全审查。

【案例链接】2008 年 9 月 3 日，可口可乐公司宣布，计划以 24 亿美元收购在香港上市的中国汇源果汁集团有限公司。对此并购，消费者和其他经营者对其垄断行为提出异议。2008 年 11 月 3 日，中国汇源果汁集团有限公司表示可口可乐并购汇源案已送交商务部审批。商务部审查认为，可口可乐并购汇源会影响或限制竞争，不利于中国

果汁行业的健康发展。2010 年 3 月 18 日，根据《反垄断法》规定，商务部作出禁止可口可乐收购汇源的处理决定。此次并购案成为了《反垄断法》实施以来首个未获通过案例。

（四）行政性垄断

《反垄断法》对行政机关和法律、法规授权的具有管理公共事务职能的组织不得滥用行政权力进行行政性垄断：

（1）限定或者变相限定单位或者个人经营、购买、使用其指定的经营者提供的商品。

（2）妨碍商品在地区之间的自由流通：①对外地商品设定歧视性收费项目，实行歧视性收费标准，或者规定歧视性价格；②对外地商品规定与本地同类商品不同的技术要求、检验标准，或者对外地商品采取重复检验、重复认证等歧视性技术措施，限制外地商品进入本地市场；③采取专门针对外地商品的行政许可，限制外地商品进入本地市场；④设置关卡或者采取其他手段，阻碍外地商品进入或者本地商品运出；⑤妨碍商品在地区之间自由流通的其他行为。

（3）以设定歧视性资质要求、评审标准或者不依法发布信息等方式，排斥或者限制外地经营者参加本地的招标投标活动。

（4）采取与本地经营者不平等待遇等方式，排斥或者限制外地经营者在本地投资或者设立分支机构。

（5）强制经营者从事本法规定的垄断行为。

（6）制定含有排除、限制竞争内容的行政性规定。

四、《反不正当竞争法》中不正当竞争行为

【案例讨论】在成都货物托运市场，有一家红蚂蚁货代经营服务部自成立以来，凭借诚实信用和良好的服务精神，赢得了客户的信任，生意红火。而在同一市场上的甲、乙二人成立的合伙企业所经营货代业务，由于市场竞争激烈和没有相应的市场品牌，生意一直不景气。因此，甲、乙二人决定将企业名称更名为“蚂蚁”，并采用了与红蚂蚁货代经营服务部相似的装潢。自此以后，红蚂蚁经营服务部业务量明显下滑，经调查发现是蚂蚁企业的上述行为所致，因此要求其停止侵权行为，但遭到了拒绝。

蚂蚁企业的行为是否是不正当竞争行为？为什么？

《反不正当竞争法》对不正当竞争行为作出了具体规定。不正当竞争行为的主要表现：

（一）公用企业或其他依法享有独占地位的经营者的限制竞争行为

公用企业或其他依法享有独占地位的经营者，主要包括供电、供水、供热、供气、邮政、电信、交通运输等行业的经营者。公用企业在市场交易中的下列行为属于限制竞争行为：①限定用户或消费者只能购买和使用其附带提供的相关商品，而不得购买和使用其他经营者提供的符合技术标准的同类商品；②限定用户或消费者只能购买和使用其指定的经营者生产或者经销的商品，而不得购买和使用其他经营者提供的符合

技术标准的同类商品；③强制用户、消费者购买其提供的不必要的商品及配件；④强制用户、消费者购买其指定的经营者提供的不必要的商品；⑤其他限制竞争的行为。

（二）政府机构的限制竞争行为

政府机构指的是除国务院以外的各级行政机构。政府机构构成限制竞争行为必须具备滥用行政权力这一要件。滥用行政权力指行政行为违反合法、合理原则。

（三）搭售或附加其他不合理条件

附加其他不合理条件包括限制转售价格、限制转售地区、限制转售客房等。

（四）串通投标

串通投标是一种联合限制竞争行为，其表现或者是投标者非法串通损害招标者利益，或者是招标者与某投标者串通损害其他投标者利益。投标者串通投标的办法可以是投标者共同压价报价，不进行价格竞争，另一种办法是一批投标者在一系列投标中安排轮流提出最高报价。

（四）欺骗性交易行为

《反不正当竞争法》第五条规定了四种欺骗性交易方法：①假冒他人注册商标；②擅自使用知名商品特有的名称、包装、装潢，或者使用与知名商品近似的名称、包装、装潢，造成和他人知名商品相混淆，使购买者误认为是他人的商品；③擅自使用他人的企业名称或姓名，引人误认为是他人的商品；④在商品上伪造产地，对商品质量作引人误解的虚假表示。

（五）商业贿赂

商业贿赂是指经营者为争取交易机会，暗中给予能够影响市场交易的有关人员以财物或其他好处。所谓暗中给予是指给予的财物或其他好处不在交易对方的正规账目中予以反映。根据我国《反不正当竞争法》的规定，经营者销售或者购买商品，可以以明示方式给对方折扣，也可以给中间人佣金，但必须如实入账；接受折扣佣金的经营者也必须如实入账。凡在账外暗中给予对方单位或者个人回扣的，以行贿论处；对方单位或者个人在账外暗中收受回扣的，以受贿论处。

（六）虚假广告

虚假广告是指经营者利用广告或其他使公众知道的方法，对商品的质量、制作成分、性能、用途、生产者、有效期限、产地等作引人误解的虚假宣传。构成虚假广告必须达到引起一般公众误解的程度。另外，我国《反不正当竞争法》第九条还规定：“广告的经营者不得在明知或应知的情况下，代理、设计、制作、发布虚假广告。”

（七）侵犯商业秘密

商业秘密是指不为公众所知悉，能为权利人带来经济利益，具有实用性，并经权利人采取保密措施的技术信息和经营信息。侵犯商业秘密包括下列行为：①以盗窃、利诱、胁迫或其他不正当手段获取权利人的商业秘密；②披露、使用或允许他人使用以前项手段获取的权利人的商业秘密；③与权利人有业务关系的单位和个人违反合同约定或违反权利人有关保守商业秘密的要求，披露、使用或允许他人使用其所掌握的权利人的商业秘密；④第三人明知或应知上述违法行为，获取、使用或披露他人的商业秘密。

【案例链接】侵犯商业秘密案

广州国际海运市场有一家华海国际货代有限公司，其业务量在2005年6月明显减少，特别是一些重要的客户先后中断业务往来。后华海公司经过调查，发现其重要客户都将业务转入了一家新成立的琼海国际货代有限公司。而该琼海公司的经理和部门经理都是半年前其公司先后辞职的业务部副经理和两名业务员。根据劳动合同保密条款和《反不正当竞争法》，华海公司将原业务部副经理、业务员和琼海公司送上法庭。法院判决被告存在侵权商业秘密行为，并承担相应赔偿责任。

（八）掠夺定价

掠夺定价指经营者以挤垮竞争对手为目的，以低于成本的价格销售商品的行为。此种行为有两项构成要件：

（1）以挤垮竞争对手为目的。如果非以挤垮竞争对手为目的，而是为应付经营中的困难情况而以低于成本的价格销售商品则不构成掠夺定价。《反不正当竞争法》第十一条规定四种不构成掠夺定价的情况：①销售鲜活商品；②处理有效期限即将到期的商品或其他积压商品；③季节性降价；④因清偿债务、转产、歇业降价销售商品。

（2）以低于成本的价格销售商品。

（九）不正当有奖销售行为

不正当有效销售包括欺骗性有效销售、巨奖销售和利用有奖销售手段推销质次价高的商品。我国《反不正当竞争法》第十三条规定：①采用谎称有奖或者故意让内定人员中奖的欺骗方式进行有奖销售；②利用有奖销售的手段推销质次价高的商品；③抽奖式的有奖销售，最高的金额超过五千元。

（十）诋毁竞争对手的商业信誉

诋毁竞争对手的商业信誉将会削弱对手对顾客的吸引力，方式为捏造、散布虚假信息，从而争夺和扩大自己的市场。该行为违背公认的商业道德和市场竞争规则，因而是不正当、违法的。

五、对不正当竞争行为的监督检查

（一）对垄断行为的监督检查

反垄断执法机构依法对涉嫌垄断行为进行调查和查处。

根据《反垄断法》的规定，反垄断执法机构调查措施主要有进入被调查的经营者的营业场所或者其他有关场所进行检查；询问被调查的经营者、利害关系人或者其他有关单位或者个人，要求其说明有关情况；查阅、复制被调查的经营者、利害关系人或者其他有关单位或者个人的有关单证、协议、会计账簿、业务函电、电子数据等文件、资料；查封、扣押相关证据；查询经营者的银行账户等。

反垄断执法机构对涉嫌垄断行为调查核实后，认为构成垄断行为的，应当依法作出处理决定，并可以向社会公布。对反垄断执法机构调查的涉嫌垄断行为，被调查的经营者承诺在反垄断执法机构认可的期限内采取具体措施消除该行为后果的，反垄断执法机构可以决定中止调查。

（二）对不正当竞争行为的监督检查

根据《反不正当竞争法》的规定，工商行政管理部门是监督检查不正当竞争行为的机构，县级以上各级人民政府工商行政管理部门对不正当竞争行为进行监督检查；法律、法规规定由其他部门监督检查的，依照规定办理。

监督检查部门在监督检查不正当行为时，享有下列职权：①按照规定程序询问被检查的经营者、利害关系人、证明人，并要求提供证明材料或者与不正当竞争行为有关的其他资料；②查询、复制与不正当竞争行为有关的协议、账册、单据、文件、记录、业务函电和其他资料；③检查与各种不正当竞争行为有关的财物，必要时可以责令被检查的经营者说明该商品的来源和数量，暂停销售，听候检查，不得转移、隐匿、销毁该财物。

监督检查部门在监督检查不正当竞争行为时，被检查的经营者、利害关系人和证明人应当如实提供有关资料或者情况。

【案例链接】天王电子有限公司虚假宣传案

2001 年，天王电子有限公司在产品简介中，声称天王牌手表在“金桥奖”的评比中获得最高奖项、“全国销售量第一”等。引起了手表企业的不满和消费者的投诉。后经查实其作了不真实的宣传。根据查证的事实，河北省保定市工商行政管理部门认定天王电子有限公司的行为违反了《反不正当竞争法》，对该公司作出行政处罚。天王电子有限公司不服处罚决定，向法院提起诉讼；对一审不服，又提起了上诉。

2002 年 7 月，二审法院作出终审判决，驳回天王电子有限公司的上诉，维持原判。

第二节　产品质量法

一、产品质量与产品质量法

（一）产品与产品质量

我国产品质量法中所称产品，是指“经过加工、制作，用于销售的产品”，不包括建设工程和虽然经过加工、制作，但不用于销售的产品以及天然物品。

产品质量，是指依据法律规定或者合同约定的对产品适用、安全和其他特性的要求。它既包括产品的结构、性能、精度、纯度、机械物理性能和化学性能等内在的质量，也包括形状、色彩、光泽、手感、音响等外观方面的质量。

（二）产品质量法

产品质量法，是指为了调整产品生产与销售以及对产品质量进行监督管理过程中所形成的社会关系的法律规范的总称。其主要内容有：产品质量监督管理、产品质量责任、产品质量损害赔偿和处理产品质量争议等。

1993 年我国颁布的《中华人民共和国产品质量法》（以下简称《产品质量法》）是产品质量管理法和产品责任法的统一，它将产品的管理、监督与产品的质量责任结合为一体；将对产品质量的事前监督、事中监督和事后监督统一起来。2000 年 7 月第九届全国人大常委会十六次会议对《产品质量法》进行了修正。

我国《产品质量法》所调整的主体是指生产者、销售者，用户、消费者和国家质量管理监督机关；所调整的客体即经过加工、制作，用于销售的产品，但建设工程、军工产品、初级产品除外；所调整的社会关系包括：生产者、销售者与用户、消费者的关系，质量监督管理机构与生产者、销售者的关系，生产者、销售者之间及其与其他经营者之间的关系。

【案例链接】 自2004年以来，大量营养含量低下的劣质婴儿奶粉通过郑州、合肥、阜阳等地的批发市场流入农村销售网点。劣质婴儿奶粉导致婴儿生长停滞、发育不良、免疫力低下，诱发各种疾病，仅阜阳地区就有189例中度伤害，12例婴儿死亡的恶性事件。劣质婴儿奶粉不但使消费者受到严重伤害，而且扰乱了正规企业的正常生产经营行为，使奶粉行业进入了“冬季”。

当年4月，国务院调查组进驻阜阳，进行专项整治调查工作。至5月16日，阜阳市公安部门抓获制售伪劣奶粉犯罪嫌疑人47名。其中，有涉嫌生产销售伪劣产品罪，也有涉嫌销售不符合卫生标准食品罪。同时，司法机关也追究劣质婴儿奶粉事件中的职务犯罪。

二、产品质量的监督与管理

（一）产品质量管理体制

《产品质量法》第六条规定：“国家鼓励推行科学的质量管理方法，采用先进的科学技术，鼓励企业产品质量达到并且超过行业标准、国家标准和国际标准。对产品质量管理先进和产品质量达到国际先进水平、成绩显著的单位和个人，给予奖励。”该条规定了我国产品质量监督管理体制。全国的产品质量监督管理工作由国务院产品质量监督部门（即国家技术监督局）负责，国务院各有关部门、县级以上地方政府的技术监督部门以及有关部门，负责各自职责范围内产品的监督管理工作。由此可见，国家对产品质量的监督、管理以间接管理为主，直接管理为辅，必须加强企业对产品质量的全方位、全过程的监督和管理，实行全面质量管理，包括：自检、互检、外检；先检、后检。此外，还应强调社会监督，包括用户和消费者的监督。

（二）产品质量管理制度

1. 企业质量体系认证制度

企业质量体系认证是指依据国家质量管理和质量保证系列标准，由国家认可的认证机构，对自愿申请认证的企业的质量体系，进行检查、确认、颁发认证证书，以证明企业质量体系和质量保证能力符合相应标准要求的活动。企业质量体系的认证机构是国务院技术监督部门或由其授权的部门认可的认证机构，一般指行业认证委员会。获得企业质量体系认证的企业，并不等于获得产品质量认证，因而不得在其产品上使用产品质量认证标志，但在申请产品质量认证时可免除对企业质量体系认证的检查。

2. 产品质量认证制度

产品质量认证是依据产品标准和相应技术要求，经认证机构确认并通过颁发证书和认证标志，以证明企业某一产品符合相应标准和相应技术要求的活动。产品质量认证由企业自愿申请（法律另有规定的除外），并由国家技术监督局或其授权部门认可的认证机构——行业认证委员会，根据有关标准和技术要求对企业产品进行认证，予以确认的活动，分为安全认证和合格认证。获准产品质量认证的产品，除接受法律法规的检查外，免于其他检查；并享有实行优质优价、优先推荐评为国优产品等国家规定的优惠待遇。

但取得产品质量认证的企业仍必须接受认证委员会对其认证产品及质量体系的监督、检查，如达不到认证时所达到的条件，应当停止使用认证标志；如企业认证产品的质量严重下降或质量体系达不到认证时所具备的条件，给用户、消费者造成损失，或经监督检查发现由于企业责任而使产品不合格的，认证委员会可撤销认证证书，违者仍使用认证标志销售的，处以违法所得两倍以下的罚款。

三、生产者、销售者的产品质量责任和义务

【案例讨论】张某在2014年5月6日购买2.4L手动挡轿车一辆，在6月30日中午行驶到沈阳市东陵区高坎镇奥林匹克花园附近，在土路上行驶（上坡），感到车内有烟味，发现车底盘有明火。虽经扑救火势仍得不到控制，遂打119报警，最后火警将火扑灭。保险公司赶到现场进行拍照取证，并确认属于自燃。由于张某未投自燃险，车辆烧毁非保险事故，保险公司不予以理赔。于是，张某找到汽车的销售商，要求销售方作出赔偿，销售方认为该车本身不存在质量问题，不予赔付。张某要求其提供书面说明，并要求就此向生产企业反映问题，也遭到了拒绝。问：

在本案中，生产者或销售者就产品质量负有哪些责任和义务？

（一）生产者的产品质量责任和义务

1. 作为的义务

（1）生产者应当使其生产的产品达到以下质量要求，即：不存在危及人身、财产安全的不合理的危险，有保障人体健康和人身、财产安全的国家标准、行业标准的，应符合该标准，即要求生产者不得生产缺陷产品。

（2）除了对产品存在使用性能的瑕疵作出说明的以外，产品质量应当具备使用性能，即要求生产者应当尽合同义务、担保义务。

（3）产品的实际质量应符合在产品或者其包装上注明采用的产品标准，并符合以产品说明、实物样品等方式表明的质量状况。

（4）除裸装的食品和其他根据产品的特点难以附加标识的产品可以不附加产品标识外，其他任何产品或产品包装上均应当有标识，即有中文表明的产品名称、生产厂名和厂址；有产品质量检验合格证明；根据产品的特点和使用要求，需要标明产品规格、等级、所含主要成分的名称和含量的，相应予以标明；限期使用的产品，标明生产日期和安全有效的日期。

（5）产品包装应符合规定的要求。使用不当容易造成产品本身损坏或可能危及人身财产安全的产品，如剧毒、危险、易碎、储运中不能倒置以及有其他特殊要求的产品，除包装必须符合相应要求外，还应以警示标志或者中文警示说明，以标明储藏运输的注意事项。

2. 不作为的义务

（1）生产者不得生产国家明令淘汰的产品。国家明令淘汰的产品，有的是危害社会整体利益的，如浪费资源、能源，污染环境的产品；有的是威胁或危及社会个体人身健康和财产安全的产品，如一些具有潜在危险的药品。

（2）生产者不得伪造产地，不得伪造或冒用他人的厂名、厂址。

（3）生产者不得伪造或冒用认证标志、名优标志等质量标志。

（4）生产者生产产品，不得掺假、掺杂，不得以次充好，不得以不合格产品冒充合格产品。

（二）销售者的产品质量责任和义务

（1）销售者进货时的质量检查义务。销售者进货时，要对所进货物进行检查，查明货物的质量，同时，对货物应具备的标识也应检查。进货检查验收是区分生产者和销售者责任的依据，是销售者对国家的义务和对用户、消费者的潜在义务。

（2）销售者在进货后、销售前的质量义务。销售者进货后应当采取措施，保持销售产品的质量。

（3）销售者销售的产品的标识应当符合《产品质量法》对生产者产品标识的有关规定。

（4）销售者不得违反法律规定的禁止性规范。销售者不得销售失效、变质的产品；不得伪造或冒用认证标志、名优标志等质量标志；不得掺杂、掺假；不得以假充真、以次充好；不得以不合格产品冒充合格产品。

四、违反产品质量责任和义务的法律责任

（一）违反产品质量的民事责任

1. 违反产品质量担保义务的损害赔偿

售出的产品如违反了产品明示或默示的质量担保义务，销售者应承担相应的法律责任。《产品质量法》规定，售出的产品有下列情形之一的，销售者应当负责修理、更换、退货；给购买产品的用户、消费者造成损失的，销售者应当赔偿损失：①不具备产品应当具备的使用性能而事先未作说明的；②不符合在产品或者其包装上注明采用的产品标准的；③不符合以产品说明、实物样品等方式表明的质量状况的。

销售者依照前款规定负责修理、更换、退货、赔偿损失后，属于生产者的责任或者属于向销售者提供产品的其他销售者的责任的，销售者有权向生产者、供货者追偿。销售者未按照前款规定给予修理、更换、退货或者赔偿损失的，由管理产品质量监督工作的部门或者工商行政管理部门责令改正。

生产者之间、销售者之间、生产者与销售者之间订立的产品购销、加工承揽合同有不同约定，合同当事人按照合同约定执行。

2. 因产品存在缺陷引起的损害赔偿

【案例讨论】 江某从家电连锁超市购买了一台电冰箱，回家后安装完毕准备试试怎么样，谁料刚刚插好电源，因冰箱漏电而将江某击倒在地，江某当即不省人事，经奋力抢救终于脱离危险，但因此住院一个多月。江某要求家电连锁超市和冰箱厂赔偿其经济损失，但家电连锁超市说自己只负责冰箱的销售，质量问题与其无关；冰箱厂则说冰箱出厂时有合格证，表明当时没有质量问题，既是家电连锁超市卖出去的，责任应在家电连锁超市。江某无奈只能诉至法院。法院受理后查明，冰箱确实存在质量问题。问：

江某的损失应由谁来承担？

产品应符合保障人体健康、人身或财产安全的国家标准、行业标准。产品缺陷，是指产品存在危及人身、财产安全的危险，或者不符合国家标准、行业标准等。

（1）责任主体的确定

由于产品存在缺陷，造成人身、他人财产损害的，受害人可以向产品的生产者要求赔偿，也可以向产品的销售者要求赔偿。属于产品的生产者的责任，产品的销售者赔偿的，产品的销售者有权向产品的生产者追偿。属于产品的销售者的责任，产品的生产者赔偿的，产品的生产者有权向产品的销售者追偿。

因产品存在缺陷，造成人身、缺陷产品以外的其他财产损害的，生产者应当承担赔偿责任。生产者能够证明有下列情形之一的，不承担赔偿责任：①未将产品投入流通的；②产品投入流通时，引起损害的缺陷尚不存在的；③将产品投入流通时的科学技术尚不能发现该缺陷的存在的。除此之外，在实践中有下列情况者不负质量责任：①损害是由于消费者擅自改变产品性能、用途或者没有按照产品的使用说明使用并且确因改变或使用不当造成的；②损害是由于受害人的故意所为造成的；③损害是由于常识性的危险造成的；④产品造成损害，是由于使用者自身特殊敏感所致；⑤产品已过了有效期限；⑥超过诉讼和赔偿请求时效。

【法律链接】根据《产品质量法》的规定，因产品存在缺陷造成损害要求赔偿的诉讼时效期限为2年，自当事人知道或应当知道其权益受到损害时起计算。因产品存在缺陷造成损害要求赔偿的请求权，在造成损害的缺陷产品交与最初用户、消费者满10年丧失；但是，尚未超过明示的安全使用期的除外。

（2）损害赔偿范围

因产品存在缺陷造成受害人人身伤害的，侵害人应当赔偿医疗费、治疗期间的护理费、因误工减少的收入等费用；造成残疾的，还应当支付残疾者生活自助用具费、生活补助费、残疾赔偿金以及由其扶养的人所必需的生活费等费用；造成受害人死亡的，应当支付丧葬费、抚恤费、死亡赔偿金以及由死者生前扶养的人所必需的生活费等费用；造成受害人财产损失的，侵害人应当恢复原状或者折价赔偿。受害人因此遭受其他重大损失的，侵害人应当赔偿损失。

3. 产品质量民事纠纷的处理

因产品质量发生纠纷时，当事人双方可以通过协商或者调解解决。当事人不愿通过协商、调解解决或者协商、调解不成的，可以根据当事人各方的协议向仲裁机构申请仲裁；当事人各方没有达成仲裁协议的，可以向人民法院起诉。

仲裁机构或人民法院对产品质量无法确定时，可以委托省级以上人民政府产品质量监督管理部门或者其授权的部门考核合格的产品质量检验机构，对有关产品质量进行检验。

【法律链接】《民法通则》第一百二十二条规定："因产品质量不合格造成他人财产、人身损害的，产品制造者、销售者应当依法承担民事责任。运输者、仓储者对此负有责任的，产品制造者、销售者有权要求赔偿损失。"

（二）违反产品质量的行政责任

1. 违反产品质量的行政责任形式

违反产品质量的行政责任形式包括对生产者、销售者的行政处罚和对个人责任者给予的行政处分，如责令停产、责令停止销售、吊销生产许可证、吊销执照、没收非法收入、罚款以及警告、记过、开除等。

2. 违反产品质量应承担行政责任的行为

违反产品质量应承担行政责任的行为有：

（1）生产、销售不符合保障人体健康，人身财产安全的国家标准、行业标准的产品。

（2）生产者、销售者在产品中掺杂、掺假，以次充好，或者以不合格产品冒充合格产品。

（3）生产国家明令淘汰的产品。

（4）销售变质、失效的产品。

（5）生产者、销售者伪造产品产地，伪造、冒用他人厂名、厂址，冒用认证标志、名优标志等质量标准。

（6）以行贿、受贿或者其他非法手段推销或者采购上述四类产品，即《产品质量法》第三十七条至第四十条所禁止生产、销售的产品。

（7）产品标识、包装产品的标识不符合《产品质量法》第十五条的有关规定。

（8）伪造检验数据或结论。

3. 行政责任的处理程序

当事人对依照法律、行政法规的规定由工商行政管理部门、管理产品质量监督工作的部门或其他有权国家机关作出的行政处罚不服的，可以在接到处罚通知之日起15日内向作出处罚决定的机关的上一级机关申请复议，对复议决定不服的，可以在接到复议决定之日起15日内向人民法院起诉；当事人也可以在接到处罚通知之日起15日内直接向人民法院起诉。

当事人逾期不申请复议也不向人民法院起诉，又不履行处罚决定的，作出处罚决定的机关可以申请人民法院强制执行。

（三）刑事责任

对由于产品质量的原因造成人身伤亡、财产损害触犯刑律的，对责任人依法追究刑事责任。

第三节　消费者权益保护法

一、消费者与消费者权益保护法

（一）消费者

【案例讨论】2015年5月，沈某等五位农民从县农资配送中心购买尿素五袋，并趁下雨天将化肥撒入庄稼地，以利于肥料的吸收，谁知几日后，庄稼叶片萎黄，年底收成比往年大幅度减产。沈某把剩余的尿素带到县技术监督局检验，结果发现所买化肥中含有大量生石灰，遇水产生热量烧坏庄稼。沈某等人以农资配送中心为被告向人民法院起诉，依据消费者权益保护法要求损害赔偿。农资配送中心称沈某等人买的化肥是生产资料，所以原告不是消费者，无权依据消费者权益保护法提出赔偿要求。问：

谁的主张符合法律要求？为什么？

消费包括生产资料消费和生活资料消费两个方面，但一般情况下都认为消费者主要是生活资料消费。我国《中华人民共和国消费者权益保护法》第二条规定："消费者为生活需要购买、使用商品或者接受服务，其权益受本法保护；本法未作规定的，受其他有关法律法规的保护。"因此，消费者是指为满足个人生活消费需要而购买、使用商品或者接受服务的自然人。

消费者具有以下法律特征：

（1）消费者是以生活消费为目的的自然人。生活消费通常是指为了满足个人物质和文化生活需要而进行的各种物质和精神产品以及劳动服务的消费行为。因此，如果是为了生产消费的目的，就不属于《中华人民共和国消费者权益保护法》保护的范围，但"农民购买、使用直接用于农业生产的生产资料，参照本法（《中华人民共和国消费者权益保护法》）执行"。

（2）消费者是购买、使用商品或接受服务的自然人。消费者获得商品、使用商品或接受服务，可以通过有偿或无偿的形式表现出来。如果商家为了宣传或达到其他商业目的向公民免费提供服务和赠送商品，这时的公民也都属于消费者。

（3）消费者是个体社会成员。法人和其他社会组织、社会团体均不属于消费者的范畴。

（二）消费者权益保护法

消费者权益保护法是调整生产者、销售者与消费者之间，以及国家在保护消费者权益过程中所发生的社会关系的法律规范的总称。

消费者权益保护法有广义、狭义之分。广义的消费者权益保护法是指所有保护消费者权益的法律法规。它不仅包括消费者权益保护的专门法，还包括民法、产品质量法、食品卫生法、药品管理法、标准化法、广告法、价格法、反不正当竞争法等法律中的相关规定。狭义的消费者权益保护法，是指1993年10月31日第八届全国人大常委会第四次会议通过的《中华人民共和国消费者权益保护法》（以下简称《消费者权益保护法》）。2013年10月25日，第十二届全国人民代表大会常务委员会第五次会议通过了《消费者权益保护法》修正案。

二、消费者的权利

【案例讨论】某消费者在买车前获得的汽车资料显示车内有八个喇叭，购车后发现后门上的四个喇叭不响。维修工检查后发现这四只喇叭只有装饰网，内部没有喇叭。向厂家反映后，厂家称产品本来就是如此。消费者要求得到与宣传质量相符合的汽车，或退车、赔偿。企业回复：沟通多次但消费者坚持自己的观点，将继续协商处理，但具体解决的时间无法确定。处理结果：消费者对企业的回复不满意，要求厂家针对喇叭一事给出说法。问：

（1）厂家是否侵犯了消费者的知情权？

（2）消费者的知情权包括哪些内容？

消费者根据《消费者权益保护法》主要享有以下权利：

1. 安全保障权

《消费者权益保护法》规定了安全保障权，包括人身安全权和财产安全权两个方面的内容。前者包括健康不受损害和生命安全有保障；后者有主、客观标准之分，主观标准是人们制定的标准，包括国家和有关部门制定的国家标准、行业标准，客观标准即实践标准，是人们在正常使用的情况下，所应达到的安全标准。

2. 知悉真情权

《消费者权益保护法》第八条规定："消费者享有知悉其购买、使用的商品或者接受的服务的真实情况的权利"；"消费者有权根据商品或者服务的不同情况，要求经营者提供商品的价格、产地、生产者、用途、性能、规格、等级、主要成分、生产日期、有效期限、规格、费用等有关情况。"这项权利的规定包括两层意思：一是消费者在购买、使用商品或者接受服务时，有权询问、了解商品或服务的有关情况；二是经营者提供的商品或服务的情况必须是真实的。

3. 自主选择权

消费者自主选择权主要包括以下几个方面的内容：①有权自主选择提供商品或者服务的经营者；②有权自主选择商品品种或者服务方式；③有权自主决定购买或者不购买任何一种商品，接受或者不接受任何一项服务；④在自主选择商品或者服务时，有权进行比较，鉴别地挑选。此外，消费者还有权选择购买商品或者接受服务的场所，有权根据商品或者服务的不同情况选择商品的商标、产地、价格等以及服务的名称、内容、费用等。

【案例链接】2014 年 3 月，消费者姜先生投诉称：其于 2013 年 11 月收到某电信公司通知其本人电话中奖，每月减免话费 50 元，但 2013 年 11 月至 2014 年 2 月份的话费不但没有减免还多加了收费项目。他向该公司提出疑问，得知该公司已将其电话改为包月，包月费 109 元，达到此消费额的可享受折扣，未达到的要补到这个基数。姜先生认为该公司未经他同意便将电话改为包月，不但享受不到所谓优惠，反而每月多付出不应有的费用。经调解，该公司取消了姜先生的包月服务。

4. 公平交易权

《消费者权益保护法》规定的公平交易权表现在以下两个方面：①有权获得质量保障、价格合理、计量正确等公平交易条件；②有权拒绝经营者的强制交易行为。

5. 求偿权

《消费者权益保护法》第十一条规定："消费者因购买、使用商品或者接受服务受到人身、财产损害的，享有依法获得赔偿的权利。"享有求偿权的主体是因购买、使用商品或者接受服务而受到人身、财产损害的消费者，包括四种类型：①商品的购买者；②商品的使用者；③服务的接受者；④第三人。

6. 结社权

《消费者权益保护法》规定："消费者享有依法成立维护自身合法权益的社会组织的权利。"

7. 获得有关知识权

《消费者权益保护法》规定："消费者享有获得有关消费和消费者权益保护方面的知识的权利。"

8. 维护尊严权

《消费者权益保护法》第十四条规定："消费者在购买、使用商品或接受服务时，享有其人格尊严、民族风俗习惯得到尊重的权利，享有个人信息依法得到保护的权利。"

9. 监督权

《消费者权益保护法》规定："消费者享有对商品和服务以及保护消费者权益工作进行监督的权利。消费者有权检举、控告侵害消费者权益的行为和国家机关及其工作人员在保护消费者权益工作中的违法失职行为，有权对保护消费者权益工作提出批评、建议。"由此可见，该条所规定的监督对象是经营者和国家机关及其工作人员；监督的方式是检举、控告、批评、建议。

【法律链接】《消费者权益保护法》第四十四条规定，消费者通过网络交易平台购买商品或者接受服务，其合法权益受到损害的，可以向销售者或者服务者要求赔偿。网络交易平台提供者不能提供销售者或者服务者的真实名称、地址和有效联系方式的，消费者也可以向网络交易平台提供者要求赔偿；网络交易平台提供者作出更有利于消费者的承诺的，应当履行承诺。网络交易平台提供者赔偿后，有权向销售者或者服务者追偿。网络交易平台提供者明知或者应知销售者或者服务者利用其平台侵害消费者合法权益，未采取必要措施的，依法与该销售者或者服务者承担连带责任。

三、经营者的义务

经营者，是向消费者提供其生产、销售的商品或者提供服务的单位和个人，它是以营利为目的从事生产经营活动并与消费者相对应的另一方当事人。其义务包括：

1. 履行法定和约定的义务

《消费者权益保护法》规定：经营者应当依法履行法定义务，即依照《消费者权益保护法》《产品质量法》和其他有关法律法规履行义务；经营者也应该依约履行合同义务，即经营者与消费者的约定。经营者向消费者提供商品或者服务，应当恪守社会公德，诚信经营，保障消费者的合法权益；不得设定不公平、不合理的交易条件，不得强制交易。

2. 听取意见和接受监督的义务

《消费者权益保护法》规定，消费者不仅在购买商品时，即使在不购买商品时，也有权对经营者、经营者的商品提出意见和建议；同时，经营者不仅要接受消费者的监督，而且要接受社会的监督；消费者对经营者提出意见，进行监督，不仅指商品本身，而且可对人，即对经营者及其工作人员进行监督，对商品环境问题也可以提出意见，进行监督。

3. 保证商品和服务安全的义务

《消费者权益保护法》规定："经营者应当保证其提供的商品或者服务符合保障人身、财产安全的要求。对可能危及人身、财产安全的商品和服务，应当向消费者作出真实的说明和明确的警示，并说明和标明正确使用商品或者接受服务的方法以及防止危害发生的方法。宾馆、商场、餐馆、银行、机场、车站、港口、影剧院等经营场所的经营者，应当对消费者尽到安全保障义务。"经营者发现其提供的商品或者服务存在缺陷，有危及人身、财产安全危险的，应当立即向有关行政部门报告和告知消费者，并采取停止销售、警示、召回、无害化处理、销毁、停止生产或者服务等措施。采取召回措施的，经营者应当承担消费者因商品被召回支出的必要费用。

4. 提供商品和服务真实信息的义务

商品和服务的真实信息，是消费者行使自主选择权的基础，对此，《消费者权益保护法》规定经营者提供商品和服务真实信息的义务：①经营者应当向消费者提供有关商品或者服务的真实信息，不得作引人误解的虚假宣传；②经营者对消费者就其提供的商品或者服务的质量和使用方法等问题提出的询问，应当作出真实、明确的答复；③经营者提供商品或者服务应当明码标价。

5. 标明真实名称和标记的义务

《消费者权益保护法》规定："经营者应当标明真实名称和标记"；"租赁他人柜台或者场地的经营者，应当标明其真实名称和标记。"经营者标明真实名称和标记是对消费者权益的尊重。经营者不得以虚假的名称和标记欺骗消费者。

6. 出具购货发票等凭证或者服务单据的义务。

《消费者权益保护法》规定，购货凭证或服务单据，一般指发票、保修单等。它们都属于书面凭据，是经营者与消费者发生的购货合同关系的证明，是今后消费者要求经营者履行"三包"等项责任和发生纠纷后消费者要求索赔的有力证据。

7. 保证商品或者服务质量的义务

《消费者权益保护法》规定的该项义务与第三项义务有所不同，它是规定经营者的一般商品质量义务。经营者应当保证在正常使用商品的情况下，其提供的商品应具有的质量、性能、用途和有效期限；应当保证商品的实际质量状况与其以广告、实物样品等方式表明的质量状况相符。该条也包含着对消费者的一定制约：①若因消费者非正常、不合理地使用，则不能要求经营者对商品承担义务；②在购买时消费者对于已知的瑕疵商品不能向经营者主张上述权利，但存在该瑕疵不违反法律强制性规定的除外。

8. 履行"三包"或其他责任的义务

《消费者权益保护法》规定："经营者提供的商品或者服务不符合质量要求的，消费者有权依照国家规定、当事人约定退货，或者要求经营者履行更换、修理等义务。"经营者所需履行的义务具体如下：若没有国家规定和当事人约定的，消费者可以自收到商品之日起七日内退货；七日后符合法定解除合同条件的，消费者可以及时退货；若不符合法定解除合同条件的，可以要求经营者履行更换、修理等义务；因退货、更换、修理的，经营者应当承担运输等必要费用，但法律另有规定的除外。

9. 不得从事不公平、不合理交易的义务

《消费者权益保护法》规定："经营者不得以格式条款、通知、声明、店堂告示等方式，作出排除或者限制消费者权利、减轻或者免除经营者责任、加重消费者责任等对消费者不公平、不合理的规定，不得利用格式条款并借助技术手段强制交易。格式条款、通知、声明、店堂告示等含有前款所列内容的，其内容无效。”

10. 不得侵犯消费者其他权益的义务

《消费者权益保护法》第二十七、二十八、二十九条规定：①经营者不得对消费者进行侮辱、诽谤；②不得搜查消费者的身体及其携带的物品；③不得侵犯消费者的人身自由；④经营者及其工作人员对收集的消费者个人信息必须严格保密，不得泄露、出售或者非法向他人提供。

四、消费者争议的解决方式

由于消费者和经营者利益上存在冲突，消费者在购买、使用商品或接受服务的过程中，不可避免地会与经营者就彼此之间的权利义务发生争执而引起消费者争议。对此，我国《消费者权益保护法》规定了下列解决途径：

1. 与经营者协商解决

协商解决是指争议发生后，经营者和消费者双方在没有第三人实质参与的情况下，本着平等、自愿、互利的原则，就争议问题相互交换意见，达成和解协议，使纠纷得以解决。

2. 请求消费者协会调解

这是指在协商不成的情况下，消费者可向消费者协会反映情况，由消费者协会作为第三人出面主持消费争议的调解。消费者协会应在查明事实、分清是非、明确责任的基础上，引导双方协商，促成争议尽快解决。但是，消费者协会不得强制争议各方进行调解，调解必须在各方自愿的基础上依法进行。

3. 行政申诉

当经营者和消费者就消费者权益争议不能通过和解方式解决时，也可以根据商品和服务的性质直接向有关行政部门提出申诉。有关行政部门主要指工商、物价、技术监督、卫生、商检等机关，应当依法在各自的职责范围内保护消费者权益。

如发现经营者违反法律、行政法规，应承担行政责任时，可依法对其予以行政处罚；发现有犯罪嫌疑的，应移交司法机关处理。

4. 申请仲裁

仲裁，是指双方当事人在争议发生之前或者争议发生之后达成协议，自愿将争议交由第三方作出裁决，以解决争议的法律制度。消费者与经营者产生消费争议后，如果双方协商和解不成，消费者可以根据事前或事后与经营者达成的仲裁协议向仲裁机关申请仲裁。

5. 向法院提起诉讼

诉讼是解决消费者争议最具权威性的方式。消费争议发生后当事人在没有仲裁协议的情况下，可以向有管辖权的人民法院提起诉讼。

【案例链接】网购消费争议处理方式

消费者陈女士在淘宝网上“舒达家居生活馆”网店花费近 14 000 元购买了一款舒达加利福尼亚床垫及相应配件。卖家在商品描述中保证绝对正品，假一赔十。陈女士因忙于装修，在收货后第二个月才拆开，使用时发现该床垫与专柜宣传的品质相差甚大。通过舒达加利福尼亚专柜咨询及品牌公司售后服务确认，陈女士买到的是高仿假货。随后，陈女士向网店交涉，但网店不但不予回复，而且还将该产品下架，并删除陈女士的商品评论。无奈之下陈女士投诉到省消费者权益保护委员会。省消费者权益保护委员会按照淘宝店网店的电话进行联系，网店矢口否认其为舒达家居生活馆。在省消费者权益保护委员会指导下，陈女士向电商淘宝网投诉卖家，最终解决了消费纠纷。

五、侵害消费者合法权益行为的法律责任

（一）民事责任

1. 侵犯消费者民事权益的主要情形

《消费者权益保护法》规定，经营者提供商品或者服务有下列情形之一的，除本法另有规定外，应当按照《中华人民共和国产品质量法》和其他有关法律法规的规定承担民事责任：①商品存在缺陷的；②不具备商品应当具备的使用性能而出售时未作说明的；③不符合在商品或者其包装上注明采用的商品标准的；④不符合商品、实物样品等方式表明的质量状况的；⑤生产国家明令淘汰的商品或者销售投资、变质的商品的；⑥销售商品的数量不足的；⑦服务的内容和收取的费用违反约定或法律规定的；⑧对消费者提出的修理、重作、更换、退货、补足商品数量、退还货款和服务费用或者赔偿损失的要求，故意拖延或者无理拒绝的；⑨法律法规规定的其他损害消费者权益的情形。

2. 损害赔偿的具体范围

（1）人身损害的民事责任。人身损害的民事责任包括：①经营者在提供商品或服务时造成消费者或其他受害人身体伤害的，应当支付医疗费、治疗期间的护理费、因误工减少的收入及其他费用；②经营者提供商品或服务造成消费者或其他受害人残疾的，除赔偿上述费用外，还应当支付残疾者生活自助用具费、生活补助费、残疾赔偿金以及由其扶养的人所必需的生活费等费用；③经营者提供商品或服务，造成消费者或其他受害人死亡的，应当支付丧葬费、残废赔偿金以及由死者生前扶养的人所必需的生活费等费用；④经营者违反本法第二十五条规定，侵害消费者的人格尊严或者侵犯消费者人身自由的，应当停止侵害，恢复名誉，消除影响，赔礼道歉并赔偿损失。

（2）财产损害的民事责任。在《消费者权益保护法》中，对经营者在财产损害方面的民事责任作了具体规定，除了消费者与经营者另有约定的以外，这些责任形式主要有以下几种：①修理；②重作；③更换；④退货；⑤补足商品数量；⑥退不定期货款和服务费用；⑦赔偿损失。

3. 欺诈经营行为的惩罚性赔偿制度

《消费者权益保护法》第五十五条规定："经营者提供商品或者服务有欺诈行为的，应当按照消费者的要求增加赔偿其受到的损失，增加赔偿的金额为消费者购买商品的价款或者接受服务的费用的三倍；增加赔偿的金额不足500元的，为500元。法律另有规定的，依照其规定。"经营者明知商品或者服务存在缺陷，仍然向消费者提供，造成消费者或者其他受害人死亡或者健康严重损害的，受害人有权要求经营者依照本法第四十九条、第五十一条等法律规定赔偿损失，并有权要求所受损失两倍以下的惩罚性赔偿。

（二）行政责任

有关行政部门发现并认定经营者提供的商品或者服务存在缺陷，有危及人身、财产安全危险的，应当立即责令经营者采取停止销售、警示、召回、无害化处理、销毁、停止生产或者服务等措施。

根据《消费者权益保护法》的规定，经营者有侵犯消费者权益的，应承担行政责任，受到行政处罚。行政处罚的具体方式包括责令改正、警告、没收违法所得、处以违法所得 1 倍以上、5 倍以下的罚款，情节严重的可责令停业整顿或吊销营业执照。

（三）刑事责任

经营者侵犯消费者和受害人合法权益构成犯罪的，应当承担刑事责任。

实训作业

一、实训项目

网络电商销量时代，网络买卖爆炸式增长，网购争议数量也大幅上升。目前，网络电商销量模式可分两类：一是自营商品为主的网络电商自营模式，即电商自己负责销售和售后服务的运营模式，以京东、苏宁易购、国美在线、当当、亚马逊为代表；二是电商签约第三方卖家入驻电商平台的电商他营模式，如天猫商城。因此网购争议可分为与自营商品电商产生网购争议和与电商平台上的第三方卖家产生网购争议，其网络处理程序存在区别。

学生分组查询并介绍电商网络平台处理网购争议的程序规定及网购争议证据要求。

二、案例思考

1. 某销售公司所在地的夏季气候十分炎热，凉席销路一向很好。2013 年春，该公司订购了一大批井冈山产的凉席，准备在夏季卖出。但当年夏季气候反常，比往年夏季气温低许多，造成凉席销路不好，仓存积压。为了打开销路，收回资金，该公司决定用奖励的方法来促销凉席，即将购买凉席的价款 10% 给予购买者。在此期间，有一家中型酒店的采购员签订了 260 张凉席的买卖合同，为此公司将所买凉席货款的 10% 作为采购员的奖励，双方对“奖励”资金均不入财务账目。在采购员的推荐下，该公司又用同一种方法很快推销完积压的凉席。此事被其他经营者举报，当地的工商部门依据《反不正当竞争法》进行了查处。

请问销售公司的经营行为触犯了《反不正当竞争法》吗？为什么？

2. 2012 年 8 月，某市春花纸厂推出“玫瑰”牌餐巾纸，每箱价格为 30 元。该品牌投放市场以后，以其低廉的价格、良好的质量赢得广大消费者的青睐。与此同时，当地的云兰纸厂的“沙龙”牌餐巾纸在市场上却无人问津。云兰纸厂面对严峻的市场形式，作出战略调整，以每箱 28 元的价格投放市场。因云兰纸厂的产品质量也不错，很快就赢得了一定的市场份额。2013 年 3 月，春花纸厂将产品价格降为 25 元每箱。同年 7 月，云兰纸厂为了彻底击垮对手，作出了大胆决定，以低于成本价的每箱 20 元的价格投放市场，并同时优化纸质。2015 年 2 月，春花纸厂因产品滞销、财政困难而停产。2015 年 3 月 13 日，春花纸厂向人民法院提起诉讼，状告云兰纸厂的不正当竞争行为，并要求赔偿损失。

请问双方的降价行为违反了《反不正当竞争法》吗？为什么？

3. 因产品质量问题被举报，2013 年 3 月 8 日海宁质监局行政执法人员依法对位于海宁市袁花镇某电器生产企业进行执法检查，发现该厂在未取得强制性产品认证的情况下擅自生产列入强制性产品目录的室内加热器、嵌入式灯具。经调查查明，该企业生产室内加热器 34 箱 136 只、嵌入式灯具 35 箱 384 只，且均为不合格产品。

电器生产企业是否违反了《产品质量责任法》？为什么？

第十二章
涉外物流管制法实务

物流或连锁经营事业的国际化是其当前重要的发展方向，如物流企业从事进出口商品物流服务、连锁经营企业出现跨国采购或者国外经营等。为了维护国家主权，促进经济发展，各国都建立了一套外贸秩序管制法律制度。从事涉外物流经营的企业无论是货物进出口还是交通工具进出境，都必须遵守外贸秩序管制法律制度，接受执法机关的监管。按照管理对象不同，各国的外贸秩序管制法可分为对外贸易法、海关法、商品检验检疫法、外汇管理法、关税法、原产地规则、保护竞争和限制垄断法等。本章仅阐述我国的对外贸易法、涉外物流和涉外商品经营活动所涉及的进出口通关与出入境检验检疫法律制度。

【导入案例】2014 年 4 月 13《福州晚报》报道深圳海关缉私人员查获：某国际物流公司从事通关货运时，其车载货柜除了正常通知货物外，还隐藏了大量的手机主板、电脑显示屏和线路板等配件、平板电脑等电子产品。此案犯罪侦查和审讯已查明，走私犯罪分子以国际物流公司为幌子，香港和大陆之间长期从事夹带走私业务，每月多达 20 余次。此案涉嫌走私案值累计近亿元。依据法律规定，除涉案企业被纳入通关黑名单外，企业责任人及直接参与走私人员也被依据《海关法》《刑法》等追究法律责任。

根据本案，说说国家实行涉外物流管制的必要性。

第一节　对外贸易法

一、对外贸易法概述

对外贸易法，是指调整对外贸易关系的法律规范的总称。它主要规定一个国家对外贸易的基本原则、主要管理体制和维护外贸管理秩序的各项措施。

1994 年 5 月 12 日第八届全国人大常委会第七次会议通过了《中华人民共和国对外贸易法》（以下简称《对外贸易法》）。除中国香港地区、澳门地区和台湾地区单独关税区外，《对外贸易法》是规范我国外贸市场秩序的基本法律。为了适用中国加入世贸组织的需要，2004 年 4 月 6 日本法经第十届全国人大常委会第八次会议修订，于 2004 年 7 月 1 日实施。修改后的《对外贸易法》强调了对外贸易主管部门对外贸的管理职能，即“适度的贸易管理、有力的贸易保护和促进、严格的违法处罚。”

【案例链接】中国对俄罗斯出口硅钢的反倾销案

1999年，武汉钢铁（集团）公司代表国内产业，对从俄罗斯进口硅钢向外经贸部提起了反倾销调查。同年12月，外经贸部公布初步裁定公告，认为原产于俄罗斯的进口冷轧硅钢片存在倾销，对国内相关产业存在实质损害，并且国内相关产业的实质损害与进口产品倾销之间存在因果关系，自本公告之日起对原产于俄罗斯的进口冷轧钢片实施临时反倾销措施，即进口经营者必须交纳与倾销幅度（11%~73%）相适用的现金保证金。经涉案利害关系方的申请，外经贸部召开了听证会，进行了实地核查。2000年9月11日，外经贸部发布终裁公告，决定自1999年12月30日起五年内，对原产于俄罗斯的冷轧硅钢片征收6%~62%的反倾销税。

二、对外贸易法的基本原则

1. 实行统一的对外贸易制度的原则

实行统一的对外贸易制度，是指由中央政府统一制度、在全国范围内统一实施的对外贸易制度。《对外贸易法》第四条规定：“国家实行统一的对外贸易制度，鼓励发展对外贸易”。因此，对外贸易政策措施，只能由中央政府制定，各级地方政府不能自行制定。它有助于外贸经营者开展公平自由的竞争，有助于国家开展国际贸易工作，维护国家主权和尊严。

2. 维护公平、自由对外贸易秩序的原则

维护公平、自由对外贸易秩序，是指国家在法律政策上为企业提供平等、自由的竞争环境，尊重、维护外贸经营者的合法外贸经营行为，实现公平的进出口秩序。《对外贸易法》第四条规定，国家“维护公平、自由的对外贸易秩序”。维护公平、自由对外贸易秩序是与国际规范接轨的需要，也是保障我国对外贸易持续、快速、健康、协调发展的基石。

3. 实行货物与技术的自由进出口的原则

实行货物与技术的自由进出口，是指除法律、行政法规明确禁止或者限制进出的商品以外，国家准许商品自由进出口，任何单位和个人均不得设置障碍。《对外贸易法》第十四条规定：“国家准许货物与技术的自由进出口。但是法律、行政法规另有规定的除外。”这项规定既符合中国经济发展的需要，也符合世界贸易组织的宗旨和基本原则。

4. 逐步发展国际服务贸易的原则

逐步发展国际服务贸易，是指基于我国是发展中国家的需要，国际服务贸易市场逐步开放。服务贸易是世界贸易组织管辖的一个重要领域。由于我国服务贸易比较落后，缺乏国际竞争力，为了国内服务贸易的发展，我国对国际服务贸易采取积极、稳妥、开放的态度，通过谈判逐步开放国内服务贸易市场。

5. 实行平等互利、互惠对等的国际贸易关系的原则

实行平等互利、互惠对等的国际贸易关系，是指根据我国缔结或者参加的国际条约、协定或者根据互惠、对等原则给予对方国家当事人在对外贸易的最惠国待遇、国民待遇等。任何国家或者地区在贸易方面对我国采取歧视性的禁止、限制或者其他类

似措施的，我国可以根据实际情况对该国或者地区采取相应的措施。

三、对外贸易法的管理制度

【案例讨论】在一次广交会展销期间，互利物流采购中心业务员遇到了一款电子新产品，市场前景看好，欲拟采购。但在对该产品进行调查时发现，其生产企业在南非，产品也属于首次参展，国内尚无其他货源。如果需要，必须与该生产企业订购，而互利物流采购中心的营业范围仅是国内商品采购。问：

如果要实现该产品的合法采购和销售，互利物流采购中心应怎么办？

（一）对外贸经营者的管理

根据《对外贸易法》的规定，在我国从事对外贸易经营活动的主体可以是法人、其他组织或者个人。其具体规定如下：

（1）应取得对外贸易经营资格。对于货物或者技术进出口的对外贸易经营资格，实行备案登记制，商务部公布了《对外贸易经营者备案登记办法》。符合法律规定的所有企业法人、其他组织和个人向国务院对外贸易主管部门或者其委托的机构办理备案登记后，可以从事进出口业务。个人办理对外贸易经营资格备案登记的前提是办理工商登记或者其他执业手续。对于涉外服务贸易经营资格，根据服务贸易准入清单，依照法律、行政法规的规定赋予经营资格。对于对外工程承包或者对外劳务合作的经营资格，经营者应取得相应的资质或者资格。

（2）根据世界贸易组织规则，实行国营贸易管理货物的进出口业务只能由经授权的企业经营。授权的企业包括国有企业和其他所有制性质的企业。例如，对小麦、原油、成品油、化肥、橡胶、钢铁、木材、胶合板、羊毛、腈纶、棉花、烟草及制品、食糖、植物油的进口，由国家指定的专业外贸公司经营。对原油、成品油、茶叶、煤炭、棉花、醋酸酐、乙醚、三氯甲烷、重水、偏二甲肼、高氯酸氨、钨酸等的出口，实行国家指定的外贸公司经营。其他公司不得经营上述货物的进出口业务。

（3）根据对外贸易法规定，外贸经营者可以接受他人的委托，在经营范围内代为办理对外贸易业务。

（二）对货物和技术进出口的管理

《对外贸易法》确立了我国进出口贸易管理的基本制度：采取自由、限制、禁止等分类管理措施。其主要内容有：

（1）国家准许货物与技术自由进出口，但是法律、行政法规另有规定的除外。国务院对外贸易主管部门基于监测进出口情况的需要，可以对部分自由进出口的货物实行进出口自动许可，并公布其目录。

（2）国家实行货物和技术自由进出口，但有两个重要例外，即一般例外和安全例外，并对其实行目录管理。国家对货物和技术进出口的一般例外，即限制或者禁止进出口的货物和技术有，例如，有损国家安全、社会公共利益或者公共道德的、为保护人的健康或者安全、保护动物、植物的生命或者健康、保护环境的、进口国家或者地区市场容量有限的、保持国家收支平衡的或者国际条约规定的等。国家对货物和技术进出口的安全例外，即国家在货物、技术进出口方面可以采取任何必要的措施。例如，禁止国家对与裂变、聚变物质或者衍生此类物质的物质有关货物、技术进出口，以及与武器、弹药或者其他军用物资有关的进出口，维护国家安全；在战时或者为维护国际和平与安全，国家在货物、技术进出口方面可以采取任何必要的措施。

（3）对于限制进出口的货物，国家采用配额、关税配额和许可证方式进行管理。进出口货物配额、关税配额的分配按照公开、公平、公正和效益原则进行分配。对限制进出口的技术，采取许可证管理。

（4）建立统一合格评定、认证、检验、检疫制度。国家实行统一的商品合格评定制度，根据有关法律、行政法规的规定，对进出口商品进行认证、检验检疫管理。

（5）对进出口货物进行原产地管理。原产地管理，是指对进出口货物确认其生产或者制造国，从而适用不同的外贸待遇，它是外贸管理措施之一。我国和世界上多数国家在其关税法中确立了进出口货物原产地管理，即对不同生产或者制造国家的进口货物适用不同的关税率。

（三）对国际服务贸易的管理

根据《对外贸易法》规定，我国实行国际服务贸易市场采取逐步开放政策，给予缔约方或者参加方以市场准入和国民待遇。国务院对外贸易主管部门和国务院有关部门，依照相关法律、行政法规规定，制定、调整并公布国际服务贸易市场准入目录。

《对外贸易法》规定了国际服务贸易的一般例外和安全例外。

（四）对与外贸有关的知识产权保护的管理

依据《对外贸易法》和相关法律规定，国家知识产权局、海关等部门保护与对外贸易有关的知识产权。进出口货物侵犯知识产权，危害对外贸易秩序的，国家依法做出行政处罚和刑事处罚。

（五）对外贸的秩序与调查

《对外贸易法》确立了反垄断、反不正当竞争原则。国家有关部门依照法律、行政法规规定，可以对有损外贸秩序的经营活动进行调查和取证。根据调查结果，做出反倾销、反补贴的裁定，并以公告的形式公布。

（六）对外贸易的救济

对外贸易救济是指国家根据对外贸易调查结果，对其他国家或者地区企业的某些损害或者严重威胁我国的社会公共利益或者产业利益的贸易做法，采取减轻或者消除其损害或者威胁的强制性措施。这些强制性措施主要有：反倾销、反补贴和保障措施。

四、违反对外贸易法的法律责任

（1）《对外贸易法》规定了违反对外贸易秩序的违法行为：未经授权擅自进出口实行国营贸易管理的货物的行为；进出口属于禁止进出口的货物、技术，或者未经许可擅自进出口属于限制进出口的货物、技术的行为；从事属于禁止的国际服务贸易活动的，或者未经许可擅自从事属于限制的国际服务贸易活动的行为；违反对外贸易秩序管理规定，非法从事对外贸易经营活动的行为；外贸管理工作人员的违法行为。

（2）违反《对外贸易法》的法律责任有行政责任和刑事责任。其中，行政责任形式主要有：责令改正、没收违法所得、罚款、不受理配额或者许可证的申请、禁止从事有关进出口经营活动等。除了依法追究行政责任外，对外贸违法行为触犯刑法构成犯罪的还要追究相应的刑事责任。

第二节　进出口通关

一、进出口通关概述

进出口通关，是指货物、运输工具、物品等从进入关境边界或者申请出境办结海关手续的一项海关监管活动。它是海关对进出境对象的监督和管理，也是国家主权运用的象征。在从事涉外物流或者跨国商品购销时，物流企业和相关当事人必然涉及进出口货物及运输工具的通关业务。

依据通关的对象不同，进出口通关分为进出口货物通关、进出境运输工具通关和进出境物品通关。本节重点讲述进出口货物通关和进出境运输工具通关。在通关时，进出口货物和运输工具进入海关监管范围。货物、运输工具通关的时间，一般是指进口货物或者运输工具从进入关境时起至海关放行时止；出口货物或者运输工具从向海关申报出口并运入海关监管区时起至运离关境时止。

为了规范进出口货物通关秩序，各国制定了一系列相关法律制度。其中，海关法是进出口货物通关法律制度的核心内容。《中华人民共和国海关法》（以下简称《海关法》），于1987年颁布实施并于2000年7月进行了修正。在我国，《海关法》仅适用于中国关境，即中国的整个区域。中国香港、澳门特别行政区和台湾地区作为中国的单独关境区，不适用《海关法》。

【案例链接】厦门走私案

厦门特大走私案是新中国史上查处的涉案金额特别巨大、案情极为复杂、危害极其严重的走私犯罪案件。经查明，1996年至1999年上半年，赖昌星走私犯罪集团及其他走私犯罪分子，在厦门关区走私进口成品油450多万吨、植物油45万多吨、香烟300多万箱、汽车3 588辆，以及大量西药原料、化工原料、纺织原料、电子机械等货物，价值高达530亿元，偷逃税款300亿元。

二、进出口通关的主体

进出口通关中的法律主体有两类：一是进出口通关的国家管理机关即管理主体；二是从事进出口通关活动的当事人即被管理主体。

（一）进出口通关的管理机关

进出口通关的管理机关，包括海关机关和有关的国家机关。后者如国家经济贸易委员会、中华人民共和国商务部、中华人民共和国国家工商行政管理总局、国家质量检验总局等。依据《海关法》的规定，海关是对进出口通关进行全面管理的国家机关。

海关的职责主要有：监管进出境的运输工具、货物、行李物品、邮递物品和其他物品，征收关税和其他税费，查缉走私并编制海关统计和办理其他海关业务等。海关的职权有：检查权、调查权、扣留权、关税征收保全和强制扣缴权、稽查权、连续追缉权、佩带和使用武器权、行政处罚权等。

（二）进出口通关的当事人

进出境通关的当事人，有以下几类：

（1）进口货物的收货人和出口货物的发货人。其是向海关办理货物进出口手续的主要当事人。

（2）进出境运输工具的承运人。运输工具进出境时要向海关办理通关手续，承运人也是通关的当事人。

（3）报关代理人。报关代理人是指专门代办进出境报关业务的报关企业。目前，由于货物及运输工具通关的专业性，进出口货物绝大多数是由报关企业代理报关。

除上述当事人外，还有进出口货物的经营管理人，如保税仓库、出口监管仓库、加工贸易企业的经营管理者；侵犯知识产权的进出口货物的知识产权人等。

【案例链接】报关员处罚案

2003 年至 2006 年 4 月间，梁某为协助宁波某机械公司在进口货物时偷逃应纳税款，采用伪造合同等商业单证的手段，瞒报海运费。因货物进口申报价格低于实际价格，该公司在此期间偷逃应纳税款 5 万余元。宁波海关依据《中华人民共和国海关行政处罚实施条例》对梁某的违法行为处以 1 万元罚款等行政处罚。

《海关行政处罚实施条例》规定，报关员协助走私以及其对委托人提供情况的真实性未进行合理审查或因工作疏忽导致申报不实行为的，处以罚款及没收违法所得，情节严重的暂停执业或取消报关从业资格。

三、进出口货物通关程序

国家依据进出口货物的不同性质和进出口企业的不同信用等级，将进出口通关程序分为四种：

（一）一般通关程序

一般通关程序，即《海关法》规定的普通程序，适用于一般贸易进出口货物和进出境运输工具的通关。它包括四个环节：

（1）报关与受理。报关，是指运输工具和货物在进境后或者出境前，当事人根据海关法规定的要求和方式向海关所作的声明。其中，“根据海关法规定的要求”是指根据货物的性质、种类和特征，当事人应当将具备的法定进出境条件的细节向海关申报并附上必要的单证；“海关法规定的方式”主要是指书面方式，书面方式又可分为纸质申报单申报方式和电子报关方式。受理，是指在海关接受申报后审核递交的单证齐全、准确、有效和清楚，予以受理。

（2）查验。查验，是指海关对进出口货物的品名、规格、原产地、数量、价格等商品要素是否与报关单中所列项目一致而进行的实际核查。查验有无瞒报、伪报和申报不实等走私违规行为是货物通关的法定环节，它是海关执法的重要体现。在现代条件下，为了加快进出口货物的通关速度，实行抽查方式。

（3）征税。海关对于应税进出口货物，依据《中华人民共和国海关关税条例》和《中华人民共和国海关进出口税则》等规定征收关税和其他税费。目前，除了征收关税外，我国海关还代收进口货物的国内其他税收，如增值税、消费税、船舶吨税；代收其他税费，如海关监管手续费、反倾销税、反补贴税等。

（4）放行。放行，是指海关对一般贸易进出口货物终结监管且允许货物进入自由流通状态的行政行为。放行是一种要式行政行为，必须由海关在进口货物提单或者出口货物装运单上盖上“海关放行章”印记后方能生效。对于一些特定的进出口货物，如保税货物、暂时进出口货物等，放行并不意味着海关监管的终结，只是海关现场监管的结束，通关的过程尚未完成。

（二）特定通关程序

根据《海关法》的规定，对于保税货物、暂时进出口货物、特定减免税进口货物等实行特定通关程序。海关的放行并不意味着海关监管的终结，还有两个环节：一是核查，即海关对适用特定通关程序的进口货物在放行后和结关前，按照《海关法》规定进行核对和查验；二是核销，即对于保税货物、暂时进出口货物、特定减免税进口货物等在海关放行后按照法定要求动作或者使用后，由海关核定销案。核销意味着这些货物办结了海关手续，海关监管终结。

（三）优先通关程序

根据《海关对企业实施分类管理办法》规定，海关将企业进行分类管理，分类通关。在企业分类管理的评估中被列为 A 类管理的企业，可实行优先通关程序。其优先待遇体现在：优先受理报关、实行“门对门”的验货、实行担保放行、免检放行等。

（四）便捷通关程序

适用便捷通关的企业可以申报便捷通关手续。在便捷通关程序中，海关地企业实行信用管理，进出口货物主要根据企业的申报审核放行，在通关现场一般不开箱查验，进出口地海关也不得自行到企业稽查。换言之，便捷通关程序是对企业进出口货物实行直通式信任放行程序。

四、进出口报关规则

报关是进出口通关的第一环节，也是启运进出口通关最重要的一个环节。由于进出口货物和进出境运输工具的不同，在报关时也有不同的规则。

（一）进出口货物的报关

进出口货物的收发货人及其代理人在接到进口货物提货通知书或者备齐货物准备出口后，应及时着手办理以下相关手续，以备报关。

（1）准备报关单证。报关单证分为以下三类：①货物及运输单证，包括提货单、装箱单、商业发票等；②进出口证件，包括进口许可证、出口许可证、货物检验证书、动植物检疫证书、卫生检验证书、海关颁发的《加工贸易登记手册》、征免税证明、暂时进出口货物的担保申请以及结关需要的单证等；③海关需要的其他单证，包括贸易合同、货物原产地证明、营业执照、执业证书等。

（2）填制报关单。根据海关的要求，报关人员在填制报关单时要规范和准确。根据贸易性质和海关管理要求不同，报关单可分为进口货物报关单、出口货物报关单、来料加工补偿贸易专用进口货物报关单、来料加工补偿贸易专用出口货物报关单、进口转关货物报关单、出口转关货物报关单等。进口货物报关单一式五联：海关作业联、企业留存联、海关核销联、进口付汇证明联。出口货物报关单一式六联，除上述五联外，增加出口退税证明联。

（3）进出口货物的收发货人需要委托专业或代理报关企业向海关办理申报手续的，应在进出口口岸就近向专业报关企业或代理报关企业办理委托报关手续。报关委托书以海关要求的格式为准。

【法律链接】就列入《进口许可证管理商品目录》《出口许可证管理商品目录》的进出口货物进行报关时，报关单位应向海关机关提交有效的《进口许可证》或者《出口许可证》；所递交的许可证必须做到“证货相符”“单证相符”。否则，海关不予放行。

《进口许可证》或者《出口许可证》原则上实行“一批一证”制度，即许可证在其有效期内只能对同日、同运输工具的同批进口货物作一次性报关使用。对不能实行一批一证的出口商品，发证机关在签发出口许可证时必须在备注栏注明“非一批一证”字样，在其有效期内可依法多次使用。

（二）进出境运输工具的报关

进出境运输工具进出我国关境时应由其承运人或者代理人向海关申报。申报内容：进出境的时间、航次；运载货物或者物品的有关情况；运输工具服务、工作人员名单及其自用物品、货币、金银制品等情况；运输工具所载旅客情况；其他需要向海关申报的情况。以上内容分别填写在载货清单、工作人员名册、自用物品及运输工具备用物品清单、货币、金银清单和旅客清单等，并向海关交验。除此以外，根据运输工具的不同，申报时还须效验运输工具的合法营运的相关文件，如船舶国籍证书、吨位证书、签证簿、海关监管簿等。

五、进出口通关规则

报关是进出口通关过程的一个重要环节，但并不意味着通关的终结。进出口货物和进出境运输工具的当事人还要遵守和履行进出口通关规则。进出口通关规则，是规范进出口通关全过程中当事人的行为规范。

（一）收发货人或者报关企业的通关规则

（1）在法定期限内如实报关。《海关法》规定，进口货物的收货人应当自载运该货物的运输工具申报进境之日起 14 日内，出口货物的发货人除海关特准的外，应当在货物运抵海关监管区后装货的 24 小时以前，向海关申报。进口货物的收货人超过规定期限向海关申报的，由海关征收滞报金。

（2）交验法定单证。进出口货物在报关时，还应根据货物的性质所适用的通关程序，负有交验法定单证的义务，以证明其在报关单上所作的声明。法定单证，包括前面报关准备中所述的单证。

（3）接受查验。《海关法》规定，进出口货物应当接受海关查验。海关查验货物时，进口货物的收货人、出口货物的发货人应当到场，并负责搬移货物，开拆和重封货物的包装。海关认为必要时，可以开验、复验或者提取货样。经收发货人申请，海关总署批准，其进出口货物可以免验。

（4）缴纳税款或者提供担保。《海关法》规定，除法定免税、零税或者海关批准免税的外，进出口货物在收发货人缴清税款或者提供担保后，由海关签印放行。对于缴纳税款有困难，经海关批准缓纳税款的，在缓税期届满时应当完纳税款。对于暂时进出口货物和保税货物，应向海关提供《海关法》认可的担保。

进口货物的收货人自运输工具申报进境之日起超过 3 个月未向海关申报的，其进口货物由海关提取依法变卖处理，所得价款在扣除运输、装卸、储存等费用和税款后，尚有余款的，自货物依法变卖之日起一年内，经收货人申请，予以发还；其中属于国家对进口有限制性规定，应当提交许可证件而不能提供的，不予发还。逾期无人申请或者不予发还的，上缴国库。

确属误卸或者溢卸的进境货物，经海关审定，由原运输工具负责人或者货物的收发货人自该运输工具卸货之日起3个月内，办理退运或者进口手续；必要时，经海关批准，可以延期3个月。逾期未办手续的，由海关按规定处理。

对于上述货物不宜长期保存的，海关可以根据实际情况提前处理。收货人或者货物所有人声明放弃的进口货物，由海关提取依法变卖处理；所得价款在扣除运输、装卸、储存等费用后，上缴国库。

【法律链接】船舶吨税，是海关对进出我国港口的外国船舶征收的税种。其主要目的是维护航道设施建设。《中华人民共和国海关船舶吨税暂行办法》规定其纳税义务人：进出我国港口外国籍船舶的经营人；期租中国籍船舶的外国经营人；中外合资经营的船舶或者外商投资企业租用中、外籍船舶进出我国港口的经营人以及我国租用外国籍船舶在国际、国内沿海航行进出我国港口的经营人。

（二）承运人的通关规则

（1）运输工具进出境地点规则。《海关法》规定，进出口货物、运输工具、物品，必须通过设立海关的地点进境或者出境。在特殊情况下，需要经过未设立海关的地点临时进境或者出境的，必须经中央政府或者其授权的机关批准，并依法办理海关手续。

（2）进出境运输工具事先通知规则。《海关法》规定，进出境船舶、火车、航空器到达和驶离时间、停留地点、停留期间更换地点以及装卸货物、物品时间，运输工具负责人或者有关交通运输部门应当事先通知海关，其目的是加快通关速度。运输工具报关原则上要在入境后24小时内或者离境前24小时向海关申报。

（3）运输工具进出境行驶路线规则。《海关法》规定，进境运输工具在进境以后向海关申报以前，出境运输工具在办结海关手续以后、出境以前，应当按照交通主管机关规定的路线行进；交通主管机关没有规定的，由海关指定。其目的是防止运输工具在此期间脱离海关的监管以至于发生装卸货物行为。

（4）如实申报交验单证规则。进出境运输工具进出我国关境时，应由其承运人或者代理人向海关如实申报下列事项：进出境的时间、航次；运载货物或者物品的有关情况；运输工具服务、工作人员名单及其自用物品、货币、金银制品等情况；运输工具所载旅客情况；其他需要向海关申报的情况。

（5）接受海关检查和监管规则。《海关法》规定，进出境运输工具到达或者驶离设立海关的地点时，运输工具负责人除了应当向海关如实申报和交验单证外，还应当接受海关监管和检查。停留在设立海关的地点的进出境运输工具，未经海关同意，不得擅自驶离。进出境运输工具从一个设立海关的地点驶往另一个设立海关的地点的，应当符合海关监管要求，办理海关手续，未办结海关手续的，不得改驶境外。

六、法律责任

违反《海关法》的行为可分为走私行为和违反海关监管规定的行为。《海关法》对违反《海关法》的表现行为及其法律责任作出了具体规定。对此，本节不再讲述。

第三节　出入境检验检疫

一、出入境检验检疫概述

出入境检验检疫，是指检验检疫部门和检验检疫机构依照法律规定，对出入境的商品、运输工具以及人员进行检验检疫、认证及签发官方检验检疫证明等的监督管理活动。它与海关监管一样同是国家主体的体现，其目的是保护国家经济顺利发展，保护人类的生命和生活环境的安全与健康。无论是国际物流还是跨国商品购销，在办理通关前后，会涉及出入境检验检疫业务。

出入境检验检疫的对象包括进出境的商品、运输工具和人员。根据检验检疫强制性与否，出入境商品及运输工具又可分为法定检验与合同检验。前者又称强制检验，也是国家外贸管制的重要措施之一。后者又称自愿检验，是当事人根据对外贸易合同规定申请而进行的检验检疫。根据专业的需要，本节重点讲述出入境商品和运输工具的法定检验检疫。

为了加强出入境检验检疫工作，规范各当事人在检验检疫中的行为，维护社会公共利益和出入境各方的合法权益，各国都制定了相应的出入境检验检疫法律制度。1989 年，我国颁发实施了《中华人民共和国进出口商品检验法》（以下简称《进出口商品检验法》）。2002 年 4 月 28 日，第九届全国人大常务委员会第二十七次会议《关于修改〈进出口商品检验法〉的决定》修正，并于 2002 年 10 月 1 日实施。《进出口商品检验法》与随后颁布实施的《进出境动植物检验检疫法》《国境卫生检疫法》《食品卫生法》等，构成了出入境检验检疫的基本法律制度。

【相关链接】 近年来，全球频繁发生的高致病性禽流感，不但造成了严重的经济损失，而且也威胁人类的健康和生存。据资料统计，2005—2006 年，仅在我国发生的高致病性禽流感疫情中就有 19.4 万只家禽发病，其中死亡 18.6 万只。政府预防性扑杀 2 284.9万只。各国政府都积极应对高致病性禽流感，特别是对来自疫区的商品和运输工具等进行严格的检验检疫和消毒处理。在我国，出入境检验检疫被誉为防止禽流感等病毒传播的一道“国门”。

二、出入境检验检疫的主体及权责

（一）出入境检验检疫的管理主体及职责

1. 出入境检验检疫的管理机关

根据《进出口商品检验法》规定，国务院设立进出口商品检验部门，主管全国进出口商品检验工作。国家商检部门设在各地的进出口商品检验机构（以下简称商检机构）管理所辖地区的进出口商品检验工作。1998 年，国务院将进出口商品检验局、动植物检疫局和卫生检疫局合并为国家出入境检验检疫局。2001 年，原国家出入境检验检疫局和国家质量技术监督局合并组建国家质量监督检验检疫总局。国家质量监督检验检疫总局成立后，原国家出入境检验检疫局设在各地的出入境检验检疫机构、管理体制及业务不变。

2. 出入境检验检疫机构主要职责：

（1）对进出口商品进行检验、鉴定和监督管理。

（2）对进出境动植物及其产品，包括其运输工具、包装材料的检疫和监督管理。

（3）对出入境人员、交通工具、运输设备以及物品进行国境卫生和口岸卫生监督管理。

（4）根据对外贸易关系人或者外国检验机构的委托，办理进出口商品鉴定业务。

（5）法律规定的其他业务。

（二）出入境检验检疫报检人及义务

1. 出入境检验检疫报检人

出入境检验检疫报检人包括报检单位和报检员。出入境检验检疫是由报检单位承担和负责，具体业务由其报检员来完成。

报检单位不受登记地的地域限制，可以异地办理报检业务。报检单位按其登记性质可分为自理报检单位和代理报检单位。

（1）自理报检单位，是指根据法律规定自行办理或者委托代理报检单位办理出入境检验检疫报检的出入境货物的单位。其主要包括进出口收发货人、承运人、进出口货物的生产、加工、储存和经营单位等。

检验检疫机构对自理报检单位实行备案管理制度。凡属于自理报检单位范围的，在首次办理报检时，必须持有关证件向当地出入境检验检疫机构办理备案登记手续，取得《自理报检单位备案登记证明书》和报检单位代码。

（2）代理报检单位，是指经检验检疫机构注册登记，依法接受当事人委托并为其办理出入境检验检疫业务的单位。其必须是在我国工商行政管理部门注册登记的境内企业法人。

检验检疫机构对代理报检单位实行注册登记制度。从事出入境检验检疫代理报检业务的单位，必须办理注册登记手续，取得《代理报检单位注册登记证书》和报检单位代码。

（3）报检员是指通过国家报检员资格考试取得报检员资格证书，经检验检疫机构注册，负责办理出入境检验检疫报检业务的人员。

【法律链接】根据《出入境检验检疫代理报检管理规定》规定，代理报检单位必须具备的条件是：（一）必须取得《企业法人营业执照》；（二）注册资本在人民币 150 万元以上；（三）具有固定经营场所和开展代理报检业务的设施；（四）有不少于 10 名取得《报检员资格证》的工作人员；（五）国家质检总局规定的其他条件。

2. 出入境检验检疫报检人的义务

（1）遵守国家有关检验检疫法律法规和规章制度。

（2）在报检时提供合法有效的证单，完整、规范填制报检单，在规定的时间和地点办理报检手续，并对报检的真实性承担法律责任。

（3）遵守检验检疫监管要求；协助检验检疫工作人员进行现场检验检疫、抽样、制样以及必要的卫生处理工作。

（4）对已经检验检疫合格放行的出口货物应加强批次管理，不得错发、错运、漏发，以免造成货证不符。对入境的法定检验检疫货物，未经检验检疫合格或者检验检疫机构许可的，不得销售、使用或者拆卸、运递。

三、出入境检验检疫的程序

由于出入境对象不同，检验检疫工作的具体内容很多，工作程序也比较复杂。出入境检验检疫的一般工作程序如下：

1. 报检或者申报受理

报检或者申报，是指申请人按照规定向检验检疫机构申报检验检疫工作的手续。它是出入境检验检疫程序起动的第一步。检验检疫机构接受报检或者申报后，应当进行审核，填写规范、资料齐全的，予以受理。

2. 计费和收费

对已经受理的报检或者申报的，检验检疫机构按照《出入境检验检疫收费办法》的规定计费并且收取。

3. 抽样或者采样

对须检验检疫并出具结果的出入境货物，检验检疫机构应当派人到现场抽取或者采取样品。对样品不能直接进行检验的，应当制样。样品及制样经检验检疫后应重新封识。

4. 检验检疫

检验检疫机构对样品或者制样进行检验检疫，以判断其各项指标是否符合法定标准、合同约定标准或者买方所在国官方机构的有关规定。

5. 卫生除害处理

按照《卫生检疫法》《进出境动植物检疫法》等规定，对有关出入境货物、动植物、运输工具、交通工具等实施卫生除害处理。

6. 签证与放行

对出境货物，实行报检后先检验检疫，再放行通关。经检验检疫合格的，检验检疫机构签发《出境货物通关单》，作为海关核放货物的依据；经检验检疫不合格的，签发《出境货物不合格通知单》。

对入境货物，实行报检后先放行通关，再进行检验检疫制度。检验检疫机构受理报检并进行必要卫生除害处理或者检验检疫后签发《入境货物通关单》，海关据以验放货物后，再经检验检疫合格的，签发《入境货物检验检疫证明》；不合格的，签发检验检疫证书，供当事人对外索赔。

【法律链接】检验检疫的更改、撤销、重新报检和复验

已经报检的出入境货物，在尚未实施检验检疫或者尚未出具证单的，当事人可以更改或者撤销报检；在领取检验检疫证单后，符合条件的，可以重新报检。报检人对检验结果有异议的，可以向作出检验检疫结果的检验检疫机构或者其一级机构申请复验，也可以向国家质检总局申请复验。对复验结果不服的，可以申请行政复议，也可以提起行政诉讼。

四、报检范围

具体的报检范围包括以下几方面：

（1）法定检验检疫的范围：①列入《出入境检验检疫机构实施检验检疫的进出境商品目录》内的货物；②入境废物、进口旧机电产品；③出口危险货物包装容器的性能检验和使用鉴定；④进出境集装箱；⑤进境、出境、过境的动植物、动植物产品及其他检疫物；⑥装载动植物、动植物产品和其他检疫物的装载容器、包装物、铺垫材料；⑦进境动植物性包装物、铺垫材料；⑧来自动植物疫区的运输工具；⑨装载进境、出境、过境的动植物、动植物产品及其他检疫物的运输工具；⑩法律、行政法规规定的其他应检对象。

（2）输入国家或者地区规定必须凭检验检疫机构出具的证书方准入境的报检范围。例如，一些国家或者地区规定，对来自中国的动植物及其产品、食品、产品的木质包装，需要我国检验检疫机构出具相关证书，方可验放货物。

（3）国际条约规定的检验检疫范围。属于该范围的，报检人须向检验检疫机构报检并获取相关证书。

（4）对外贸易合同约定须凭检验检疫机构签发的证书进行交接、结算的报检范围。

（5）申请签发一般原产地证明书、普惠制原产地证明书等原产地证明书的。

五、出入境报检规则

（一）出入境货物的报检规则

1. 出境货物的报检规则

（1）报检的时限：出境货物，发货人最迟应在出口报关或者装运前 7 天报检，对于个别检验检疫周期较长的货物，应留有相应的检验检疫时间；需要隔离检疫的出境动物在出境前 60 天预报，隔离前 7 天报检。

报检的地点：法定检验检疫货物，除活动物需由口岸检验检疫机构负责外，原则上向产地的检验检疫机构报检。

（2）应当提供报检需要的相关单据。相关单据主要有：《出境货物报检单》，外贸合同或者销售确认书或者订单，信用证、有关函电，生产企业检验结果原件以及其他单据等。

（3）填制《出境货物报检单》。填制要求必须做到完整、准确、清晰，不得涂改，并由报检单位加盖印章。

对于出境一般报检的货物，检验检疫合格后，在当地海关报关的，由报关地检验检疫机构签发《出境货物通关单》；在异地海关报关的，由产地检验检疫机构签发《出境货物通关单》或者“换证凭条”，货主或者其代理人凭前者向报关地的检验检疫机构申请换发《出境货物通关单》。

2. 入境货物的报检规则

【案例讨论】 新疆某外贸公司从韩国进口一批聚乙烯，拟从青岛口岸入境后转关至北京，最终运至西安使用。该公司或者其代理人向检验检疫机构申请领取《入境货物通关单》时遇到以下问题：一是不知应何时办理报检手续；二是不知应向何地的检验检疫机构办理手续。

请你依据入境货物报检规则为其提供法律解答。

入境货物的报检规则如下：

（1）报检的时限：入境货物，收货人应在海关放行后 20 天内报检；输入微生物、人体组织、生物制品种畜、禽等应当在入境前 30 天报检；输入其他动物的，应在入境前 15 天报检；输入植物、种子、种苗及其他的繁殖材料的，应在入境前 7 天报检；入境货物需要对外索赔出让的，应在索赔有效期前不少于 20 天内报检。

报检的地点：政府批文中规定检验检疫地点的，在规定的地点报检；大宗散装、易腐烂变质商品、废旧物品及在卸货时发现包装破损、重数量短缺的商品，必须在卸货口岸报检；需要结合安装调试进行检验的成套设备、机电仪产品以及在口岸开件后难以恢复包装的商品，应在收货人所在地检验检疫机构报检；其他入境货物，应在入境前或者入境时向报关地检验检疫机构报检。

（2）应当提供报检需要的相关单据。相关单据主要有：《入境货物报检单》、外贸合同或者销售确认书、发票、提单或者运单、装箱单以及其他单据。

（3）填制《入境货物报检单》。填制要求必须做到完整、准确、清晰，不得涂改，并由报检单位加盖印章。

（二）出入境集装箱的报检规则

根据我国出入境检验检疫的相关规定：对所有出入境集装箱都实施卫生检疫；对来自动植物疫区的，装载动植物、动植物产品和其他检验检疫物的，以及箱内带有植物性包装物或者铺垫材料的集装箱，实施动植物检疫；法律规定的其他应检疫情形。

（1）集装箱入境报检规则。集装箱入境前、入境时，承运人、收货人必须向入境口岸检验检疫机构报检。未经检验检疫机构许可的，集装箱不得提运或者拆箱。集装箱结合货物，原则上一次性报检，检验检疫机构应一并检验检疫。

（2）集装箱出境报检规则。集装箱出境前、出境时或者过境时，承运人、收货人必须向所在地检验检疫机构报检；在出境口岸装载拼装的集装箱，必须向出境口岸检验检疫机构报检。未经检验检疫机构许可的，集装箱不准装运。

出入境集装箱报检时，报检人应规范填写报检单，并提供相关单据。

（三）出入境交通工具卫生检疫申报规则

1. 出入境船舶卫生检疫申报规则

（1）入境船舶卫生检疫申报。船方或者其代理人应当在船舶预计抵达口岸 24 小时前向入境口岸检验检疫机构申报，填报入境检疫申请表。如在航行中发现检疫传染病、疑似检疫传染病或者有人非因意外伤害而死亡并死因不明的，船方必须立即向入境口岸检验检疫机构报告。同时，受入境检疫的船舶必须按照规定悬挂检疫信号。检疫地点必须是最先到达的国境口岸的检疫锚地或者经检验检疫机构指定的地点。经检疫或者卫生处理后，签发《船舶入境检疫证》。

（2）出境船舶卫生检疫申报。船方或者其代理人应当在船舶离境前 4 小时内向出境口岸检验检疫机构申报，办理出境检疫手续。符合规定，签发《交通工具出境卫生检疫证书》。

【相关资料】白天入境检疫时，在船舶的明显处悬挂国际通语检疫信号：“Q”字旗，表示本船没有染疫，请发给入境检疫证；“QQ”字旗，表示本船有染疫或者有染疫嫌疑，请即刻实施检疫。夜间入境时，在船舶的明显处垂直悬挂下列灯号：红灯三盏，表示本船没有染疫，请发给入境检疫证；红红白灯四盏，表示本船有染疫或者有染疫嫌疑，请即刻实施检疫。

2. 出入境列车卫生检疫申报规则

出入境列车在到达或者出站前，承运人应向检验检疫机构提前预报列车预定到达时间或者预定发车时间。列车到达车站后，检疫人员首先登车，依照规定进行检疫和处理。在检查结束前任何人不准上下列车，不准装卸货物、物品等。

3. 出入境汽车及其他车辆的卫生检疫申报规则

对出入境汽车及其他车辆装载的货物，应当按照规定提前向检验检疫机构申报。申报内容包括货物种类、数量及重量、到达地等。对入境货运汽车，检疫或者必要的卫生处理后，签发《运输工具检疫证书》。

4. 出入境航空器卫生检疫申报规则

入境飞机，可通过地面航空站或者机长按照规定向到达机场的航空站的检验检疫机构申报，并申报飞机国籍、机型、号码、识别标志、预定到达时间、经停站等相关内容。特别是来自疫区，在飞行中发现检疫传染病、疑似检疫传染病，或者有人非因意外伤害而死亡并死因不明的，对卫生检疫申报有特别规定。

出境飞机，应当在出境起飞前向检验检疫机构提交飞机总申报单、货物仓单和其他有关检疫证件，并提供飞机国籍、机型、号码、识别标志、预定起飞时间、经停站等相关内容。经检疫或者必要的卫生处理后，签发《交通工具出境卫生检疫证书》。

六、检验检疫的签证与放行

对出境货物经检验检疫合格的，检验检疫机构签发《出境货物通关单》，作为海关核放货物的依据；经检验检疫不合格的，签发《出境货物不合格通知单》。

对入境货物经检验检疫机构受理报检并进行必要卫生除害处理或者检验检疫后，签发《入境货物通关单》，海关据以验放货物后，再经检验检疫合格的，签发《入境货物检验检疫证明》；不合格的，签发检验检疫证书，供当事人对外索赔。

七、违反出入境检验检疫的法律责任

我国《进出口商品检验法》《进出境动植物检验检疫法》《国境卫生检疫法》和《食品卫生法》都规定了违反检验检疫的行为表现及其法律责任。

附一和附二分别是中华人民共和国海关出口货物报关单和中华人民共和国出入境检验检疫出境货物报检单。

附一：中华人民共和国海关出口货物报关单

预录入编号：　　　　　　　　　　　　　　　　海关编号：

出口口岸	备案号	出口日期	申报日期
经营单位	运输方式	运输工具名称	提运单号
发货单位	贸易方式	征免性质	结汇方式
许可证号	运抵国	起运港	境内货源地

批准文号	成交方式	运费	保费	杂费
合同协议号	件数	包装种类	毛重（千克）	净重（千克）

集装箱号	随附单据	生产厂家

标记唛码及备注
项号　商品编号　商品名称、规格型号　数量及单位　最终目的国（地区）　单价 总价 币制 征免

录入员录入单位	兹声明以上申报无讹并承担法律责任	海关审单批注及放行日期（签章） 审单　审价
报关员 单位地址	申报单位（签章）	征税　统计
邮编　电话	填报日期	查验　放行

附二：

中华人民共和国出入境检验检疫
出境货物报检单

报检单位（加盖公章）：　　　　　　　　　　　　　　　　　　　　* 编号：

报检单位登记号：　　　　联系人：　　　　电话：　　　　报验日期：　年　月　日

发货人	（中文）	
	（外文）	
收货人	（中文）	
	（外文）	

货物名称（中/外文）	H. S 编码	产地	数/重量	货物总值	包装种类及数量

运输工具名称号码		贸易方式		货物存放地点	
合同号		信用证号		用途	
发货日期		输往国家（地区）		许可证审批号	
启运地		到达口岸		生产单位注册号	
集装箱规格、数量及号码					

合同、信用证订立的检验检疫条款或特殊要求	标记及号码	随附单据（划"V"或补填）	
		□合同 □信用证 □发票 □换证凭单 □装箱单 □厂检单	□包装性能结果单 □许可/审批文件 □ □

需要证单名称（划"V"或补填）		* 检验检疫费	
□品质证书 □重量证书 □数量证书 □兽医卫生证书 □健康证书 □动物卫生证书	□植物检疫证书 □熏蒸/消毒证书 □出境货物换证凭单 □出境货物通关单 □ □	总金额（人民币）	
		计费人	
		收费人	

报检人郑重声明：	领取证单	
1. 本人被受权报检。 2. 上列填写内容正确属实，货物无伪造或冒用他人的厂名、标志、认证标志，并承担货物质量责任。 签名：__________	日期	
	签名	

注：有"*"号栏由出入境检验检疫机关填写　　　　◆国家出入境检验检疫局制

实训作业

一、实训项目

资料：上海大鹏鞋业公司（自理报检单位备案登记号为3100600018）与美国星河公司签订外贸合同，即Sales Contract，该合同项下的货物H. S编码为6403190010，编码对应商品名称为野生动物皮革制鞋面其他运动鞋靴，检验检疫类别为“/N”，计量单位为双，货物生产完毕后存放于该公司仓库内。报检时提供合同、信用证、发票、厂检单、出口许可证等。要求检验货物的品质及数量等。

Sales Contract

No：ZW780321

Date：Aug. 5，2015

The Buyer：Star River Import & Export Corp. Long Beach U. S

The Seller：DaPeng Shoes Corp. Shanghai China. This contract is made by between the Seller and the Buyer, whereby the Seller agrees to sell and the Buyer agrees to buy the under-mentioned goods according to the terms and conditions stipulated below：

（1）Name of Commodity：“DaPeng” Shoes

（2）Quantity：5 000Pairs/100 Cartons

（3）Unit Price：USD10/Pair

（4）Amount Total：USD50 000

（5）Packing：In ‘Cartons

（6）Port of Loading：Shanghai Port

（7）Port of Destination：Long Beach U. S

（8）Date of Shipment：Nov. 2005/By Vessel

（9）Terms of Payment：L/C（No.：T3LONG43980—432）

（10）Shipping Mark：DaPeng/Star River

（11）Documents Required：The Certificate of Quality is issued by CIQ, the L/C No. Is showed within as required.

The Buyer　　　　The Seller

根据报检单的填写要求，请你依据上述资料填制一份《出境货物报检单》。

二、案例分析

2015年8月，太原某美好生产企业通过外贸代理，由某食品出口公司与法国某配送企业签订进出口合同。其中约定：出口美好牌瓶装醋，10 000箱，每箱24瓶，每瓶500毫升，运输包装为纸箱，FOB上海，装船时间为10月等。该批货物收货人指定承运人广州某国际船舶公司，并按合同要求提供集装箱运输。问：

（1）哪一家企业应该批货物申请报检和报关？依据法律规定，指出其出口货物报检和报关地点。

（2）广州国际船舶公司应否办理报检和通关手续？

第十三章
物流交易争议程序法实务

物流经济活动中所发生的物流争议可以分为两种：一种是物流交易关系主体之间的争议即物流交易争议，另一种是物流管理关系主体之间的争议即物流管理争议。这两种争议由于性质不同，其争议处理的方式存在差异，所适用的程序法律制度也不同。物流交易争议处理方式主要有协商、调解、仲裁和民事诉讼，其中仲裁和民事诉讼是最重要的解决方式；物流管理争议处理方式主要有行政复议、行政诉讼等。基于篇幅限制，本章主要介绍物流交易争议处理过程中所涉及经济仲裁和民事诉讼的相关法律制度。

【导入案例】

格力建材有限公司（简称托运人）与顺丰运输有限公司（简称承运人）签订《货物运输合同》。合同约定：承运人自2015年5月1日起至2016年4月30日，对托运人发往重庆、贵阳、遂宁等地的全部货物承担公路运输任务；托运人在承运人完成每批货物运输行为后15日内支付运费等相关费用。同时，合同中明确规定了“争议解决办法”条款：“如产生争议，双方协商解决；协商不成的，双方有权通过当地法院或当地仲裁委解决纠纷”。当承运人提供第七批运输服务时，托运人以运输服务质量存在问题而未按约定支付运费。双方多次协商，难以解决争议。

在此情形下，承运人应提起诉讼还是申请仲裁以解决合同纠纷？

第一节　经济仲裁法

一、仲裁与仲裁法

（一）仲裁的概念

仲裁是解决争议的一种常见方式，其可分为经济仲裁和行政仲裁。由于经济仲裁和行政仲裁属于不同的仲裁制度，故两者存在较大差异。经济仲裁是指当事人在争议发生前或争议发生后达成仲裁协议，自愿将其之间的合同纠纷和其他财产权益纠纷交给仲裁协议所确定的仲裁机构予以裁决，从而解决争议的法律活动。本章所称“仲裁”仅指经济仲裁，其已经成为物流交易争议重要解决方式之一。

（二）仲裁法

仲裁法是指由国家制定和认可的，调整仲裁机构与仲裁当事人的仲裁活动和活动中产生的仲裁法律关系的法律规范的总和。1995 年 9 月 1 日起施行的《中华人民共和国仲裁法》（以下简称《仲裁法》），为经济仲裁领域的基本法律依据。除《仲裁法》外，全国人大批准加入的国际公约，国务院及相关部委制定的相关法规、规章等，都是仲裁规则体系的组成部分。另外，根据仲裁、审判实践的需要，最高人民法院也制定了相应的司法解释，对《仲裁法》进行了细化和补充。

【法律服务链接】四川蓉城律师事务所，是一家合伙制律师事务所。其拥有现代化的设施，提供高效优质的法律服务，确保客户的合法权益。其提供以下专业领域法律服务：货物运输法、商品采购法、货物仓储法、企业法、税务金融法、房地产法、国际贸易与海事法、知识产权法等咨询、调解、仲裁和诉讼等服务。

（三）经济仲裁的特征

经济仲裁作为解决经济纠纷的一种方式，与诉讼等其他解决争议方式相比具有以下特征：

1. 仲裁具有合意性

经济纠纷是否通过仲裁解决，完全要根据双方当事人的意愿决定。没有仲裁协议，仲裁机构不得实行强制仲裁。此外，仲裁地点、仲裁机构以及具体争议事项的提交，也都由当事人的仲裁协议决定。

2. 仲裁机构的民间性

仲裁委员会独立于行政机关，与行政机关没有隶属关系。仲裁委员会是中国仲裁协会的会员。仲裁委员会组建以后不受任何机关领导管制，属于民间的准司法组织，其裁决与法院判决一样具有法律效力。

3. 仲裁具有快捷、保密性

从程序上讲，仲裁实行一裁终局制，能及时解决争议，防止累讼发生，具有快捷性。从审理方式来看，仲裁开庭审理，除非当事人同意外，原则上不允许他人旁听。与诉讼相比，仲裁对当事人的商业秘密具有较强的保密性。

4. 仲裁裁决具有强制性

经济纠纷的仲裁，虽然是双方当事人自主约定提交的，但是仲裁裁决一经作出，即以国家强制力来保证实施。这一点与当事人之间的协商、民间调解等方式不同。与协商、调解相比，仲裁是一种能够导致有约束力裁判的诉讼外程序，能够满足当事人彻底解决争议的需要。

（四）仲裁的原则和制度

【案例讨论】

成都天华贸易公司与湖南富美制革厂签订了皮革买卖合同，合同中约定“如因皮革买卖合同发生争议，提交成都市仲裁委员会裁决”。后合同在履行中发生争议。天华公司向对方所在地的人民法院起诉，但未说明双方订有仲裁协议，在法院受理此案后，富美制革厂以双方已订立仲裁协议而提出了管辖权异议。

法院应如何处理？

《仲裁法》规定经济仲裁工作主要遵循以下原则和制度。

1. 协议仲裁原则

协议仲裁原则是仲裁的基本原则，也是国际上的通行做法。我国《仲裁法》规定：当事人采用仲裁方式解决纠纷，应当双方自愿，达成仲裁协议。没有仲裁协议，一方申请仲裁的，仲裁委员会不予受理。我国仲裁机构无权主动提起案件。即使当事人已达成协议，也要由一方当事人自愿向仲裁机构书面提出申请仲裁，仲裁机构才可依法予以受理。

2. 先行调解原则

《仲裁法》第五十一条规定："仲裁庭在作出裁决前，可以先行调解。当事人自愿调解的，仲裁庭应当调解。调解不成的，应当及时作出裁决。不能以调代裁，久调不决。"

3. 裁审择一制度

仲裁与诉讼是两种不同的争议解决方式。当事人之间发生的争议只能在仲裁或诉讼中选择其一加以采用。根据法律规定，仲裁协议排除法院的诉讼管辖权，只有在没有仲裁协议或者仲裁协议无效的情况下，法院才可以行使诉讼管辖权。

4. 一裁终局制度

《仲裁法》规定："仲裁实行一裁终局的制度。裁决作出后，当事人就同一纠纷再申请仲裁或者向人民法院起诉的，仲裁委员会或者人民法院不予受理。"即裁决作出后即发生法律效力，即使当事人对裁决不服，也不能再就同一争议向法院起诉，同时也不能再向仲裁机构申请仲裁。当事人对裁决应当自动履行，否则对方当事人有权申请人民法院强制执行。

二、经济仲裁的适用范围

仲裁适用范围是仲裁立案和裁决的范围。《仲裁法》规定，平等主体的公民、法人和其他组织之间发生的合同纠纷和其他财产权益纠纷为仲裁范围。《仲裁法》从仲裁适用范围和仲裁适用范围除外规定两方面进行了表述：

（一）仲裁适用范围

（1）合同纠纷是仲裁的主要内容。除法律有特殊规定外，凡平等主体之间的合同纠纷都可以申请仲裁。这些合同纠纷既包括《合同法》中规定的合同纠纷，如买卖合同纠纷、赠与合同纠纷、借款合同纠纷、建设工程合同纠纷等；也包括其他法律规定的合同纠纷，如《著作权法》规定的著作权合同纠纷、《合伙企业法》规定的合伙协议纠纷等；还包括法律未作类型化规定的无名合同纠纷，如劳务合同纠纷、债权转让合同纠纷等。

（2）平等主体之间发生的其他财产权益纠纷也可以申请仲裁。财产权益纠纷，是指具有财产给付内容的其他纠纷，主要为各种侵权责任纠纷，包括海事侵权纠纷、侵害消费者权益纠纷和其他涉及财产权益方面的侵权纠纷。

（二）仲裁适用范围除外规定

不能申请仲裁的范围。婚姻、收养、监护、扶养、继承纠纷与人身关系紧密相连，这些纠纷未列入仲裁范围；依法应当由行政机关处理的行政争议也不能仲裁，如有关劳动争议和农村土地承包合同纠纷的仲裁，都不适用《仲裁法》的规定。[①]

三、仲裁机构

（一）仲裁委员会

《仲裁法》规定的仲裁是机构仲裁，即应由设立常设性的仲裁机构即仲裁委员会负责仲裁事项。仲裁委员会可以在直辖市和省、自治区人民政府所在地的市设立，也可以根据需要在其他设区的市设立。仲裁委员会由设区的市人民政府组织有关部门和商会统一组建。设立仲裁委员会，应当经省、自治区、直辖市的司法行政部门登记。仲裁委员会独立于行政机关，与行政机关没有隶属关系。各仲裁委员会的法律地位是平等的，相互之间也没有隶属关系。

仲裁委员会应具备下列条件：

（1）有自己的名称、住所和章程。

（2）有必要的财产。

（3）有该委员会的组成人员。

（4）有聘用的仲裁员。

仲裁委员会由主任1人、副主任2至4人、委员7至11人组成。仲裁委员会的主任、副主任和委员应当由法律、经济贸易专家和有实际工作经验的人员担任，其中法律、经济贸易专家不得少于三分之二。

仲裁委员会应当从公道、正派的人员中聘任仲裁员，并按照不同专业设仲裁员名册。仲裁员应当符合下列条件之一：

（1）从事仲裁工作满8年。

（2）从事律师工作满8年。

（3）曾任审判员满8年。

（4）从事法律研究、教学工作并具有高级职称。

（5）具有法律知识、从事经济贸易等专业工作并具有高级职称或者具有同等专业水平。

【知识拓展】中国国际经济贸易仲裁委员会（英文简称CIETAC，中文简称“贸仲委”），于1956年4月由中国国际贸易促进委员会组织设立。当时名称为对外贸易仲裁委员会，1980年改名为对外经济贸易仲裁委员会，1988年改名为中国国际经济贸易仲裁委员会。2000年，贸仲委同时启用中国国际商会仲裁院的名称。中国国际经济贸易仲裁委员会是以仲裁的方式，独立、公正地解决契约性或非契约性的经济贸易等争议的常设商事仲裁机构，是世界上主要的常设商事仲裁机构之一。

（二）仲裁协会

中国仲裁协会经民政部登记后成立，取得社会团体法人资格。中国仲裁协会实行

① 《中华人民共和国劳动争议调解仲裁法》规定了劳动仲裁程序，《中华人民共和国农村土地承包经营纠纷调解仲裁法》规定了农村土地承包经营纠纷仲裁程序。

会员制，各仲裁委员是中国仲裁协会的法定会员。仲裁协会的章程由全国会员制定。中国仲裁协会是仲裁委员会的自律组织，指导和协调仲裁委员会的工作。仲裁协会主要行使下列职责：

（1）中国仲裁协会根据《仲裁法》和《中华人民共和国民事诉讼法》的有关规定制定仲裁规则以及其他仲裁规范性文件。

（2）中国仲裁协会对仲裁委员会及其组成人员、仲裁员的违纪行为进行监督。

四、仲裁协议

【案例讨论】武汉的甲公司因买卖货物未交付货款，而与乙公司达成一份还款协议，协议中规定，“对上述问题发生纠纷，双方友好协商解决。如协商仍不能解决，乙方有权选择仲裁方式解决。”后因执行还款协议再次发生争议，乙公司向甲公司发出传真，称“如不尽快还款，将被迫按照还款协议的规定向武汉仲裁委员会提请仲裁解决。”甲公司在回复的传真中称“如贵公司坚持仲裁，我公司只能奉陪。”乙公司遂准备向武汉仲裁委员会提请仲裁，但其代理律师认为申请人乙公司与被申请人甲公司就仲裁机构、地点等事项并未达成一致意见，仲裁条款无效。

根据《仲裁法》的规定，仲裁条款是否有效？为什么？

仲裁协议是指当事人自愿把他们之间已经发生或可能发生的财产性权益争议提交指定的仲裁机构进行仲裁的书面协议。与行政仲裁不同，仲裁协议是经济仲裁的前提。相对于当事人之间的经济合同，仲裁协议具有独立性。当经济合同成立后未生效、被撤销、变更、解除、终止或无效，不影响仲裁协议的效力。

（一）仲裁协议的类型、形式与内容

1. 仲裁协议的类型与形式

根据仲裁协议的表现形式不同，仲裁协议有以下三种类型：

（1）仲裁条款。其是双方当事人在合同中订立的，将今后可能因该合同所发生的争议提交仲裁的条款。

（2）仲裁协议书。其当事人之间订立的，一致表示愿意将他们之间已经发生或可能发生的争议提交仲裁解决的单独的协议。

（3）其他文件中包含的仲裁协议。在民事经活动中，当事人除了订立合同之外，还可能在相互之间以信函、电报、电传、传真、电子数据交换、电子邮件等形式达成的请求仲裁的协议。

根据《仲裁法》规定，仲裁协议应以书面形式作出，口头方式达成的仲裁的意思表示无效。

2. 仲裁协议的内容

仲裁协议的内容必须包括以下三个方面，否则无效：

（1）请求仲裁的意思表示。

（2）仲裁事项。

（3）选定的仲裁委员会。

【法律链接】 仲裁协议选定仲裁机构明确肯定的司法解释

根据最高人民法院的司法解释：①仲裁协议约定的仲裁机构名称不准确，但能够确定具体的仲裁机构的，应当认定选定了仲裁机构；②仲裁协议仅约定纠纷适用的仲裁规则的，视为未约定仲裁机构，但当事人达成补充协议或者按照约定的仲裁规则能够确定仲裁机构的除外；③仲裁协议约定两个以上仲裁机构的，当事人可以协议选择其中的一个仲裁机构申请仲裁，当事人不能就仲裁机构选择达成一致的，仲裁协议无效；④仲裁协议约定由某地的仲裁机构仲裁且该地仅有一个仲裁机构的，该仲裁机构视为约定的仲裁机构。该地有两个以上仲裁机构的，当事人可以协议选择其中的一个仲裁机构申请仲裁；当事人不能就仲裁机构选择达成一致的，仲裁协议无效。

（二）仲裁协议的法律效力

仲裁协议的法律效力，是指一项有效的仲裁协议对有关当事人和机构的作用或约束力。其表现在以下三个方面：

（1）约束双方当事人对纠纷解决方式的选择权。发生纠纷后，当事人只能通过向仲裁协议中所确定的仲裁机构申请仲裁的方式解决该纠纷，而丧失了就该纠纷向法院提起诉讼的权利。

（2）排除了法院的司法管辖权。

（3）赋予仲裁机构案件管辖权并限定仲裁的范围。

（三）仲裁协议的无效

1. 仲裁协议无效情况

根据《仲裁法》的规定，仲裁协议在下列情形下无效：

（1）以口头方式订立的仲裁协议无效。

（2）约定的仲裁事项超出法律规定的仲裁范围，仲裁协议无效。

（3）无民事行为能力人或者限制民事行为能力人订立的仲裁协议无效。

（4）一方采取胁迫手段，迫使对方订立仲裁协议的，仲裁协议无效。

（5）仲裁协议对仲裁事项没有约定或约定不明确，或者仲裁协议对仲裁委员会没有约定或者约定不明确，当事人对此又达不成补充协议的，仲裁协议无效。

2. 对仲裁协议效力的确认机构

在我国对仲裁协议法律效力的确认机构是仲裁委员会和人民法院。当双方当事人分别向仲裁委员会和人民法院请求确认仲裁协议的效力时，人民法院有权对此作出裁定。

当事人对仲裁协议的效力有异议，应当在仲裁庭首次开庭前提出。

【司法案例】仲裁协议的独立性

江苏省物资集团轻工纺织总公司（以下简称轻纺公司）与香港裕亿集团有限责任公司和加拿大太子发展有限公司签订了进口旧电机合同，并约定合同纠纷在协商不成的情况下由中国国际经济贸易仲裁委员会仲裁。在合同履行中，轻纺公司发现二被告所交的货物不是旧电机，便以二被告侵权为由向江苏省高级人民法院提起诉讼。二被告对法院管辖权提出异议，但被法院裁定驳回，理由是二被告有欺诈行为，并参照了上海高级人民法院的一个司法案例。二被告不服，向最高人民法院提起上诉。1998 年

5 月 31 日，最高人民法院裁定撤销江苏省高级人民法院的上述裁定，认为本案仲裁协议有效，人民法院无管辖权。

五、经济仲裁程序

根据《仲裁法》的规定，仲裁程序主要包括仲裁的申请与受理、仲裁庭的组成、开庭与裁决。其他细节事项由仲裁委员会自行规定。

（一）申请、审查和受理

《仲裁法》规定，仲裁不实行级别管辖和地域管辖，当事人可以向双方约定的仲裁机构申请仲裁。

1. 当事人申请仲裁，必须满足以下三个条件：

（1）存在有效的仲裁协议。

（2）有具体的仲裁请求和事实、理由。

（3）属于仲裁委员会的受理范围。

符合条件的，当事人应当向仲裁委员会递交仲裁协议、仲裁申请书及副本。其中仲裁申请书必须采用书面方式。仲裁申请书应当载明下列内容：

（1）当事人的姓名或名称及当事人的身份信息，机构组织为当事人的还应包括法定代表人或者主要负责人的姓名和职务。

（2）仲裁请求和事实根据、理由。

（3）证据、证人姓名和住所。

（4）所申请的仲裁委员会的名称。

（5）申请仲裁的年、月、日。

（6）申请人的签章。

2. 对仲裁申请的审查

仲裁委员会对仲裁申请的审查主要从以下两方面进行：

（1）审查当事人申请仲裁是否符合条件。

（2）审查申请书的内容是否完整、明确，申请手续是否齐备。

3. 审查后的处理

仲裁委员会收到仲裁申请书之日起 5 日内，经审查认为符合受理条件的，应当受理，并通知当事人；认为不符合受理条件的，应当书面通知当事人不予受理，并说明不予受理的理由。如果仲裁委员会在审查中发现仲裁申请书有欠缺，应当让申请人予以完备；如果认为仲裁协议需要补充，也应当让当事人补充协议。当事人弥补仲裁申请书的欠缺或者补充仲裁协议后，仲裁委员会自其递交完备的仲裁申请书或者补充仲裁协议之日起 5 日内予以受理。

【知识拓展】在“互联网+”时代，广州仲裁委制定了《网络仲裁规则》。该规则的主要内容有：①在线立案，在线缴费；②在线送达，在线审理，在线接收当事人的材料，并按照当事人确认的电子邮箱、手机号码、传真等电子通讯方式向当事人送达相关仲裁文书，当事人也可以通过网络仲裁平台提交答辩书、证据等相关材料，仲裁庭以书面审理为主，认为必要时可通过网上开庭方式比如视频、电话会议等方式进行开庭审理；③确认电子证据的原件形式和效力认定，电子商务交易过程中形式的主要证据均为电子数据，对于电子证据原件形式的确定及证明力的认定，则是认定案件事实的关键；④较短的答辩期限与审理期限；⑤程序转换，双方当事人一致同意或者仲裁庭认为案件复杂的，可以将案件转为线下，按照《广州仲裁委员会仲裁规则》审理。

（二）仲裁庭的组成

1. 仲裁委员会受理案件后，组成仲裁庭裁决案件，仲裁庭行使仲裁权

仲裁庭可以由3名仲裁员或者1名仲裁员组成。由3名仲裁员组成的，设首席仲裁员。当事人约定由3名仲裁员组成仲裁庭的，应当各自选定或者各自委托仲裁委员会主任指定1名仲裁员，第3名仲裁员由当事人共同选定或者共同委托仲裁委员会主任指定。第3名仲裁员是首席仲裁员。当事人约定由一名仲裁员成立仲裁庭的，应当由当事人共同选定或者共同委托仲裁委员会主任指定仲裁员。当事人没有在仲裁规则规定的期限内约定仲裁庭的组成方式或者选定仲裁员的，由仲裁委员会主任指定。仲裁庭组成后，仲裁委员会应当将仲裁庭的组成情况书面通知当事人。

2. 仲裁员的回避与更换

《仲裁法》规定，仲裁员有下列情形之一的，必须回避，当事人也有权提出回避申请：

（1）是本案当事人或者当事人、代理人的近亲属。

（2）与本案有利害关系。

（3）与本案当事人、代理人有其他关系，可能影响公正仲裁的。

（4）私自会见当事人、代理人，或者接受当事人、代理人的请客送礼的。

仲裁员回避的形式包括：

（1）仲裁员自行回避。

（2）当事人提出申请回避。

仲裁员因其他原因的更换主要是指仲裁员因有回避以外的其他原因而不能履行职责而被更换的情形，主要包括仲裁员死亡、生病、被除名以及拒绝履行职责等。

（三）开庭与裁决

【案例讨论】在审理某物流商品采购合同纠纷时，仲裁庭首席仲裁员认为合同存在重大误解，依据《合同法》规定应当撤销；仲裁庭的其他两名仲裁员意见相反，认为本合同不存在重大误解，当事人应当继续履行合同。

根据《仲裁法》的规定，本案应当如何作出裁决？

1. 开庭

仲裁庭审理案件可采取两种方式：开庭审理与书面审理。仲裁应当采用开庭审理的方式，即仲裁庭在当事人和其他仲裁参与人的参加下，对案件进行仲裁的审理形式。但如果当事人协议不开庭的，仲裁庭采用书面审理方式，即根据仲裁申请书、答辩书以及其他材料作出裁决。

仲裁一般不公开进行。当事人协议公开，可以公开进行，但涉及国家秘密的除外。

开庭之前，仲裁委员会应当在仲裁规则规定的期限内将开庭日期通知双方当事人。当事人有正当理由的，可以在仲裁规则规定的期限内请求延期开庭。是否延期由仲裁

庭决定。

申请人经书面通知，无正当理由不到庭或者未经仲裁庭许可中途退庭的，可以视为撤回仲裁申请。被申请人经书面通知，无正当理由不到庭或者未经仲裁庭许可中途退庭的，可以缺席判决。

当事人应当对自己的主张提供证据。仲裁庭认为有必要收集的证据，可以自行收集。仲裁庭对专门性问题认为需要鉴定的，可以交由当事人约定的鉴定部门鉴定。根据当事人的请求或者仲裁庭的要求，鉴定部门应当派鉴定人参加开庭。当事人经仲裁庭许可，可以向鉴定人提问。证据应当在开庭时出示，当事人可以质证。在证据可能灭失或者以后难以取得的情况下，当事人可以申请证据保全。当事人申请证据保全的，仲裁委员会应当将当事人的申请提交证据所在地的基层人民法院。

当事人在仲裁过程中有权进行辩论。辩论终结时，首席仲裁员或者独任仲裁员应当征询当事人的最后意见。仲裁庭应当将开庭情况记入笔录。当事人和其他仲裁参与人认为对自己陈述的记录有遗漏或者差错的，有权申请补正。如果不予补正，应当记录该申请。笔录由仲裁员、记录人员、当事人和其他仲裁参与人签名或者盖章。

2. 和解、调解和裁决

在仲裁委员会受理案件后，仲裁庭作出仲裁裁决前，当事人可以自行和解。达成和解协议的，可以请求仲裁庭根据和解协议作出裁决书，也可以撤回仲裁申请。当事人达成和解协议，撤回仲裁申请后反悔的，可以根据仲裁协议申请仲裁。

仲裁庭在作出裁决前，可以先行调解。当事人自愿调解的，仲裁庭应当调解。调解不成的，应当及时作出裁决。调解达成协议的，仲裁庭应当制作调解书或者根据协议的结果制作裁决书。调解书与裁决书具有同等法律效力。调解书应当写明仲裁请求和当事人协议的结果。调解书由仲裁员签名，加盖仲裁委员会印章，送达双方当事人。调解书经双方当事人签收后，即发生法律效力。在调解书签收前当事人反悔的，仲裁庭应当及时作出裁决。

裁决应当按照多数仲裁员的意见作出，少数仲裁员的不同意见可以记入笔录。仲裁庭不能形成多数意见时，裁决应当按照首席仲裁员的意见作出。

裁决书应当写明仲裁请求、争议事实、裁决理由、裁决结果、仲裁费用的负担和裁决日期。当事人协议不愿写明争议事实和裁决理由的，可以不写。裁决书由仲裁员签名，加盖仲裁委员会印章。对裁决持不同意见的仲裁员，可以签名，也可以不签名。仲裁庭仲裁纠纷时，其中一部分事实已经清楚，可以就该部分先行裁决。裁决书自作出之日起发生法律效力。

（四）申请撤销仲裁裁决及法院处理

【案例讨论】甲公司与乙公司因物流加工合同而产生争议，经某仲裁委员会组成仲裁庭进行仲裁，最终作出仲裁裁决。但甲公司未执行该裁决，乙公司便申请人民法院执行，但甲公司认为对方当事人隐瞒了足以影响公正裁决的证据的，不应执行该裁决。

若有足够的证据，甲公司应当怎么处理此事？

（1）当事人提出证据证明裁决有下列情形之一的，可以在自收到裁决书之日起6个月内向仲裁委员会所在地的中级人民法院申请撤销仲裁裁决：

①没有仲裁协议的。

②裁决的事项不属于仲裁协议的范围或者仲裁委员会无权仲裁的。

③仲裁庭的组成或者仲裁的程序违反法定程序的。

④裁决所依据的证据是伪造的。

⑤对方当事人隐瞒了足以影响公正裁决的证据的。

⑥仲裁员在仲裁该案时有索贿受贿、徇私舞弊、枉法裁决行为的。

另外，人民法院认定该裁决违背社会公共利益的，应当裁定撤销。

（2）人民法院在受理撤销裁决的申请后，必须组成合议庭对申请及裁决进行审查。经审查，人民法院可以根据不同的情况作出不同的处理：

①撤销仲裁裁决。若仲裁裁决存在超出仲裁申请的情形，人民法院应撤销超裁部分。但超裁部分与其他裁决事项不可分的，人民法院应撤销仲裁裁决。

②驳回撤销仲裁裁决的申请。

③通知仲裁庭重新仲裁。具有前述④、⑤项情形的，可通知重新仲裁，并在通知中写明具体的理由。

（五）裁决的执行

裁决依法生效后，当事人应当自觉履行。一方当事人不履行的，另一方当事人可以依照民事诉讼的有关规定，向人民法院申请执行。受申请的人民法院应当执行。在执行中，双方当事人可以自行和解，达成和解协议，被执行人不履行和解协议的，人民法院可以根据申请执行人的申请，恢复执行程序。

对于国内仲裁裁决不予执行的理由包括以下几点：

（1）当事人在合同中没有订立仲裁条款或者事后没有达成书面仲裁协议的。

（2）裁决的事项不属于仲裁协议的范围或者仲裁机构无权仲裁的。

（3）仲裁庭的组成或者仲裁的程序违反法定程序的。

（4）认定事实的主要证据不足的。

（5）适用法律确有错误的。

（6）仲裁员在仲裁该案时有贪污受贿、徇私舞弊、枉法裁决行为的。

人民法院对仲裁裁决，经组成合议庭予以审查，确认符合以上情形之一的，应作出不予执行的裁定；人民法院认定执行仲裁裁决违背社会公共利益的，也应裁定不予执行。

仲裁裁决被人民法院裁定不予执行的，当事人可以根据双方达成的书面协议，重新申请仲裁，也可以向人民法院起诉。

一方当事人申请执行裁决，另一方当事人申请撤销裁决的，人民法院应当裁定中止执行。人民法院裁定撤销裁决的，应当裁定终结执行。撤销裁决的申请被裁定驳回的，人民法院应当裁定恢复执行。

第二节 民事诉讼法

一、民事诉讼与民事诉讼法

（一）民事诉讼概念

民事诉讼，是指在双方当事人和其他诉讼参与人的参加下，由法院按照民事诉讼法的规定审理裁决当事人之间民事纠纷的法律行为。其中，民事纠纷是指平等主体的公民之间、法人之间、公民和法人之间基于财产关系和人身关系而发生的争议。物流交易纠纷属于民事纠纷的范畴，当事人依法可以通过民事诉讼方式予以解决。

（二）民事诉讼法

民事诉讼法，是指国家制定的规范法院与民事诉讼参与人诉讼活动、调整法院与诉讼参与人法律关系的法律规范的总和。

我国 1991 年颁布实施了《中华人民共和国民事诉讼法》（以下简称《民事诉讼法》）。2007 年，《民事诉讼法》经历了第一次修改。2012 年，全国人民代表大会常务委员会对《民事诉讼法》进行了修改。为了配合《民事诉讼法》施行，最高人民法院作出了相关的司法解释，主要有 2015 年《关于适用〈中华人民共和国民事诉讼法〉的解释》（以下简称《民诉解释》）。

【法律链接】《民法总则》的诉讼时效

第一百八十八条向人民法院请求保护民事权利的诉讼时效期间为三年。法律另有规定的，依照其规定。

诉讼时效期间自权利人知道或者应当知道权利受到损害以及义务人之日起计算。法律另有规定的，依照其规定。但是自权利受到损害之日起超过二十年的，人民法院不予保护；有特殊情况的，人民法院可以根据权利人的申请决定延长。

第一百八十九条当事人约定同一债务分期履行的，诉讼时效期间自最后一期履行期限届满之日起计算。

（三）民事诉讼法的基本制度

《民事诉讼法》的基本制度包括：

1. 合议制度

合议制度是相对于独任制度而言的，是指由三名以上的法官或法官与陪审员组成合议庭，对案件进行审理并作出裁判的法律制度。人民法院审理案件，除基层人民法院审理简单民事案件可以适用独任制外，都应当适用合议制。在司法实践中，基层人民法院受理的民事案件大多数属于简单民事案件，简易程序审理为最常见的审理方式。

2. 回避制度

审判人员、书记员、翻译人员、鉴定人和勘验人与案件有利害关系或者其他关系，可能影响案件公正审理的，应当退出对案件的审理，以保证人民法院裁判结果的公正性。

3. 公开审判制度①

公开审判制度，是指依照法律规定，对民事案件的审理和宣判向群众、社会公开的制度。人民法院审理民事案件，除涉及国家秘密、个人隐私或者法律另有规定的以外，应当公开进行。对离婚案件、涉及商业秘密案件，当事人申请不公开审理的，法院可以不公开审理。

4. 两审终审制度

两审终审，是指一个民事案件经过两级人民法院审判后即告终结的制度。除一审终审案件外，当事人不服一审人民法院的判决或裁决的，允许当事人上诉至二审人民法院。二审人民法院对案件所作的判决裁定为生效裁判，当事人不得就此再行上诉。

二、民事诉讼的管辖

民事诉讼案件的管辖，是指各级人民法院之间和同级人民法院之间受理第一审民事案件的分工和权限。根据《民事诉讼法》的规定，民事诉讼的管辖主要分为级别管辖、地域管辖和协议管辖。

【案例讨论】成都长运物流（集团）有限责任公司（以下简称长运公司）与长春市经典汽车销售有限责任公司（以下简称经典公司）签订了一份总标的金额为 800 万元的汽车采购合同。合同中约定了争议解决条款，即“本合同纠纷发生后，当事人可以向合同签订地成都市法院诉讼”。在合同生效后，经典公司履行了自己的合同义务，但长远公司一直拖欠货款 200 万元。在多次交涉未果的情况下，经典公司决定向人民法院提起诉讼。出于诉讼成本考虑，经典公司想由长春市法院来审理本案。

经典公司向长春市的法院提起诉讼，法院会如何处理本案？

1. 管辖恒定与级别管辖

管辖恒定，具体来说，是指具有管辖权的人民法院受理案件后，其对案件的管辖权不因当事人的住所地、经常居住地变更，行政区划的改变或诉讼标的额的扩大、缩小而改变。当然，当事人故意规避级别管辖规定的除外。

级别管辖，是指按照一定的标准，划分上下级人民法院之间受理第一审民事案件的分工和权限。确定级别管辖，主要以案件的性质、案件的繁简程度、案件的影响范围为标准。②

基层人民法院管辖除《民事诉讼法》规定由上级人民法院管辖以外的所有第一审民事案件。中级人民法院管辖以下三类第一审民事案件：

（1）重大涉外案件。

（2）在本辖区有重大影响的案件。

（3）最高人民法院确定由中级人民法院管辖的案件。高级人民法院管辖在本辖区有重大影响的第一审民事案件。最高人民法院管辖在全国有重大影响和认为应当由其

---

① 公开审判制度属于司法公开之一部分，司法公开另外还包括了开庭信息公开、裁判文书公开、执行信息公开等。

② 最高人民法院于 2015 年发布了《关于调整高级人民法院和中级人民法院管辖第一审民商事案件标准的通知》（法发［2015］7 号）。

审理的第一审民事案件。

2. 地域管辖

地域管辖是指同级人民法院之间受理第一审民事案件的分工和权限。地域管辖又可分为：

（1）一般地域管辖。一般地域管辖是指以当事人所在地为根据确定管辖法院。一般适用“原告就被告”的原则，即由被告住所地人民法院管辖，被告是公民的，其住所地为户籍所在地，住所地与经常居住地不一致的，由经常居住地人民法院管辖。被告是法人或者其他组织的，其住所地为主要办事机构所在地。

（2）特殊地域管辖。特殊地域管辖是指依据诉讼标的所在地、法律事实所在地、被告住所地与法院辖区之间的关系所确定的管辖。特殊地域管辖的确定有两个规律：首先，被告住所地人民法院有管辖权，但海难救助、共同海损引起的案件例外；其次，密切联系地的人民法院对案件有管辖权。

3. 专属管辖

专属管辖是指法律规定特定类型的案件只能由特定的法院管辖，其他法院无权管辖，当事人也不得通过协议改变的管辖制度。如：因不动产纠纷提起的诉讼，由不动产所在地人民法院管辖；因港口作业中发生纠纷提起的诉讼，由港口所在地人民法院管辖；因继承遗产纠纷提起的诉讼，由继承人死亡时住所地或者主要遗产所在地人民法院管辖。

4. 协议管辖

协议管辖，又称合意管辖或约定管辖，是指双方当事人在民事纠纷发生之前或之后，以书面方式约定诉讼管辖的人民法院。《民事诉讼法》第三十四条规定：“合同或者其他财产权益纠纷的当事人可以书面协议选择被告住所地、合同履行地、合同签订地、原告住所地、标的物所在地等与争议有实际联系的地点的人民法院管辖，但不得违反本法对级别管辖和专属管辖的规定。”

三、民事诉讼参与人

【案例讨论】张某对李某享有5万元债权，已到清偿期，但李某无力偿还。此时，李某对王某享有7万元的到期债权，且李某怠于行使。现张某向王某提起代位权诉讼，法院依法追加李某作为本案第三人。一审法院判决张某胜诉，王某应向张某支付5万元。宣判后，李某、王某均提出上诉，李某请求法院判令王某支付其剩余的2万元，王某请求法院判令张某对李某不享有债权。

请问，李某、王某是否均享有上诉的权利呢？

民事诉讼参与人是指依法参加民事诉讼活动，享有诉讼权利、承担诉讼义务的人。根据《民事诉讼法》规定，民事诉讼参与人包括当事人和诉讼代理人。

（一）当事人

民事诉讼中的当事人，是指因民事权利义务发生争议，以自己的名义进行诉讼，并受人民法院裁判约束的人。其具体包括：

1. 原告

原告是因民事权益发生争议或受到侵害，向人民法院起诉要求保护其合法权益的公民、法人或其他组织。

2. 被告

被告是指与原告发生民事权益争议或被指控侵害他人民事权益，并被人民法院通知应诉的公民、法人或其他组织。

3. 共同诉讼人

共同诉讼人是指当事人一方或双方为两人以上，两人以上的一方共同起诉或共同应诉的人。两人以上共同起诉的，称为共同原告；两人以上共同应诉的，称为共同被告。

当事人一方或双方为两人以上，其诉讼标的是共同的，法院必须合并审理并在裁判中对诉讼标的合一确定的诉讼，是必要的共同诉讼。其中一人的诉讼行为，经其他共同诉讼人承认，对全体共同诉讼人发生法律效力。当事人一方或双方为二人以上，其诉讼标的是同一种类，人民法院认为可以合并审理，并经当事人同意合并审理的诉讼，是普通共同诉讼。其中一人的诉讼行为，对其他共同诉讼人不发生法律效力。

如果共同诉讼的一方当事人人数众多，可以由当事人推选代表人进行诉讼，代表人的诉讼行为对其所代表的当事人发生法律效力，但代表人变更、放弃诉讼请求和承认对方当事人的诉讼请求，进行和解，必须经被代表的当事人同意。

4. 第三人

第三人是指对他人之间的诉讼标的有独立的请求权，或者虽没有独立的请求权，但与诉讼结果有法律上的利害关系，因而参加到他人已经开始的民事诉讼中来，以维护自身合法权益的人。其中，有独立请求权的第三人与本诉的原被告双方对立，处于原告的地位，享有原告的诉讼权利，承担原告的诉讼义务；无独立请求权的第三人则依附或支持某一方当事人而参加诉讼，在诉讼中享有一定的诉讼权利，人民法院判决其承担民事责任的，享有提起上诉的权利，以及在二审程序中承认和变更诉讼请求、进行和解、请求执行等权利。

（二）诉讼代理人

诉讼代理人是指为了被代理人的利益，在法定的或者委托的权限范围内，以被代理人的名义进行诉讼的人。诉讼代理人可分为法定代理人和委托代理人。

1. 法定代理人

法定代理人是指根据法律规定代理无诉讼行为能力的当事人实施诉讼行为的人。法定诉讼代理人的范围与监护人的范围是一致的，他在诉讼中类似与当事人的地位。如未成年人以其父母为其法定诉讼代理人；精神病人以其父母、配偶、成年子女为其法定诉讼代理人等。法定诉讼代理人之间互相推诿代理责任的，由人民法院指定其中一人代为诉讼。

2. 委托代理人

委托代理人是指受诉讼当事人或法定代理人的委托，以当事人的名义并在受权范围内代为诉讼行为的人。当事人或其法定代理人，可以委托 1 至 2 人代为诉讼，受托人的范围包括：律师、基层法律服务工作者、当事人的近亲属或者工作人员、当事人所在社区、单位以及有关社会团体推荐的公民。在实践生活中，由于律师精通法律和善于诉讼业务，通过委托律师作为自己的诉讼代理人更能有效维护自己的合法权益。

四、民事诉讼程序

民事案件审理过程中所适用的程序主要包括：第一审程序、第二审程序、审判监督程序和执行程序等。

（一）第一审程序

第一审程序包括普通程序和简易程序。适用普通程序审理的案件，由3名以上单数的审判员、陪审员共同组成合议庭或者审判员组成合议庭。适用简易程序审理的案件，由审判员一人独任审理。第一审普通程序是最完整的审判程序，是民事诉讼审判的基础程序，适用具有独立性、广泛性和排他性。其通常包括以下几个阶段：

1. 起诉和受理

起诉是指当事人就民事纠纷向人民法院提起诉讼，请求人民法院按照法定程序进行审判的行为。依照《民事诉讼法》的规定，起诉的条件如下：

（1）原告是与本案有直接利害关系的公民、法人或其他组织。

（2）有明确的被告。

（3）有具体的诉讼请求、事实和理由。

（4）属于人民法院受理民事诉讼的范围和受诉人民法院管辖。

起诉的方式，以书面起诉为原则，以口头起诉为例外。起诉时，原告应按被告人数提交起诉状副本。人民法院接到当事人提交的民事起诉状时，对符合规定的，应当登记立案；需要补充必要相关材料的，人民法院应当及时告知当事人，并在相关材料补齐后，7日内决定是否立案。立案后发现不符合起诉条件或者属于民事诉讼法第一百二十四条规定情形的，裁定驳回起诉。对驳回起诉裁定不服的当事人，可以提起上诉。

2. 审理前的准备

人民法院应当在立案之日起5日内将起诉状副本发送被告，被告在收到之日起15日内提出答辩状。被告提出答辩状的，人民法院应当在收到之日起5日内将答辩状副本发送原告。被告不提出答辩状的，不影响人民法院审理。人民法院对决定受理的案件，应当在受理案件通知书和应诉通知书中向当事人告知有关的诉讼权利义务。合议庭组成人员确定后，应当在3日内告知当事人。审判人员应认真审核诉讼材料，组织证据交换、召集庭前会议等。

3. 开庭审理

开庭审理是指在人民法院审判人员的主持下，在当事人和其他诉讼参与人的参加下，在法庭上，依照法定的程式和顺序，对案件进行实体审理并作出裁判的诉讼活动。人民法院审理民事案件，应当在开庭前3日通知当事人和其他诉讼参与人。开庭审理的主要步骤如下：

（1）宣布开庭

开庭审理前，书记员应当查明当事人和其他诉讼参与人是否到庭，宣布法庭纪律。原告经传票传唤，无正当理由拒不到庭的，或者未经法庭许可中途退庭的，可以按撤诉处理；被告反诉的，可以缺席判决。被告经传票传唤，无正当理由拒不到庭的，或者未经法庭许可中途退庭的，可以缺席判决。开庭审理时，由审判长核对当事人，宣布案由、审判人员和书记员名单，告知当事人有关的诉讼权利与义务，询问当事人是否申请审判人员和书记员回避。

（2）法庭调查

根据《民事诉讼法》的规定，法庭调查按照下列顺序进行：①当事人陈述；②证人作证，宣读未到庭的证人证言；③出示书证、物证、视听资料和电子数据；④宣读鉴定意见和勘验笔录。

（3）法庭辩论

法庭辩论是由当事人及其诉讼代理人就案件事实和法律适用各自陈述自己的意见和理由。法庭辩论按照下列顺序进行：①原告及其诉讼代理人发言；②被告及其诉讼代理人答辩；③第三人及其诉讼代理人发言或答辩；④互相辩论。

法庭辩论终结，由审判长按照原告、被告、第三人的先后顺序征询各方最后意见。双方同意调解的，可以进行调解，调解达成协议的，人民法院应当制作调解书，经双方当事人签字后生效。

（4）评议和宣判

法庭辩论终结后，对不进行调解或调解不成的，由合议庭评议，确定案件事实和认定法律适用，依法作出裁判。宣告判决时，必须告诉当事人上诉权利、上诉期限和上诉的法院。

（二）第二审程序

第二审程序，是指民事诉讼当事人不服地方各级人民法院的第一审裁判，在法定期限内通过第一审法院向上一级人民法院提起上诉，是第二审级的人民法院审理上诉案件所适用的程序。当事人不服第一审判决的，上诉期限为 15 日；不服第一审裁定的，上诉期限为 10 日。

上诉应当递交上诉状。上诉状应当包括：当事人的姓名、法人的名称及其法定代表人的姓名或者其他组织的名称及其主要负责人的姓名；原审人民法院名称、案件的编号和案由；上诉的请求和理由，并按照对方当事人或者代表人的人数提出副本。

对上诉案件，第二审人民法院应当组成合议庭，开庭审理。经过审理，按照下列情形，分别作出处理：

（1）原判决认定事实清楚，适用法律正确的，判决驳回上诉，维持原判。

（2）原判决适用法律错误的，依法改判。

（3）原判决认定事实错误，或者原判决认定事实不清、证据不足的，裁定撤销原判决，发回原审人民法院重审，或者查清事实后改判。

（4）原判决违反法定程序，可能影响案件正确判决的，裁定撤销原判决，发回原审人民法院重审。

当事人对重审案件的判决、裁定，可以上诉。第二审人民法院的判决、裁定，是终审的判决、裁定。

（三）审判监督程序

审判监督程序即再审程序，是指对已经发生法律效力的判决、裁定、调解书，人民法院认为确有错误，当事人基于法定的事实和理由认为有错误，人民检察院发现存在应当再审的法定事实和理由，而由人民法院对案件再行审理的程序。再审程序不是每个案件必经的程序，而是在第一审程序和第二审程序之外的特殊程序，对保护当事人的合法权益具有重要意义。提起审判监督程序的情形如下：

1. 基于审判监督权的再审

根据民事诉讼法的规定，本院院长及审判委员会、最高人民法院、上级人民法院可以基于审判监督权提起再审。再审既可以由原审人民法院进行，也可以由最高人民法院、上级人民法院提审或指令下级再审。

【案例讨论】某基层法院院长李某发现本院审结的一起物流仓储合同纠纷案件可能存在实体错误，当事人未及时上诉判决已经生效，即将进行执行，但执行判决可能会造成无法挽回的损失。

根据法律的规定，李某应如何维护当事人的权利？

2. 基于检察监督权的抗诉和再审

最高人民检察院对各级人民法院已经发生法律效力的裁判，上级人民检察院对下级人民法院已经发生法律效力的裁判，发现有下列情形之一的，应当按照审判监督程序提出抗诉：

（1）有新的证据，足以推翻原判决、裁定的。

（2）原判决、裁定认定的基本事实缺乏证据证明的。

（3）原判决、裁定认定事实的主要证据是伪造的。

（4）原判决、裁定认定事实的主要证据未经质证的。

（5）对审理案件需要的主要证据，当事人因客观原因不能自行收集，书面申请人民法院调查收集，人民法院未调查收集的。

（6）原判决、裁定适用法律确有错误的。

（7）审判组织的组成不合法或者依法应当回避的审判人员没有回避的。

（8）无诉讼行为能力人未经法定代理人代为诉讼或者应当参加诉讼的当事人，因不能归责于本人或者其诉讼代理人的事由，未参加诉讼的。

（9）违反法律规定，剥夺当事人辩论权利的。

（10）未经传票传唤，缺席判决的。

（11）原判决、裁定遗漏或者超出诉讼请求的。

（12）据以作出原判决、裁定的法律文书被撤销或者变更的。

（13）审判人员审理该案件时有贪污受贿、徇私舞弊、枉法裁判行为的。

地方各级人民检察院对同级人民法院已经发生法律效力的判决、裁定，发现上述情形之一的，可以向同级人民法院提出检察建议，并报上级人民检察院备案；也可以提请上级人民检察院向同级人民法院提出抗诉。人民检察院提出抗诉的案件，接受抗诉的人民法院应当自收到抗诉书之日起30日内作出再审的裁定。

3. 基于当事人诉权的申请再审

申请再审是指当事人对已经发生法律效力的判决，裁定认为确有错误，请求原审人民法院或者上一级人民法院对案件再次审理并加以改判的诉讼行为。但它不停止判决、裁定的执行。当事人申请再审，应当在判决、裁定发生法律效力后6个月内提出，或自知道或者应当知道相关事由之日起6个月内提出。当事人的申请符合前述十三种情形之一的，人民法院应当再审。

当事人对已生效的调解书，提出证据证明调解违反自愿原则或者调解协议的内容违反法律的，可以申请再审。

人民法院审理再审案件，一律实行合议制；若由原审人民法院再审的，应当另行组成合议庭。

依照原审程序进行审理再审的案件，原来是第一审审结的，再审时适用第一审审理，最高人民法院和上级人民法院提审的除外。再审后所作的判决、裁定，当事人不服可以上诉。再审的案件原来是第二审审结的，再审时适用第二审程序审理；上级人民法院按照审判监督程序提审的案件，按照第二审程序审理。再审后的判决、裁定为终审裁判，当事人不得上诉。

（四）执行程序

执行是人民法院的民事执行组织依法运用国家强制力将已经生效且具有给付内容的法律文书付诸实现的活动。

生效的民事判决、裁定、调解书，由第一审人民法院执行。仲裁裁决书、调解书和公证债权文书由被执行人住所地或者被执行财产所在地的人民法院执行。申请执行的法定期间为二年。申请执行时效的中止、中断，适用法律有关诉讼时效中止、中断的规定。

在执行程序中，法院强制执行措施主要有查询、冻结、划拨被执行人的存款；扣留、提取被执行人应当履行义务部分的收入；查封、扣押、冻结、拍卖、变卖被执行人应当履行义务部分的财产；限制未履行义务当事人的高消费行为。

附一和附二分别是仲裁申请书文本格式和法人单位的民事起诉状文本格式。

附一：仲裁申请书文本格式

仲裁申请书

申请人：姓名、性别、出生年月、民族、文化程度、住址。

（申请人若为单位，应写明单位名称、单位地址、单位电话、法定代表人姓名及职务）

委托代理人：姓名、单位

被申请人：姓名、性别、出生年月、民族、文化程度、住址。

（被申请人若为单位，应写明单位名称、法定代表人姓名及职务、单位地址）

请求事项：（写明申请仲裁所要达到的目的）

1.

2.

3.

事实和理由：（写明申请仲裁或提出主张的事实依据和法律依据，包括证据情况和证人姓名及联系地址。特别要注意写明申请仲裁所依据的仲裁协议。）____。此致

XXX 仲裁委员会

附：1. 申请书副本 X 份（按被申请人人数确定份数）；

2. 证据 X 份；

3. 其他材料 X 份。

申请人：（签名或盖章）

X 年 X 月 X 日

附二：法人单位的民事起诉状文本格式

民事起诉状

原告名称：______________ 地址：______________

法定代表人：（姓名）______________ 职务：______________

委托代理人：（姓名）______________ 工作单位：______________

被告名称：______________ 地址：______________

法定代表人：（姓名）______________ 职务：______________

案由：

请求事项：（写明诉讼所要达到的目的）

1.

2.

3.

事实和理由：（写明申请诉讼或提出主张的事实依据和法律依据，包括证据情况和证人姓名及联系地址。）____。

此致

XXX 人民法院

附：1. 诉状副本 X 份（按被告人人数确定份数）；

2. 证据 X 份；

3. 其他材料 X 份。

具状人：（签名或盖章）

X 年 X 月 X 日

实训作业

一、实训项目

2015年2月15日，贵州省粮油批发总公司与黑龙江大兴粮站签订了2万吨的东北某地生产小麦的买卖合同。合同约定黑龙江大兴粮站的交货期是6月，交货地点茅台镇，任何一方违约应向对方支付违约金200万元。同时，合同还约定争议解决条款，即“当争议不能协商解决时，当事人有权向买方所在地法院提起诉讼”。在合同订立后，贵州粮油批发总公司向黑龙江大兴粮站支付预付款400万元。但合同履行期内，黑龙江大兴粮站发函表示，“因气候异常，无法履行交货义务。”据查，黑龙江大兴粮站的违约行为造成了贵州省粮油批发总公司各项经济损失360万元。贵州省粮油批发总公司注册登记地位于遵义市。

通过上述买卖合同纠纷案情描述，请你以贵州省粮油批发总公司名义拟定一份民事起诉书。

二、案例分析

（一）在一份仓储合同纠纷中，王某请求确认其与刘某签订的合同有效。甲仲裁员认为该合同系无效合同，乙仲裁员认为该合同系效力待定合同，首席仲裁员丙认为该合同系有效合同。

根据《仲裁法》规定，本案应当如何裁决？

（二）甲公司和乙公司订有一份运输合同，合同中约定“如发生争议，双方同意向北京地区的仲裁委员会申请解决。本合同有效期1年，有效期过后合同自动终止。”1年后，乙尚有5 000元运输费用未支付，甲遂依据合同中的仲裁条款申请仲裁。乙方向仲裁委员会提出异议，认为该仲裁条款随着合同的终止而失效，且对仲裁机构约定不明。

根据《仲裁法》规定，仲裁条款的效力应当如何认定？

参考文献

[1] 姚会平. 物流法理论与实务 [M]. 成都：西南财经大学出版社，2007.

[2] 汤先. 经济法基础与实务 [M]. 北京：机械工业出版社，2013.

[3] 张虹. 经济法基础 [M]. 北京：经济管理出版社，2014.

[4] 周艳军. 物流法律法规知识 [M]. 北京：中国物资出版社，2006.

[5] 高晋康. 经济法 [M]. 成都：西南财经大学出版社，2006.

[6] 王丽萍. 经济法 [M]. 成都：西南财经大学出版社，2006.

[7] 范健. 公司法教学案例 [M]. 北京：法律出版社，2005.

[8] 顾功耘. 公司法学案例教程 [M]. 北京：知识产权出版社，2005.

[9] 沈珺，徐家骅. 物流管理概论 [M]. 北京：北京交通大学出版社，2006.

[10] 施先亮，李伊松. 供应链管理原理及应用 [M]. 北京：清华大学出版社，2006.

[11] 黄中鼎. 现代物流管理 [M]. 上海：复旦大学出版社，2005.

[12] 文峰. 轻松管采购 [M]. 广州：广东经济出版社，2006.

[13] 中国出入境检验检疫协会. 报检员培训教材辅导 [M]. 北京：学苑出版社，2006.

[14] 中国货代协会. 国际多式联运与现代物流理论与实务 [M]. 北京：中国商务出版社，2005.

[15] 黄敬阳. 国际货物运输保险 [M]. 北京：对外经济贸易大学出版社，2005.

[16] 邵铁民. 进出口货物海关通关实务 [M]. 上海：上海财经大学出版社，2002.

[17] 张长青，郑翔. 运输合同法 [M]. 北京：北京交通大学出版社，2005.

[18] 王利民. 民法总则 [M]. 北京：中国法制出版社，2006.

[19] 江伟. 2005 司法考试直通车（卷三）[M]. 北京：中国人民公安大学出版社，2005.